奥赛经典

高级教程系列

信息学奥赛易学通·数据结构

◇主编／向期中

◇副主编／谭献龙　朱有为　马　亮　李明威　曾文武　曹　毅　张尉玮

湖南师范大学出版社

内容简介

本书由信息学奥林匹克竞赛的国际金牌教练主编。全书结合一些具体实例,循序渐进地介绍了信息学竞赛需要掌握的数据结构知识,内容包括线性结构、树状结构和图结构等,同时对字符串的处理和查找的方法进行了全面的介绍,特别针对现在竞赛中考查非常多的树状结构,本书进行了详尽的介绍,并给出了较多的实例。为了便于读者自学和检测学习效果,本书提供了5套综合测试卷,并提供了每章练习题与综合测试卷的参考答案。本书可作为参加信息学竞赛学生的专用教程,也可作为广大程序设计爱好者的参考用书。

图书在版编目（CIP）数据

信息学奥赛易学通. 数据结构／向期中主编. —长沙：湖南师范大学出版社，2021.6
ISBN 978 - 7 - 5648 - 4193 - 5

Ⅰ. ①信…　Ⅱ. ①向…　Ⅲ. ①数据结构—中小学—教学参考资料　Ⅳ. ①G634.673

中国版本图书馆 CIP 数据核字（2021）第 102637 号

信息学奥赛易学通·数据结构
Xinxixue Aosai Yixuetong·Shuju Jiegou

向期中　主编

◇策划组稿：李　阳
◇责任编辑：李健宁　颜李朝
◇责任校对：胡晓军
◇出版发行：湖南师范大学出版社
　　　　　　地址／长沙市岳麓区　邮编／410081
　　　　　　电话／0731 - 88873071　88873070　传真／0731 - 88872636
　　　　　　网址／http：//press. hunnu. edu. cn
◇经销：新华书店
◇印刷：湖南省美如画彩色印刷有限公司
◇开本：880 mm × 1230 mm　1/16
◇印张：24. 25
◇字数：790 千字
◇版次：2021 年 6 月第 1 版
◇印次：2021 年 6 月第 1 次印刷
◇书号：ISBN 978 - 7 - 5648 - 4193 - 5
◇定价：79. 00 元

凡购本书，如有缺页、倒页、脱页，由本社发行部调换。
投稿热线：0731 - 88872256　13975805626　QQ：1349748847

前　言

　　笔者从事信息学教育教学和竞赛培训工作三十余载,编写过关于信息学教学与竞赛方面多本教材。在 IT 飞速发展的时代,曾经流行的 BASIC 和 Pascal 语言逐渐退出历史舞台,迫于时代发展的需要,我将积累多年的教学经验编写成一套基于 C++ 的教材,供大家随着时代的脉搏去感受、驾驭,进而创造 IT 新时代。

　　信息学在 2016 年被评为全球第一大学科,而国内大部分地区却还没有将它列入高考科目。为什么我们还要去学习编程? 因为现在信息技术几乎主宰了整个世界,渗透到我们每个人的生活中。比如,智能化的家用电器、手机等各种电子产品,ATM 取款机、手机银行、网上购物等。当你坐在高速运行的高铁上时是否想过这么多的列车在铁轨上高速运行是怎么调度才实现了准时有序运行的呢? 可以说计算机涉及我们生活的方方面面,通信、教育、社交媒体、银行、信息安全以及购物。甚至计算机与我们的围棋高手下棋,我们人类都很少能赢,想想这个时代还有什么不能通过计算机进行控制的? 只有学习了计算机编程,我们才能更好理解这个时代;只有学会编程,我们才能以一个全新的方式去了解这个宇宙。

　　计算机科学吸引人之处在于,它拥有分析能力、解决问题的能力和创造力,这些既是基本能力要求也是职业要求,除此之外,没有任何一门学科能把这些能力结合起来。无论是理解像经济运行一样的复杂系统,还是帮助你逐步解决一个个实际问题,想要掌握这些能力,编程是最佳的训练方式,它不仅能帮助孩子解决问题,也能告诉你如何更好地表达自己。

　　虽然很多家长已经认可了计算机语言的重要性,但担心计算机语言和人类语言不同,学起来会很困难。

　　其实,人类语言和计算机语言之间有许多相似之处,学习计算机语言类似于学习一门外语,但更多的是对逻辑思维和解决问题能力的培养。

　　美国政府已经在中小学普及计算机科学(CS for All,每个人学习计算机科学),并投入 40 多亿美元落实这一项目。奥巴马总统说:"在新经济形态中,计算机科学已不再是可选技能,而是同阅读、写作和算术一样的基础技能

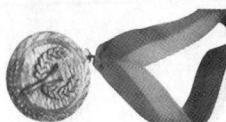

……因此,我制订了一项计划,以确保所有孩子都有机会学习计算机科学。"美国政府已明确把计算机教育列入教育体系 K12 中。

史蒂夫·乔布斯曾说:"每个人都应该学习如何编程,因为它教会你如何思考。"那什么是程序设计教学的核心呢?卡内基梅隆大学计算机科学资深教授、微软研究院的全球副总裁珍妮特·M. 温(Jeannette M. Wing)认为答案是计算思维。2006 年,她在一本杂志上发表的一篇文章迅速成为经典之作。她大胆宣称:"计算思维是每个人的基本技能,不单单属于计算机科学家。这种思维模式是先理解计算机科学基本概念,然后将它们应用在解决问题、设计系统和理解人类行为等方面。"

尽管本书笔者是多年从事信息学奥赛培训的金牌教练,有着丰富的竞赛辅导和教学经验,但在本书的编写过程中,难免存在一些疏漏和不足之处,敬请使用本书的教师、学生和其他读者不吝指正。

感谢华师一附中提供的优质平台。2018 年来到华师一附中指导第一届学生,魏辰轩同学只学习了 2 年信息学竞赛就在 NOI2020 中获得金牌,入选了国家集训队;吴泽文、蒋轩林和徐向灿在 NOI2020 中获得银牌。同时感谢 2019 级信息学竞赛团队的彭雨洋、周子安、张书玮、赵子轩、徐子翔、潘首丞、杜毅衡、李渔、叶皓天、邹家豪同学对本书中例题与习题代码的认真审核。

感谢 2017 年 1 月 27 日这一天做出编写此教材的决定,永远记住 2019 年 11 月 22 日和 2020 年 1 月 23 日,所有经历了的就是人生的财富。

感谢谭献龙、李明威、张蔚玮、周勇、马亮、朱有为等老师为此书的出版所作的努力!

向期中

2020 年 12 月于武汉

目　录

奥赛经典

第 1 章 概论

　　自 1946 年美国第一台电子计算机问世以来,计算机科学和软硬件得到了飞速的发展。与此同时,计算机应用领域也从最初的科学计算逐步发展到人类活动的各个领域。现在,计算机处理的对象不仅是简单的数值或字符,而且是带有不同结构的各种数据、图像、声音等。因此,要设计出一个较好的程序,除了掌握所用的计算机语言外,还要研究各种数据结构的特性和数据之间存在的关系,这就是"数据结构"这门学科形成和发展的背景。

　　要搞好信息学竞赛,最基本的就是要掌握好程序设计,而程序设计是一门综合学科。与程序设计最密切的课程有数据结构、算法分析与设计和程序设计方法学等。著名的计算机科学家沃斯(N. Writh)甚至提出了"算法 + 数据结构 = 程序"的著名论点,简明地概括了程序的组成。

　　数据是程序加工的原材料,它可能是数字、字符或由它们组成的字符串;它也可能是采样后的物理量,例如电压、电流等电信号通过模 – 数转换器(A/D)输出变成计算机可以接受的数字信息;或是从磁带、磁盘和光盘上读出的一串二进制数表示的数字、字符或图形的信息;或是调制解调器(MODEM)上将电话声音信号转换成计算机可以接受的格式,或是通过键盘、磁盘文件输入到计算机的信息……简言之,数据是描述客观事物的数字、字符以及所有能输入到计算机、能被计算机进行处理的信息集合。也就是说,数据是符号的集合,是计算机要处理的信息集合。从本质上来说,数据是客观事物表示的一种抽象结果,而数据结构课程就是研究如何把客观世界要处理的信息逐层抽象成计算机可以接受的某种形式。

　　算法是解题的方法和步骤的精确描述,它是有穷处理的序列。

　　数据结构和算法有着密切的联系,数据结构建立在算法的基础上,而选择什么样的数据结构对于程序设计来说,是至关重要的决策,它直接影响到程序的效率。选择一个合适的数据结构便很容易形成一个简洁有效的算法;否则,如果数据结构选择不好,除了影响程序开发速度之外,更重要的是影响设计出来的程序的运行效率。

1.1　基本术语

这一节将对全书中常用的名字和术语赋予确定的含义,便于对本书的阅读理解。

　　数据(Data)是人们利用文字符号、数字符号以及其他规定的符号对现实世界的事物及其活动所做的描述。因此,大到一本书、一篇文章、一张图表,小到一个句子、一个单词、一个算式、一个数字和一个字符等,都是数据。总之,数据是信息的载体,我们把能够被计算机识别、输入、存储、处理和输出的一切信息都叫数据。

　　数据元素(Data Element)是一个数据整体中相对独立的单位。如对于一个文件,每个记录就是它的数据元素;对于一个字符串,每个字符就是它的数据元素;对于一个数组,每一个分量就是它的数据元素。数据和数据元素是相对而言的,如对于一个记录,它相对于所在的文件被认为是数据元素,而相对于它所含的数据项(域)又被认为是数据。因此,本书中对数据和数据元素这两个术语的使用并不加以严格的区分。

数据记录(Data Record)简称记录,它是数据处理领域组织数据的基本单位。它又由更小的单位——数据项(item)或称为域所组成,一个记录一般包括一个或若干个固定的数据项(当然每一个数据项还可以是记录形式)。如下表 1-1 就是一个班的学生期中考试的成绩表,每个记录表示一个学生的考试基本情况。

表 1-1　1826 班学生成绩表

学号	姓名	语文	数学	外语	物理	化学	总分
1826001	蒋轩林	86	97	94	87	93	457
1826002	魏辰轩	85	92	84	86	96	443
1826003	王之典	82	93	86	88	83	432
1826004	徐向灿	85	95	81	89	90	435
1826005	何宇峰	88	90	90	82	87	437
1826006	黄凯星	84	98	87	93	86	448
1826007	吴泽文	87	94	86	88	93	448
1826008	闻子安	83	88	90	93	88	442
1826009	张逸飞	86	89	88	91	87	441
1826010	何树瞻	87	88	87	91	86	439
1826011	罗琳程	84	90	86	96	84	440
1826012	吴飞洋	88	88	96	82	88	436
1826013	刘祖泰	83	94	80	91	82	430
1826014	黄子君	87	92	85	90	97	451
……							

数据处理(Data Processing)是指对数据进行查找、插入、删除、合并、排序、统计、简单计算、输入、输出等的操作过程。在早期,计算机主要用于科学和工程计算,进入 20 世纪 80 年代以后,计算机主要用于数据处理。有关统计资料表明,现代计算机用于数据处理的时间比例平均高达 80% 以上,随着时间的推移和计算机的进一步普及,计算机用于数据处理的时间比例必将进一步增大,像计算机情报检索系统、经济管理信息系统、图书管理系统、银行核算系统、财务管理系统、招生及成绩管理系统等都是计算机在数据处理领域的具体应用。数据结构是数据处理软件的基础,因此数据结构课程是计算机所有专业的最重要的主干课程之一。

数据结构(Data Structure),简单地说是指数据以及数据之间的联系。上面提到数据的描述对象是现实世界的事物及其活动,而任何事物及其活动都不是孤立存在的,都是在一定意义上相互联系、相互影响的,所以数据之间必然存在着联系。由于这种联系是内在的,或根据需要人为定义的,所以被认为是"逻辑"上的联系,因此,又把数据结构作为数据的逻辑结构。数据结构在计算机存储器上的存储表示称为数据的物理结构或存储结构。由于存储表示方法有顺序、链接、索引、散列等多种,所以一种数据结构可表示成一种或多种物理结构。确切地说,数据结构就是研究数据和数据之间的逻辑结构和物理结构,而重点是研究它们的逻辑结构。

为了更准确地描述数据结构,我们采用二元组表示:

$$B = (K, R)$$

B 是一种数据结构,它由数据元素集合 K 和 K 上二元关系的集合 R 所组成。

$$K = \{k_i \mid 1 \leqslant i \leqslant n, n \geqslant 0\}$$

$$R = \{r_j \mid 1 \leqslant j \leqslant m, m \geqslant 0\}$$

k_i 表示第 i 个数据元素,n 为 B 中数据元素的个数,特别地,若 n = 0,则 K 是一个空集,因而 B 也无结构可言,或者说它具有任何结构;r_j 表示第 j 个二元关系(以后简称关系),m 为 K 上关系的个数。

本书讨论的数据结构,一般只讨论 m = 1 的情况,即 R 中只包含一个关系 R = {r} 的情况,对于包含多个关系的数据结构,可分别对每一个关系进行讨论。

K 上的一个关系 r 是序偶集合。对于 r 中的任一序偶 <x,y>(x,y∈K),把 x 叫做序偶的第一个元素,y 叫做序偶的第二个元素,又称序偶的第一个元素为第二个元素的直接前驱,简称前驱,称第二个元素为第一个元素的直接后继,简称后继。如在序偶 <x,y> 中,x 为 y 的前驱,而 y 为 x 的后继。

平常,数据结构我们习惯用图形形象地表示出来以便于理解。图形中的每个结点(或叫顶点,或叫节点)对应着一个数据元素,两结点之间带箭头的连线(称作有向边或弧)对应着关系中的一个序偶,其中序偶的第一个元素为有向边的起始结点,第二个元素为有向边的终止结点。

下面通过一个具体实例,根据表 1-2 构造一些典型的数据结构。

表 1-2 信息学竞赛培训名单

编号	姓名	性别	出生年月日	职务	单位
01	向期中	男	1965 年 10 月	教练	
02	金恺	男	1986 年 9 月 25 日	组长	高三
03	栗师	男	1986 年 9 月 11 日	学员	高三
04	柳明海	男	1986 年 6 月 11 日	学员	高三
05	任恺	男	1987 年 4 月 17 日	组长	高二
06	王俊	男	1986 年 9 月 1 日	学员	高二
07	胡伟栋	男	1986 年 8 月 5 日	学员	高二
08	易伟	男	1986 年 12 月 19 日	学员	高二

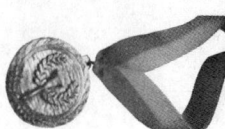

（续表）

编号	姓名	性别	出生年月日	职务	单位
09	康亮环	男	1986 年 12 月 14 日	学员	高二
10	周戈林	男	1987 年 12 月 30 日	组长	高一
11	肖湘宁	女	1988 年 10 月 16 日	学员	高一
12	谭　欣	女	1988 年 12 月 28 日	学员	高一
13	邓亦龙	男	1988 年 9 月 30 日	学员	高一

表中共有 13 条记录，每条记录都由六个数据项所组成，由于每条记录的编号各不相同，所以可把每条记录的编号作为该记录的关键字，在下面的例子中，我们用记录的关键字代表整个记录。

【例 1－1】一种数据结构 linearity =（K,R）,其中

K = {01,02,03,04,05,06,07,08,09,10,11,12,13}

R = {r}

r = { < 01,06 > , < 06,07 > , < 07,04 > , < 04,03 > , < 03,02 > , < 02,09 > , < 09,08 > , < 08,05 > , < 05,10 > , < 10,13 > , < 13,11 > , < 11,12 > }

对应的图形如图 1－1 所示：

图 1－1　线性结构示意图

结合表 1－2，不难发现，r 是按年龄从大到小的排列关系。

在 linearity 中，每个数据元素有且只有一个直接前驱元素（除结构中第一个元素 01 外），有且只有一个直接后继元素（除结构中最后一个元素 12 外）。这种数据结构的特点是数据元素前驱与后继之比是 1：1，即线性关系，我们把具有这种特点的数据结构叫线性结构。

【例 1－2】一种数据结构 tree =（K,R）,其中

K = {01,02,03,04,05,06,07,08,09,10,11,12,13}

R = {r}

r = { < 01,02 > , < 01,05 > , < 01,10 > , < 02,03 > , < 02,04 > , < 05,06 > ,
　　 < 05,07 > , < 05,08 > , < 05,09 > , < 10,11 > , < 10,12 > , < 10,13 > }

对应的图形如图 1－2 所示：

结合表 1－2，不难发现，r 是教练、学员之间管理与被管理之间的关系。

图 1－2 像倒着画的一棵树，在这棵树中，最上面的一个没有前驱只有后继的结点叫作根结点，最下面一层的只有前驱没有后继的结点叫作树叶结点，除树根结点和树叶结点之外的结点叫做树枝结点。在一棵树中，每个结点有且只有一个前驱结点（除树根结点外），但可以有任意多个后继结点（树叶结点可看作具有 0 个后继结点）。这种数据结构的特点是数据元素前驱与后继之比是 1：N（N≥0），我们把具有这种特点的数据结构叫作树型结构或树结构。

【例 1－3】一种数据结构 graph =（K,R）,其中

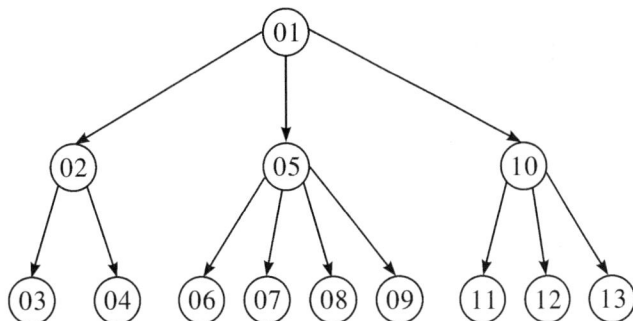

图 1 - 2 树结构示意图

K = {01,02,03,04,05,06,07,08,09,10,11,12,13}

R = {r}

r = {<01,02>, <01,03>, <01,04>, <01,05>, <01,13>, <01,10>, <05,06>, <05,07>, <06,08>, <08,09>, <13,05>, <10,11>, <11,10>, <11,12>}

对应的图形如图 1 - 3 所示：

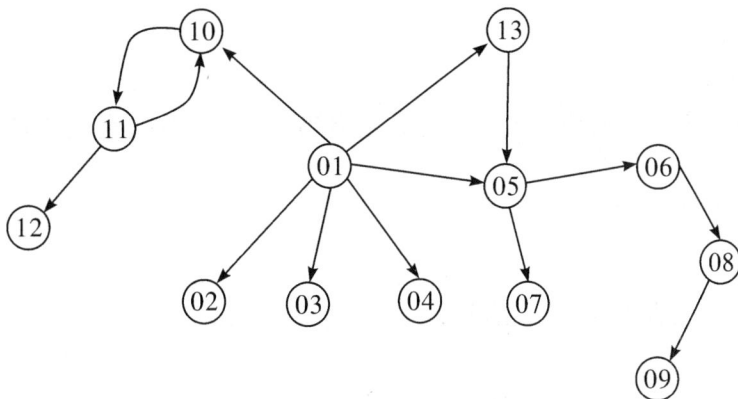

图 1 - 3 图形数据结构示意图

图 1 - 3 是一个网状结构,图中每个结点有多个前驱和多个后继结点,这种数据结构的特点是数据元素前驱与后继之比是 M: N(M≥0,N≥0),我们把具有这种特点的数据结构叫图形结构或图结构。

1.2 算法描述

鉴于本书的侧重面,阅读本书应该是在学习了 C ++ 98 的前提下,因此对于书中算法的描述都是采用 C ++ 98 的语法规则,同时增加一些功能较强的语句。有些函数也采用类 C ++ 语言书写,这样使描述出的算法清晰、直观,便于阅读和分析,读者不难用 C ++ 编程实现。绝大多数例题给出了参考源代码,便于读者在 Dev – C ++ 5.9.2 环境下调试运行。

使用的语句如下：

(1)赋值语句

　　变量 = 表达式;

（2）输入语句

scanf(格式指令,变量 1,变量 2,…);

或 cin >> 变量 1 >> 变量 2 >> …;

（3）输出语句

printf(格式指令,变量 1,变量 2,…);

或 cout << 变量 1 << 变量 2 << …;

（4）转向语句

goto 语句标号;

（5）调用函数语句

函数名(参数表);

（6）退出循环语句

break;

用于各种循环中,该语句被执行时,将立即退出当前循环,相当于 goto 到该循环语句后的第一条语句上,它是循环语句的一个非正常出口。

（7）返回语句

return［参数］;

用于函数体中,该语句被执行时,将立即退出当前函数,返回到调用前所保存的位置继续向下执行。

（8）非正常结束程序语句

exit(0);

在程序的任何一个地方使用该语句,则立即结束程序。

（9）复合语句

用大括号将多句代码复合成为一个代码块。

{语句 1;语句 2;…}

（10）条件语句

if(条件)

{语句 1;语句 2;…}

条件语句当然还可以嵌套。

（11）情况语句

switch(表达式){

case 表达式 1:

语句 1;语句 2;break;

case 表达式 2:

语句 3;语句 4;break;

……

}

若某一 case 中不使用 break 则继续执行接下来 case 中的语句。

（12）while 循环语句

  while(循环条件)

   {语句 1;语句 2;…}

  或

  do{

   语句 1;语句 2;…

  }while(循环条件);

区别在于,前者先判断条件是否成立后执行语句,后者先执行语句后进行判断,故后者保证了至少执行一次语句。

（13）for 循环语句

    for(语句 1;循环条件;语句 2)

   {语句 3;语句 4;…}

  相当于{

    语句 1;

    while(循环条件)

     {语句 3;语句 4;…语句 2;}

    }

描述算法的书写规则如下:

（1）一般算法采用函数形式书写;为便于读者领会,有时也根据需要写出一个完整的程序。

（2）函数体中的定义和说明部分为了简便有时可能省略。

（3）当需要从若干个表达式中取其值最大者或最小者时,可简记为:

max(表达式 1,表达式 2,…);

min(表达式 1,表达式 2,…);

实际上这两个函数可以通过条件语句的嵌套或其他方法实现。

（4）当两个变量 x 和 y 需要相互交换值时,记为:

swap(x,y);

可理解为下面三条赋值语句:

t = x; x = y; y = t; //t 为辅助变量

此外,在用 C ++ 描述算法时,还需要用到 C ++ 中的所有数据类型、标准库函数等。

1.3 算法评价

对于同一个问题的解决,往往能够编写出许多不同的算法。例如,大家所熟悉的排序问题,就有交换排序、选择排序、插入排序等多种算法。进行算法评价的目的,在于从解决同一个问题的不同算法中选择出较为合适的一种,同时从不同算法的比较中知道如何对现有的算法进行改进,从而设计出更好的算法。

一般从五个方面对算法进行评价。

1.3.1　正确性

正确性(correctness)是设计和评价一个算法的首要条件,如果一个算法不正确,其他方面就无从谈起。一个正确的算法是指在合理的数据输入下,能在有限的运行时间内得出正确的结果。通过对数据输入的所有可能情况的分析和上机调试可以证明算法是否正确,或找出算法的反例说明算法存在缺陷。当然,能从理论上证明一个算法的正确性更好,但证明并不是一件容易的事情,由于本书研究的是数据结构,因此不作讨论。

1.3.2　健壮性

健壮性(robustness)是指一个算法对不合理(又称不正确、非法、错误等)数据输入的反应和处理能力。一个好的算法应该能够识别出错误数据并进行相应处理。对错误数据的处理一般包括打印出错信息、调用错误处理程序、返回标识错误的特定信息、中止程序运行等方式。

1.3.3　可读性

可读性(readability)是指一个算法供人们阅读和理解的容易程度。一个可读性好的算法,应该使用便于识别和记忆的、与描述事物或实现的功能相一致的标识符,应该符合结构化和模块化的程序设计思想,应该对其中的每个功能模块以及重要的数据、数据类型和语句等加以注释,应该建立有相应的文档,用来对整个算法的功能、结构、使用等有关事项进行必要的说明。

1.3.4　时间复杂度

时间复杂度(time complexity)又称计算复杂度(computational complexity),它是算法有效性的量度之一,度量算法有效性的另一个重要指标是空间复杂度。时间复杂度是一个算法运行时间的相对量度。一个算法的运行时间是指在计算机上从开始到结束运行所花费的时间,它大致等于计算机执行一种简单操作(如赋值、转向、比较,输入输出等)所需时间与算法中进行简单操作次数的乘积。因为执行一种简单操作所需的时间随机器而异,它是由机器本身硬软件环境决定的,与算法无关,所以只讨论影响运行时间的另一个因素——算法中进行简单操作的次数。

不管一个算法是简单还是复杂,最终都是被分解成简单操作来具体执行的,因此,每一个算法都对应着一定的简单操作次数。显然,在一个算法中,进行简单操作的次数越少,其运行时间也就越少;次数越多,运行时间也越多。所以,把算法中包含简单操作次数的多少叫做算法的时间复杂度,它是一个相对的量度。

若解决一个问题的规模为 n,如排序问题中,n 表示待排元素的个数;在图的遍历中,n 表示图中的顶点数。那么,算法的时间复杂度就是 n 的一个函数,通常记为 $T(n)$。下面我

们通过一些具体实例来分析算法的时间复杂度。

【例1-4】对一个一维的整形数组,求它的累加和的算法。

```
const int n = 100;
int a[n + 1],i,sum;
int main()
{
    sum = 0;                                 //(Ⅰ)
    for(int i = 1;i <= n;i ++ ) sum += a[i]; //(Ⅱ)
    printf("sum = % d \n",sum);              //(Ⅲ)
    return 0;
}
```

计算机执行算法时,第(Ⅰ)步和第(Ⅲ)步是一次赋值操作和一次输出操作,重点是分析第(Ⅱ)步包含多少简单操作的次数,为了便于分析,将(Ⅱ)改写为如下形式:

```
i = 1;                      1 次
1:if(i > n) goto 2;         n + 1 次
    sum += a[i];            n 次
    i = i + 1;              n 次
    goto 1;                 n 次
2:printf("sum = % d \n",sum);
```

把第(Ⅱ)步分解后的每一条语句的执行次数加起来,就得到了它包含的简单操作的次数,即为4n + 2。因此,这个求累加和算法的时间复杂度为:

$$T(n) = 4n + 4$$

【例1-5】对一个一维的整数数组,按从大到小排序。

```
const int n = 10;
int a[n + 1],i,j,p,t;
voidwork(){
    for(int i = 1;i <= n;i ++ ) cin >> a[i];   //(Ⅰ)
        for(int i = 1;i < n;i ++ ){            //(Ⅱ)
        int p = i;
        for(int j = i;j <= n;j ++ )
            if(a[j] > a[p]) p = j;
        swap(a[i],a[p]);
        }
    for(int i = 1;i <= n;i ++ )                //(Ⅲ)
        if(i% 5 == 0) cout << a[i] << endl;
        else cout << a[i];
}
```

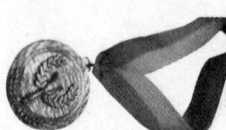

显然（Ⅰ）和（Ⅲ）部分执行简单操作的次数是相同的,与【例1-4】中循环一样,都是 $4n+2$ 次,对于（Ⅱ）部分我们以下程序段分析:

	int i = 1;	1次
1:	if(i >= n) goto 4;	n - 1 次
	p = i;	n - 1 次
	j = i;	n - 1 次
2:	if(j > n) goto 3;	n(n - 1)/2 次
	if(a[j] > a[p]) p = j;	n(n - 1)/2 次
	j ++ ;	n(n - 1)/2 次
	goto 2;	n(n - 1)/2 次
	int t = a[i];	n - 1 次
	a[i] = a[p];	n - 1 次
	a[p] = t;	n - 1 次
3:	i ++ ;	n - 1 次
	goto 1;	n - 1 次
(Ⅲ)4:	for(int i = 1;i <= n;i ++)	
	...	

则得到（Ⅱ）执行简单操作的次数为 $2n^2+6n-7$,因此,这个排序算法的时间复杂度为:

$$T(n)=2n^2+14n-3$$

【例1-4】和【例1-5】的算法时间复杂度还比较容易计算,因为算法比较简单,同时 for 循环中的循环次数是固定的;但是,当算法较复杂,同时包含 while 循环或 do/while 循环,其时间复杂度的计算就相当困难了。实际上,一般没有必要精确地计算出算法的时间复杂度,只要大致计算出相应的数量级（Order）即可。下面我们讨论算法时间复杂度 $T(n)$ 的数量级表示。

设 $T(n)$ 的一个辅助函数为 $f(n)$,定义为当 n 大于等于某一足够大的正整数 m 时,存在两个常数 a 和 b（a < b）,使得 $a < \dfrac{T(n)}{f(n)} < b$ 均成立,则称 $f(n)$ 是 $T(n)$ 的同数量级函数。把 $T(n)$ 表示成数量级的形式为:

$$T(n)=O(f(n))$$

其中大写字母 O 为英文 Order（即数量级）一词的第一个字母。这种表示的意思是指 $f(n)$ 同 $T(n)$ 只相差一个常数倍。

例如,在【例1-4】中,当 n≥3 时,$1 < \dfrac{T(n)}{n} < 6$ 均成立,则 $f(n)=n$,在【例1-5】中,当 n≥2 时,$1 < \dfrac{T(n)}{n^2} < 9$ 均成立,则 $f(n)=n^2$。由此可以推出,当 $T(n)$ 是多项式时,$f(n)$ 则为 $T(n)$ 的最高次幂,若把【例1-4】和【例1-5】的算法时间复杂度分别用数量级的形式表示,则为 $O(n)$ 和 $O(n^2)$。

算法的时间复杂度采用数量级表示后,将给求出一个算法的时间复杂度带来很大的方

便,这时只需要分析影响一个算法运行时间的主要部分即可,不必对每一步都进行详细的分析。同时对主要部分的分析也可以简化,一般只需要分析清楚循环体内简单操作次数即可,如对于【例 1 - 5】我们就只需要分析(Ⅱ)这个部分,弄清楚一个双重循环的操作执行的次数大致为 n^2,就可得出算法的时间复杂度为 $O(n^2)$。

算法的时间复杂度通常具有 $O(1)$、$O(n)$、$O(\log_2 n)$、$O(n\log_2 n)$、$O(n^2)$、$O(n^3)$、$O(2^n)$ 和 $O(n!)$ 等形式。$O(1)$ 表示算法的运行时间为常量,它不随数据量 n 的改变而改变。如访问表中的第一个元素时,无论表的大小如何,其时间复杂度都为 $O(1)$。具有 $O(n)$ 数量级的算法被称为线性算法,其运行时间与 n 成正比,如对一个表进行顺序查找时,其时间复杂度就是 $O(n)$;有些算法的时间复杂度为 $O(\log_2 n)$,即与 n 的对数成正比,如在有序表上进行二分查找的算法就是如此;对数组进行排序的各种简单算法的时间复杂度为 $O(n^2)$ 数量级的,当 n 加倍时,其运行时间将增长 4 倍;对数组进行排序的各种改进算法的时间复杂度为 $O(n\log_2 n)$ 数量级的,当 n 加倍时,其运行时间只是原来的 $2(1 + 1/\log_2 n)$ 倍;做两个 n 阶矩阵的乘法运算时,其时间复杂度为 $O(n^3)$;求具有 n 个元素集合的所有子集的算法,其时间复杂度应为 $O(2^n)$,因为对于含有 n 个元素的集合来说共有 2^n 个不同的子集;求具有 n 个元素的全排列的算法的时间复杂度为 $O(n!)$,因为它共含有 n! 种不同的排列。

随着 n 值的增大,各种时间复杂度的数量级的值,其增长速度是大不相同的。对数的值增长得最慢,线性值较之快些,其余依次为线性与对数的乘积、平方、立方、指数与阶乘,即阶乘的增长速度最快。因此,当 n 大于一定的值后,各种不同的数量级对应的值满足如下关系:

$$O(1) < O(\log_2 n) < O(n) < O(n\log_2 n) < O(n^2) < O(n^3) < O(2^n) < O(n!)$$

一个算法的时间复杂度还可具体分为最好、最差和平均三种情况,下面结合从一维数组 a[n] 中顺序查找其值等于给定值 x 的元素的算法进行说明。

```
int search(int * a,n,x){
    int i = 1;
    while (i <= n&&a[i] ! = x)
        i ++ ;
        if (i > n)    return 0;
        return i;
}
```

此算法的时间复杂度取决于第 2 步的比较次数(即循环次数加 1),而比较次数不是固定的,它与具体输入数据有关,最好的情况就是元素 a[1] 等于给定值 x,只要进行一次比较,显然时间复杂度是 $O(1)$;最坏的情况就是,没有任何元素等于给定值 x,查找失败,需要进行 n + 1 次比较,显然时间复杂度是 $O(n)$;当考虑到数组 a 中每个元素都有相同的概率(即为 $\frac{1}{n+1}$)等于给定值 x 时,则所需要比较的平均次数为:

$$\frac{1}{n+1}\sum_{i=1}^{n+1}i = \frac{n}{2} + 1$$

所以,从平均情况来看,算法的时间复杂度为 $O(n)$。

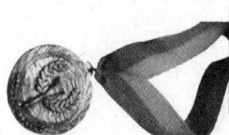

在一个算法中,最好情况的时间复杂度最容易求出,但它通常没有多大的实际意义,因为数据一般都是随意分布的,出现最好情况分布的概率最小;最差情况的时间复杂度也容易求出,它比最好情况有实际意义,通过它可以估计到算法运行时所需要的相对最长时间,并且能够使用户知道如何设置数据的排列次序,尽量避免或减少最差情况的发生;平均情况的时间复杂度最有实际意义,它确切地反映了运行一个算法的平均快慢程度,所以通常用它来表示一个算法的时间复杂度。对于一个算法来说,平均和最差这两种情况下的时间复杂度的数量级形式往往相同,它们的主要差别在最高次幂的系数上。另外,有些算法最好、最差和平均的时间复杂度是相同的,如【例1－4】和【例1－5】就是如此。

1.3.5　空间复杂度

空间复杂度(space complexity)是对一个算法在运行过程中临时占用存储空间大小的量度,它也是衡量一个算法有效性的一个方面。一个算法在计算机存储器上所占用的存储空间,包括存储算法本身所占用的存储空间、算法的输入输出数据所占用的存储空间和算法在运行过程中临时占用的存储空间这三个方面。

算法的输入输出数据占用的存储空间是由要解决的问题所决定的,它不随算法的不同而改变。

存储算法本身所占用的存储空间与算法的书写长度成正比,要压缩这方面的存储空间,就必须编写出较短的算法。如编写成递归算法通常就比非递归算法要短。

算法在运行过程中临时占用的存储空间随算法的不同而异,有的算法只需要占用少量的临时工作单元,而且不随问题规模的大小而改变;有的算法需要占用的临时工作单元数随着问题规模 n 的增大而增大,当 n 较大时,将占用较多的存储单元,浪费存储空间,如以后要介绍的归并排序算法。

分析一个算法所占用的存储空间要从各方面综合考虑。如对于递归算法来说,一般都比较简短,算法本身所占用的存储空间较小,但运行时需要一个附加堆栈,从而占用较多的临时工作单元;若写成非递归算法,一般可能较长,算法本身所占用的存储空间较多,但运行时临时工作单元少。

一个算法的空间复杂度通常只是考虑在运行过程中为局部变量分配的存储空间的大小,它包括为参数表中形参变量分配的存储空间和为在函数体中定义的局部变量分配的存储空间两个部分。算法的空间复杂度一般也以数量级形式给出。如当一个算法的空间复杂度为一个常量,即不随被处理数据量 n 的大小而改变时,则表示为 $O(1)$;当一个算法的空间复杂度与以 2 为底的 n 的对数成正比时,则表示为 $O(\log_2 n)$;当一个算法的空间复杂度与 n 成线性比例关系时,则表示为 $O(n)$。对于【例1－4】,空间复杂度显然就是 $O(n)$。

上面讨论了如何从五个方面评价一个算法,但它们不是孤立的,是相互联系的,除了算法的正确性外,其他几个方面往往是相互矛盾的。如追求较短的运行时间,可能占用较多的存储空间;当追求占用较少的存储空间时,可能会带来较长的运行时间;当追求算法的健壮性和可读性时,可能带来较长的运行时间和占用较多的存储空间。所以在设计一个算法时,要从这几个方面综合考虑,同时还要考虑编程复杂性,只有认真细致地从算法的这几个

方面去考虑了,才能设计出较好的算法。当然,在设计算法方面,还要考虑算法处理数据量的大小、算法描述语言的特性、算法运行系统的软硬件环境等因素。

1.4　C++中的数据类型

在计算机领域,数据类型是与每一种计算机语言都相关的概念。一般地说,计算机语言不同,对数据进行分类的规则也不同,因而产生的数据类型也不完全相同。在C++中,数据被划分为两大类型:预定义类型和自定义类型。

1.4.1　预定义类型

预定义类型包括整形、浮点型、字符型、布尔型、空类型和指针类型。每一种简单类型都定义了一个具有相同数据特征的值的集合,如布尔类型定义的值的集合是[false,true],这是两个表示逻辑假和逻辑真的标识符。每个简单类型的数据都是一个无法再分割的数据"原子",如整型数据128、实型3.628、字符'A'、逻辑值true等都是这样的数据"原子"。存储一个简单类型的数据需要占用一个存储单元,该存储单元所包含的字节数(每个字节由八位二进制位组成)由数据的类型而决定。对于整形和浮点型,可以通过在其之前添加类型修饰符来改变其包含的字节数,如短整形(short int)包含2个字节,长整形(long int)包含4个字节。

1.4.2　自定义类型

构造类型又包括数组、结构体、联合体和枚举四种类型。每一种自定义类型中的数据都由若干成分所组成,如数组(即数组类型中的数据)是由固定数目的数据元素所组成的。每一种构造类型中的数据都对应一定的逻辑结构和存储结构。由于除数组外的三种类型过于复杂,在此仅对数组进行介绍。

数组类型定义为:T array[n];

其中T表示的是该数据类型中的元素类型,可以为除了空类型外的任何类型。n表示该数组中的元素数量。

数组中的元素在位置上是顺序排列的,即第i个元素排列在第i−1个元素的后面和第i+1个元素的前面。这样元素之间在位置上的排列关系就是一种线性关系,所以数组的逻辑结构是一种线性结构,可用二元组表示为:array=(A,R)

其中:

$A = \{ a_i \mid 1 \leqslant i \leqslant n, a_i \in T \}$

$R = \{ r \}$

$r = \{ < a_i, a_{i+1} > \mid 1 \leqslant i \leqslant n-1 \}$

对应的图形如图1−4所示:

图1−4　数组的逻辑存储结构示意图

数组的存储结构是一种顺序存储结构,即在存储空间上,数组的第 i+1 个元素紧挨着存储在第 i 个元素的存储位置的后面。这样,数组元素之间的线性关系通过顺序存储的方式很自然地反映出来。数组的存储结构可用图 1-5 表示:

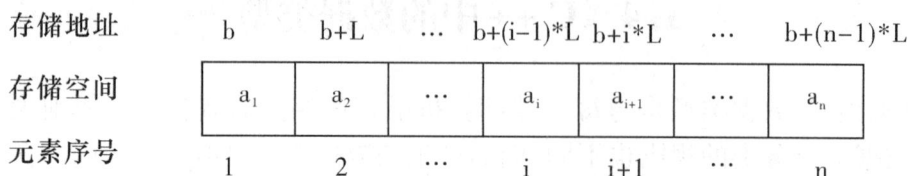

存储地址	b	b+L	…	b+(i-1)*L	b+i*L	…	b+(n-1)*L
存储空间	a_1	a_2	…	a_i	a_{i+1}	…	a_n
元素序号	1	2	…	i	i+1	…	n

图 1-5　数组的存储结构示意图

由于数组中的每个元素都具有相同的类型 T,所以在存储空间上都占有相同的字节数(假定为 L)。若第 i 个元素 a_i 的存储地址(即对应的 L 个字节中的第一个字节的地址)用 $Loc(a_i)$ 来表示,则第 i+1 个元素 a_{i+1} 的存储地址为:

$$Loc(a_{i+1}) = Loc(a_i) + L$$

多维数组在第五章介绍。

1.5　小结

本章主要介绍数据结构的一些概念和阅读本书需要的知识,下面给出概括性结论:

(1)数据结构研究的是数据的表示与数据之间的关系。从逻辑上讲,数据有线性结构、树结构、图结构和离散结构(或集合结构)。从物理上讲,数据有顺序结构、链接结构、索引结构和散列结构四种。理论上,任一种逻辑结构都可以用任一种存储结构来实现。

(2)在线性结构中,数据之间是一对一的关系。在树结构中,数据之间是一对多的关系。在图结构中,数据之间是多对多的关系。在离散结构中,不考虑数据之间的任何次序,它们处于无序的、各自独立的状态。

(3)一个数组占有一块连续的存储空间,每个元素的物理存储单元是按下标位置从 0 开始连续编号的,相邻元素之间其存储位置也是相邻的。对于任一种数据的逻辑结构,若能够把元素之间的逻辑关系对应地转换为数组下标位置之间的物理关系,则就能够利用数组来实现其顺序存储结构。

(4)抽象数据类型是数据和对数据进行各种操作的集合体。这里所说的数据是广义的,是带有结构的数据,它可以具有任何逻辑结构和存储结构。

(5)算法的评价指标主要有正确性、健壮性、可读性、时间复杂度和空间复杂度。而时间复杂度和空间复杂度又往往相互矛盾,一个算法的时间复杂度和空间复杂度越好,越节省时间和空间。

(6)算法的时间复杂度和空间复杂度通常用数量级形式表示出来。数量级的形式分为常量级、对数级、线性级、线性乘对数级、平方级、立方级、指数级、阶乘级等多个级别。当数据处理量较大时,处于前面级别的算法比处于后面级别的算法更有效。

习题一

一、选择题（每题只有一个正确选项）

1. 已知下列四个算法的时间复杂度，哪一个算法在 $[1,100]$ 中是最优的 （ ）

A. $N!$ B. $1\,000N^2$ C. $N^3+1\,000$ D. $N+10^{12}$

2. 已知某一算法的时间复杂度上限函数满足递归关系 $T(n)=2T(n/2)+n$，那么该算法的渐进时间复杂度为 （ ）

A. $O(\log_2^2 n)$ B. $O(n^2)$ C. $O(n)$ D. $O(n\log_2 n)$

3. 设某数据结构的任一个元素的前驱与后继元素的个数分别为 X 和 Y，则 $X:Y$ 的值为（ ）时，此数据结构肯定为线性结构。 （ ）

A. $1:2$ B. $1:1$ C. $2:3$ D. $3:4$

4. 已知下列算法的渐进时间复杂度，不属于多项式算法的是 （ ）

A. $O(n^{100})$ B. $O(2^N)$ C. $O(n^2)$ D. $O(2^{100}n)$

5. 对于某算法的时间复杂度上界函数满足递归关系 $T(n)=n+T(n-1)$，那么该算法的渐进复杂度为 （ ）

A. $O(1)$ B. $O(n)$ C. $O(2n)$ D. $O(n^2)$

6. 执行下面 C++ 程序段时，S 被执行的次数为 （ ）

程序：
```
for (int i = 1;i <= n;i ++ )
    for (int j = 1;j <= i;j ++ )
        S();
```

A. n^2 B. $n^2/2$ C. $n(n+1)$ D. $n(n+1)/2$

7. 下面 C++ 程序中 Work 执行的次数是 （ ）

程序：
```
for(int i = 1;i <= n;i ++ )
    for(int j = 1;j <= n;j ++ )
        if((i + j)% 2 == 0) Work();
```

A. n^2 B. $n(n+1)$ C. $n(n+1)/2$ D. $(n^2-1)/2+1$

8. 已知某一个 C++ 函数 $f(n)$，计算 $f(4)$ 的时候函数 f 被调用的次数为 （ ）

程序：
```
int f(int n){
    if (n <= 1) return n;
    return f(n - 1) + f(n - 2);
}
```

A. 7   B. 8   C. 9   D. 10

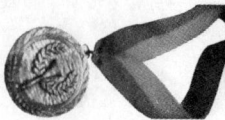

9. 一个算法的时间复杂度为 $(3n^2+2n\log_2 n+4n-7)/5n$，则其数量级可以表示为

（　　）

A. $O(n^3)$ B. $O(n^2)$ C. $O(n)$ D. $O(1)$

10. 下面 C++ 程序的时间复杂度为 （　　）

程序：

```
for(int i = 1;i <= n;i ++ )
    for(int j = 1;j <= n;j ++ )
        a[i][j] = i*j;
```

A. $O(n)$ B. $O(n^2)$ C. $O(2^N)$ D. $O(1)$

二、有下列几种用二元组表示的数据结构,试画出它们分别对应的图形表示,并指出它们分别属于何种结构。

1. A = (K,R),其中

K = {a,b,c,d,e,f,g,h}

R = {r}

r = {⟨a,b⟩,⟨b,c⟩,⟨c,d⟩,⟨d,e⟩,⟨e,f⟩,⟨f,g⟩,⟨g,h⟩}

2. B = (K,R),其中

K = {a,b,c,d,e,f,g,h}

R = {r}

r = {⟨d,b⟩,⟨d,g⟩,⟨b,a⟩,⟨b,c⟩,⟨g,e⟩,⟨g,h⟩,⟨e,f⟩}

3. C = (K,R),其中

K = {1,2,3,4,5,6}

R = {r}

r = {(1,2),(2,3),(2,4),(3,4),(3,5),(3,6),(4,5),(4,6)}

4. D = (K,R),其中

K = {48,25,64,57,82,36,75}

R = {r₁,r₂}

r_1 = {⟨25,36⟩,⟨36,48⟩,⟨48,57⟩,⟨57,64⟩,⟨64,75⟩,⟨75,82⟩}

r_2 = {⟨48,25⟩,⟨48,64⟩,⟨64,57⟩,⟨64,82⟩,⟨25,36⟩,⟨82,75⟩}

三、用类 C++ 语言描述下列每一个算法,并分别求出它们的时间复杂性。

1. 求一维实型数组 A[n] 中的所有元素之乘积。

2. 计算 $\sum\limits_{i=1}^{n}\dfrac{x^i}{i+1}$ 的值。

3. 假定以为整型数组 A[n] 中的每一个元素均在 [0,200] 区间内,分别统计处落在 [0, 20)、[20,50)、[50,80)、[80,130)、[130,200] 各区间内的元素个数。

四、指出下列各算法的功能并求出其时间复杂性。

1. void prime(int n){

int i = 2;

```
        while((n% i)! = 0)&&i < sqrt(n))
            i ++ ;
        if(i > sqrt(n))
            printf("% d is a prime number",n);
        else
            printf("% d is not a prime number",n);
    }
```

2.
```
int sum1(int n){                      //n 为正整数
    int p = 1,sum = 0;
    for(int i = 1;i <= n;i ++ ){
        p* = i;
        sum += p;
    }
    return sum;
}
```

3.
```
int sum2(int n){                      //n 为正整数
    int sum = 0;
    for(int i = 1;i <= n;i ++ ){
        p = 1;
        for(int j = 1;j <= i;j ++ )
            p* = j;
        sum += p;
    }
    return sum;
}
```

4.
```
void sort(int* a,int n){
    for(int i = 1;i < n;i ++ ){
        int k = i;
        for(int j = i + 1;i <= n;j ++ )
            if(a[j] < a[k]) k = j;
        swap(a[i],a[k]);
    }
}
```

5.
```
void matrimult(A[][],B[][],C[][]){      //A 为 m*n 阶矩阵,B 为 n*l 阶矩阵,C 为 m*l
```
阶矩阵
```
    for(int i = 1;i <= m;i ++ ){
        for(int j = 1;j <= l;j ++ )
```

```
            C[i][j] = 0;
        for(int i = 1;i <= m;i ++ )
            for(int j = 1;j <= l;j ++ )
                for(int k = 1;k <= n;k ++ )
                    C[i][j] += A[i][k]* B[k][j];
        }
    }
```

第 2 章　线性表

线性表是最简单、最基本、最常用的一种线性结构,它有两种存储的方法:顺序存储和链式存储。它的基本操作是插入、删除和检索等。

2.1　线性表的定义和顺序存储

2.1.1　线性表的定义

线性表(linear list)是具有相同特性的数据元素的一个有限序列。该序列中所含元素的个数叫做线性表的长度,用 n 表示,$n \geq 0$。当 $n = 0$ 时,表示线性表是一个空表,即表中不包含任何元素。设序列中第 i 个元素为 $a_i (1 \leq i \leq n)$,则线性表的一般表示为:

$(a_1, a_2, a_3, \cdots, a_i, \cdots, a_n)$

其中 a_1 为第一个元素,又称作表头元素,a_n 为最后一个元素,又称作表尾元素。一个线性表可以用一个标识符来命名,如用 A 命名上面的线性表,则

$$A = (a_1, a_2, a_3, \cdots, a_i, \cdots, a_n)$$

线性表中的元素在位置上是有序的,即第 i 个元素 a_i 处在第 $i-1$ 个元素 a_{i-1} 的后面和第 $i+1$ 个元素 a_{i+1} 的前面,这种位置上的有序性就是一种线性关系,所以线性表是一种线性结构,用二元组表示为:

$$\text{Linear\_list} = (A, R),$$

其中

A = {a_i | $1 \leq i \leq n, n \geq 0, a_i \in$ elemtype}

R = {r}

r = { < a_i, a_{i+1} > | $1 \leq i \leq n - 1$}

对应的逻辑图如图 2 – 1 所示:

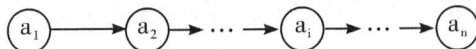

图 2 – 1　线性表的逻辑结构示意图

其中元素类型 elemtype 可表示任何一种类型。

由线性表的定义可知,线性表的长度是可变的,当向线性表中插入一个元素时,其长度就增加 1,当从线性表中删除一个元素时,其长度就减少 1。

线性表是一种线性结构,反过来,任何线性数据结构都可以用线性表的形式表示出来,这只需要按照元素之间的逻辑关系把它们顺序排列即可。

2.1.2　线性表的顺序存储

线性表的顺序存储是线性表的一种最简单的存储结构,其存储方式是:在内存中为线性表开辟一块连续的存储空间,该存储空间所包含的存储单元数要大于等于线性表的长度(假定每个存储单元具有存储线性表中一个元素所需要的存储字节数),让线性表的第一个元素存储在这个存储空间的第一个单元中,第二个元素存储在第二个单元中,依此类推。

因为一个数组在内存中对应着一块连续的存储空间,所以我们可以借用数组来为线性表的顺序存储开辟存储空间,该数组的单元数(即成分个数)要大于等于线性表的长度。另外,为了存储线性表的长度,还要使用一个整型变量。若把线性表的顺序存储所使用的一个数组和一个整型变量统一声明在一个记录类型中,则该记录类型可定义为:

```
struct Arraylist{
    elemtype array[maxlen];        //定义一个数组,maxlen 为数组最大长度
    int len;                       //记录线性表长度
}
```

其中 array 域(即一维数组)用来顺序存储线性表中的所有元素,len 域(即整型变量)用来存储线性表的长度,亦即表尾元素所对应的下标,maxlen 表示在线性表动态变化的过程中可能需要的最大长度,其值由用户决定。

对于上面的线性表 A 来说,它的顺序存储结构如图 2-2 所示。

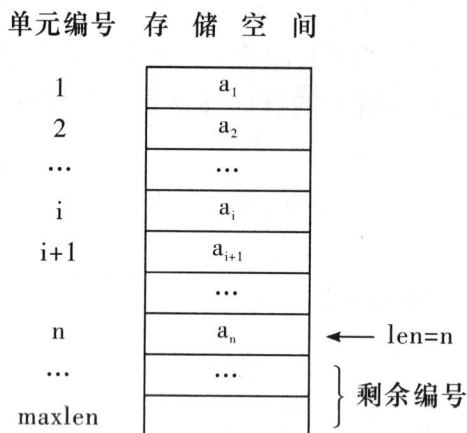

图 2-2　线性表的顺序存储结构示意图

2.2　线性表的运算

对线性表的基本运算有:

(1)置一个线性表为空表;

(2)求线性表的长度;

（3）读取线性表中第 i 个元素；

（4）修改或者重写线性表中第 i 个元素；

（5）查找线性表中首先满足给定条件的元素；

（6）统计、累加或打印线性表中满足给定条件的所有元素；

（7）向线性表中第 i 个元素或满足给定条件的第一个元素所在位置插入一个新元素；

（8）删除线性表中第 i 个元素或满足给定条件的第一个元素。

在上面的 8 种基本运算中，若按照是否改变线性表长度来划分，则第 1、7、8 种运算将改变线性表的长度，其余运算均不改变线性表的长度。对于改变线性表长度的那几种运算来说，第 1 种运算将置线性表的长度为 0，第 7 种运算将使线性表的长度增 1，第 8 种运算将使线性表的长度减 1。

由上面的基本运算，可以构成其他较复杂的运算。如通过置空表的运算和反复向表尾之后插入新元素的运算，可在计算机上建立一个线性表（确切地说，是建立线性表的存储结构）；通过反复执行删除第 i 个元素的运算，可删除线性表中从第 i 元素开始的连续若干个元素。

根据线性表的运算和线性表的存储结构可写出相应的算法，存储结构不同，其算法也不同。在顺序存储方式下，由于线性表是利用一维数组存储的，所以对于那些与线性表长度无关的运算，其算法就是对数组运算的算法，这里就不作讨论了（当然，对于查找运算和排序运算，因为它们是数据处理领域非常重要的两种运算，所以将在后面的章节专门讨论它们的各种算法），在此我们只讨论与线性表长度操作有关的算法。

在下面所列举的算法中，假定用 L 表示具有顺序存储结构的类型为 list 的一个线性表，x 表示类型为 elemtype 的一个数据元素，i 表示类型为整型的一个元素下标。

2.2.1　置线性表为一个空表

此算法很简单，只需要把线性表的长度置 0 即可。

```
void cinlist(Arraylist &L){
        L.maxlen = 10;                  //初始定义数组长度为10,之后可更改
        L.len = 0;                      //置线性表长度为0,即为空表
}
```

2.2.2　求线性表的长度

此算法也非常简单，只要取出线性表的长度值即可。

```
int Length(Arraylist &L){
        return L.len;
}
```

2.2.3　向线性表中第 i 个元素位置插入一个新元素

算法步骤为：

(1)检查线性表的存储空间是否已被占满,若占满,则进行"溢出"错误处理;

(2)检查 i 值是否超出所允许的范围(1≤i≤len+1),若超出,则进行"超出范围"错误处理;

(3)将线性表的第 i 个元素和它后面的所有元素均后移一个位置;

(4)将新元素写入到空出的第 i 个位置上;

(5)使线性表的长度增 1。

算法描述为：

```
void insert(Arraylist L,int i,int x){
    if(L.len == maxlen){
        cout << "overflow" << endl;
        return;
    }
    if(i < 1 || i > (L.len + 1)){
    cout << "out of range" << endl;
        return;
    }
    for(int j = L.len;j >= i;j - - )
        L.array[j + 1] = array[j];
    L.array[i] = x;
    L.len ++ ;
}
```

算法中的第(1)步和第(2)步可根据情况进行取舍。若你确信线性表在插入过程中不会造成溢出,则可省去第(1)步;若你确信所给的 i 值不会超出所允许的范围,则可省去第(2)步。

此算法的时间复杂性主要取决于第(3)步的循环次数(即向后移动的元素个数)。此循环次数不仅与线性表的长度 L.len 值有关,而且与 i 值有关。当 i = L.len + 1 时,元素的移动次数最少,即 0 次;当 i = 1 时,元素的移动次数最多,即 L.len 次;若用 P_i 表示在第 i 个元素位置插入一个新元素的概率,则在长度为 L.len 的线性表中插入一个元素所需移动次数的期望值(即平均次数)为 $\sum_{i=1}^{L.len+1} p_i(L.len - i + 1)$。不失一般性,我们假定在线性表的任何位置上插入元素的概率都相同,即为 $p_i = \dfrac{1}{L.len + 1}$,$1 \leqslant i \leqslant L.len + 1$,则元素移动的平均次数为：

$$\frac{1}{L.len + 1} \sum_{i=1}^{L.len+1} (L.len - i + 1) = \frac{L.len}{2}$$

可见,在向顺序存储的线性表的第 i 个元素位置插入一个元素时,最好情况是不移动元素,最坏情况是移动表中的所有元素,一般情况是移动表中的一半元素,因此,在最坏和一般这两种情况下,此算法的时间复杂度均为 O(n)。

2.2.4　删除线性表中的第 i 个元素

算法步骤为:

(1)检查 i 值是否超出所允许的范围(1≤i≤L.len),若是,则进行"超出范围"错误处理;

(2)把第 i 个元素赋给变参 x 带回;

(3)把第 i 个元素后面的所有元素前移一个位置;

(4)使线性表的长度减 1。

算法描述为:

```
void delete(Arraylist &L,int i,elemtype & x){
    if ( i < 1 || i > L.len){
        cout << "out of range" << endl;
        return 0;
    }
    x = L.array[ i ];
    for (int j = i + 1;j <= L.len;j ++ )
        L.array[ j - 1 ] = L.array[ j ];
    L.len - - ;
}
```

此算法中的第(1)步和第(2)步可根据情况进行取舍。若确信 i 值不会超过范围,则可省去第(1)步;若不需要保留被删除的元素,则可省去第(2)步,当然连参数表中的 x 参数也省略了。

此算法的时间复杂度主要取决于第(3)步的循环次数(即元素向前移动的次数)。同插入的过程一样,此循环次数不仅与线性表的长度 L.len 有关,而且与 i 值有关。当 i = 1 时,元素的移动次数最多,即 L.len - 1 次;当 i = L.len 时,元素的移动次数最少,即 0 次;若考虑平均情况,则在删除任一元素概率相等的情况下,元素移动的平均次数为: $\dfrac{L.len - 1}{2}$。

因此在最坏和一般两种情况下,此算法的时间复杂性均为 O(n)。

插入和删除的示例图:

例如,有一个线性表为:L = (3,17,13,7,103,27,29,101,89)

当在第 3 个元素位置插入一个新元素 19 时,插入前后所对应的存储结构如图 2 - 3 (a)和(b)所示(假定 maxlen 取 15)。

删除第 4 个元素位置,得到的存储结构如图 2 - 3(c)所示。

1	2	3	4	5	6	7	8	9	10	11	12	13	14	15
3	17	13	7	103	27	29	101	89						

len ↓ 10

(a)

1	2	3	4	5	6	7	8	9	10	11	12	13	14	15
3	17	19	13	7	103	27	29	101						

len ↓ 11

89

(b)

1	2	3	4	5	6	7	8	9	10	11	12	13	14	15
3	17	13	103	27	29	101	89							

len ↓ 9

(c)

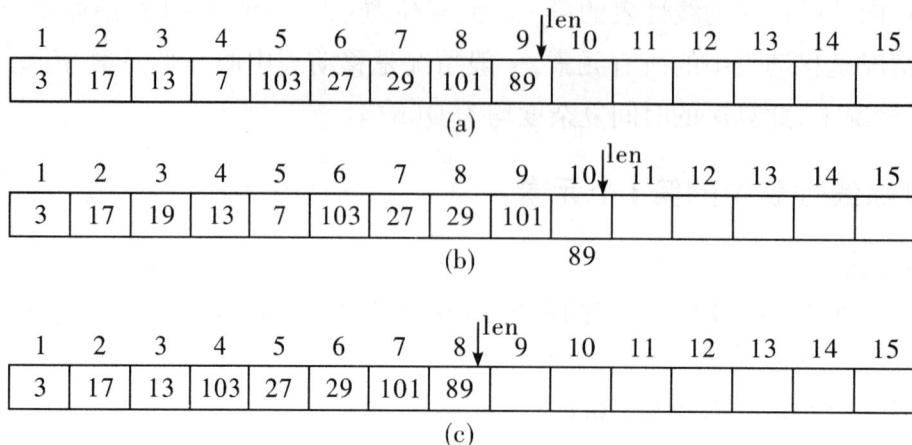

图 2-3 线性表的插入和删除示例

2.2.5 从线性表中删除其值等于给定值 x 的第一个元素

算法步骤为：

(1)从线性表的第一个元素起,使给定值 x 依次同每一个元素进行比较,直到 x 等于某个元素的值(即查找成功)或查完所有元素仍找不到值为 x 的元素(即查找失败)为止;

(2)若查找失败,则进行"没有找到"错误处理;

(3)删除其值等于 x 的那个元素;

(4)使线性表的长度减1。

算法描述为：

```
void delete(Arraylist &L,elemtype x){
    int i = 1;
    while(i <= L.len&&x! = L.array[i])
        i ++ ;
    if(i > L.len){
        cout << "not find" << endl;
        return;
    }
    for(int j = i + 1; j <= L.len;j ++ )
        L.array[j - 1] = L.array[j];
    L.len - - ;
}
```

2.3 线性链表

线性链表是线性表的链接存储表示,既可以用静态链表实现,也可以用动态链表实现。一个链接表由 n 个(n≥0,若 n＝0,则称为空表)结点所组成,每个结点除了包含有存储数

据元素的值域外,还包含有用来实现数据元素之间逻辑关系的一个或若干个指针域,用图 2-4 表示一个结点的结构为:

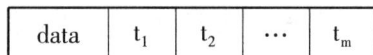

data	t_1	t_2	⋯	t_m

图 2-4　结点结构示意图

其中 data 表示值域,用来存储一个元素,t_1、t_2、⋯、t_m(m≥1)分别表示指针域,每个指针域的值为其后继元素或前驱元素所在结点(以后简称为后继结点或前驱结点)的存储位置,若某个指针域不需要指向任何结点,则令它的值为 NULL(即空字符)。

在一个链接表中,若每个结点只包含有一个指针域(即 m=1 的情况),则被称为单链表,否则被称为多链表。对于线性数据结构来说,由于数据元素之间是 1:1 的联系,所以当进行链接存储时,一种最简单的方法是:在每个结点中只设置一个指针域,用以指向其后继结点,这样构成的链接表称之为线性单向链接表,简称单链表;另一种可能采用的方法是:在每个结点中设置两个指针域,分别用以指向其前驱结点和后继结点,这样构成的链接表称之为线性双向链接表,简称双向链表。若表尾结点的后继结点指向表头,表头结点的前驱结点指向表尾,整个链表就构成了一个环,被称作循环链表。

设一个线性表为:

$$A = (a_1, a_2, \cdots, a_i, a_{i+1}, \cdots, a_n)$$

若分别用单链表、双向链表和循环链表表示,则对应的示意图分别如图 2-4(a)、(b) 和(c)所示。

其中线性表 A 中的第 i 个元素(1≤i≤n)存于单链表或双向链表中的第 i 个结点的值域。在单链表中,最后一个结点无后继结点,所以其指针域为空(用 NULL 符号表示);在双向链表中,第一个结点无前驱结点,最后一个结点无后继结点,所以相应的指针域也为空。而循环链表的所有结点的前驱结点和后继结点都不为空。

每个链接表都由一个指针指向其第一个结点(即表头结点),我们把这个指针(如图 2-5中的 H 和 B)叫做表头指针。虽然表头指针只指向表头结点,但从表头指针出发,沿着结点的链(即指针域的值)可以访到任一个结点。鉴于表头指针的重要性,通常以它命名一个链接表,如以 H 为表头指针的单链表,可称作 H 单链表。

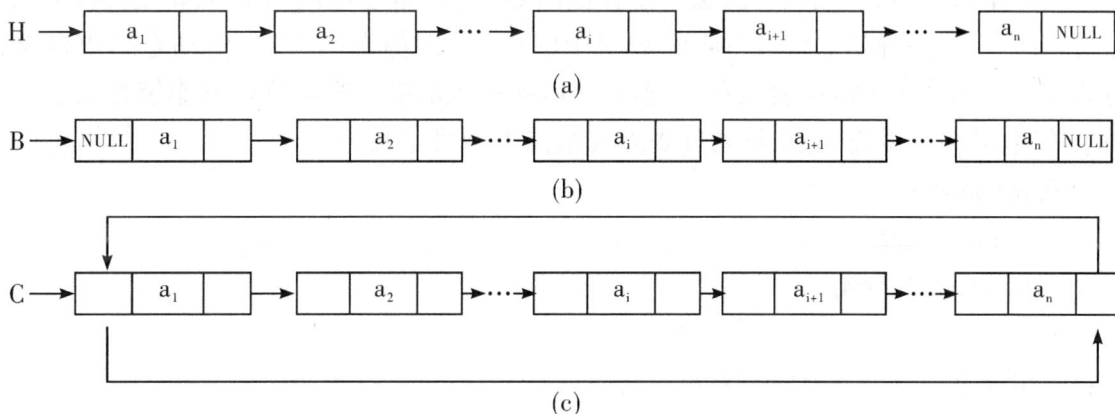

图 2-5　线性表的链接存储

在线性表的顺序存储中,逻辑上相邻的元素,其对应的存储位置也相邻,所以当进行插入或删除运算时,需要平均移动半个表的元素,这是相当费时的操作。在线性表的链接存储中,逻辑上相邻的元素,其对应的存储位置是通过指针来链接的,因而每个结点的存储位置可以任意安排,不必要求相邻,所以当进行插入或删除运算时。只需修改相关结点的指针域即可,这是既方便又省时的操作。由于链接表的每个结点带有指针域,因而在存储空间上比顺序存储要付出较大的代价。

下面通过示意图说明如何在单链表中插入和删除结点。

图2-6(a)和(b)分别给出了在 c 结点(即存放元素 c 的结点的简称,下同)的前面插入 b 结点的前后状态。在插入过程中,首先将指向 c 结点的指针 q(即 a 结点指针域的值)赋给 b 结点的指针域,然后再将指向 b 结点的指针 p(即指针变量 s 的值)赋给 a 结点的指针域即可。

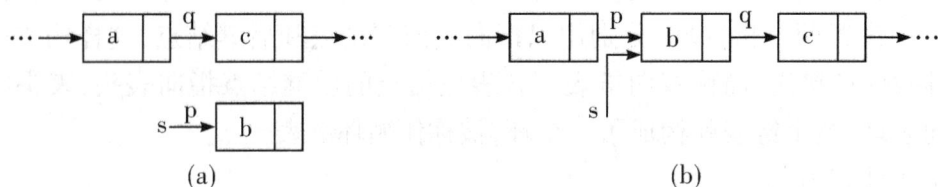

图2-6　在单链表中插入结点的示意图

图2-7(a)和(b)分别给出删除 y 结点的前后状态。在删除过程中,首先将指向 y 结点的指针 p(即 x 结点指针域的值)赋给一个指针变量 s,以便处理和回收该结点,然后再将指向 z 结点的指针 q(即 y 结点指针域的值)赋给 x 结点的指针域即可。

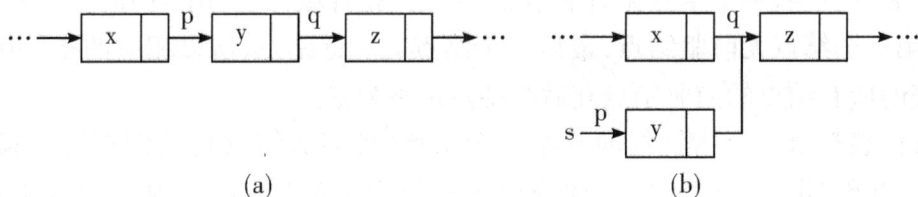

图2-7　在单链表中删除结点的示意图

在 C++语言中,可采用两种方法产生存储结点,一种是通过调用 new(p)过程,由系统分配动态结点,另一种是取自被声明的数组中的单元(即静态结点)。由动态结点链接而成的链接表被称作动态链接表,而由静态结点链接而成的链接表被称作静态链接表。对于一个单链表,若采用动态结点,则指针类型和结点类型可定义为:

```
struct dynanode{
    elemtype data;
    dynanode * next;
}
```

若采用静态结点,则结点类型可定义为:

```
struct statinode{
    elemtype data;
```

```
        int next;
    }
```

在静态结点中,因 next 域用来存放其后继元素所在单元的编号(即数组下标),所以被定义为整型。

为单链表提供静态结点的数组类型可定义为:

statinode   array[m];

其中 m 常量表示提供给单链表的最大存储单元(即静态结点)数,其值由用户决定。

图2-8(a)就是一个静态单链表的存储映象,其中 f 为表头指针 next 域的数值,0 表示空指针。图2-8(b)是它的示意图,其中每个指针上标出的数值就是该指针的具体值。

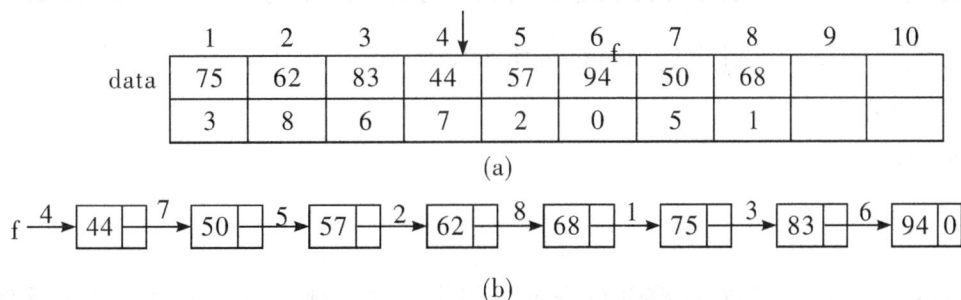

	1	2	3	4	5	6	7	8	9	10
data	75	62	83	44	57	94	50	68		
	3	8	6	7	2	0	5	1		

(a)

f $\xrightarrow{4}$ 44 $\xrightarrow{7}$ 50 $\xrightarrow{5}$ 57 $\xrightarrow{2}$ 62 $\xrightarrow{8}$ 68 $\xrightarrow{1}$ 75 $\xrightarrow{3}$ 83 $\xrightarrow{6}$ 94 0

(b)

图2-8 线性表的静态链接存储映像

从图2-8(b)可以清楚地看出,该静态单链表中各数据元素之间的逻辑顺序为:
44,50,57,62,68,75,83,94

在线性链接表中,有时为了运算的方便,常在第一个结点之前增设一个结点,把它称之为附加表头结点,并让链接表的表头指针指向这个结点,而这个结点的指针域则指向第一个结点。

线性链接表的基本运算和上节所讲的线性表相同,只是其算法和相应的实现方式不同。

设 HL 为单链表的表头指针,类型为 linklist,设 x 为 elemtype 类型的参数,i,k 分别为整型参数,下面分别给出求单链表的长度,对单链表进行查找、插入、删除等常用运算的算法。

2.3.1 求单链表的长度

单链表的长度是指单链表中所含的结点的个数。此算法需要从表头指针 HL 出发沿着每个结点的链,依次向下访问并进行计数,直到最后一个结点为止。

算法描述为:

```
int   Length(dynanode * HL){
    dynanode * p;
    p = new dynanode;
    p = HL;
    int   j = 0;                    //分别给指针变量 p 和计数变量 j 赋初值
    while (p! = NULL){
```

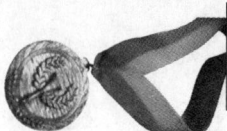

```
        j = j + 1;               //进行计数
        p = p - > next;          //修改 p 指针,使之指向下一个结点
    }
    return j;
}
```

除了上面这种做法,还可以对于每个链表增加一个长度域,专门统计每个链表的长度。这个标志就如同前面的线性表所介绍,添加一个元素长度加1,删除一个元素长度减1,这里就不多介绍了。

2.3.2 从单链表中查找出其关键字(假定为整型)等于给定值 k 的结点

假定结点中带整型关键字的 elemtype 类型定义为:

```
struct elemtype{
    int key;
    ……
}
```

其中 key 表示关键字域,省略部分表示一些非关键字域。当然也可以把带整型关键字的结点类型定义为:

```
struct dynanode{
    int key;
    ……
    dynanode * next;
}
```

其中 key 域和省略部分的非关键字域合起来为结点的值域。

此算法的基本思路是:从表头第一个结点起,依次使每个结点的关键字同给定值 k 进行比较,直到某个结点的关键字等于给定值 k(即查找成功)或者查到表尾(即查找失败)为止。

算法描述为:

```
dynanode   locate(dynanode *  HL,int k){
    dynanode *  p;
    p = new dynanode;
    p = HL;                      //用指针 p 指向待比较的结点
    while(p! = NULL){
        If (p - > key == k) break;
        else p = p - > next;     //若条件成立,表明查找成功,则退出循环
                                 //否则让 p 指向下一个结点,继续查找
    }
    return p;
```

}

在这个算法中,当查找成功时,返回具有关键字 k 的结点的地址,否则返回 NULL。

2.3.3 在单链表中第 i 个结点(i ≥ 0)之后插入一个元素为 x 的结点

算法步骤为:

(1)为待插入元素 x 分配一个结点(假定是由 s 指针变量所指向的结点),并把 x 赋给 s 结点的值域;

(2)如果 i = 0,则将 s 结点插入表头后返回;

(3)从单链表中查找第 i 个结点;

(4)若查找成功,则在第 i 个结点后插入 s 结点,否则表明 i 值超出单链表的长度,应进行"超出范围"错误处理。

算法描述为;

```
void insert(dynanode *  HL,int i,int x){
    dynanode *  s;
    s = new dynanode;
    s - > data = x;
    If (i == 0){
        s - > next = HL;
        HL = s;
        return;
    }
    dynanode *  P;
    P = new dynanode;
    P = HL;
    int j = 1;                            //用指针 P 指向单链接表中的第 j 个结点
    while (P! = NULL&&j <= i){
        j = j + 1;
        P = P - > next;
        if (P! = NULL){
            if(j == i){                   //若条件成立,则表明查找成功
                s - > next = p - > next;  //使 s 结点的指针域指向 P 结点的后继
                P - > next = s;           //使 P 结点的指针域指向 s 结点
            } else {cout << " out of range" << endl; return;}
        }
    }
}
```

图 2 - 9 给出了在单链表中第 i 个结点之后插入 x 结点的示意图,图中带箭头的实线为

插入前的链,虚线为插入后的链。

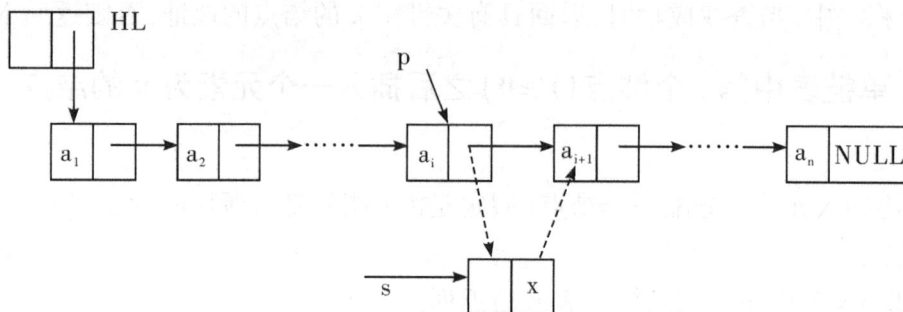

图2-9 在第 i 个结点后插入新结点的链接示意图

2.3.4 从单链表中删除其值等于给定值 x 的第一个结点

算法步骤为:

(1)如果单链表为空,则进行"下溢"处理;

(2)如果表头结点是被删除的结点,则删除该结点后返回;

(3)从第二个结点起,查找其值等于 x 的结点,直到查找结束(即查找成功或查找失败)为止;

(4)若查找成功,则删除被查找到的结点,否则进行"没有找到"错误处理。

算法描述为:

```
void deletex(dynanode * HL,int x){
    if (HL == NULL) {cout << "underflow" << endl;return;}
    if (HL - > data == x){
        p = HL;                 //把表头指针赋给 p,以便删除表头结点后回收该结点
        HL = HL - > next;       //删除表头结点
        delete(p);              //系统回收由 P 所指向的结点,即原表头结点
        return;                 //返回
    }
    q = HL;
    p = q - > next;             //p 指向待比较的结点,q 指向 P 的前驱结点
    while (p! = NULL){
        if (p - > data == x) break;
        else{
            q = p;
            p = p - > next;
        }
    }
    if (p! = NULL){
```

```
        q -> next = p -> next;      //删除 p 结点,即值为 x 的结点
        delete(p);                   //回收 p 结点
    } else cout << "not found" << endl;
}
```

2.3.5　带有附加表头结点的循环双向链表中进行插入和删除

在双向链表中,若采用动态结点,则结点类型可定义为:

```
struct dydunode{
    elemtype data;
    dydunode * prev,* next;
}
```

其中 data 为存储数据元素的值域,prev 为指向其前驱结点的指针域,next 为指向其后继结点的指针域。

设 p 和 q 分别是具有 dydunode 类型的指针变量,若要在链接表中 p 所指向的结点之后插入一个 q 所指向的新结点,则运算步骤为:

```
q -> next = p -> next;          //使 q 结点的后继指针指向 p 结点的后继结点
q -> prev = p;                  //q 结点的前驱指针指向 p 结点
p -> next -> prev = q;          //使 p 结点的后继结点的前驱指针指向 q 结点
p -> next = q;                  //使 p 结点的后继指针指向 q 结点
```

若要删除指针 p 所指向的结点,则运算步骤为:

```
p -> prev -> next = p -> next;  //使 p 结点的前驱结点的后继指针指向 p 的后继结点
p -> next -> prev = p -> prev;  //使 p 结点的后继结点的前驱指针指向 p 的前驱结点
delete(p);                       //回收 p 结点
```

通过对上面的各种算法的分析可知,前 5 个算法的时间复杂性为 O(n)。对于第 6 个算法,若指针 p 已知,则插入或删除算法的时间复杂性为 O(1),若指针 p 未知,需要根据条件查找链接表而确定,则算法的时间复杂性为 O(n)。

2.4　线性表的应用举例

【例 2 – 1】向一个有序表中插入一个新元素,使得插入后仍按关键字有序。

所谓有序表这里是指按照元素的关键字的升序(即从小到大)或降序(即从大到小)排列的线性表(关于有序表的确切含义将在后面排序一章给出)。一般不特别指明时,均把有序表看作为升序的。

假定有序表中元素的类型为:

```
struct elemtype{
    int key;
    ……
```

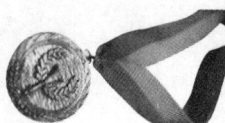

} vec[m];

int len = n;

其中包含有整型关键项 key 域和其他相关的域,由于不需要关心其他域的情况,所以没有给出它们的具体说明,而 m 为 vec 的最大存储单元,len = n 为现在 vec 的长度。

不难分析,完成这个任务要分成两个步骤:首先要为新元素寻找插入位置,然后再进行插入。寻找插入位置的方法很多,假定这里采用从有序表的第一个元素起,顺序查找插入位置的方法。

此题的算法步骤为:

(1)从有序表的第一个元素起,让新元素的关键字依次同每一个元素的关键字进行比较,直到新元素的关键字小于某个元素的关键字或者比较到最后一个元素为止;

(2)由搜索到的那个元素起,把它和后面的所有元素均后移一个位置;

(3)把新元素写入到空出的位置上;

(4)线性表的长度增 1。

注意:在这个算法步骤中没有考虑有序表溢出的情况。

算法描述为:

```
void insert(elemtype vec,elemtype x){
    int i = 1;
    while(i <= vec.len && x.key >= vec[i].key)
        i ++ ;
    for(int j = len;j >= i;j -- )
        vec[j + 1] = vec[j];
    vec[i] = x;
    len ++ ;
}
```

如果初始的有序表是一个链接表的话,那么就需要稍作改动。首先同样用枚举的方法,从第一个结点开始找到元素应该插入的位置,然后用链接表插入的方法进行插入即可。

```
void insert1(dynanode* HL,int x){
    dynanode* p;
    p = new dynanode;
    p - > key = x;
    q = HL;
    if ( x <= q - > key){
        p - > next = q;
        q - > prev = p;
        HL = p;
        return;
    }
```

```
while (q - > next! = nil &&q - > next - > key <= x) q = q - > next;
if (q - > next! = NULL){
        p - > next = q - > next;
        q - > next - > prev = p;
        q - > next = p;
        p - > prev = q;
    }
}
```

算法 1 的时间复杂性主要取决于第(1)步为寻找插入位置所需的比较次数和第(2)步为空出插入位置所需的移动次数。假定新元素的插入位置为 i,则元素的比较次数为 i 次,元素的移动次数为 $n-i+1$ 次,两者相加为 $n+1$ 次。也就是说,不管新元素插入在什么位置上,元素的比较和移动次数的总和不变,均为 $n+1$,所以此算法的时间复杂性为 $O(n)$。

而算法 2 的查找时间复杂度为 $O(n)$,插入的时间复杂度仅为 $O(1)$,所以总的时间复杂度仍为 $O(n)$。

【例 2 - 2】设有两个线性表 LA 和 LB,这两个线性表都是从小到大排好序,且每个线性表中都没有相同的元素。现在要求将两个线性表合并成一个线性表 LC,合并的原则是:

(1)合并后的新表同样也满足从小到大的顺序;

(2)LC 中没有两个相同的元素。

算法步骤:

(1)将 LC 清空;

(2)按照从小到大的顺序将 LA 和 LB 中元素插入 LC 中。

算法描述如下:

```
void merge(elemtype LA,elemtype LB){
    LC.len = 0;
    i = 1;        //i 指向 LA 当前要插入 LC 中的元素
    j = 1;        //j 指向 LB 当前要插入 LC 中的元素
    while(i <= LA.len&&j <= LB.len){
        LC.len ++ ;
        if(LA.vec[i] < LB.vec[j]){           //如果 LA 当前要插入 LC 中的元素比 LB 中的
            LC.vec[LC.len] = LA.vec[i]; //小,那么先插入 LA 的
            i ++ ;
        }else if(LA.vec[i] == LB.vec[j] ){ //如果 LA 当前要插入 LC 中的元素和 LB 中的
            LC.vec[LC.len] = LA.vec[i]; //相同,那么只插入一个
            i ++ ;j ++ ;
        }else{                               //如果 LA 当前要插入 LC 中的元素比 LB 中的
            LC.vec[LC.len] = LB.vec[i]; //小,那么先插入 LB 的
            j ++ ;
```

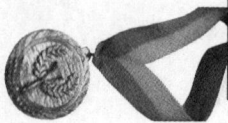

```
            }
        }
        while (i <= LA.len) {                //把 LA 中剩下的元素插入 LC
            LC.len ++ ;
            LC.vec[ LC.len ] = LA.vec[ i ];
            i ++ ;
        }
        while( j <= LB.len ){                //把 LB 中剩下的元素插入 LC
            LC.len ++ ;
            LC.vec[ LC.len ] = LB.vec[ i ];
            j ++ ;
        }
    }
```

因为 LA、LB 是两个有序表,按照从小到大比对插入,保证了不重不漏,而且合并之后同样是有序表。由于指针 i、j 最多移动有序表的长度次,因此复杂度是 $O(n)$ 的。同样合并操作也可用链接表实现,具体过程就请读者自行思考。

【例 2-3】约瑟夫环

【问题描述】

有 n 个人围坐在一张圆桌周围,现从第一个人开始报数,数到 m 的人出列(即离开座位),接着从出列的下一个人开始重新报数,数到 m 的人又出列(出列的人不再参加报数),如此下去直到所有人都出列为止,试求出他们的出列次序。

例如,当 n = 8、m = 4 时,从第一个人(假定每个人的编号依次为 1、2、…、n)开始报数,则得到的出列次序为:4 8 5 2 1 3 7 6。

要求:给出 n、m,求出每个人的出列顺序。

【输入】

输入文件只有一行,就是两个整数 n 和 m,它们之间以空格隔开。

【输出】

输出文件只有一行,就是他们出列的顺序。

【样例输入】	【样例输出】
8 4	4 8 5 2 1 3 7 6

分析:

题目中已经把出列方法讲解的十分清楚了,我们只需要选择正确的数据结构模拟出列即可。由于只牵涉到报数和删除,选择链接表是最好的,因为删除只需要 $O(1)$ 的时间复杂度。

用循环链接表存储 n 个结点,每个结点表示围着圆桌的人。每次报数到第 m 个就删除此人。(当 m > n 时,m mod n 和 m 是等效的)

下面是伪代码的描述:

```
void Josephus(int n,int m){
    head = new dynanode;
    head - > no = 1;
    p = head;
    for(int i = 2;i <= n;i ++ ){                    //初始化循环链表
        q = new dynanode;
        q - > no = i;
        q - > prev = p;
        p - > next = q;
        p = q;
    }
    head - > prev = p;
    p - > next = head;
    p = head;
    for(int i = 1;i < n;i ++ ){
        for(int j = 1;j <= m;j ++ ) p = p - > next;    //报数
        H[ i ] = p - > no;                            //从队列中将报第 m 个的人删除
        q = p - > prev;
        p = p - > next;
        q - > next = p;
        p - > prev = q;
    }
    H[ n ] = p - > no;
}
```

2.5　小结

　　线性表及链接表的基本算法和实现方法十分基础,正是由于它的基础,就更有牢固掌握它的必要。所谓"万丈高楼平地起",线性表是所有算法的起始、数据结构的最直接的呈现形态,很多高级数据结构都需要用线性表和链接表来实现。同样线性表和链接表也体现了物理存储的两种方式:连续线性和离散存储。正由于这些重要性,请读者务必熟练掌握。

习题二

一、选择题(每题只有一个正确选项)

　　1. 在一个长度为 n 的顺序存储的线性表中,向第 i 个元素(1≤i≤n + 1)位置插入一个新元素时,需要从后向前依次后移(　　　)个元素。　　　　　　　　　　　　　　(　　　)

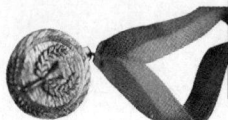

A. n – i   B. n – i + 1   C. n – i – 1   D. i

2. 在一个长度为 n 的顺序存储的线性表中,删除第 i 元素(1≤i≤n)时,需要从前向后依次前移( )个元素。   ( )

A. n – i   B. n – i + 1   C. n – i – 1   D. i

3. 在一个长度为 n 的线性表中顺序查找值为 x 的元素时,在等概率情况下,查找成功时的平均查找长度为   ( )

A. n   B. n/2   C. (n + 1)/2   D. (n – 1)/2

4. 在一个长度为 n 的线性表中,删除值为 x 的元素时需要比较元素和移动元素的总次数为   ( )

A. (n + 1)/2   B. n/2   C. n   D. n + 1

5. 在一个顺序表的表尾插入一个元素的时间复杂度为   ( )

A. $O(n)$ B. $O(1)$ C. $O(n^2)$ D. $O(\log_2 n)$

6. 在一个表头指针为 ph 的单链表中,若要在指针 q 所指结点的后面插入一个由指针 p 所指向的结点,则执行( )操作。   ( )

A. q –> next = p –> next; p –> next = q;   B. p –> next = q –> next; q = p;

C. q –> next = p –> next; p –> next = q;   D. p –> next = q –> next; q –> next = p;

7. 若某链表中最常用的操作是在最后一个结点之后插入一个结点和删除最后一个结点,则采用( )存储方式最节省运算时间。   ( )

A. 单链表   B. 双链表

C. 单循环链表   D. 带头结点的双循环链表

8. 用单链表表示的链式队列的队头在链表的( )位置。   ( )

A. 链头   B. 链尾   C. 链中   D. 不确定

二、填空题

1. 对一个长度为 n 的线性表分别进行遍历和逆置运算,其时间复杂度分别为_____和_____。

2. 若经常需要对线性表进行插入和删除运算,则最好采用_____存储结构,若经常需要对线性表进行查找运算,则最好采用_____存储结构。

3. 由 n 个元素生成一个顺序表,若每次都调用插入算法把一个元素插入到表头,则整个算法的时间复杂度为_____,若每次都调用插入算法把一个元素插入到表尾,则整个算法的时间复杂度为_____。

4. 由 n 个元素生成一个单链表,若每次都调用插入算法把一个元素插入到表头,则整个算法的时间复杂度为_____,若每次都调用插入算法把一个元素插入到表尾,则整个算法的时间复杂度为_____。

5. 对于一个长度为 n 的顺序存储的线性表,在表头插入元素的时间复杂度为_____,在表尾插入元素的时间复杂度为_____.

6. 对于一个长度为 n 的单链接存储的线性表,在表头插入结点的时间复杂度为_____,在表尾插入结点的时间复杂度为_____。

7. 在线性表的单链接存储中,若一个元素所在结点的地址为 p,则其后继结点的地址为_____。

8. 访问一个长度为 n 的顺序表和单链表中第 i 个元素(结点)的时间复杂度分别为_____和_____。

三、上机编程题

1. 津津的储蓄计划

【问题描述】

津津的零花钱一直都是自己管理。每个月的月初妈妈给津津 300 元钱,津津会预算这个月的花销,并且总能做到实际花销和预算的相同。

为了让津津学习如何储蓄,妈妈提出,津津可以随时把整百的钱存在她那里,到了年末她会加上 20% 还给津津。因此津津制订了一个储蓄计划:每个月的月初,在得到妈妈给的零花钱后,如果她预计到这个月的月末手中还会有多于 100 元或恰好 100 元,她就会把整百的钱存在妈妈那里,剩余的钱留在自己手中。

例如 11 月初津津手中还有 83 元,妈妈给了津津 300 元。津津预计 11 月的花销是 180 元,那么她就会在妈妈那里存 200 元,自己留下 183 元。到了 11 月月末,津津手中会剩下 3 元钱。

津津发现这个储蓄计划的主要风险是,存在妈妈那里的钱在年末之前不能取出。有可能在某个月的月初,津津手中的钱加上这个月妈妈给的钱,不够这个月的原定预算。如果出现这种情况,津津将不得不在这个月省吃俭用,压缩预算。

现在请你根据 2004 年 1 月到 12 月每个月津津的预算,判断会不会出现这种情况。如果不会,计算到 2004 年年末,妈妈将津津平常存的钱加上 20% 还给津津之后,津津手中会有多少钱。

【输入】

输入文件 save. in 包括 12 行数据,每行包含一个小于 350 的非负整数,分别表示 1 月到 12 月津津的预算。

【输出】

输出文件 save. out 包括一行,这一行只包含一个整数。如果储蓄计划实施过程中出现某个月钱不够用的情况,输出 -X,X 表示出现这种情况的第一个月;否则输出到 2004 年年末津津手中会有多少钱。

【样例输入 1】

290	【样例输出 1】
230	-7
280	
200	
300	
170	
340	
50	

90

80

200

60

【样例输入2】   【样例输出2】

290   1580

230

80

200

300

170

330

50

90

80

200

60

2. 谁拿了最多奖学金

【问题描述】

某校的惯例是在每学期的期末考试之后发放奖学金。发放的奖学金共有五种,获取的条件各自不同:

(1)院士奖学金,每人8000元,期末平均成绩高于80分(>80),并且在本学期内发表1篇或1篇以上论文的学生均可获得;

(2)五四奖学金,每人4000元,期末平均成绩高于85分(>85),并且班级评议成绩高于80分(>80)的学生均可获得;

(3)成绩优秀奖,每人2000元,期末平均成绩高于90分(>90)的学生均可获得;

(4)西部奖学金,每人1000元,期末平均成绩高于85分(>85)的西部省份学生均可获得;

(5)班级贡献奖,每人850元,班级评议成绩高于80分(>80)的学生干部均可获得。

只要符合条件就可以得奖,每项奖学金的获奖人数没有限制,每名学生也可以同时获得多项奖学金。例如姚林的期末平均成绩是87分,班级评议成绩82分,同时他还是一位学生干部,那么他可以同时获得五四奖学金和班级贡献奖,奖金总数是4850元。

现在给出若干学生的相关数据,请计算哪些同学获得的奖金总数最高(假设总有同学能满足获得奖学金的条件)。

【输入】

输入文件scholar.in的第一行是一个整数N(1≤N≤100),表示学生的总数。接下来的N行每行是一位学生的数据,从左向右依次是姓名、期末平均成绩、班级评议成绩、是否

是学生干部、是否是西部省份学生以及发表的论文数。姓名是由大小写英文字母组成的长度不超过 20 的字符串(不含空格);期末平均成绩和班级评议成绩都是 0 到 100 之间的整数(包括 0 和 100);是否是学生干部和是否是西部省份学生分别用一个字符表示,Y 表示是,N 表示不是;发表的论文数是 0 到 10 的整数(包括 0 和 10)。每两个相邻数据项之间用一个空格分隔。

【输出】

输出文件 scholar.out 包括三行,第一行是获得最多奖金的学生的姓名,第二行是这名学生获得的奖金总数。如果有两位或两位以上的学生获得的奖金最多,输出他们之中在输入文件中出现最早的学生的姓名。第三行是这 N 个学生获得的奖学金的总数。

【样例输入】	【样例输出】
4	ChenRuiyi
YaoLin 87 82 Y N 0	9000
ChenRuiyi 88 78 N Y 1	28700
LiXin 92 88 N N 0	
ZhangQin 83 87 Y N 1	

3. 断链取珠

【问题描述】

你有一条由 N 个红色的、白色的或蓝色的珠子组成的项链($3 \le N \le 350$),珠子是随意安排的。如图 2 − 10 是 n = 29 的两个例子:

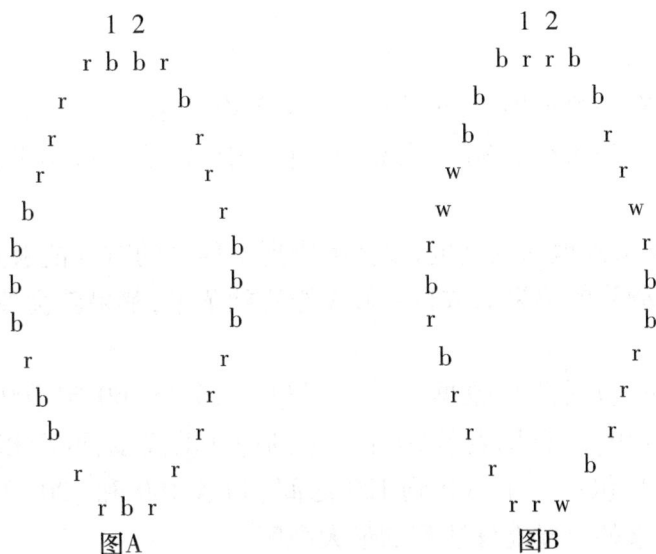

图 2 − 10　n = 29 的示例

说明:

第一和第二个珠子在图片中已经被作记号。

图2-10中图A的项链可以用下面的字符串表示：

brbrrrbbbrrrrrbrrbbrbbbbrrrrb.

请选择一些点剪断项链,展开成一条直线,然后从一端开始收集同颜色的珠子直到你遇到一个不同颜色的珠子,在另一端做同样的事。(颜色可能与在这之前收集的不同)确定应该在哪里剪断项链来收集到珠子的个数最多。

例:图2-10中图A的项链,可以收集到8个珠子,在珠子9和珠子10或珠子24和珠子25之间剪断项链。

注意:如果项链中包括有白色的珠子(如图2-10中的图B)。当收集珠子的时候,遇到的白色珠子可以被当做红色也可以被当做蓝色。表示项链的字符串将会包括三种符号r、b和w。

请你写一个程序来确定从一条给定的项链最大可以被收集的珠子数目。

【输入】

输入文件wrb.in有两行,第一行:N,为珠子的数目,第二行:一串长度为N的字符串,每个字符是r、b或w,中间没有空格。

【输出】

输出文件wrb.out只有一行,就是收集珠子数目的最大值。

【样例输入】	【样例输出】
29	11
wwwbbrwrbrbrrbrbrwrwwwrbwrwrrb	

4. 陶陶摘苹果

【问题描述】

陶陶家的院子里有一棵苹果树,每到秋天树上就会结出10个苹果。苹果成熟的时候,陶陶就会跑去摘苹果。陶陶有个30厘米高的板凳,当她不能直接用手摘到苹果的时候,就会踩到板凳上再试试。

现在已知10个苹果到地面的高度,以及陶陶把手伸直的时候能够达到的最大高度,请帮陶陶算一下她能够摘到的苹果的数目。假设她碰到苹果,苹果就会掉下来。

【输入】

输入文件apple.in包括两行数据。第一行包含10个100到200之间(包括100和200)的整数(以厘米为单位)分别表示10个苹果到地面的高度,两个相邻的整数之间用一个空格隔开。第二行只包括一个100到120之间(包含100和120)的整数(以厘米为单位),表示陶陶把手伸直的时候能够达到的最大高度。

【输出】

输出文件apple.out包括一行,只有一个整数,表示陶陶能够摘到的苹果的数目。

【样例输入】	【样例输出】
100 200 150 140 129 134 167 198 200 111	5
110	

第3章 栈和队列

3.1 栈

3.1.1 栈的定义

栈(stack)又叫堆栈,它是一种运算受限的线性表。其限制是仅允许在表的一端进行插入和删除运算。这一端被称为栈顶,相对地,把另一端称为栈底。向一个栈插入新元素又称作进栈、入栈或压栈,它是把新元素放到栈顶元素的上面,使之成为新的栈顶元素;从一个栈删除元素又称作出栈或退栈,它是把栈顶元素删除,使其相邻的元素成为新的栈顶元素。

在日常生活中,有许多类似栈的例子,如刷洗盘子时,把洗净的盘子一个接一个地向上放(相当于进栈),取用盘子时,则从上面一个接一个地向下拿(相当于出栈);又如向自动步枪的弹夹装子弹时,子弹被一个接一个地压入(相当于进栈),射击时总是后压入的先射出(相当于出栈)。

由于栈的插入和删除运算仅在栈顶一端进行,后进栈的元素必定先被删除,所以又把栈称作后进先出表(Last In First Out,简称 LIFO)。

3.1.2 栈的顺序存储

既然栈是一种线性表,那么线性表的存储结构也同样适用于栈。栈的一种最简单的存储结构当然也是顺序存储。因此,可把栈的顺序存储结构所使用的记录类型定义为:

```
struct stack{
    elemtype vec[m0];
    int top;
}
```

其中 vec 域用来顺序存储栈的元素,top 域用来存储栈顶元素所在单元的编号(即下标),所以又把 top 称为栈顶指针,m0 表示栈能够达到的最大深度(即长度)。

设一个栈为 T = (1,2,3,4),栈 T 所对应的顺序存储结构如图 3 - 1(a)所示,若在 T 中插入一个元素 5 或删除一个元素,则分别对应的顺序存储结构如图 3 - 1(b)和(c)所示。在栈的顺序存储结构中,为形象地使栈顶在上,栈底在下,所以采用的单元编号是向上递增的。

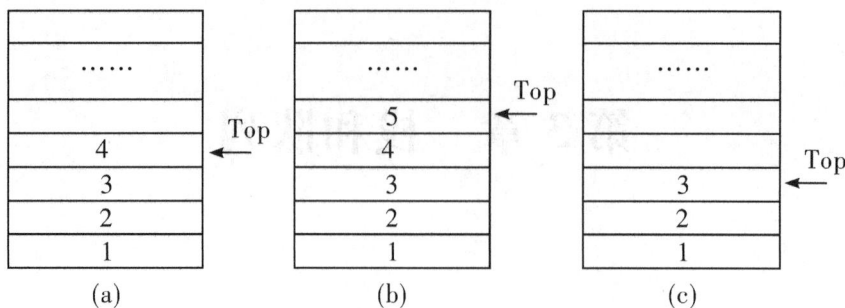

图3-1　顺序栈的插入和删除示意图

在一个栈中,若top已经指向m0单元,则表示栈满,若top=0,则表示栈空。向一个满栈插入元素和从一个空栈删除元素都属于错误操作,应当避免。

3.1.3　栈的运算

栈的运算主要是插入和删除,除此之外,还有读取栈顶元素、置空栈和判断一个栈是否为空等。栈的运算都比较简单,具体列出如下:

(1)进栈(push),即向栈顶插入一个新元素;

(2)出栈(pop),即删除栈顶元素;

(3)读取栈顶元素(readtop);

(4)置空栈(setnull);

(5)判断一个栈是否为空(empty)。

根据栈的运算和栈的顺序存储结构可写出相应的算法。设s为具有顺序存储结构的stack类型的一个栈,x为具有elemtype类型的一个数据元素,则栈的各种运算所对应算法如下:

3.1.3.1　进栈算法

算法步骤为:

(1)检查栈是否已满,若栈满,则进行"溢出"错误处理;

(2)将栈顶指针上移(即加1);

(3)将新元素赋给栈顶单元。

算法描述为:

```
void push(stack S,elemtype x){
    if(S.top == m0)
        {cout << "overflow" << endl;return 0;}
    S.top ++ ;
    S.vec[ S.top] = x;
}
```

此算法中的第(1)步不是必不可少的,当你确信插入后不会造成溢出或者在调用此算法之前已经判断栈未满时,则可省去此步。

3.1.3.2　出栈算法

算法步骤为：

(1)检查栈是否为空,若栈空,则进行"下溢"错误处理;

(2)将栈顶元素赋值给特定变参 x(或者作为函数返回);

(3)将栈顶指针下移(即减 1)。

算法描述为：

```
elemtype pop(stack S){
    if (S.top == 0)
       {cout << "underflow" << endl;return 0;}
    elemptype x = S.vec[ S.top];
    S.top - - ;
    return x;
}
```

此算法的第(1)步有时也可以省略,如当你确信不会发生下溢,或者调用此算法之前已经判定栈未空时就是如此。从出栈算法可以看出:原栈顶元素仍然存在(即没有被破坏),只是栈顶指针不指向它,而指向了它下面的元素。

3.1.3.3　读取栈顶元素的算法

此算法很简单,若不考虑栈空的情况,只要将栈顶元素赋给指定变参或函数名即可。假定写成函数的形式,则为：

```
elemtype readtop(stack S){
    return S.vec[ S.top];
}
```

注意:在这个算法中栈顶指针保持不变。

3.1.3.4　置空栈算法

此算法也很简单,只要把栈顶指针置 0 即可。算法描述为：

```
void setnull(stack S){
    S.top = 0;
}
```

3.1.3.5　判断一个栈是否为空栈的算法

此算法可用一个函数来描述,栈空时返回"真"值,非空时返回"假"值。

```
bool empty(stack S){
    return S.top == 0;
}
```

在上面栈的各种算法中,都不需要进行元素的比较和移动,所以时间复杂性均为 O (1)。

3.1.4　双栈操作

当在一个程序中需要同时使用具有相同成分类型的两个栈时,一种最直接最简单的方法是为每个栈分别开辟一个存储空间,不过这样做的结果是可能出现一个栈的空间已被占满而无法再进行插入操作,另一个栈的空间仍有大量剩余而没有得到利用的情况,从而造成存储空间的浪费。另一种可取的方法是为两个栈共同开辟一个存储空间,让一个栈的栈底为该空间的始端,另一个栈的栈底为该空间的末端,当元素进栈时,都从两端向中间"增长",这样能够使剩余的空间为任一个栈所使用,即当一个栈的深度不足整个空间的一半时,另一个栈的深度可超过其一半,从而提高了存储空间的利用率。

两个栈共用一个存储空间的顺序存储结构所使用的记录类型可定义为:

```
struct bothstack{
    elemtype vec[m0];
    int top1,top2;
}
```

其中 top1 和 top2 分别为栈 1 和栈 2 的栈顶指针,m0 为整个存储空间的大小(即所含的存储单元数)。

设有两个栈:

$T_1 = (a_1, a_2, \cdots, a_n)$

$T_2 = (b_1, b_2, \cdots, b_m)$

若它们共同使用具有 bothstack 类型的一个双栈空间时,其对应的顺序存储结构如图 3 - 2 所示。

在这种双栈操作中,当对任一栈进行插入时,若 $n + m = m_0$(即 top1 = top2 - 1 或 top2 = top1 + 1),则表示栈满;当对栈 1 或栈 2 进行删除时,若 top1 = 0 或 top2 = m_0 + 1,则表明相应的栈空。另外,当新元素压入栈 2 时,栈顶指针 top2 不是增 1 而是减 1;当从栈 2 删除元素时,top2 不是减 1 而是增 1。

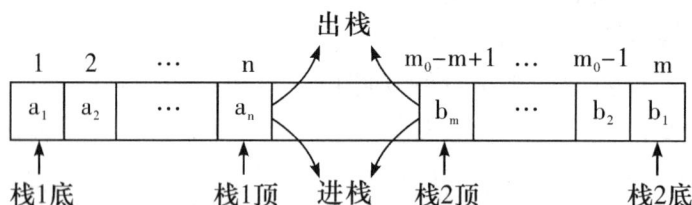

图 3 - 2 双栈结构示意图

设 BS 表示具有 bothstack 类型的双栈,x 表示具有 elemtype 类型的参数,k 表示整型参数,它只取 1 和 2 两个值,当 k = 1 时,表示对栈 1 操作,当 k = 2 时,表示对栈 2 操作。下面分别给出对任一个栈进行插入、删除和置空栈的算法。

3.1.4.1 插入算法

```
void push (bothstack BS,int k,elemtype x){
    if(BS.top1 == BS.top2 - 1)
        {cout << "overflow" << endl;return;}
    if(k == 1)
        {BS.top1 ++ ;BS.vec[BS.top1] = x;}
```

```
    else
        {BS.top2 - - ;BS.vec[ BS.top2 ] = x;}
}
```

3.1.4.2　删除算法

下面以函数的形式给出

```
elemtype pop(bothstack BS,int k){
    elemtype x;
    if(k == 1){                              //对第一个栈进行删除
        if(BS.top1 == 0)
            {cout << "underflow" << endl;return;}
        x = BS.vec[ BS.top1 ];
        BS.top1 - - ;
    }
    else{                                    //对第二个栈进行删除
        if(BS.top2 == m0 + 1)
            {cout << "underflow" << endl;return;}
        x = BS.vec[ BS.top2 ];
        BS.top2 ++ ;
    }
    return x;
}
```

3.1.4.3　置空栈算法

```
void setnull(bothstack BS,int k){
    if(k == 1)
        BS.top = 0;
    else
        BS.top2 = m0 + 1;
}
```

当利用一个存储空间定义三个或三个以上的栈时,只有迎面增长的栈之间才能够互补余缺,而背向增长或同向增长的栈之间就无法自动地互补余缺了,因此要充分地利用剩余的空间,就必须对某些栈作整体移动,这将是很浪费时间的,是不可取的。在后面几节我们将会看到,采用链接堆栈能够有效地避免这种缺点。

3.2　栈的应用举例

栈在计算机科学领域具有广泛的应用。比如,在编译和运行计算机语言程序的过程中,就需要利用栈进行语法检查(如检查 begin 和 end、"("和")"、"["和"]"是否配对等)、计算表达式的值、实现递归过程和函数的调用等。下面举例说明栈在这些方面的应用。

【例3-1】设一个字符型数组 B 中存放着以特定字符@作为结束符的表达式,试编写一个检查表达式中左、右圆括号是否配对的函数,若配对,则返回"真"值,否则返回"假"值。

分析:

此算法可使用一个栈,假定用 S 表示,类型为 stack,成分类型为字符,用它来存储表达式中从左到右顺序扫描得到的左括号,栈的最大深度不会超过表达式中所含的左括号的个数。此算法的基本思路是:顺序扫描数组 B 中的每一个字符,若遇到的是左括号"(",则令其进栈,若遇到的是右括号,则令其相配的左括号(即栈顶元素)出栈,当 S 栈发生下溢或当表达式处理完毕而 S 栈非空时,则表明括号不配对,应返回"假"值,否则返回"真"值。

此算法描述如下:

```
bool pair(char B[ ]){
    setnull(S);
    int i = 1;
    char ch = B[i];
    while(ch! = '@'){
        if(ch == '(' || ch == ')'){
            switch(ch){
                case '(' :push(S,ch);break;
                default:if(empty(S)) return false;
                    else pop(S);
                    break;
            }
        }
        i ++ ;
        ch = B[i];
    }
    if(empty(S)) return true;
    else return false;
}
```

【例3-2】表达式的计算

1. 算术表达式的两种表示

通常书写的算术表达式是把运算符放在两个操作数(又叫运算对象或运算量)的中间。如对于 $2+5*6$,乘法运算符" $*$ "的两个操作数是它两边的 5 和 6;加法运算符" $+$ "的两个操作数,一个是它前面的 2,另一个是它后面的 $5*6$ 即 30。我们把算术表达式的这种表示叫做中缀表示,采用中缀表示的算术表达式简称中缀算术表达式。

中缀表达式的计算必须按照以下三条规则进行:

(1)先算括号内,后算括号外;

(2)在无括号或同层括号内的情况下,先做乘除运算,后做加减运算,即乘除运算的优先级高于加减运算的优先级(假定我们只讨论这四种运算);

(3)同一优先级运算,从左向右依次进行。

从这三条规则可以看出,在中缀表达式的计算过程中,既要考虑括号的作用,又要考虑运算符的优先级,还要考虑运算符出现的先后次序。因此,各运算符实际的运算次序往往同它们出现的先后次序是不一致的,是不可预测的。当然凭肉眼判别一个中缀表达式中哪个运算符最先算,哪个次之……哪个最后算并不困难,但通过计算机处理就比较麻烦了,因为计算机只能一个字符一个字符地扫描。要想得到哪一个运算符先算,就必须对整个中缀表达式扫描一遍,一个中缀表达式中有多少个运算符,原则上就得扫描多少遍才能计算完毕,这样就太浪费时间了,显然是不可取的。

那么,能否把中缀算术表达式转换成另一种形式的算术表达式,使计算简单化呢?

回答是肯定的。波兰科学家卢卡谢维奇(Lukasiewicz)很早就提出了算术表达式的另一种表示,即后缀表示,又称逆波兰式,其定义是把运算符放在两个运算对象的后面。采用后缀表示的算术表达式简称后缀算术表达式或后缀表达式。在后缀表达式中,不存在括号,也不存在优先级的差别,计算过程完全按照运算符出现的先后次序进行,整个计算过程仅需一遍扫描便可完成,显然比中缀表达式的计算要简单得多。例如,对于后缀表达式12_4_–5_/,其中'_'表示空格字符,因减法运算符在前,除法运算符在后,所以应先做减法,后做除法;减法的两个操作数是它前面的12和4,其中第一个数12是被减数,第二个数4是减数;除法的两个操作数是它前面的12减4的差(即8)和5,其中8是被除数,5是除数。

中缀算术表达式转换成对应的后缀算术表达式的规则是:把每个运算符都移到它的两个运算对象的后面,然后删除掉所有的括号即可。

例如,对于下列各中缀表达式:

(1)3/5 +6

(2)16 –9 * (4 +3)

(3)2 * (x +y)/(1 –x)

(4)(25 +x) * (a * (a +b) +b)

对应的后缀表达式分别为:

(1)3_5_/6_ +

(2)16_9_4_3_ + * –

(3)2_x_y + * 1_x_ –/

(4)25_x_ + a_a_b_ + * b_ + *

下面我们将讨论后缀表达式求值的算法。为了讨论方便,更好地突出问题的本质,不妨假定算术表达式中的每个操作数都是大于等于0的整数,并且算术表达式的语法都是正确的,因而不需要在算法中进行语法检查。

2. 后缀算术表达式求值的算法

分析：

设定一个栈 S1，类型为 stack，成分类型为实型（real），用它来存储运算的操作数、中间结果以及最后结果。作为此算法的输入，假定在一个字符型数组 A 中已存放着一个以@字符作为结束符的后缀算术表达式，并且该表达式中的每个操作数都是以空格字符结束的。此算法的基本思路是：从数组 A 中的第一个字符起扫描，若遇到的是数字字符，则就把以它开头的一组数字字符（直到遇到空格字符为止）转换成对应的数值（即一个操作数）后压入 S1 栈，若遇到的是运算符，则就从 S1 栈顶依次弹出两个操作数，进行相应的运算后，再把结果压入 S1 栈；继续扫描下一个字符并处理，直到遇到@字符为止。算法结束后，S1 栈顶的值就是数组 A 中后缀算术表达式的计算结果。假定该结果由函数名带回，则算法描述为：

```
elemtype comp(char A[ ]){
    setnull(S1);
    int i = 1,x;
    char ch = A[i];
    while(ch! = '@'){
        switch(ch){
            case '0':case '1':case '2':case '3':case '4':case '5':
            case'6':case '7':case '8':case '9':x = 0;
                while(ch! = '_'){x = x*10 + (ch - '0');i ++ ;ch = A[i];}
                break;
            case ' + ':x = pop(S1) + pop(S1);break;
            case ' - ':x = pop(S1);x = x - pop(S1);break;
            case '*':x = pop(S1)* pop(S1);break;
            case '/':x = pop(S1); x = pop(S1)/x;break;
        }
        push(S1,x);
        i ++ ;
        ch = A[i];
    }
    return pop(S1);
}
```

此算法的运行时间主要花在扫描上，算法从头到尾扫描并处理数组 A 中字符，若后缀算术表达式由 n 个字符组成，则此算法的时间复杂性为 O(n)。此算法在运行时所占用的

临时空间主要取决于 S1 栈的大小,显然,它的最大深度不会超过表达式操作数的个数。若操作数的个数为 m,则此算法的空间复杂性为 O(m)。

在这个算法中,若数组 A 的后缀表达式为:

$$14\_3\_20\_5\_/ * 8\_ - + @$$

则从第四个操作数开始,每处理一个操作数或运算符后,S1 栈的状态如图 3 - 3 所示。

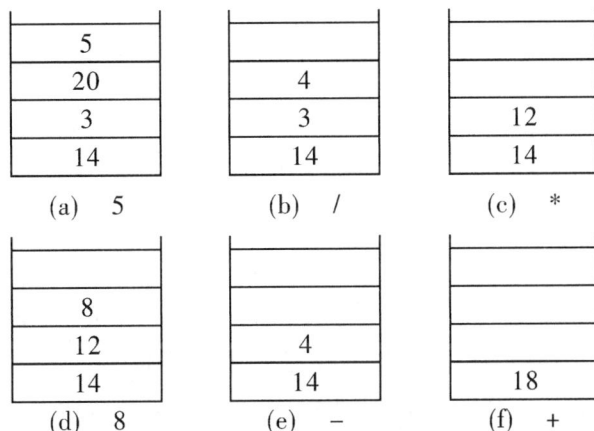

5	
20	
3	
14	
(a)　5

4
3
14
(b)　/

12
14
(c)　*

8
12
14
(d)　8

4
14
(e)　−

18
(f)　+

图 3 - 3　S1 栈的数据变化

3. 把中缀表达式转换成后缀表达式的算法

中缀算术表达式转换成对应的后缀算术表达式的规则是:把每个运算符都移到它的两个运算对象的后面,然后删除掉所有的括号即可。

将下列的中缀表达式改写成后缀表达式:

(1)3/5 +6　　　　　　　　　　(2)16 − 9 * (4 + 3)

(3)2 * (x + y)/(1 − x)　　　　(4)(25 + x) * (a * (a + b) + b)

结果为:

(1)3_5_/6_ +　　　　　　　　(2)16_9_4_3_ + * −

(3)2_x_y + * 1_x_ −/　　　　(4)25_x_ + a_a_b_ + * b_ + *

分析两种表达式的异同:操作数出现的先后顺序没有变,只有运算符变了,怎么变的呢? 还是根据中缀表达式的三条运算规则,有多少运算符就扫描多少遍就能确定每个运算符出现的先后顺序,从而得到后缀表达式。同样,能否优化这个算法,减少扫描的次数,更快捷地得到后缀表达式呢?

回答是肯定的,这要从中缀表达式运算符的优先级入手。

在中缀算术表达式中,设 P1 和 P2 分别表示前后相邻出现的两个算符,那么 P1 和 P2 之间的优先关系只能是下列两种情况之一:

P1 < P2 表示 P1 落后于 P2 运算或者说 P2 优先于 P1 运算

P1 > P2 表示 P1 优先于 P2 运算或者说 P2 落后于 P1 运算

根据中缀算术表达式运算的三条规则,相邻运算符之间的优先关系如表 3 - 1 所示。

表 3-1　相邻算符优先关系表

P1 \ P2	+	-	*	/	(	)	@
+	>	>	<	<	<	>	>
-	>	>	<	<	<	>	>
*	>	>	>	>	<	>	>
/	>	>	>	>	<	>	>
(	<	<	<	<	<	=	
)	>	>	>	>		>	>
@	<	<	<	<	<		=

分析：

设以 @ 字符结束的一个中缀算术表达式已存放在字符型数组 E 中，而转换后生成的后缀算术表达式用字符数组 A 来存放。在转换过程中需要使用一个栈，假定用 S2 表示，用它来暂存不能立即送入数组 A 中的算符（这里暂且把运算符、左右圆括号和表达式结束符统称为算符），因此，S2 栈的成分类型应为字符型，S2 栈的最大深度不会超过中缀算术表达式中算符的个数。

当把中缀表达式转换成后缀表达式时，为了栈处理的方便，往往在栈底首先放入一个表达式结束符 @，并令它具有最低的优先级（即落后于其他任何算符），当栈处理结束时，会出现表达式最后的 @ 字符同栈底的 @ 字符相遇的情况，此时表明中缀表达式已经转换完毕，所以在表中把它们定义为"="关系。在表达式处理中，有时还可能遇到右括号与栈顶的左括号比较优先关系的情况，所以必须对它们给予定义，由于它们在算术表达式中只能同时存在和消失，所以在表中也把它们定义为"="关系。在表中还有三处空白，这是 P1 和 P2 算符不应该相遇的情况，若发生这种情况，则表明中缀算术表达式中有语法错误。

把中缀表达式转换成对应的后缀表达式的基本思路是：从数组 E 的第一个字符起扫描，当遇到的是数字字符时，就把以它开始的一组数字字符（直到非数字字符为止）和附加的一个空格字符依次送入数组 A；当遇到的是算符时，首先检查它是否落后于栈顶算符的运算，若是，则表明栈顶算符的两个运算对象已经被送入到数组 A 中，应将栈顶算符退栈并送入数组 A，以此反复进行，直到不落后于栈顶算符为止；接着检查它是否优先于栈顶算符，若是，则表明它的第二个运算对象还没有被送入数组 A 中，所以应把它进栈，否则表明该算符必然是右括号，栈顶算符必然是左括号；因该括号内的算符已处理完毕，所以应把左括号从栈顶退出，继续扫描和处理下一个字符，直到遇到结束符 @ 后，再作必要的结束处理即可。

算法描述为：

```
void change(char E[ ],char A[ ]){
(1)    setnull(S2); push(S2,'@');
        int i = 1;                         //i 作为扫描数组 E 的指针
        int j = 1;                         //j 用来指示数组 A 中待写入字符的位置
```

```
        char ch = E[i];w = '@';                    //E 中第一个字符送给 ch
(2)     while(ch! = '@'){
                if(ch >= '0'&&ch <= '9')
(Ⅰ)                 while(ch >= '0'&&ch <= '9'){
                        A[j] = ch; j = j + 1; i = i + 1; ch = E[i];
                    }
                    A[j] = ' '; j = j + 1;          //给 A 中的每个操作数后附加一个空格
                if(ch == '+'||ch == '-'||ch == '*'||ch == '/')
                    w = readtop(S2);
(Ⅱ)             while (precede(w,ch) == '>'){       //precede 为比较两算符优先关系的函数
                    A[j] = w;
                    j = j + 1;
                    pop(S2);
                    w = readtop(S2);
                }
                if(precede(w,ch) == '<') push(S2,ch);
                    else pop(S2);
                    i = i + 1;
                    ch = E[i];
                    w = pop(S2);
(Ⅲ)             while (w! = '@'){A[j] = w; j = j + 1; w = pop(S2);}
                    A[j] = '@';
        }
}
```

此算法的运行时间主要花在第(2)步上,如果单从这一步的 while 外循环来看. 其时间复杂性为 O(n)。那么循环体内的每一个 while 循环和 precede 函数是否会增加此算法的时间复杂度呢? 从第(Ⅰ)步看,显然是不会的,因为每一次循环都将顺序处理数组 E 中的下一个字符;从第(Ⅱ)步看,也是不会的,因为这里调用的 precede 函数实际上就是根据两个算符到表 2-1 中去查找其对应的优先关系,这种查找所需时间是固定的,它不随处理问题的规模(在此是指中缀算术表达式中包含字符的多少)而改变;在第(Ⅲ)步中出现的 while 循环在任何情况下都不会超过两次循环。因此,整个算法的时间复杂性为 O(n)。

在这个算法中,若数组 E 中的中缀表达式为:

$$2 * ((8 + 7)/15) + 9@$$

则每处理一个算符后,数组 A 和栈 S2 的状态如图 3-4 所示。

从上面算术表达式的计算过程可以看出,利用后缀表示和栈技术只需两遍扫描即可完成,其中第一遍是把算术表达式的中缀表示转换成对应的后缀表示,第二遍是根据后缀表示进行求值。显然它比直接利用中缀算术表达式进行计算的扫描次数要少得多,算法的复

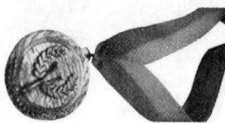

杂性和编程的复杂性大大降低。

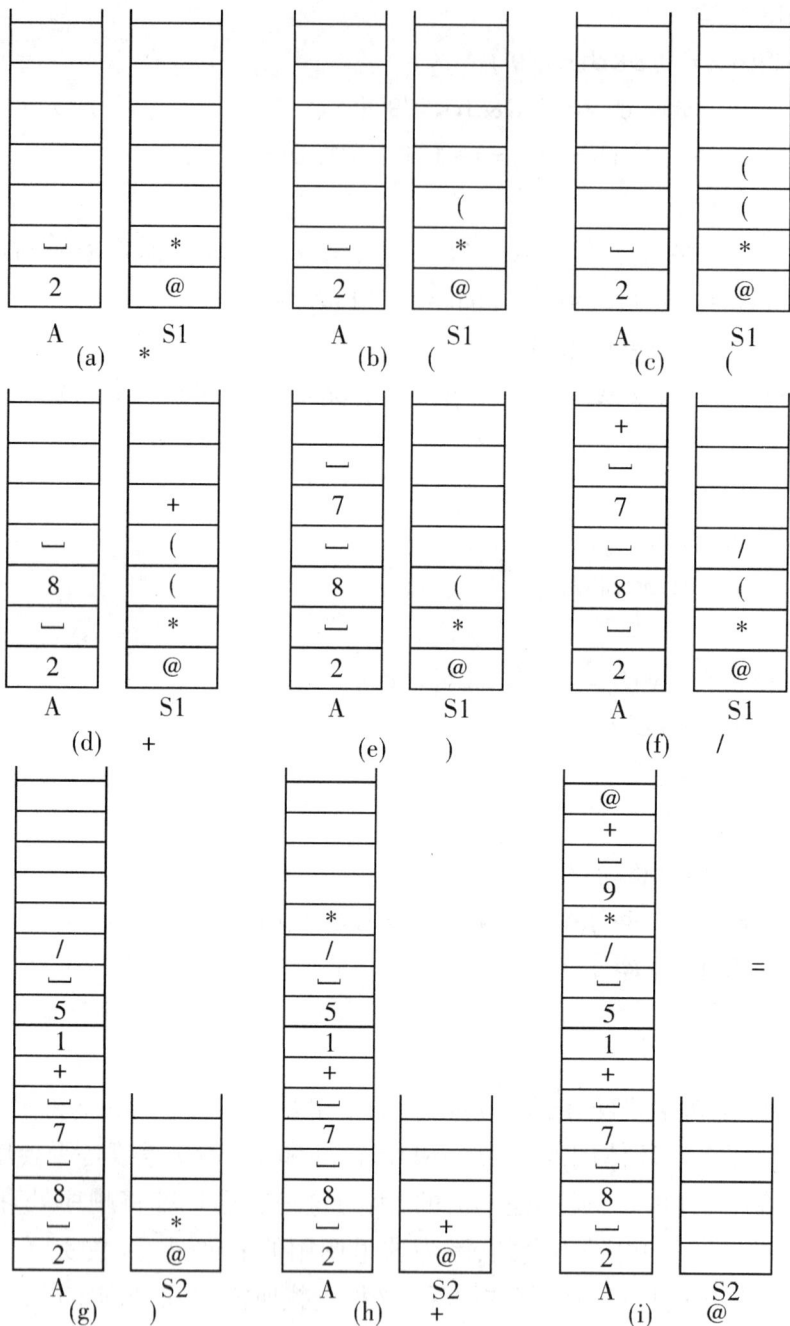

图 3－4　数组 A 和栈 S2 的数据变化

【例 3－3】 编写一个算法,对于给定的十进制正整数,打印出相应的八进制整数。

分析:

把十进制正整数转换成对应的八进制整数采用逐次除 8 取余法,即用基数 8 不断地去除被转换的十进制正整数,直到商为 0。设转换后得到的八进制整数为 $k_m k_{m-1} \cdots k_1 k_0 (m \geq 0)$,则第一次相除所得余数就是八进制整数的最低位 k_0,第二次相除所得余数就是八进制整数的次最低位 k_1,依此类推,最后一次相除所得余数(即商为 0 时的余数)就是八进制整

数的最高位 k_m。

设被转换的十进制正整数用 n 表示,每次整除 8 所得余数用 k 表示,若采用递归的方法来编写此题的算法,则具体步骤为:

(1)用 8 对 n 作取余运算,将结果赋给 k;

(2)用 8 去整除 n,将结果仍赋给 n;

(3)如果 n 不为 0,则以 n 为实参调用本过程;

(4)按域宽为 1 打印 k 的值。

用伪代码编写出此递归过程的算法为:

```
void transfer(int n){
    k = n% 8;
    n = n/8;
    if (n! = 0) transfer(n);
    cout << k << " ";
}
```

计算机执行递归算法(包括递归过程和递归函数)时,是通过栈来实现的。具体地说,在运行开始时,首先为递归调用建立一个栈,该栈的成分类型(即元素类型)包括值参域、局部变量域和返回地址域;在每次执行递归调用语句或函数之前,自动把本算法中所使用的值参和局部变量的当前值以及调用后的返回地址压入栈;在每次递归调用语句或函数执行结束后,又自动把栈顶各域的值分别赋给相应的值参和局部变量,以便使它们恢复为调用前的值,接着无条件转向(即返回)由返回地址域所指定的位置执行。

对于调用上面的递归过程来说,系统首先为后面的递归调用建立其成分类型包含值参 n 的域、局部变量 k 的域和返回地址的域的一个栈;在每次执行 transfer(n)语句递归调用前,自动把 n 和 k 的当前值以及 cout 语句的开始位置(即调用后的返回地址)压入栈;在每次执行完(即一次递归调用结束)后,又自动把栈顶的与 n 和 k 对应域的值分别赋给 n 和 k,接着无条件转向 cout 语句的开始位置,继续向下执行。

上面的分析说明了系统是如何利用堆栈技术来进行递归处理的。下面我们将讨论如何模拟系统处理递归的方法把一个递归算法改写成一个非递归的算法,从而进一步加深对堆栈和递归这两个重要概念的理解和认识。

设 p 是一个递归算法,假定 p 中共有 m 个值参数和局部变量,共有 t 处递归调用 p 的过程语句或函数引用,则把 p 改写成一个非递归算法的一般规则为:

(1)定义一个栈 s,用来保存每次递归调用前值参和局部变量的当前值以及调用后的返回地址,s 栈中的成分类型应包含 m-1 个域,其中前 m 个域为值参和局部变量而设,后一个域为返回地址而设,s 栈的深度应足够大,使得在递归调用中不会发生溢出。

(2)定义 t+2 个语句标号,其中用一个标号标在原算法中的第一条语句上,用另一个标号标在作返回处理的第一条语句上,其余 t 个标号作为 t 处递归调用的返回地址,分别标在相应的语句上;

(3)把每一个递归调用的语句或函数改写为:

（ⅰ）把值参和局部变量的当前值以及调用后的返回地址压入栈；

（ⅱ）把值参所对应的实在参数表达式的值赋给值参变量；

（ⅲ）无条件转向原算法的第一条语句。

（4）在算法结尾之前增加返回处理,当栈非空时做：

（ⅰ）退栈；

（ⅱ）把原栈顶中前 m 个域的值分别赋给各对应的值参和局部变量；

（ⅲ）无条件转向由本次返回地址所指定的位置。

（5）增设一个同 s 栈的成分类型相同的变量,作为进出栈的缓冲变量,对于递归函数,还需要再增设一个保存函数值中间结果的临时变量,用这个变量替换函数体中所有函数名,待函数过程结束之前,再把这个变量的值赋给函数名返回。

（6）在原算法的第一条语句之前,增加一条置栈空的语句。

（7）对于递归函数而言,若某条赋值语句中包含有两处或多处（假定为 n 处,n≥2）递归调用,则应首先把它拆成 n 条赋值语句,使得每条赋值语句中只包含一处递归调用,同时对增加的 n−1 条赋值语句,要增设 n−1 个局部变量,然后再按照以上六条规则转换成非递归函数。

3.3　队列

3.3.1　队列的定义

队列（queue）简称队,它也是一种运算受限的线性表,其限制是仅允许在表的一端进行插入,而在表的另一端进行删除。我们把进行插入的一端称作队尾（rear）,进行删除的一端称作队首（front）。向队列中插入新元素称作进队或入队,新元素进队后就成为新的队尾元素;从队列中删除元素称作出队,出队后,其后继元素成为队首元素。由于队列的插入和删除分别在表的两端进行,所以要删除的元素是队列中最先进入的元素,因此又把队列称作先进先出（First In First Out,简称 FIFO）表。

在日常生活中,人们为购物或等车时所排的队就是一个队列,新来购物或等车的人接到队尾（即进队）,站在队首的人购物或上车后离开（即出队）,当最后一人购物或上车离队后,则队为空。

3.3.2　队列的顺序存储

队列的一种最简单的存储结构当然也是顺序存储,所使用的记录类型可定义为：

```
struct queue{
    elemtype vec[m0];
    int f,r;
}
```

其中 vec 域用来存储队列的元素,f 和 r 域分别用来存储队首元素和队尾元素所在单元

的编号,因此又把 f 和 r 分别称作队首指针和队尾指针。

图 3－5 给出了一个队列在顺序存储方式下的当前状态,此时已有 a、b、c 三个元素相继出队(为了同队列中的元素相区别,把它们分别括了起来),队首指针 f 指向队首元素 d,队尾指针 r 指向队尾元素 j。若在图(a)的队中插入一个新元素 k,或者删除一个元素后,队列的当前状态分别如图(b)和(c)所示。

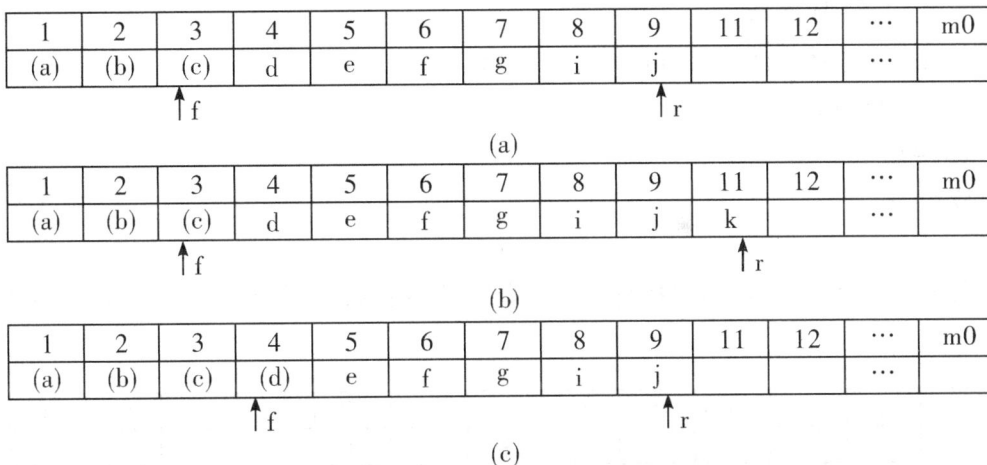

1	2	3	4	5	6	7	8	9	11	12	…	m0
(a)	(b)	(c)	d	e	f	g	i	j			…	

　　　　　　　　↑f　　　　　　　　　　　　　　↑r

(a)

1	2	3	4	5	6	7	8	9	11	12	…	m0
(a)	(b)	(c)	d	e	f	g	i	j	k		…	

　　　　　　　　↑f　　　　　　　　　　　　　　　　↑r

(b)

1	2	3	4	5	6	7	8	9	11	12	…	m0
(a)	(b)	(c)	(d)	e	f	g	i	j			…	

　　　　　　　　　↑f　　　　　　　　　　　　　　↑r

(c)

图 3－5　顺序队列的插入和删除示意图

每次向队列插入一个元素,都将使队尾指针后移一个位置,当队尾指针指向最后一个位置 m0 时,表明队列已满(实际上,若 f 不等于 1 的话,队首前面仍有空闲的单元可再被利用),若再进行插入,则溢出(我们把这种溢出叫做"假溢出");每次删除队列中的一个元素,也同样使队首指针向后移动一个位置,当队首指针指向最后一个元素(即队尾指针所指的元素)并被删除后,表明队列已空,此时应把 f 和 r 同时置为 0,以便从第一个单元起重新利用整个存储空间。

3.3.3　队列的运算

队列的主要运算是插入、删除、置空队等。设 Q 为一个顺序存储的队列,其类型为 queue,x 为具有 elemtype 类型的一个参数,则队列的插入、删除和置空队的算法分别如下。

3.3.3.1　插入算法

```
voidinsert(queue Q,elemtype x){
if(Q.r == m0){cout << "overflow" << endl;return;}
    Q.r = Q.r + 1;              //队尾指针后移
    Q.vec[ Q.r] = x;            //新元素赋给队尾单元
    if (Q.f == 0) Q.f = 1;      //若原为空队,则进行插入后,同时把队首指针置为 1
}
```

3.3.3.2　删除算法

此算法既可写成过程的形式,也可写成函数的形式,若写成过程的形式为:

```
void delete(queue Q,elemtype x) {
```

```
    if(Q.f == 0){cout << "underflow" << endl;return;}
    x = Q.vec[Q.f];              //把队首元素赋给 x
    if(Q.f == Q.r){Q.f = 0; Q.r = 0;}
    else Q.f ++ ;
}
```

3.3.3.3　置空队算法

此算法很简单,只要把队首和队尾指针均赋 0 即可。

```
void setnull(queue Q){
    Q.f = 0;
    Q.r = 0;
}
```

为了简化队列的插入和删除操作,我们假定队首指针始终指向队首的前一个位置,如图 3 - 6 所示。

1	2	3	4	5	6	7	8	9	11	12	…	m0
			d	e	f	g	i	j			…	

图 3 - 6　队首指针指向队首元素前一位置的顺序队列

这样,判断队空的条件应由 Q.f = 0 改为 Q.f = Q.r。进行删除时,要先移动队首指针,后取队首元素;进行插入时,若原队为空,则插入后队首指针正好指向队首元素的前一个位置,因此可省去上面插入算法中的第(4)步。改进后的插入和删除算法如下:

```
void insert(queue Q,elemtype x){
    if (Q.r == m0 ){cout << "overflow" << endl;return;}
    Q.r = Q.r + 1;
    Q.vec[Q.r] = x;
}
void delete(queue Q,elemtype X){
    if( Q.f == Q.r) {cout << "underflow" << endl;return;}
    Q.f ++ ;
    x = Q.vec[Q.f];
}
```

改进后的算法虽然简单了,但"假溢出"的问题仍没有得到解决,因此还需要进一步改进。一种改进的方法是:当出现"假溢出"(即队尾达到最后 m0 单元,而队首前面仍有空闲单元)时,把整个队列前移至始端,把所有空闲的单元留在后面,以便进行继续插入。这种方法将花费较多的时间用于数据移动。第二种改进的方法是采用循环队列,即把存储队列的整个数组空间看作是首尾相接的一个环,当队尾指针指向 m0 单元后再进行插入时,把新元素插入到第一个单元中(若该单元空闲的话)。这种方法不需要移动任何元素,显然比第一种方法要好。循环队列也很容易实现,只要把队尾指针对 m0 取模后加 1 即可。在循

环队列中进行插入时,应把原来判断溢出的条件改为$(Q.r \% m0) + 1 = Q.f$,此时虽然队首指针 f 所指的单元空闲着,但若利用了它,就无法用 $Q.f = Q.r$ 作为判断队空的条件了(因为可能是队满的情况)。所以,在循环队列中,实际可用的存储单元数为 $(m0 - 1)$ 个。

循环队列的插入和删除算法如下:

```
void insert(queue Q,elemtype x){
    if (Q.r % m0 + 1 == Q.f )
        {cout << "overflow" << endl;return;}
    Q.r = Q.r %  m0 + 1;//队尾指针后移,第 m0 单元的后面是第 1 单元
    Q.vec[ Q.r] = x;
}
void delete(queue Q,elemtype x){
    if (Q.f == Q.r)
        {cout << "underflow" << endl;return;}
    Q.f = Q.f % m0 + 1;
    x = Q.vec[ Q.f];
}
```

顺便说一下,循环队列的置空队算法和非循环队列相同,都是把队首和队尾指针置为 0。

3.4　队列的应用举例

【例 3 - 4】合并石子

小 Ray 在河边玩耍,无意中发现一些很漂亮的石子堆,于是他决定把这些石子搬回家。河滩上一共有 $n(1 \leqslant n \leqslant 30000)$ 堆石子,每次小 Ray 合并两个石子数最少的两堆石子成为一堆。经过 $n - 1$ 次合并操作以后,只剩下一堆石子,然后小 Ray 就将这一堆石子搬回家。每合并两堆石子的时候,小 Ray 消耗的体力是两堆石子的数量之和。请你算一算,小 Ray 合并所有石子堆消耗的体力是多少呢?

分析:

设这些石子堆的数量为 w_1、$w_2 \cdots$、w_n,且满足 $w_1 \leqslant w_2 \leqslant \cdots \leqslant w_n$。首先小 Ray 肯定将 1 和 2 两堆石子合并,设新合并的石子堆为 $y_1 = w_1 + w_2$。接着小 Ray 一定是在 $\{y_1\} \cup \{w_3 \cdots w_n\}$ 中选择两个最小的石子堆合并,那么设新合并的石子堆为 y_2。如此类推,第三次合并的石子堆记作 y_3,第四次合并的记作 $y_4 \cdots \cdots$第 $n - 1$ 次合并的石子堆记作 y_{n-1}。

可以证明,新合并的石子堆的大小一定满足:$y_1 \leqslant y_2 \leqslant y_3 \leqslant \cdots \leqslant y_{n-1}$。因为每次合并的新石子堆一定是选择当前所剩下的石子堆中最小的两堆合并,而剩下的石子堆的石子数量又是不断增多的,所以越早合并的石子堆的石子数量越少。

有了上面这条事实,我们知道在合并过程中 w 和 y 数组始终是保持有序的。因此假设当前剩下的石子堆为 $w_i \cdots w_n$ 和 $y_j \cdots y_m$,那么最小的石子堆不是 w_i 就是 y_j,拿出其中最小的

一个,然后再拿出次小的一个,合并成的新石子堆一定是放在 y_m 之后。也就是说将 y 看成一个队列,在队首取出元素,在队尾插入元素,且在插入和删除的过程队列始终保证了从小到大的顺序(越靠近队首越小)。由于 w 中的每个元素最多删除一次,y 中的元素最多插入队列和从队列中取出一次,所以总的复杂度为 O(n)。

【例 3-5】马的遍历

在一个 n×n 的棋盘上有一匹马站在第 x 行第 y 列的格子上。棋盘上有些格子有障碍物,用'*'表示,马不能够站在有障碍物的格子上。问:马按照国际象棋中的走法能够到达棋盘上的哪些格子? 且到达这些格子最少的步数是多少?

马在国际象棋中的走法如下:如果马站在 (x,y) 上,那么马可以走到的格子是 (x+2, y+1),(x+2,y-1),(x+1,y+2),(x+1,y-2),(x-1,y+2),(x-1,y-2),(x-2,y+1),(x-2,y-1)。具体如图 3-7 所示:

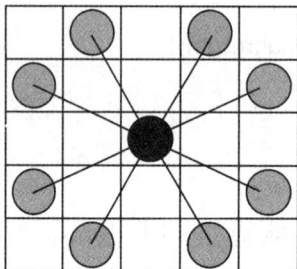

图 3-7　跳马示意图

【输入】

第一行为 n,x,y,接下来 n 行为棋盘的描述。'_'表示空格子,'*'表示有障碍物。

【输出】

一共 n 行,每行 n 个数,表示马到这个格子最少需要的步数,如果无法到达用 -1 表示。

分析:

这种遍历很容易用队列实现。首先队列中只有 (x,y) 这个点,然后从 (x,y) 这个点扩展,看下一步能够达到哪些点,如果这些点没有扩展过(即没有加入队列),那么就把这些点加入到队尾。显然,扩展的格子在队列中是按照到达的最少步数从小到大的顺序排列的。在实现的过程中,我们需要一个队列存下这些已扩展的格子,还要用一个数组标记某个格子是否扩展过且到达的最少步数是多少。

算法的伪代码如下:

map——表示棋盘的类型

dis——表示到达棋盘上每个格子的最少步数,一开始除了起始点,都为 -1

(sx,sy)——马的起始位置

que——存储已扩展格子的队列

h——队首指针

t——队尾指针

gx,gy——每次移动的方向；

```
void TourOfHorse(int sx,int sy,int map){
    int gx[9] = { -1,1,2,2,1, -1, -2, -2};
    int gy[9] = { -2, -2, -1,1,2,2,1, -1};
    h = 0;
    t = 1;
    que[t].zx = sx;
    que[t].zy = sy;
    dix[sx][sy] = - 1;
    while(h < t){
        h ++ ;
        x = que[h].zx;
        y = que[h].zy;
        for(int dir = 1;dir <= 8;dir ++ ){
            tx = x + gx[dir];
            ty = y + gy[dir];              //在 dir 方向的下一步能够到达的格子
            if(map[tx][ty] == '_' &&dis[tx][ty] == - 1){
                dis[tx][ty] = dis[x][y] + 1;
                t = t + 1
                que[t].x = tx;
                que[t].y = ty;
            }
        }
    }
}
```

这种按照达到步数（或者说层次）从小到大扩展的方法我们通常叫做广度优先遍历。

3.5　链接的栈和队列

3.5.1　链栈的定义与运算

链栈（即链接堆栈）是栈的链接存储表示，或者说它是只允许在表头进行插入和删除运算的单链表，此时单链表的表头指针叫做栈顶指针。一个链栈的示意图如图 3 - 8 所示，其中 HS 表示栈顶指针。设 HS 的类型为 linklist,数据元素 x 的类型为 elemtype,则在以 HS 为栈顶指针的链栈中,进行栈的各种运算的算法如下：

3.5.1.1　进栈算法

算法步骤为：

（1）为待进栈元素 x 分配一个结点 p，
并把 x 赋给 p 结点的值域；

（2）把 p 结点堆入栈顶。

算法描述为：

```
void push(linklist HS,elemtype x){
    linklist p;
    p = new linklist;
    P - > data = x;
    P - > next = HS;
    HS = p;
}
```

3.5.1.2　出栈算法

假定以函数的形式写出，则算法步骤为：

（1）检查 HS 是否为空，若为空则进行"下溢"错误处理；

（2）将栈顶结点的值赋给函数名，并将栈顶指针暂存 p，以便回收栈顶结点；

（3）删除栈顶结点；

（4）回收 p 结点（即原栈顶结点）。

算法描述为：

```
void pop(linklist HS){
    if( HS == NULL)
        {cout << "underflow" << endl;return;}
    pop = HS - > data;
    p = HS;
    HS = HS - > next;
    delete(p);
}
```

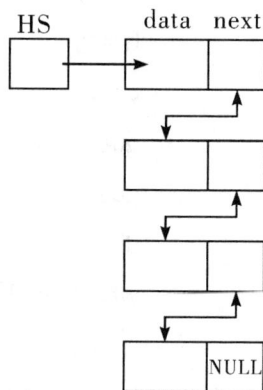

图 3 - 8　链栈的示意图

3.5.1.3　读取栈顶元素的算法

此算法很简单，若不考虑栈空的情况，只要取出 HS –> data 的值即可。

3.5.1.4　置栈空算法

若不考虑回收结点，则只要将 HS 置空即可，若考虑回收链栈中的所有结点，则算法如下：

```
void setnull(linklist HS){
    while (HS! = NULL){
        p = HS;
        HS = HS - > next;
```

```
        delete(p);
    }
}
```

3.5.1.5　判断一个栈是否为空的算法

此算法很简单,只要当 HS = NULL 时返回"真"值,否则返回"假"值即可。

3.5.2　链队的定义与运算

链队(即链接队列)是队列的链接存储表示,或者说它是只允许在表尾进行插入和表头进行删除的单链表。一个链队需要队首和队尾两个指针,其中队首指针 f 指向单链表的表头,队尾指针 r 指向单链表的表尾。一个链队的示意图如图 3 - 9 所示。

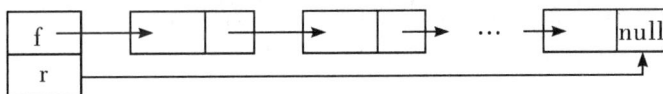

图 3 - 9　链队的示意图

设 f 和 r 的类型为 linklist,则描述 f 和 r 的结点类型可定义为:

```
struct linkqueue{
    linklist f,r;
}
```

设 HQ 为具有 linkqueue 类型的一个参数,它表示一个链队,x 为具有 elemtype 类型的一个参数,在 HQ 链队中进行插入、删除和置空队运算的算法如下。

3.5.2.1　插入算法

(1) 为待入队元素 x 分配一个结点 p,并把 x 赋给 p 的值域,NULL 赋给 p 结点的指针域;

(2) 若链队为空(即 HQ. f 和 HQ. r 均为空,检查时判任一个为空即可),则表明待插入的 p 结点既是队首结点也是队尾结点,应同时修改队首指针和队尾指针,使之指向 p 结点,否则把 p 结点插入队尾,并使队尾指针指向 p 结点。

算法描述为:

```
void insert(linkqueue HQ,elemtype x){
    linklist p;
    p = new Linklist;
    p - > data = x;
    p - > next = NULL;
    if (HQ.r == NULL){
        HQ.f = p;
        HQ.r = p;
    }
    else{
```

```
        HQ.r - > next = p;
        HQ.r = p;
    }
}
```

3.5.2.2　删除算法

算法步骤为：

（1）若链队为空,则进行"下溢"错误处理；

（2）把队首结点的值赋给变参 x；

（3）把队首指针暂存指针变量 p,以便回收该结点；

（4）删除队首结点,即若链队中只有一个结点（即 HQ.f = HQ.r）,则应同时把 HQ.f 和 HQ.r 置为空,否则只修改队首指针,使之指向下一个结点；

（5）回收原队首结点（即 p 结点）。

算法描述为：

```
void delet(linkqueue HQ,elemtype x) {
    if( HQ.f == NULL)
        {cout << "underflow" << endl;return;}
    x = HQ.f - > data;
    p = HQ.f;
    if (HQ.f == HQ.r)
        {HQ.f = NULL;HQ.r = NULL;}
    else
        {HQ.f = HQ.f - > next;}
    delete(p);
}
```

3.5.2.3　置链队为空的算法

此算法很简单,只要把队首和队尾指针置空即可。

```
void setnull(linkqueue HQ){
    HQ.f = NULL;
    HQ.r = NULL;
}
```

不过这样队列中的所有动态结点没有回收,大量地浪费了空间,因此可以进行如下改进：

```
void setnull(linkqueue HQ){
    p = HQ.f;
    while (p! = HQ.r) {
        q = p - > next;
        delete(p);
```

```
        p = q;
    }
    delete(p);
    HQ.f = NULL;
    HQ.r = NULL;
}
```

3.6　小结

　　这一章学习两种非常重要的运算受限的线性表——栈和队列,它们应用相当广泛,特别是栈在表达式计算和递归中的应用。将来我们在学习搜索算法时深度优先搜索就要使用栈,广度优先搜索就要使用队列,因此读者务必熟练掌握它们的操作和运算的特点。

习题三

一、选择题(每题只有一个正确选项)

　　1. 当利用大小为 N 的数组顺序存储一个栈时,假定用 top = N 表示栈空,则向这个栈插入一个元素时,首先应执行(　　　　)语句修改 top 的指针。　　　　　　　　　(　　)

　　A. top ++　　　　　　　B. top - -　　　　　　　C. top = 0　　　　　　D. top = 1

　　2. 假定一个链栈的栈顶指针用 top 表示,当 p 所指向的结点进栈时,执行的操作为
　　　　　　　　　　　　　　　　　　　　　　　　　　　　　　　　　　　(　　)

　　A. p - > next = top;top = top - > next　　　　B. top = p;p - > next = top

　　C. p - > next = top - > next;top - > next = p　　D. p - > next = top;top = p

　　3. 假定一个链接的栈顶指针用 top 表示,当进行退栈时所进行的指针操作为　(　　)

　　A. top - > next = top　　　　　　　　　　　　B. top = top - > data

　　C. top = top - > next　　　　　　　　　　　　D. top - > next = top - > next - > next

　　4. 若让元素 1,2,3 依次进栈,每个元素进栈后随时可以出栈,则出栈次序不可能出现(　　)情况。　　　　　　　　　　　　　　　　　　　　　　　　　　　　(　　)

　　A. 3,2,1　　　　　　　B. 2,1,3　　　　　　　C. 3,1,2　　　　　　D. 1,3,2

　　5. 在一个顺序队列中,队首指针指向队首元素的(　　　)位置。　　　　　(　　)

　　A. 前一个　　　　　　　B. 后一个　　　　　　　C. 当前　　　　　　　D. 后面

　　6. 从一个顺序队列删除元素时,首先需要　　　　　　　　　　　　　　　(　　)

　　A. 队首指针循环加 1　　　　　　　　　　　　B. 队首指针循环减 1

　　C. 取出队首指针所指位置上的元素　　　　　　D. 取出队尾指针所指位置上的元素

　　7. 假定一个不设队列长度变量的顺序队列的队首和队尾指针分别为 f 和 r,则判断队空的条件为　　　　　　　　　　　　　　　　　　　　　　　　　　　　　(　　)

　　A. f + 1 = r　　　　　　B. r + 1 = f　　　　　　C. f = 0　　　　　　D. f = r

8. 假定利用数组 a[N] 循环顺序存储一个队列,用 f 和 r 分别表示队首和队尾指针,并已知队未满,当元素 x 进队时所执行的操作为　　　　　　　　　　　　　　　（　　）

A. $a[r \% N + 1] = x$　　　　　　　　　　B. $a[(r+1) \% N] = x$

C. $a[r \% (N-1)] = x$　　　　　　　　　D. $a[(r-1) \% N] = x$

9. 假定一个带附加头结点的循环链队的队首和队尾指针分别用 front 和 rear 表示,则判断队空的条件为　　　　　　　　　　　　　　　　　　　　　　　　　　（　　）

A. front = rear　　　B. rear = NULL　　　C. front = NULL　　　D. front = rear

10. 在一个长度为 N 的数组空间中,顺序存储着一个队列,该队列的队首和队尾指针分别用 front 和 rear 表示,则该队列中的元素个数为　　　　　　　　　　　　（　　）

A. $(rear - front) \% N$　　　　　　　　　B. $(rear - front + N) \% N$

C. $(rear + N) \% N$　　　　　　　　　　D. $(front + N) \% N$

二、算法设计题

1. 设计一个递归算法,返回 1 到 n 之间的所有整数平方的和。

2. 设计一个递归算法,把任一十进制正整数转换为 S 进制（$2 \leqslant S \leqslant 9$）数输出。

3. 裴波那契(Fibonacci)数列的定义为:它的第一项和第二项分别为 0 和 1,以后各项为其前两项之和。若裴波那契数列中的第 n 项用 Fib(n) 表示,则计算公式为:

$$Fib(n) = \begin{cases} n - 1 & (n = 1 \text{ 或 } 2) \\ Fib(n-1) + Fib(n-2) & (n > 2) \end{cases}$$

试编写出计算 Fib(n) 的递归算法和非递归算法。

三、上机编程题

1. 完成【例 3-2】的代码,并上机验证。

2. 完成【例 3-4】的代码,并自造测试数据上机验证。

3. 括号序列

【问题描述】

定义如下规则序列(字符串):

(1)空序列是规则序列;

(2)如果 S 是规则序列,那么(S)和[S]也是规则序列;

(3)如果 A 和 B 都是规则序列,那么 AB 也是规则序列。

例如,下面的字符串都是规则序列:

(),[],(()),([]),()[],()[()]

而以下几个则不是:

(,[,],)(,()),([()

现在,给你一些由 '(','')','[',']' 构成的序列,你要做的,是找出一个最短规则序列,使得给你的那个序列是你给出的规则序列的子列。（对于序列 $a_1, a_2, \cdots, a_n$ 和序列 $b_1, b_2, \cdots, b_m$,如果存在一组下标 $1 \leqslant i_1 < i_2 < \cdots < i_n \leqslant m$,使得 $a_j = b_{i_j}$ 对一切 $1 \leqslant j \leqslant n$ 成立,那么 $a_1, a_2, \cdots, a_n$ 就叫做 $b_1, b_2, \cdots, b_m$ 的子列。）

【输入】

输入文件 bracket.in 仅一行,全部由"(",")","[","]"组成,没有其他字符,长度不超过 100。

【输出】

输出文件 bracket.out 也仅有一行,全部由"(",")","[","]"组成,没有其他字符,把你找到的规则序列输出即可。因为规则序列可能不止一个,因此要求输出规则序列中嵌套的层数尽可能地少。

【样例输入】

([()

【样例输出】

()[]()　{最多的嵌套层数为 1,如层数为 2 时的一种为()[()]}

4. 中缀表达式

【问题描述】

给出按后缀表示法输入的一个算术表达式,表达式中只有 26 个大写英文字母和加减乘除四个运算符号,表达式的长度≤50,表达式以#结束。编程求出它的等价中缀表达式。

【输入】

输入文件 expression.in 只有一行,就是后缀表达式。

【输出】

输出文件 expression.out 只有一行,就是它等价的中缀表达式。

【样例输入】	【样例输出】
$AB+CD*EF-*/\#$	$(A+B)/(C*D*(E-F))$

5. 合并果子

【问题描述】

在一个果园里,多多已经将所有的果子打了下来,而且按果子的不同种类分成了不同的堆。多多决定把所有的果子合成一堆。

每一次合并,多多可以把两堆果子合并到一起,消耗的体力等于两堆果子的重量之和。可以看出,所有的果子经过 $n-1$ 次合并之后,就只剩下一堆了。多多在合并果子时总共消耗的体力等于每次合并所耗体力之和。

因为还要花大力气把这些果子搬回家,所以多多在合并果子时要尽可能地节省体力。假定每个果子重量都为 1,并且已知果子的种类数和每种果子的数目,你的任务是设计出合并的次序方案,使多多耗费的体力最少,并输出这个最小的体力耗费值。

例如有 3 种果子,数目依次为 1,2,9。可以先将 1、2 堆合并,新堆数目为 3,耗费体力为 3。接着,将新堆与原先的第三堆合并,又得到新的堆,数目为 12,耗费体力为 12。所以多多总共耗费体力 $=3+12=15$。可以证明 15 为最小的体力耗费值。

【输入】

输入文件 fruit.in 包括两行,第一行是一个整数 $n(1 \leqslant n \leqslant 10000)$,表示果子的种类数。第二行包含 n 个整数,用空格分隔,第 i 个整数 $a_i(1 \leqslant a_i \leqslant 20000)$ 是第 i 种果子的数目。

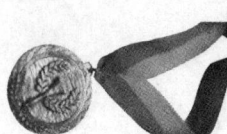

【输出】

输出文件 fruit.out 包括一行,这一行只包含一个整数,也就是最小的体力耗费值。输入数据保证这个值小于 2^{31}。

【样例输入】	【样例输出】
3	15
1 2 9	

(提示:这里要求使用两个有序队列来编程)

第4章 串

串(即字符串)是一种特殊的线性表,它的数据元素仅由一个字符组成。计算机非数值处理的对象经常是字符串数据,如在汇编和高级语言的编译程序中,源程序和目标程序都是字符串数据;在学生档案处理中学号、姓名、性别等,一般也作为字符串处理。另外,串还具有自身的特性,常常把一个串作为一个整体来处理,因此,这一章把串作为一个独立结构的概念加以研究,介绍串的存储结构及基本运算。

在早期的程序设计语言中,字符串仅在输入或输出中以直接量的形式出现,并不参与运算。随着计算机的发展与进步,串在文字编辑、词法扫描、符号处理及定理证明等许多领域得到广泛的应用,因而在 pascal、C ++ 等高级语言中开始引入串变量的概念。如同整型、实型变量一样,串变量也可以参加各种运算,而且已归结出一组基本的串的运算。

本章将讨论串的有关概念、表示方法、串的基本运算以及串的应用。

4.1 串的基本概念

字符串(string)是由零个或多个任意字符组成的一个有限的字符序列,一般表示为"$a_1 a_2 \cdots a_i a_{i+1} \cdots a_n$"。其中的双撇号作为字符串的起止定界,它不属于字符串本身的字符;两个单撇号之间的字符序列称为这个串的值。

(1)串的长度

串中字符的个数 n 称为串的长度。

(2)空串

一个串只有 0 个字符,则它被称为空串,长度为 0。

(3)子串

串中任意个连续的字符组成的子序列称为子串,空串是任意串的子串。

(4)主串

包含子串的串称为主串。

(5)两串相等

对于串 s1,s2。如果 s1 是 s2 的子串,且 s2 是 s1 的子串,则两串 s1,s2 相等。

(6)串的定义C ++ 实现

string   st;

4.2 串的实现及基本运算

4.2.1 串的数组实现

顾名思义,串的数组实现法就是将串作为一个特殊的线性表,将其用数组表示,需要注意的是此时数组的类型为字符类型。因此,我们可以这样来表示一个串:

char ch[maxn];curlen = strlen(ch);

或

string s;curlen = s.size()/s.length();

其中 ch 存储的是串的一维数组,其中每个位置上的字符分别存放在数组的每个下标中;curlen 表示串的当前长度。

在串的数组表示下,串中的字符都是顺序存储的,因此这样的表示法特别适合于子串的搜索。然而,用串的这种表示法亦有缺点:其一是在这种表示法下,对于串的插入或删除操作都是很复杂的,要移动许多字符,因而耗时太多;其二是串的最大长度不能"随机应变",必须事先确定最大长度,这个要求对于串来说不太容易做到,容易造成最大长度定得太大而浪费许多存储空间,或最大长度定得太小而在算法执行时产生溢出。

4.2.2 串的指针实现

类似于串的数组实现,我们可以将串作为一个特殊的表而用表的指针实现来表示串,这种方法就是串的指针实现。用指针实现串时,可以这样表示:

```
typedef struct tlink{
    char ch;
    struct tlink * next;
}
```

在串的链表存储方式下,对串进行子串的插入或删除操作将会很快,只要修改相应的指针就可以很快完成。由于是指针实现,所以对于串的长度没有严格的限制,在存储空间足够大的时候,它可以表示任意长度的串。

与串的数组表示法相比,插入和删除操作之所以很快,是以增加了存储空间的代价换来的。如果一个指针域占了 2 个字节的存储空间,一个字符占用 1 个字节的存储空间,则指针占用的空间为串中字符所占存储空间的两倍。如果链表使用双向链表,则需占用更多的存储空间。另外,由于使用了动态指针,访问某个字符的时间则增加了。相比串的数组存储,串的指针存储比串的数组存储在顺序查找时需要更多的时间。

4.2.3 串的运算

C ++ 提供了非常丰富的字符串处理的函数,这里仅涉及一些常用的,但在一般情况下

也够用了。设 string st,ss,则基本操作及函数如下表：

表 4 – 1　string 常用操作表

st. empty( )	若 st 为空串,则返回 true,否则返回 false
st. clear( )	删除 st 中的所有字符,使 st 为空串
st. size( )	返回 st 中字符的个数, st. length( )与其作用相同
st. append(ss)	将 ss 连接到 st 的后面
st. insert(pos,ss)	在 st 下标为 pos 位置前插入 ss
st. erase(pos,len)	删除 st 中下标为 pos 的 len 个字符
st. substr(pos,len)	返回一个子字符串,它包含 st 中下标为 pos 的 len 个字符
ss. assign(st,pos,len)	返回 st 中下标为 pos 的 len 个字符的子串存放在 ss 中
st. replace(pos,len,ss)	删除 st 中下标为 pos 的 len 个字符,并在下标为 pos 处插入 ss
st. find(ss,pos)	在 st 中以 pos 位置开始查找 ss 第一次出现的位置,出现返回位置下标,否则返回 string∷nops
swap(st,ss)	st 与 ss 互换
st. compare(ss)	若 st 与 ss 相等,返回 0,否则返回 – 1
== ,! = , < , ≤ , > , >=	保持其惯有的含义,返回一个逻辑值 true/false

下面介绍几种常用的运算：

4.2.3.1　串的连接操作

连接两个串 s1,s2,其结果为 s。

string s,s1,s2;

s = s1 + s2;

如果有 s1 = "ab"并且 s2 = "cd"。

那么可以得到：

s = s1 + s2 = "abcd"

同时,st.append(s)用于将 s 接在 st 的后面

上面的程序段可如此书写：

s = s1;

s.append(s2);

4.2.3.2　求子串操作

求串 s1 中第 i 位开始的,连续 j 个字符组成的子串。

s.assign(s1,i,j);

例如:

s1 = "abcdefg";

s = s1.assign(4,1);

s = "ef";

4.2.3.3 删除子串操作

删除 s 中第 i 位开始的连续 j 个字符。

s.erase(i,j);

s = "abcdefg";

s.erase(2,3);

s = "abfg";

4.2.3.4 插入子串操作

将 s1 插入 s 的第 i 位之前。

s.insert(i,s1);

s1 = "gra";s = "prom";

s.insert(3,s1);

s = "program";

4.2.3.5 求子串的位置

从 pos 位置开始查找 s1 第一次在 s 中出现的位置。

a = s.find(s1,pos);

例如:s1 = "cdea";s2 = "ceoicdeaacdea";

a = s.find(s1,0);

a = 4;

4.2.3.6 求字符串的长度

求字串 s 的长度 len。

len = s.size();

例如:s = "ceoicdeaacdeak";

则 len = 14

【例 4 – 1】回文串问题

设计一个算法,判断一个字符串是否为回文串(回文串即正着读和倒着读相同)。

分析:

我们通过一个例子来分析。输入 S = "smilelims",这个字符串的长度为 9,如果一个串为回文串,则要求第一个字符等于倒数第一个字符,第二个和倒数第二个亦要相同,也就是 S[1] = S[9],S[2] = S[8],S[3] = S[7]……所以输入 S,我们将其"倒过来",把它的反序记录下来,再判断这两个串是否相等即可。

【例 4 – 2】输出自己的源代码

你曾经看到过这样的程序吗? 当它运行的时候,将会输出一些字符,这些字符恰好组成了这个程序的代码本身。

请你写这样的一个程序。

请注意,你的程序运行时将不能访问到源程序(系统已经将源代码删除,去掉尾部的 return 0,则会输出源代码)。

分析:

这是一道奇怪的题目,关键之处在于如何结合字符串与程序的一致性。

具体程序实现请看程序:

```cpp
#include < bits/stdc ++ .h >
using namespace std;
string a[30];
char s = '"';
int i;
int main()
{
    a[1] = "#include < iostream > ";
    a[2] = "#include < cstdio > ";
    a[3] = "#include < string > ";
    a[4] = "using namespace std;";
    a[5] = "string a[30];";
    a[6] = "char s = '";
    a[7] = "'";
    a[8] = "int i;";
    a[9] = "int main()";
    a[10] = "{";
    a[11] = "for(i = 1;i <= 10;i ++ )";
    a[12] = "{cout << a[i];if(i == 6) cout << s;else cout << endl;}";
    a[13] = "for(i = 1;i <= 10;i ++ )";
    a[14] = "{";
    a[15] = "cout << ";
    a[16] = "a[";
    a[17] = " << i << ";
    a[18] = "] = ";
    a[19] = " << s << a[i] << s << ";
    a[20] = ";";
    a[21] = " << endl;";
    a[22] = "}";
    a[23] = "for(i = 10;i <= 29;i ++ )";
    a[24] = "{";
```

```
a[25] = "cout << a[i];";
a[26] = "if(i >= 15&&i <= 20) cout << s;";
a[27] = "else if(i - 29)cout << endl;";
a[28] = "}";
a[29] = "}";
for(i = 1;i <= 10;i ++ )
{cout << a[i];if(i == 6) cout << s;else cout << endl;}
for(i = 1;i <= 29;i ++ ){
    cout << "a[" << i << "] = " << s << a[i] << s << ";" << endl;
}
for(i = 10;i <= 29;i ++ ){
    cout << a[i];
    if(i >= 15&&i <= 20) cout << s;
    else if(i - 29) cout << endl;
}
return 0;     //系统已经将源代码删除,去掉尾部的 return 0,则会输出源代码
}
```

4.3   串的应用

4.3.1   串的模式匹配问题

问题的提出:

在实际应用中间,串有个 index 操作被称为"模式匹配",这种操作是串的一个独一无二的操作,这是其他线性结构所不具有的操作。也就是说:对于两个串 T 和 P,其中 T 为主串,P 为模式串,问 T 串是否包含 P 串?

例如,P = "cpp",T = "devcpp",T 包含 P,P 在 T 的第 4 位首次出现。

将问题抽象化:

给定一个长度为 m 的模式串 P[1..m],和一个长度为 n 的正文 T[1..n],找到所有的整数 $s \in [1,n-m+1]$,满足:对于 $\forall x \in [1,m]$ 都有 T[s+x-1] = P[x]。

4.3.1.1   朴素的模式匹配的算法

朴素模式匹配算法的基本思想是:从主串 s 的第一个字符起和模式 t 的第一个字符进行比较,若相等则进一步比较二者的后续字符,否则从主串的第二个字符起再重新和模式 t 的第一个字符进行比较,依此类推,直至模式 t 和主串 s 中的一个子串相等,则称匹配成功,否则称匹配失败。

最朴素的算法是:
```
int f(string a,string b){
```

```
int i,j,p = - 1;
for(i = 0;i <= a.size() - 1;i ++ ){
    for(j = 0;j <= b.size() - 1;j ++ ){
        if(a[ i + j]! = b[ j]) break;
        if(j == b.size() - 1) p = i;
    }
    if(p! = - 1) break;
}
return p;
}
```

算法中变量 i 和 j 分别指示主串 s 和模式 t 中当前待比较的字符的位置。该算法在最坏情况下的计算时间复杂性为 O(mn)。

4.3.1.2　KMP 算法

现在我们来讨论由 D. E. Knuth, V. R. Pratt 和 J. H Morris 提出的一个模式匹配算法,简称为 KMP 算法。稍后我们将看到 KMP 算法所需的计算时间为 O(m + n)。由此可知朴素的模式匹配算法不是最优算法。它效率不高的主要原因是没有充分利用在匹配过程中已经得到的部分匹配信息而每次又从头开始比较。KMP 算法正是在这一点上对朴素模式匹配算法作了实质性的改进。在 KMP 算法中,当出现字符的比较不相等时,不是像朴素的模式匹配算法那样每次重新比较,而是利用已经得到的部分匹配的结果,将模式向右滑动尽可能远的一段距离,接着继续进行比较。

举个例子:假如 T = "tomatogoodtomatobad", P = "tomatoisbad",那么如果按照朴素的匹配算法,前 7 个字符时第一次匹配失败。按照方法一,此时会重新从 T 的第二位开始比较。其实根据 P 的特点,既然前 6 个字符都匹配成功了,则应该充分利用,说明前 6 个字符恰为"tomato",由于以"mato","atoi",开始的串都不可能以 P 为前缀,所以完全没有必要从这些开始比较。而以"to"开始的字符串有可能以 P 为前缀,所以下次比较应该直接检测 T 的第 5 个字符,如图 4 - 1 所示。

第一趟匹配: tomatogoodtomatobad
　　　　　　　　　↑　匹配到第6位时失败
　　　　　tomatoisbad

第二趟匹配: tomatogoodtomatobad
　　　　　　　↑　从新自第5位开始匹配，就可以避免了前几位的重复比较
　　　　　tomatoisbad

图 4 - 1　匹配示例图

具体地说,如果匹配到 P 的第 i 个元素的时候失败,那么通过刚才的方法计算出一个函数值 prefix[i],然后把 T 的当前指针向后移动 prefix[i]个位置,P 的当前指针不变。这个方法就是 KMP 算法。

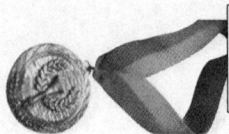

prefix[i]计算的时候实际是自己匹配自己,在匹配的过程中一边利用已经计算出来的prefix值来计算新的prefix值。具体地说,假设当前我们已经求出了prefix[1..k-1],现在我们需要计算prefix[k]的值。如果st[prefix[k-1]+1]=st[k],那么显然有prefix[k]=prefix[k-1]+1;否则,如果st[prefix[prefix[k-1]]+1]=st[k],那么显然有prefix[k]=prefix[prefix[k-1]]+1;否则,如果prefix[prefix[prefix[k-1]]]……直到判断是否有st[1]=st[k],若st[k]=st[1],则prefix[k]=1,否则prefix[k]=0。

基本的算法是这样的:

```
int KMP(string a,string b){    //a 为文本串,b 为模式串,字符串下标从 0 开始
    prefix[0] = - 1;
    for(int i = 1,p = - 1;i <= b.size() - 1;i ++ ){    //处理 b 的 prefix 值,p 是指针
        while(p! = - 1&&b[p + 1]! = b[i]) p = prefix[p];
        if(b[i] == b[p + 1]) p ++ ;
        prefix[i] = p;
    }
    for(int i = 0,p = - 1;i <= a.size() - 1;i ++ ){    //将 b 在 a 中进行匹配,返回第一次出现时 a 的下标
        while(p! = - 1&&b[p + 1]! = a[i]) p = prefix[p];
        if(a[i] == b[p + 1]) p ++ ;
        if(p == b.size() - 1) return i - b.size() + 1;
    } return - 1;          //b 没有在 a 中出现
}
```

这个程序第一个循环的作用都是求自身的prefix值,求的是模式串P的前缀函数,这个循环中p最多移动$O(M)$次,所以时间复杂度为$O(M)$。而第二段,则是匹配的过程,p最多移动$O(M)$次,i最多移动$O(N)$次,所以时间复杂度为$O(N+M)$。

所以总的复杂度为$O(N+M)$。

4.3.1.3 拓展 KMP 算法

问题的提出:

扩展的 KMP 问题

给定母串 S,和子串 T。定义 $n=|S|$,$m=|T|$,extend[i]=S[i..n]与 T 的最长公共前缀长度。

请在线性的时间复杂度内,求出所有的 extend[1..n]。

分析:

容易发现,如果有某个位置 i 满足 extend[i]=m,那么 T 就肯定在 S 中出现过,并且进一步知道出现首位置是 i——而这正是经典的 KMP 问题。

因此可见"扩展的 KMP 问题"是对经典 KMP 问题的一个扩充和加难。

来看一个例子 S = "aaaaaaaaaabaaa",T = "aaaaaaaaaa"。

extend[1]=10,如图 4-2 所示。

箭头表示失配

在第11个位置失配

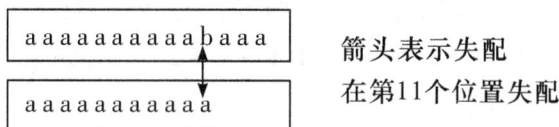

图 4 - 2　匹配示例图 1

这里为了计算 extend[1]，我们进行了 11 次比较运算。

然后我们要算 extend[2]，如图 4 - 3 所示。

箭头表示失配

在第11个位置失配

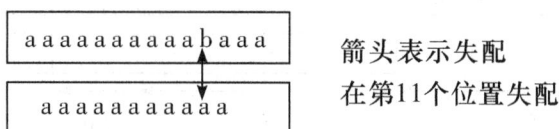

图 4 - 3　匹配示例图 2

extend[2] = 9。为了计算 extend[2]，我们是不是也要进行 10 次比较运算呢？不然。

因为通过计算得到 extend[1] = 10，所以我们可以得到这样的信息：S[1..10] = T[1..10]，S[2..10] = T[2..10]。

计算 extend[2] 的时候，实际上是 S[2] 开始匹配 T。因为 S[2..10] = T[2..10]，所以在匹配的开头阶段是"以 T[2..10] 为母串，T 为子串"的匹配。

不妨设辅助函数 next[i] 表示 T[i..m] 与 T 的最长公共前缀长度。

对于这个例子，next[2] = 10。也就是说：

T[2..11] = T[1..10]，T[2..10] = T[1..9]，S[2..10] = T[1..9]。

这就是说前 9 位的比较是完全可以避免的！我们直接从 S[11]⇔T[10] 开始比较。这时候一比较就发现失配，因此 extend[2] = 9。

以上的例子没有代表性，下面提出一般的算法。

设 extend[1..k] 已经算好，并且在以前的匹配过程中到达的最远位置是 p。最远位置严格地说就是 i + extend[i] - 1 的最大值，其中 i = 1,2,3,…,k；不妨设这个取最大值的 i 是 a。（图 4 - 4 所示 1…k 表示已经求出来了 extend 的位置）

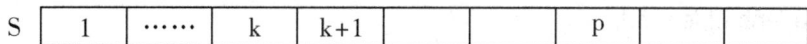

图 4 - 4　匹配示意图 1

根据定义 S[a..p] = T[1..p - a + 1]，S[k + 1..p] = T[k - a + 2..p - a + 1]，令 L = next[k - a + 2]。有两种情况。

第一种情况 k + L < p，如图 4 - 5 所示：

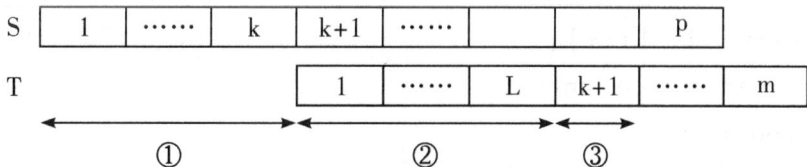

图 4 - 5　匹配示意图 2

上面的②部分是相等的。③部分肯定不相等,否则就违反了"next[i]表示T[i..m]与T的最长公共前缀长度"的定义。(因为next[k − a + 2] = L,如果③部分相等的话,那么就有next[k − a + 2] = L + 1或者更大,矛盾)

这时候我们无需任何比较就可以知道extend[k + 1] = L。同时a,p的值都保持不变,k←k + 1,继续上述过程。

第二种情况k + L >= p。如图4 − 6所示:

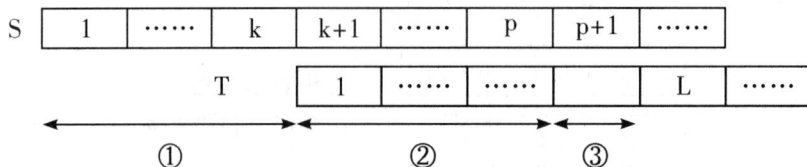

图4 − 6 匹配示意图3

上图的③部分是未知的。因为在计算extend[1..k]的时候,到达过的最远地方是p,所以p以后的位置从未被探访过,我们也就无从判断③部分是否相等。

这种情况下,就要从S[p + 1]⇔T[p − k + 1]开始匹配,直到失配为止。匹配完之后,比较extend[a] + a和extend[k + 1] + (k + 1)的大小,如果后者大,就更新a。

整个算法描述结束。

上面的算法为什么是线性的呢?

很容易看出,在计算的过程中,凡是访问过的点,都不需要重新访问了。一旦比较,都是比较以前从不曾探访过的点。因此总的时间复杂度是O(n + m),是线性的。

还剩下一个问题:next[]这个辅助数组怎么计算?复杂度是多少?

我们发现计算next实际上是以T为母串、T为子串的一个特殊"扩展的KMP"。用上文介绍的完全相同的算法计算next即可。(用next本身计算next,具体可以参考标准KMP或者作者的程序)此不赘述。

现在我们给出扩展KMP的源代码:

```
void extend_KMP(string a,string b){
    int lena,lenb,i,j,len,m,l;
    lena = a.size();lenb = b.size();
    nxt[0] = lenb;
    j = 0;
    while(b[j] == b[j + 1]) j ++ ;
    nxt[1] = j;m = 1;   //注意这里从1开始(nxt[0]即为串的长度)
    for(i = 2;i <= lenb - 1;i ++ ) {
        len = nxt[m] - (i - m);
        l = nxt[i - m];
        if(l < len) nxt[i] = l;
        else {
```

```
            j = (len > 0? len:0);
            while(i + j < lenb&&b[j] == b[i + j]) j ++ ;          //注意不要超出范围
            nxt[i] = j;m = i;
        }
    }
    j = 0;
    while(a[j] == b[j]) j ++ ;
    extend[0] = j;m = 0;                                          //注意这里从 0 开始
    for(i = 1;i <= lena - 1;i ++ ){
        len = extend[m] - (i - m);
        l = nxt[i - m];
        if(l < len) extend[i] = l;
        else {
            j = (len > 0? len:0);
            while(i + j < lena&&j < lenb&&a[i + j] == b[j])
                j ++ ;
            extend[i] = j;m = i;
        }
    }
}
```

我们回顾一下扩展的 KMP,它为什么高效?

在计算 extend[1..k] 的时候,已经可以得到一些关于 S 和 T 的信息;正是充分利用了之前得到的信息,将所有可以避免的比较都避免了,所以最后得到了一个很高效的算法。

再看求最长回文子串。我们很容易提出这样一个算法:枚举回文串的中点,然后向两边扩展。

这个算法的复杂度是 $O(n^2)$,远远高于 $O(n\log_2 n)$。它到底差在哪?

比如 S = "aaaaaaaaaa……"。

当以倒数第二个 a 为中点,"aaaaaaaaa<u>a</u>a……",实际就是要从"aaaaaaaaa<u>a</u>a……"中的两个灰色字母开始分别向两边扩展,求最大扩展长度。

当以倒数第三个 a 为中点,"aaaaaaa<u>a</u>aa……",实际就是要从"aaaaaaa<u>a</u>aa……"中的两个灰色字母开始分别向两边扩展,求最大扩展长度。

最后归纳一下就是:

aaaaaaaaa<u>a</u>a……

对每一个灰色的 a,都要求一次从带下画线的 a 向右、灰色的 a 向左,最多可以扩展多远。因为采用的纯枚举,计算这个的复杂度是 $O(n^2)$。

但是我们可以轻松而有点震惊地发现,这实际上就是一个"扩展的 KMP"问题!母串是灰色部分的逆序串,子串是下划线的 a 及其右边的所有字符。

对于这样一个标准的"扩展 KMP",该算法采用的实际上是暴力穷举,这样的效率如何

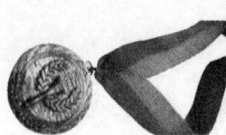

能不低！诚如上面的分析,这种暴力穷举等于是放弃了任何已经得到的有用信息。

从另一个角度说,"二分法 + 扩展 KMP 算法"之所以能够优秀地解决最长回文串问题,也正是因为减少了计算的冗余,充分利用了已知。

请读者认真领会上面算法的思想,即:已经访问过的点绝不再访问,充分利用已经得到的信息。

4.3.2 串的最长回文子串问题

问题:

顺序和逆序读起来完全一样的串叫做回文串。比如 acbca 是回文串,而 abc 不是(abc 的顺序为"abc",逆序为"cba",不相同)。

输入长度为 n 的串 S,求它最长回文子串。

分析:

我们把串分成均匀的两部分,如图 4 - 7 所示。

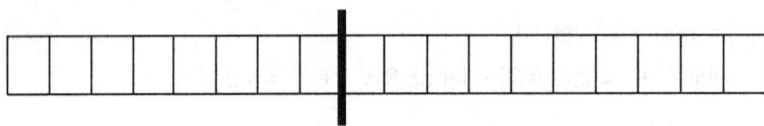

图 4 - 7　串均分示意图

对左边、右边分别递归求最长回文子串,下面的工作只要考虑那些"跨越"粗线的回文串即可,如图 4 - 8 所示。

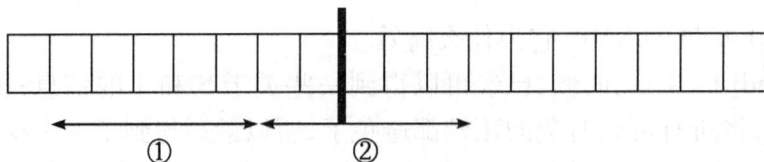

图 4 - 8　回文串示意图

假设上面是一个回文串,①和②部分对称相等。

如图 4 - 9 所示,实际上就是②和③对称相等、且①和④对称相等。②和①交接的地方(也就是左数第一个竖线),称之为这个回文串的"对称分界点"。

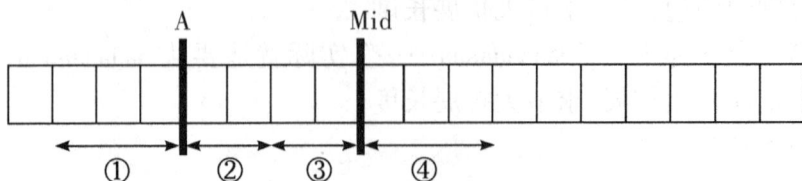

图 4 - 9　对称分界点示意图

一个回文串必然满足:

(1)对称分界点到二分点(上图两条粗线条之间的部分)之间,是回文,如图 4 - 10 所示。

(2)从对称分界点向左扩展、从二分点向右扩展,必须是完全相等的。

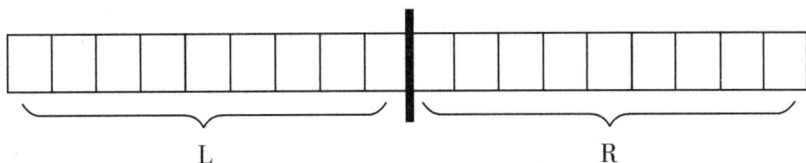

图 4 - 10 回文串示意图

设原串为 S,左边的串记为 L,右边的串记为 R。字符串 S 的逆序记为 r(S)。

用 extend_west[i] 表示第 i 个字符向左,和 R 匹配,最远可以匹配多远。

显然 extend_west[i] 就是以 r(L) 为母串,R 为子串的"扩展 KMP"。O(n) 内可以解决。

类似的 extend_east[i] 表示从第 i 个字符向右扩展,和 r(L) 匹配,最远可以匹配多远。

显然 extend_east[i] 是以 L 为母串,r(L) 为子串的"扩展 KMP"。线性时间内可以解决。

求出来 extend_west 和 extend_east 有什么用呢?

我们枚举"对称分界点",设为 A;设二分点为 M。根据条件,只要满足:

extend_east[A] * 2 >= M - A + 1

就肯定存在以 A 为对称分界点的回文串。S[A..M] 称为基本回文串。

因为要求长度最大,我们在基本回文串的基础上向两边扩展,容易发现扩展的长度就是 extend_west[A - 1](规定 extend_west[0] = 0),所以此时的长度:

LENGTH = extend_west[A - 1] * 2 + M - A + 1

枚举所有可能的"对称分界点"(总共不超过 n 个),对每个分界点,根据上面的分析,只要用 O(1) 的时间复杂度就能判定它的合法性,以及求出以该点为分界点时的最大回文串长度,最后取最大值即可。

注意到上面的讨论中,回文串的"重心"在 L 中——所谓重心就是回文串中点,所以"对称分界点"也在 L 中。实际上还有可能是下面的情况,如图 4 - 11 所示。

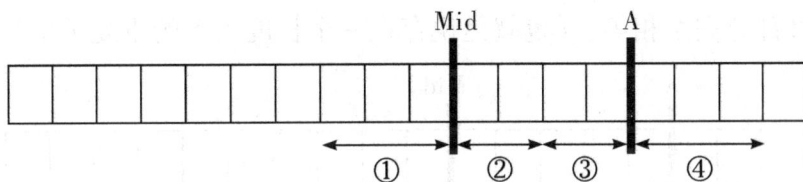

图 4 - 11 对称分界点的情况 2

类似处理即可,此不赘述。

以上我们就在 O(n) 的时间复杂度内(n = |S|),求出了跨越"二分点"的最长回文串长度。

分析一下时间复杂度。设计算长度为 n 的串的时间复杂度是 f(n),一个粗略的递推可以写成:

f(n) = 2f(n/2) + n(其中 n 是求跨越二分点的最长回文子串的复杂度,f(n/2) 分别是递归处理两边的复杂度)

$f(1)=1$

很容易算出:

$f(n) \sim nlog_2 n$

也就是说该算法复杂度是 $O(nlog_2 n)$。

4.3.3　串的最长重复子串问题

问题的提出:

如果一个串 x 在 S 中出现,并且 xx 也在 S 中出现,那么 x 就叫做 S 的重复子串。

输入长度为 n 的串 S,求它的最长重复子串。

分析:

有了最长回文串的解题基础,研究最长重复子串就要简单多了。

我们把串分成均匀的两部分,如图 4 - 12 所示。

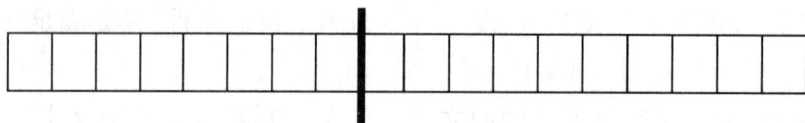

图 4 - 12　串均分示意图

对左边、右边分别递归求最长重复子串,下面的工作只要考虑那些"跨越"粗线的重复子串即可。

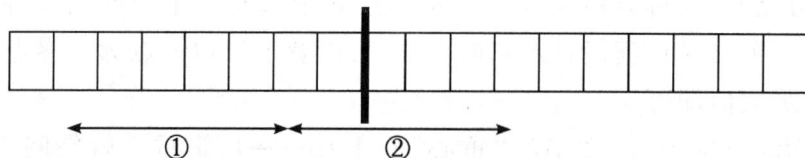

图 4 - 13　重复子串示意图

假设①和②部分完全相等。（也就是说存在一个长度为 5 的重复子串）

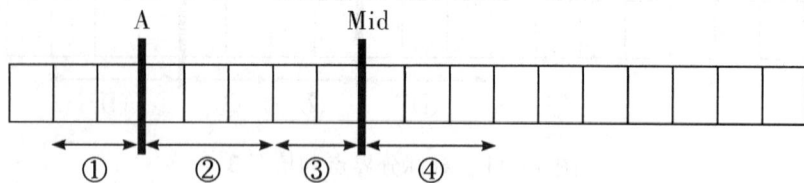

图 4 - 14　重复分界点示意图

如图 4 - 14 所示,实际上就是①和③相等且②和④相等。①和②交接的地方（也就是左边的竖线）,称之为这个重复子串的"重复分界点"。（重复分界点到二分点的距离,实际上就是重复子串的长度）

设原串为 S,左边的串记为 L、右边的串记为 R,字符串 S 的逆序记为 r(S)。

用 extend_east[i] 表示第 i 个字符向右,和 R 匹配,最远可以匹配多远。

显然 extend_east[i] 就是以 L 为母串,R 为子串的"扩展 KMP"。$O(n)$ 内可以解决。

类似的 extend_west[i]表示从第 i 个字符向左扩展,和 r(L)匹配,最远可以匹配多远。

显然 extend_west[i]是以 r(L)为母串,r(L)为子串的"扩展 KMP"。O(n)内可以解决。

求出来 extend_west 和 extend_east 有什么用呢?

我们枚举"重复分界点",设为 A;设二分点为 M。根据条件,只要满足:

extend_east[A] + extend_west[A - 1] >= M - A + 1

就肯定存在以 A 为重复分界点的重复子串。此时的串长度是

LENGTH = M - A + 1

枚举所有可能的"重复分界点"(总共不超过 n 个),对每个分界点,根据上面的分析,只要用 O(1)的时间复杂度就能判定它的合法性,以及求出以该点为分界点时的最大重复串长度。

最后取最大值即可。

注意到上面的讨论中,重复子串是"偏左"的,实际上还有可能"偏右",如图 4 - 15 所示。

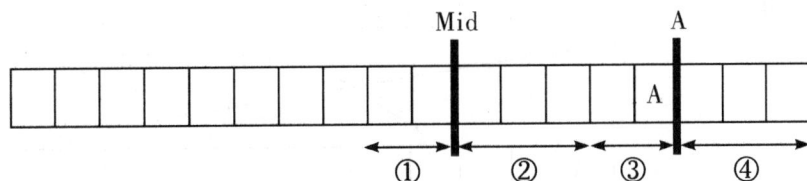

图 4 - 15 重复子串偏右示意图

类似处理即可,此不赘述。

至此,问题 2——最长重复子串——也解决了。时间复杂度和第一个问题相同,也是 O($n\log_2 n$)。

4.3.4 串的同构问题

问题的提出:

有两条环状的项链,每条项链上各有 N 个多种颜色的珍珠,相同颜色的珍珠,被视为相同。问题:判断两条项链是否相同。

分析:

由于项链是环状的,因此循环以后的项链被视为相同的,如图 4 - 16 所示的两条项链就是一样的。

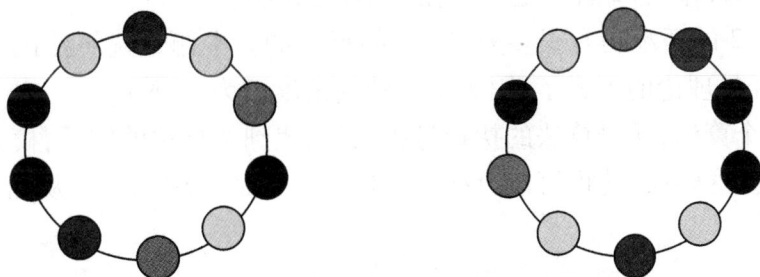

图 4 - 16 一样的项链

为了方便解题,我们定义一些概念:

(1) $|s| = length(s)$,即 s 的长度。

(2) $s[i]$ 为 s 的第 i 个字符。

(3) $s[i \rightarrow j] = copy(s, i, j - i + 1)$。这里 $1 \leqslant i \leqslant j \leqslant |s|$。

(4) 定义 s 的一次循环 $s^{(1)} = s[2 \rightarrow |s|] + s[1]$;s 的 k 次循环(k > 1),$s^{(k)}$ 为 $s^{(k-1)}$ 的一次循环;另外 s 的 0 次循环 $s^{(0)} = s$。

(5) 如果字符串 s1 可以经过有限次循环得到 s2,则称 s1 和 s2 是循环同构的。

(6) 设有两个映射 f1,f2:A→A,定义 f1 和 f2 的连接 $f1 \cdot f2(x) = f1(f2(x))$。

对于上面的理解,可结合图 4 - 17。

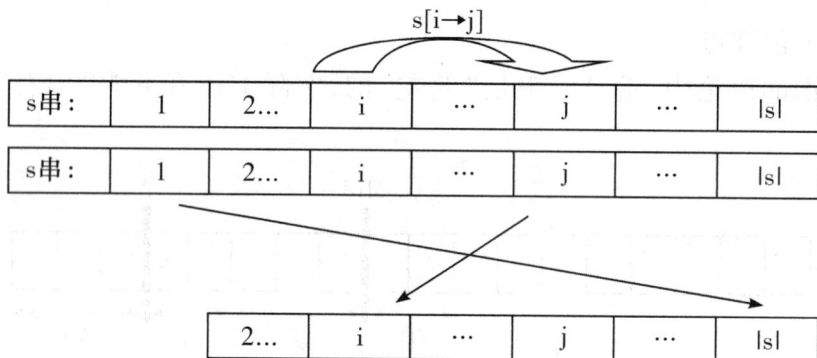

图 4 - 17　循环同构示意图

问题的数学描述:给定两个长度相等的字符串,$|s1| = |s2|$,判断它们是否是循环同构。

4.3.4.1　朴素的算法

易知,s1 的不同的循环串最多只有 $|s1|$ 个,即 $s1, s1^{(1)}, s1^{(2)}, \cdots, s1^{(|s1|-1)}$。所以只需要把他们一一枚举,然后分别与 s2 比较即可。

这个算法的时间复杂度为 $O(N^2)$。($N = |s1| = |s2|$)

当然,如果 N 的范围很小,则此算法很好,思维简单,易于实现。

可是,如果 N 的范围再扩大一些呢? 此算法将无法胜任。

4.3.4.2　匹配算法

我们从头分析这道题目,首先构造新的模型:S = s1 + s1 为主串,s2 为模式串。如果 s1 和 s2 是循环同构的,那么 s2 就一定可以在 S 中找到匹配!

在 S 中寻找 s2 的匹配是有很多 O(N) 级的算法的。本题最优算法的时空复杂度均为 O(N) 级。这已经是理论的下界了,因为输入的复杂度已为 O(N)。

比较上述两个算法,通过算法的执行过程,我们找到了算法的实质:模式匹配。

最后通过模型的转换,使得可以直接套用模式匹配的 KMP 算法,从而得到 O(N) 级别的算法。

4.3.5　串的应用举例

【例 4 - 3】病毒的 DNA 问题

【问题描述】

有一种奇特的病毒,它的 DNA 序列是环状的,而一般的生物的 DNA 都是线状的,且由科学家发现:生物被此种病毒侵袭的可能性与生物和病毒的 DNA 序列最大公共长度有关,由于病毒是环状的,所以它可以循环重复地匹配。科学家们经过大量的试验发现:如果生物和病毒 DNA 序列的最大公共部分的长度还没有病毒的 DNA 长,病毒是无法安身的,也就是说这个生物被侵染的几率是 0,否则,最长公共部分的长度和被侵染的几率满足下面的关系式:生物被侵染几率 = 最大公共部分长度 / 生物 DNA 长度。

现在已知病毒的 DNA 序列和某生物的 DNA 序列,你必须求出病毒 DNA 序列的最大公共部分的长度。

【输入】

第一行一个字符串 S,表示病毒的 DNA 序列长度;第二行一个字符串 T,表示生物的 DNA 的长度。

数据保证|S| ≤ 1000,|T| ≤ 100000

【输出】

一个整数,表示最大公共部分的长度。

【样例输入】	【样例输出】
abc	7
abbcabcabb	

分析:

设 A 为病毒的环状 DNA 字串,A 的长度为 N。设 B 为生物的线状 DNA 字串,B 的长度为 M。那么题目所求:环串 A 和线串 B 的最大可循环公共子串长度。

此题实际上比较类似一般字符匹配问题,不同点在于此题有环串存在!

经过初步分析,很容易想到用动态规划来解此类求公共最大长度的题目,而且稍加分析就可设计相应的动态规划:设 f [i,j] 表示以线串 B 的第 i 位和环串 A 的第 j 位结尾的最大公共子串的长度。

动态转移方程为:

$$f[i,j] = \begin{cases} f[i-1,j-1] + 1, & A[j] = B[i] \text{ 且 } 1 < j \leq n \\ f[i-1,n] + 1, & A[j] = B[i] \text{ 且 } j = 1 \\ 0 & A[j] \neq B[i] \end{cases}$$

最后的答案为:

$$Ans = \max(f[i,j], i \leq i \leq m, 1 \leq j \leq n)$$

可是,这种方法的时间复杂度为 $O(N * M)$,还可以进一步优化。

经过分析,不必依次求出所有的 f [i,j],只有当 B[i] = A[j]时,才有必要求 f [i,j],其

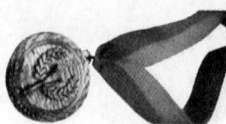

余的 f 值全为 0。

又因为 A，B 中的字符只有 [$'a'..'z'$，$'A'..'Z'$]，那么只需在开始时用链表记录 $'a'..'z'$，$'A'..'Z'$ 出现的位置，动态规划的过程中就可以实现这个优化。

然而，局部的优化并不能使得问题的复杂度降低，我们得重新分析问题。

我们发现，动态规划未用到另一条件：只有最大公共子串的长度大于等于 N 时，才有必要计算这个长度。

顺着这个思路我们可以得出更加优秀的解法，请读者自行思考。

【例 4 - 4】串的染色问题

【问题描述】

N × M 的方阵上，被指定了一些格子，请你用一些不相交的正方形将这些方格完全覆盖。为了清楚地表示一种覆盖方案，我们用大写字母给各正方形"染色"，要求相邻（四连通）的正方形所涂颜色各不相同。

你的任务就是求出所有覆盖方案中字典序最小的一个（将方阵染色后的各行依次连接成为一个字符串，进而比较大小）。

【输入】

第一行包含两个整数，M 和 N。（$1 \leq M \leq 100$，$1 \leq N \leq 80$）

接下来 M 行，每行 N 个字符，是'?'或'.'。如果第 i 行第 j 列的字符是'?'，那么表示该方格需要被覆盖；如果是'.'，则表示这个方格没有被选中。

【输出】

M 行 N 列的字符方阵，为字典序最小的覆盖方案。其中不需要被覆盖的格子用'.'表示，需要被覆盖的格子，则用大写字母表示其颜色。

【样例输入】	【样例输出】
5 5	AAAB.
????.	AAA.A
???.?	AAABB
?????	BBCBB
?????	BBAC.
????.	

分析：

首先需要明确，无论当前未被覆盖格子组成什么形状，剩下的格子一定可以被若干正方形覆盖。这个是很明显的，每一个小格子都可以被看作一个 1 × 1 的正方形。至于使用颜色种类的限制，26 种颜色是比较多的，可以暂且不考虑这个问题。

这样也就保证了，如果图中一部分的格子已经被涂上颜色，那么无论具体情况如何，剩下的格子总存在着覆盖的方案。

由于本题的关键在于"字典序最小"，也就是说越靠前的方格所填字母应当尽可能地小。因此很容易想到，从左上角的格子开始，依次从左到右、从上到下，一行一行地将所有

选定方格全部覆盖。覆盖时要注意尽量给靠前的格子选择较小的字母。

但每次找到并覆盖一个格子的时候,需要确定的有两个因素:用什么字母、用多大的正方形。这两个因素看上去是互相制约的,并不好确定:正方形的大小决定了相邻的部分,也就决定了在选择字母时的限制条件;而使用的字母也决定了正方形不能和一部分同色正方形相邻,进而限制了正方形的大小。

因此,要想确定覆盖方案,先要明确两个因素的先后关系。根据前面分析中提到的,当前将要被覆盖的格子一定是所有未被覆盖的格子中最上面一行中最靠左边的一个,也就是在比较方案大小时连成的字符串中位置最靠前的一个。因此,只要它尽量小就可以了。虽然这样可能会限制这个正方形的大小,但这样得出的方案已经比其他方案的字典序小了,也就一定能够得出最后的最优解。

所以,处理一个待覆盖的格子时,我们先收集一下与其相邻的、已染色的格子的颜色,并将这些颜色从可选的颜色中去掉。而这个待覆盖的格子的颜色,也就是剩下的可选颜色中最小的一个。

确定了待覆盖格子的颜色,那么接下来需要解决的问题就是这个正方形的大小了。我们可以让正方形不断地扩大,每次在右边和底部分别加上一列和一行,直到无法扩大为止。扩大是需要满足一些条件的:

首先,加入的部分一定要全部是被选出需要覆盖的格子,而且在前面的处理中,都没有被覆盖过。其次,与这些新加入的格子相邻的,不能有与当前确定的正方形颜色相同的格子。最后,被加入的格子中最上面的一个,也就是即将成为新的正方形右上角的格子,应该无法选择比当前确定的字母更小的字母。

这样,我们不断地扩大正方形,直到上面的条件不能够被满足,也就确定了当前需要使用的正方形的大小和颜色。将这片区域染色以后,就可以继续找最靠前的待覆盖格子进行相同的处理了。

4.4 小结

串的处理是计算机非数值处理的重要部分,充分体现了计算机应用之广泛。在串的应用一节中重点讨论了几个很重要的问题,提出解决的几种方案,特别是优化方面,值得大家仔细去研读,并且多数算法没有给出程序具体编码,希望读者自己编程实现,这对掌握串的应用是大有好处的。

习题四

一、选择题(每题只有一个正确的选项)

1. 下列哪个(些)字符串是字符串"aaababababbabbbba"和"bbbabba"的最长公共子串?

( )

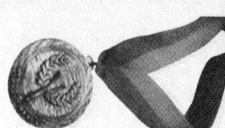

A. abba　　　　　　　　B. abbba　　　　　　　　C. bbab　　　　　　　　D．babba

2. 在扩展 KMP 算法中,字符串"abaabaaab"的 next 函数的 next[3]的值为　　　　　　（　　　）

A. 3　　　　　　　　B. 4　　　　　　　　C. 5　　　　　　　　D．6

3. 字符串"ababaaabbababababbaabab"的最长回文子串为　　　　　　　　　　　　　（　　　）

A. aabbbababbaa　　B. ababa　　　　　　C. aabbaba　　　　D. ababbabbaaba

4. 在字符串"ababbabababab"的所有子串中出现次数最多的字符串是　　　　　　（　　　）

A. ab　　　　　　　　B. ba　　　　　　　　C. a　　　　　　　　D. b

5. 字符串"aaaabbbbaaaaa"和"aaaaaaaaaa"的最长公共后缀是　　　　　　　　　（　　　）

A. aaaabbbbaaaaa　　B. aaaaaaaaaa　　　C. aaaa　　　　　　D. aaaaa

6. 长度为 6,只由'a','b'构成的字符串有多少种?　　　　　　　　　　　　　　（　　　）

A. 6　　　　　　　　B. 12　　　　　　　　C. 24　　　　　　　D. 64

7. 字符串"aaab"和"aabbbb"比较大小是　　　　　　　　　　　　　　　　　　（　　　）

A. >　　　　　　　　B. <　　　　　　　　C. =　　　　　　　　D. 不确定

8. 字符串"adfafgaohgpagapg"的长度是　　　　　　　　　　　　　　　　　（　　　）

A. 17　　　　　　　B. 16　　　　　　　　C. 15　　　　　　　D. 14

9. 运算"aaa" + "bbb"的结果是　　　　　　　　　　　　　　　　　　　　　（　　　）

A. ab　　　　　　　　B. ba　　　　　　　　C. aaabbb　　　　　D. ababab

10. 字符"aABaa"的最长回文子串是　　　　　　　　　　　　　　　　　　　（　　　）

A. aABaa　　　　　　B. aabaa　　　　　　C. aa　　　　　　　　D. B

二、阅读程序写结果

1. 程序 1:

```
#include < cstdio >
#include < cstring >
#include < algorithm >
using namespace std;
char ch[30];
int main()
{
    scanf("% s",ch + 1);
    int n = strlen(ch + 1);
    int jr = 1,jw = n,jb = n;
    while(jr <= jw){
        if(ch[jw] == 'R') swap(ch[jw],ch[jr ++ ]);
            else if(ch[jw] == 'W') jw -- ;
                else swap(ch[jw -- ],ch[jb -- ]);
    }
    printf("% s",ch + 1);
```

```
        return 0;
    }
```

输入：RWWRRWWR

输出：_____

2. 程序 2：

```
#include < iostream >
using namespace std;
int lps(string seq,int i,int j) {
    int len1,len2;
    if (i == j)
        return 1;
    if (i > j)
        return 0;
    if (seq[i] == seq[j])
        return lps(seq,i + 1,j - 1) + 2;
    len1 = lps(seq,i,j - 1);
    len2 = lps(seq,i + 1,j);
    if (len1 > len2)
        return len1;
    return len2;
}
int main()
{
    string seq = "acmerandacm";
    int n = seq.size();
    cout << lps(seq,0,n - 1) << endl;
    return 0;
}
```

输出：_____

3. 程序 3：

```
#include < iostream >
using namespace std;
int main()
{
    char a[100][100],b[100][100];
    string c[100];
    string tmp;
```

```
int n,i = 0,j = 0,k = 0,total_len[100],length[100][3];
cin >> n;
getline(cin,tmp);
for (i = 0; i < n; i ++ ) {
    getline(cin,c[i]);
    total_len[i] = c[i].size();
}
for (i = 0; i < n; i ++ ) {
    j = 0;
    while (c[i][j] != ':') {
        a[i][k] = c[i][j];
        k = k + 1;
        j ++ ;
    }
    length[i][1] = k - 1;
    a[i][k] = 0;
    k = 0;
    for (j = j + 1; j < total_len[i]; j ++ ) {
        b[i][k] = c[i][j];
        k = k + 1;
    }
    length[i][2] = k - 1;
    b[i][k] = 0;
    k = 0;
}
for (i = 0; i < n; i ++ ) {
    if (length[i][1] >= length[i][2])
        cout << "NO,";
    else {
        k = 0;
        for (j = 0; j < length[i][2]; j ++ ) {
            if (a[i][k] == b[i][j])
                k = k + 1;
            if (k > length[i][1])
                break;
        }
        if (j == length[i][2]) cout << "NO,";
```

```
            else    cout << "YES,";
        }
    }
    cout << endl;
    return 0;
}
```

输入：

3

AB:ACDEbFBkBD

AR:ACDBrT

SARS:Severe Atypical Respiratory Syndrome

输出：_____

三、上机编程题

1. 高精度减法

【问题描述】

通过键盘分别读入两个位数不超过 200 位的正整数,编程计算并输出前一个整数减去后一个整数的差。

【输入】

输入有 2 行,两个正整数分别表示被减数和减数。

【输出】

输出仅一行,表示结果。

【样例输入】	【样例输出】
1234567890	1117778890
16789000	

2. 字串处理

【问题描述】

编程对一个只含有大小写英文字母、逗号、单引号、问号及空格的句子(句子以".",结束,其长度不超过 200 个字符)分别进行如下处理:

①把所有的大写字母转换成小写字母;

②去掉多余的空格(只保留一个);

③对连续的字母(不包括标点符号和空格)要进行压缩,压缩的办法是先存入该字母,再在它之后存入一个数字表示它的重复个数(连续字母不会超过 9 个)。例如 HhHhh 转换成 h5;

请分别输出三种处理结果。

注:对于第三种操作,压缩后字母小写(如,对于 HhHhh 和 hhHhh,均压缩为 h5)。

【输入】

输入有一行,为一个只含有大小写英文字母、逗号、单引号、问号及空格的句子(以".").
结束)。

【输出】

输出三行,每行包含一个字符串,分别为三种处理后的结果。

【样例输入】

aA′　HhH?　　CdF,B,,?.

【样例输出】

aa′　hhh?　　cdf,b,,?.

aA′ HhH? CdF,B,,?.

a2′　h3?　　CdF,B,,?.

3. 最小回文数

【问题描述】

给定一个 n 位的正整数 x,将它的各位数字重新排列,得到一个大于 x 的最小的回文数,如果没有则输出 0,x 的首位不为 0。n≤1000。(提示:对于题目中间要求大于 x 的最小的,可以考虑一位一位确定)

【输入】

输入有两行。第一行为一个整数 n,表示 x 的位数;第二行一个长度为 n 的正整数 x。

【输出】

输出一个长度为 n 的整数,表示重新排列后大于 x 的最小回文数(若不存在则输出 0)。

【样例输入】	【样例输出】
7	5721275
5712257	

4. 重新排版

【问题描述】

小 S 终于有了自己的电子邮箱! 她决定写 E-mail 告诉自己所有的好朋友。邮件很快就写好了,可是……小 S 觉得这封邮件每行长度并不一致,很不好看。于是,她想请你帮忙给她的电子邮件重新排版,使得排版后,整段文字中每行的长度都等于给定的宽度(包括最后一行)。

为了使整段文字中每一行的长度都相同,我们可以在单词之间加入一些空格。看下面一段话(第一行的星号表示应有的宽度):

****

There is an electric cooker

in the kitchen.

如果直接在单词之间加入空格,我们可以得到:

****

There is an electric　　cooker

in　　　　　the　　　　　kitchen.

这样排版虽然整齐了,但看起来依然不很美观,如果我们将第一行的"cooker"调到第二行,再加入一些空格,就可以得到下面的效果,比第一种方案要美观一些:

****

There　　is　　　an　　　electric

cooker　　in　　　the　　　kitchen.

为了量化表示一个排版效果的好坏,我们对于单词间的间隙定义一个权值 B,一个含有 t 个空格的间隙的权值 B 就等于 $(t-1)^2$。对一种排版方案的总评价就是这篇文章中所有间隙的权值之和。我们不妨认为,总评价的数值越低,这种排版方案越美观。

上面的例子中,第一种排版方案的总评价为 $1+6^2+7^2=86$,第二种排版方案的总评价为 $2^2+3^2+3^2+2^2+2^2+2^2=34$。

在你给出的排版方案中,每一行都应该是由单词开头和结尾的。也就是说每一行的开头和结尾都不能出现空格。一般情况下,每一行的长度都应该等于给定的宽度,除了下面这种特殊情况:

某一行只含有一个单词,而这个单词的长度又不到给定的宽度。这时,该单词应该出现在这一行的开头,并且结尾没有空格。我们将忽略它与下一个单词之间的间隙,但对于每一个这种情况,将给总评价加上 500。

你的任务是对于给出的一段文字,通过在单词间加入空格,使得每行的长度都达到已知宽度,并且要求得到的排版方案总评价尽量低。

【输入】

第一行是一个整数 $W(1 \leqslant W \leqslant 80)$,表示指定的宽度。

接下来的一行或几行给出了这段话。整段话中的单词会被回车和空格隔开。(单词由 ASCII 码在 33 到 126 之间的字符组成。)

输入保证,每个单词的长度都不会超过 W,且所有单词的总长度不会超过 10000。

【输出】

一段文字,不包含空行,表示最优排版方案。

如果有多个最优方案,用以下方法判断:对于两个有同样总评价的方案,找出它们之间第一处不同的间隙,不要输出间隙较大的一个方案。

【样例输入】	【样例输出】
28	There　　is　　　an　　　electric
There is an electric cooker	cooker　　in　　　the　　　kitchen.
in the kitchen.	

5. 字符串距离

【问题描述】

设有字符串 X，我们称在 X 的头尾及中间插入任意多个空格后构成的新字符串为 X 的扩展串，如字符串 X 为"abcbcd"，则字符串"abcb□cd"，"□a□bcbcd□"和"abcb□cd□"都是 X 的扩展串，这里"□"代表空格字符。

如果 A1 是字符串 A 的扩展串，B1 是字符串 B 的扩展串，A1 与 B1 具有相同的长度，那么我们定义字符串 A1 与 B1 的距离为相应位置上的字符的距离总和，而两个非空格字符的距离定义为它们的 ASCII 码的差的绝对值，而空格字符与其他任意字符之间的距离为已知的定值 K，空格字符与空格字符的距离为 0。在字符串 A、B 的所有扩展串中，必定存在两个等长的扩展串 A1、B1，使得 A1 与 B1 之间的距离达到最小，我们将这一距离定义为字符串 A、B 的距离。

请你写一个程序，求出字符串 A、B 的距离。（|S|≤2000，K≤100）

【输入】

输入文件第一行为字符串 A，第二行为字符串 B。A、B 均由小写字母组成且长度均不超过 2000。第三行为一个整数 K（1≤K≤100），表示空格与其他字符的距离。

【输出】

输出文件仅一行包含一个整数，表示所求得字符串 A、B 的距离。

【样例输入】	【样例输出】
cmo	10
snmn	
2	

6. 完成【例 4－3】的代码，并上机验证。

7. 完成【例 4－4】的代码，并上机验证。

第5章　数组、特殊矩阵和广义表

5.1　多维数组

5.1.1　数组的逻辑结构

数组是一种很常见的数据结构,它可以看作是线性表的一种推广形式,比如一维数组就是一个线性表。但正由于数组的元素本身可以是某种具有特定结构的数据,所以一个二维数组可以看作一个数组元素是"一维数组"的一维数组,一个三维数组可以看作一个数组元素是"二维数组"的一维数组,一个 n 维数组可以看作一个数组元素是"n – 1 维数组"的一维数组。

数组是有着固定格式与数量的数据结构,也就是说数组一旦被规定,那么它的每一维的大小及上下界都不能被改变,且数组上不能再作插入或删除元素的操作。另外,每一个数组元素都是用唯一下标来标示的。我们通常在数组上执行以下两种操作:

(a)取值操作:读取一个给定数组下标作对应的元素;

(b)赋值操作:存储或修改一个给定数组下标作对应的元素。

图 5 – 1 即一个二维数组 A[2][3] 的逻辑状态:

A_{11}	A_{12}	A_{13}
A_{21}	A_{22}	A_{23}

图 5 – 1　二维数组示例图

5.1.2　数组的内存映像

由于内存的地址空间是一维的,所以一个多维数组就必须要有一个固定的方式使它的每一个元素能根据下标在内存中对应一个相对固定的存储地址。我们通常是通过一个映像函数来获得下标所对应的存储地址。

对于一维数组,我们直接按照下标顺序分配即可。

对于多维数组,为了把一个多维下标映射成一维下标,通常有两种形式:

(1)按照行优先的顺序(先行后列)存储的,如 BASIC、PASCAL、C、C ++ 。

(2)按照列优先的顺序(先列后行)存储的,如 FORTRAN。

行优先的规律是:最右边的下标先从小到大变化,循环一遍后,右边第二个下标再变化……列优先则正好相反:最左边的下标先从小到大变化,循环一遍后,左边第二个下标再变化……

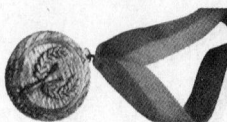

对图5-1所给的二维数组,按照行优先顺序和列优先顺序的内存映像如图5-2的(a)和(b)所示。

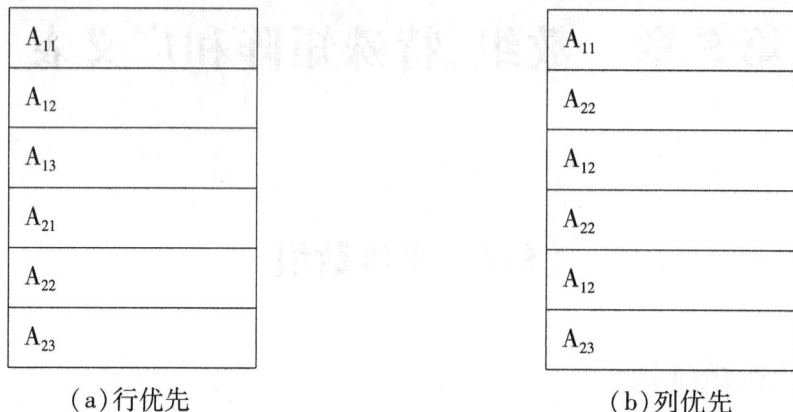

| A_{11} |
| A_{12} |
| A_{13} |
| A_{21} |
| A_{22} |
| A_{23} |

（a）行优先

| A_{11} |
| A_{22} |
| A_{12} |
| A_{22} |
| A_{12} |
| A_{23} |

（b）列优先

图5-2　存储映像示意图

正由于多维数组的存储方式的有序性,所以我们一旦知道了数组的基地址,就可以求出数组每一个元素的存储地址。

这里以行优先存储顺序的二维数组 A[m][n] 为例,如果每个数组元素占 p 个存储单元,基地址为 POS(A[1][1]),对于 A[i][j] 我们有：

POS (A[i][j]) = POS(A[1][1]) + ((i-1) * n + j-1) * p

这是因为 A[i][j] 之前有 i-1 行,每一列有 n 个元素,而第 i 行中有 j-1 个数组元素在它之前。

推广到三维数组 A[k1][k2][k3],(k1 从 b～c,k2 从 d～e,k3 从 f～g)A[i][j][k]的存储地址是：

POS(A[i][j][k]) = POS(A[b][d][f]) + ((i-b) * (e-d+1) * (g-f+1) + (j-d) * (g-f+1) + k-1) * p

5.2　稀疏矩阵

在计算机中,存储矩阵的一般方法是采用二维数组,这样可以随机地访问一个元素,较容易实现矩阵的各种运算。但当一个矩阵中有用的元素个数远远少于无用元素个数时(即稀疏矩阵),这种存储方法既浪费了大量空间存储无用元素,在运算时又浪费了大量时间来访问无用元素。显然是不可取的。那么可以考虑只存储少数有用元素。

5.2.1　稀疏矩阵的三元组存储

对于稀疏矩阵的每一个有用元素,可以用它所在的行号、列号以及元素值(i, j, A_{ij})这样一个三元组来表示。这样如果矩阵 A 中有 k 个有用元素,则得到了 k 个三元组,用一个线性表存储起来,就得到了一个稀疏矩阵的三元组线性表。

例如下面就是一个稀疏矩阵以及其对应的线性表：

0	0	0	0	0
0	0	0	0	1
6	0	0	0	0
0	3	0	0	0
0	0	0	-4	0

(2,5,1), (3,1,6), (4,2,3),(5,4,-4)

为了运算的方便,还可以根据题目的实际需要,将三元组线性表按照行号、列号等关键字进行排序,使其具有有序性。同时为了反映出矩阵的特点,可以在三元组存储的最前面增加一个元素(n,m,k),其中 n 表示矩阵的行,m 表示矩阵的列,k 表示非零元素的个数。

如上例的稀疏矩阵即为:((5,5,4),(2,5,1),(3,1,6),(4,2,3),(5,4,-4))。

5.2.2 稀疏矩阵的链接存储

稀疏矩阵的链接存储就是对其相应的三元组线性表进行链接存储,比如按照行号或者列号来进行链接。

每个三元组结点的类型可定义为:

```
struct matnode{
    int row,col;
    elemtype val;
    matnode * next;
}
```

其中 row,col,val 域分别存储三元组中的行号、列号和元素值,next 域存储指向下一个结点的指针,当然最后一个结点的 next 域为空。

比如把具有相同行号的三元组结点顺序链接成一个单链表,那么每行都有一个单链表,其中链接了该行中所有的有用元素。

这样每个单链表还需要定义一个指针向量,该向量中第 i 个分量用来存储第 i 个单链表的表头指针。该指针向量的链接存储可以定义为:

```
struct Lmatrix{
    int m,n,t;
    matnode*  vector[MaxRows];
}
```

其中 t 表示单链表个数。

同样,根据题目实际情况,也可以把每个单链表内链接的元素按照一定的顺序排列,以方便运算。

5.2.3 稀疏矩阵的运算

这里将讨论稀疏矩阵的转置运算。

设一个稀疏矩阵为 M,三元组表示为数组 A,它的转置矩阵为 N,三元组表示为数组 B。

数组 A 是以行号为第一关键字,列号为第二关键字从小到大排号序的。

首先我们看到最朴素的转置算法。

此算法中,我们需要对矩阵 M 进行 n 次运算。具体地说,第一次扫描把第二列中其值等于 1(即列号为一)所在的三元组(即对应 N 中第一行非 0 元素所构成的三元组)按照从上到下的顺序写入到数组 B 中,第二次扫描把第二列中其值等于 2 所在的三元组(即对应 N 中第二行非零元素所构成的三元组)按照从上到下的顺序写入到数组 B 中,依此类推。此算法的复杂度是 $O(n*t)$,t 为非零元素个数。由此看出此算法的复杂度和列数与非零元素的乘积个数成正比。

下面来介绍一种更优秀转置的算法。该算法需要对数组 A 进行两次扫描。第一次扫描统计出 M 中每一列(即对应 N 中每一行)有用元素的个数,由此求出每一列的第一个有用元素在数组 B 中的位置。第二次扫描把数组 A 中的每一个三元组写入数组 B 中确定的位置。

设 col 表示 M 中的列号(即对应 N 中的行号),num 和 pot 均表示具有 n(n 为 M 中的列数即 N 中的行数)个分量的向量,num 向量的第 col 个分量用来统计第 col 列中的有用元素个数。Pot 向量的第 col 个分量用来指向第 col 列的下一个有用元素在数组 B 中的存储位置(即行号),显然 pot 向量的第 col 个分量的初始值(即第 col 列的第一个有用元素在数组 B 中的存储位置)应由下式计算:

$$\begin{cases} pot[1] = 1 \\ pot[col] = pot[col-1] + num[col-1] \quad (2 \leqslant col \leqslant n) \end{cases}$$

下面给出其算法描述:

```
void FastTrans(int A[ ][ ],int B[ ][ ]){
(1) m = A[0][1]; n = A[0][2]; t = A[0][3];
(2) B[0][1] = n; B[0][2] = m; B[0][3] = t;
(3) if(t == 0) return;
(4) for(col = 1;col <= n;col ++ )
        num[col] = 0;
(5) for(i = 1;i <= t;i ++ )
        num[A[i][2]] = num[A[i][2]] + 1;
(6) pot[1] = 1;
    for(col = 2;col <= n;col ++ )
        pot[col] = pot[col - 1] + num[col - 1];
(7) for(i = 1;i <= t;i ++ ){
        col = A[i][2]; q = pot[col];
        B[q][1] = A[i][2]; B[q][2] = A[i][1]; B[q][3] = A[i][3];
        pot[col] ++ ;
    }
    return;
}
```

该算法的运行时间主要取决于第(4)步到第(7)步这四个并列的循环,故时间复杂度

为 $O(n+t)$，显然已达到了理论下界，是一个高效的算法。

5.3　特殊矩阵的压缩存储

在实际应用中，对于一个 $n \times m$ 的矩阵，往往是用一个二维数组保存下来，这样即保存了所有的 $n \times m$ 个元素。而有时候，并不需要把所有的元素都保存下来，或许只有一部分元素有用，或许某一部分元素可以由另一部分元素推出，这样我们就想到了对某些特殊矩阵进行压缩存储。

5.3.1　对称矩阵的存储

有些矩阵是对称的，那么我们只需要保存其中的一半，另一半由这一半对称得到。比如下面是一个 5 个结点的无向图的边的矩阵：

0	2	3	5	4
2	0	10	2	1
3	10	0	7	6
5	2	7	0	4
4	1	6	4	0

这是一个关于主对角线（左上到右下）轴对称的矩阵，我们只需保存其右上半部分，左下半部分就可以很容易得到。也就是说我们保存了所有边 $<i,j>(i<j)$，而对于 $i>j$ 的边则不需要保存，这样可以省下一半的空间。

5.3.2　即时计算的矩阵

在用动态规划解题的时候，往往都需要一个 $n \times m$ 的矩阵来保存所有的状态。而有时候第 i 行的状态值只和第 $i-1$ 行有关，而和 $i-2$ 行以及更前面的状态没有关系，如果目标是元素 $F_{n,m}$ 的值，也和前面状态无关的话就可以不保存 $i-2$ 行以及更前面的状态值。

那么可以用滚动数组来存储。即在计算第 i 行的状态时，用数组 A 保存第 $i-1$ 行状态，数组 B 保存第 i 行状态，而后随着 i 的增加，数组 A、B 进行滚动。如图 5-3 所示：

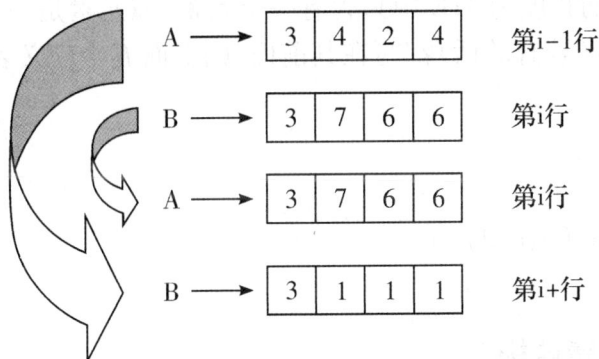

图 5-3　滚动数组存储示意图

5.3.3　稀疏矩阵的压缩存储

上一节中介绍过,稀疏矩阵即有用的元素远远少于无用的元素,这样可以用行号、列号、元素值这样的三元组来表示,可以避免浪费大量的空间来存储无用元素。实现时还可用线性表和链接存储两种方式,具体方法请参见上一节稀疏矩阵。

5.4　广义表

5.4.1　广义表的定义

广义表简称表,是线性表的推广。一个广义表是 $n(n \geqslant 0)$ 个元素的一个序列,当 $n = 0$ 时称为空表。在一个非空的广义表中,其元素可以是某一确定类型的对象(这种元素被称作单元素),也可以是由单元素构成的表(这种元素可相对地被称作子表或表元素)。显然,广义表的定义是递归的,广义表是一种递归的数据结构。

设 a_i 为广义表的第 i 个元素,则广义表的一般表示为:

$$(a_1, a_2, \cdots, a_i, \cdots, a_n)$$

其中 n 表示广义表的长度,即广义表中所含元素的个数,$n \geqslant 0$。

同线性表一样,也可以用一个标识符来命名一个广义表,如用 LS 命名的广义表,则为:

$$LS = (a_1, a_2, \cdots, a_i, \cdots, a_n)$$

在广义表的讨论中,为了将单元素同表元素区别开来,一般用小写字母表示单元素,用大写字母表示表,如:

A = ( )

B = (e)

C = (a,(b,c,d))

D = (A,B,C) = (( ),(e),(a(b,c,d)))

E = ((a,(a,b),((a,b),c)))

其中 A 是一个空表,其长度为 0;B 是只含一个单元素 e 的表,其长度为 1;C 中有两个元素,一个是单元素 a,另一个是表元素(b,c,d),C 的长度为 2;D 中有三个元素,其中每个元素又都是一个表,D 的长度为 3;E 中只含有一个元素,该元素是一个表。

若把每个表的名字(若有的话)都写在其前面,则上面五个广义表可相应地表示为:

A( )

B(e)

C(a,(b,c,d))

D(A( ),B(e),C(a,(b,c,d)))

E = ((a,(a,b),((a,b),c)))

5.4.2　广义表的存储结构

广义表示一种递归的数据结构,因此很难为每个广义表分配固定大小的存储空间,所

以其存储结构最好采用动态链接结构。

在一个广义表中,其数据元素有单元素和子表之分,所以在对应的存储结构中,其存储结点也有单元素结点和子表结点之分。对于单元素结点,应包括值域和指向其后继结点的指针域;对于子表结点,应包括指向子表中第一个结点的表头指针域和指向其后继结点的指针域。为了把广义表中的单元素结点和子表结点区别开来,还必须在每个结点中增设一个标志域,让标志域取两种不同的值,从而代表两种不同的结点。

根据分析,广义表中的结点类型可定义为:

```
structGLnode{
    bool tag;
    union{
        elemtype data;
        GLnode*sublist;
    }
    GLnode*next;
}
```

其中 tag 作为标志域,取 0 表示单元素结点,取 1 表示子表结点;next 作为指向其后继结点的指针域,通过它把表中的所有结点一次链接起来;data 作为单元素的值域;sublist 作为指向本子表中第一个结点的表头指针域,通过它实现向子表的链接,亦即实现广义表的递归结构。

5.4.3　广义表的运算

广义表的运算主要有求广义表的长度和深度,向广义表插入元素和从广义表中查找或删除元素,建立广义表的存储结构,输出广义表等。由于广义表是一种递归的数据结构,所以对广义表的运算一般采用递归的算法。下面讨论广义表中求深度的算法。

广义表深度的递归定义是它等于所有子表中表的最大深度加 1。设 dep 表示任意子表的深度,max 表示所有子表中表的最大深度,depth 表示广义表的深度,则有:
$$depth = max + 1$$

若一个表中不包含任何子表时,其深度为 1,所以 max 的初值为 0。

设 LS 是具有 GLnode * 类型的一个值参,开始时指向一个广义表的第一个结点,则求一个广义表的深度的递归算法如下:

```
int depth(GLnode*LS){
    int max = 0;
    while(LS){
        if(LS - > tag == 1){
            int dep = depth(LS - > sublist);
            if(dep > max) max = dep;
        }
```

```
        LS = LS -> next;
    }
    return max + 1;
}
```

5.5　小结

这一章中,介绍了多维数组,然后介绍稀疏矩阵这一种较特殊也较为常见的矩阵,对其两种存储方式以及转置运算都作了较为详细的介绍,还讲了特殊矩阵的压缩,最后学习了广义表的定义、存储及运算。

习题五

一、选择题(每题只有一个正确选项)

1. 用行优先的方式存储一个 100×100 的矩阵,假设存储每个元素需要一个字节的空间。如果 a[1][1] 的存储地址是 p,那么 a[1][2] 的存储地址应该是　　　　　　　　(　　)

    A. p+1　　　　　　　　B. p　　　　　　　　C. p-1　　　　　　　　D. p+2

2. 用列优先的方式存储一个 100×100 的矩阵,假设存储每个元素需要一个字节的空间。如果 a[1][1] 的存储地址是 p,那么 a[55][55] 的存储地址应该是:　　　　　(　　)

    A. p+1　　　　　　　　B. p+5455　　　　　　　C. p+5454　　　　　　　D. p+5555

3. 对于下图中 2×3 的矩阵,其转置矩阵为

1	2
2	1
0	0

A.
1	2
2	1
0	0

B.
0	2	1
0	1	2

C.
1	2	0
2	1	0

D.
2	1	0
1	2	0

4. 对于 5×6 的稀疏矩阵的三元组表示法 $(5,6,5),(1,2,4),(2,5,1),(3,3,6),(4,2,2),(4,5,1)$,对其进行转置后的三元组表示法为　　　　　　　　　　　　　　(　　)

    A. $(6,5,5),(2,1,4),(5,2,1),(3,3,6),(2,4,2),(5,4,1)$

    B. $(6,5,5),(2,1,4),(2,4,1),(3,3,6),(5,2,2),(5,4,1)$

    C. $(6,5,5),(2,1,4),(2,4,2),(3,3,6),(5,2,1),(5,4,1)$

    D. $(6,5,5),(2,4,2),(5,2,1),(2,1,4),(3,3,6),(5,4,1)$

5. 广义表 A( ) 的深度是　　　　　　　　　　　　　　　　　　　　　　　(　　)

    A. 0　　　　　　　　　B. 1　　　　　　　　　C. 2　　　　　　　　　D. 3

6.广义表 A(B(c,d,e),C(D(E())))的深度是:

A.1　　　　　　　B.2　　　　　　　C.3　　　　　　　D.4

二、上机编程题

1.求鞍点。

【问题描述】

求一个五阶方阵中这样的元素的位置:它在行上是最小的,在列上也是最小,如果没有请输出"NO FIND!"

【输入】

五行,每行五个数,表示这个五阶方阵。

【输出】

输出满足题目要求的元素的位置,一行两个数表示元素的行数和列数,如果没有满足条件的数输出"NO FIND!"。

【样例输入】	【样例输出】
5 3 4 5 1	1 5
4 1 9 7 9	2 2
8 1 0 1 9	3 3
9 6 4 8 2	NO FIND!
7 1 2 3 4	5 2

【数据范围】

保证每一个元素都是 int 范围内的非负整数。

2.求和。

【问题描述】

给定一个 N 个点 M 条边的无向图,可以定义其 N×M 的关联矩阵 A[i][j]=1 当且仅当第 i 个顶点是第 j 条边的一个端点,否则 A[i][j]=0。同时定义 A^T 是一个 M×N 的矩阵,满足 $A^T[i][j]=A[j][i]$,也就是 A 的转置矩阵。求 A^TA 中的全部元素的和。

【输入】

一行两个数 N,M(N≤100000,M≤1000000)。

接下来 M 行,一行两个数表示一条无向边。

【输出】

一行一个数,即 A^TA 中的全部元素的和。

【样例输入】	【样例输出】
2 1	4
1 2	

3.模拟栈。

【问题描述】

你想编写一个操作系统 WinStack,这个操作系统应该具有世界上最强的栈模拟功能:

它能维护 1000 个堆栈,并且可以在 2s 内进行 1000000 次操作。操作有两种格式:

PUSH Num key:表示把元素 key 插入编号为 Num 的栈中,其中 key≤2^{30};

POP Num:表示将编号为 Num 的栈的栈顶元素出栈,输出这个值。

每个栈的大小都应该是不确定的,但是你想要尽可能地节约空间,因此你只能使用 10MB 的内存空间,并且只能向指定文件进行输出。

【输入】

一行一个数 Q,表示有 Q 次操作,

接下来 Q 行每行一个字符串和一个或两个非负整数,

PUSH Num key:表示把元素 key 插入编号为 Num 的栈中,其中 key≤2^{30};

POP Num:表示将编号为 Num 的栈的栈顶元素出栈,输出这个值。

【输出】

对于每一个 POP 操作,输出一个值。

【样例输入】	【样例输出】
5	2
PUSH 1 1	3
PUSH 1 2	
POP 1	
PUSH 1 3	
POP 1	

【数据范围】

key≤2^{30},Q≤1000000,Num≤1000

4.求幻方。

【问题描述】

所谓"幻方",是一个行列为奇数的方阵,把 $1 \sim n^2$ 这 n^2 个不同的数放入方阵中,使方阵的每行、每列和每个对角线上的元素的和全部相等。下面给出一个五阶幻方(样例给出)和一种排列方法:

(1)先把数字 1 放在第一行中间的位置;

(2)下一数放在上一个数的右上方;

(3)若右上方已超出方阵的第一行,则下一个数放在下一列的最后一行上;

(4)若右上方已超出方阵的最后一列,则下一个数放在上一行的第一列上;

(5)若右上方已经有数,或右上方已超出方阵的第一行最后一列,则下一个数放在上一个数的正下方。

(6)编程序,对输入小于 15 的 n,打印出相应的幻方。

【输入】

一行一个数 n 表示相应的幻方是一个 n 阶幻方。

【输出】

n 行,每行 n 个数表示这个幻方。

【样例输入】	【样例输出】
5	17 24 1 8 15
	23 5 7 14 16
	4 6 13 20 22
	10 12 19 21 3
	11 18 25 2 9

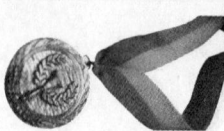

第6章 树

6.1 树的概念

6.1.1 树的概念

树(tree)是树形结构的简称,它是一种重要的非线性数据结构。树——或者是一棵空树,即不含结点的树,或者是一棵非空树,即至少含有一个结点的树。在一棵非空树中,它有且仅有一个称作根(root)的结点,其余的结点可分为 m 棵(m≥0)互不相交的子树(即称作根的子树),每棵子树(subtree)又同样是一棵树。显然,树的定义是递归的,树是一种递归的数据结构。树的递归定义将为以后实现树的各种运算提供方便。

图 6-1(a)就是一棵树 T,它由根结点 A 和两棵子树 T_1 和 T_2[分别对应图 6-1(b)和(c)]所组成;T_1 又由它的根结点 B 和三棵子树 T_{11}、T_{12} 和 T_{13}[分别对应图 6-1(d)、(e)、(f)]所组成;T_{11} 和 T_{13} 只含有根结点,不含有子树(或者说子树为空树),即不可再分;T_{12} 又由它的根结点 E 和两棵只含有根结点的子树所组成,每棵子树的根结点分别为 H 和 I;T_3 由它的根结点 C 和一棵子树所组成,该子树也只含有一个根结点 G,不可再分。

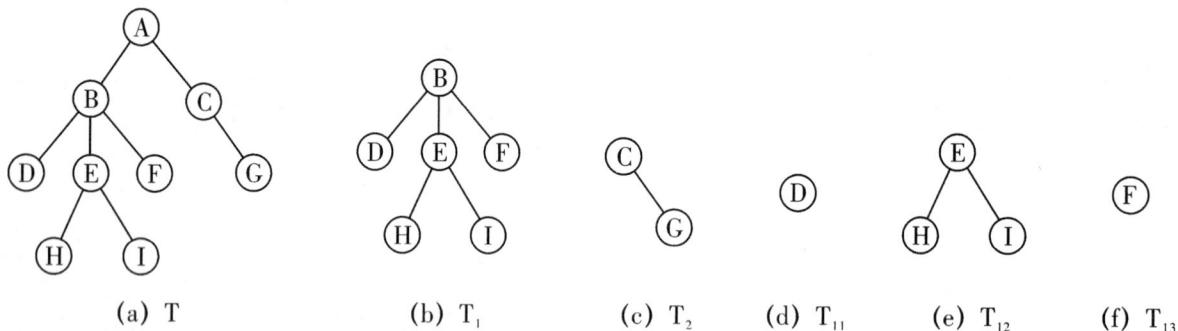

图 6-1 树的示意图

在一棵树中,每个结点被定义为它的子结点的前驱,而它的每个子结点又是它的后继。由此,可以用二元组定义一棵树:

Tree = (K,R)

K = (k_i | 1≤i≤n,n≥0,n 为树中的结点数,k_i ∈ elemptype)

R = {r}

当 n > 0(即树为非空树)时,关系 r 应满足下列条件:

(1)有且仅有一个结点没有前驱,该结点被称为树的根;

(2)除树根结点外,其余每个结点有且仅有一个前驱结点;

(3)包括树根结点在内的每个结点,可以有任意多个(含0个)后继。

对于图6-1(a)所示的树T,若采用二元组表示,则结点的集合K和K上的二元关系r分别为:

K = {A,B,C,D,E,F,G,H,I}

r = {<A,B>,<A,C>,<B,D>,<B,E>,<B,F>,<C,G>,<E,H>,<E,I>}

其中A结点无前驱结点,被称为树的根结点,其余每个结点有且仅有一个前驱结点。在所有结点中,B结点有三个后继结点,A结点和E结点分为有两个后继结点,C结点有一个后继结点,其余结点均没有后继结点。

在日常生活中,树结构广泛存在。

【例6-1】可把一个家族看作为一棵树,树中的结点为家族成员的姓名及相关信息,树中的关系为父子关系,即父亲是儿子的前驱,儿子是父亲的后继。图6-2就是一棵家族树,王新贵有两个儿子王万和和王万田,王万和又有三个儿子王家利、王家中和王家国。

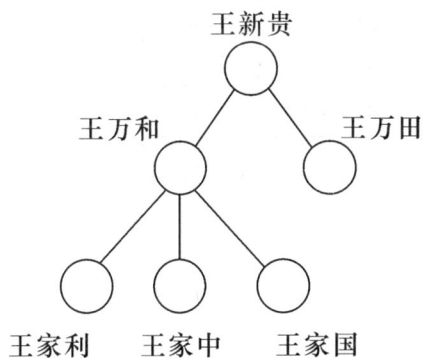

图6-2 家族树

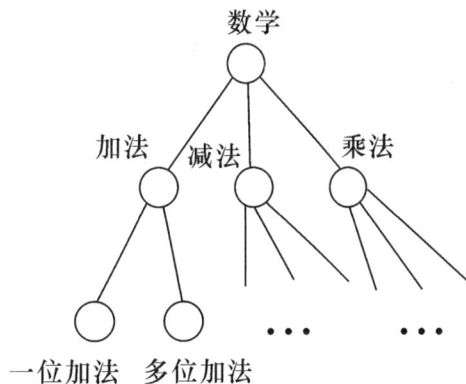

图6-3 树状结构的书

【例6-2】可把一个国家或一个地区的各级行政区划分看作为一棵树,树中的结点为行政区的名称及相关信息,树中的关系为上下级关系。如一个城市包含有若干个区,每个区又包含有若干个街道,每个街道又包含有若干个居委会等。

【例6-3】可把一本书的结构看作为一棵树,树中的结点为书、章、节的名称及相关信息,树中的关系为包含关系。图6-3是一本书的结构,根结点为书的名称数学,它包含三章,每章名称分别为加法、减法和乘法,加法一章又包含两节,分别为一位加法和多位加法,减法和乘法也分别包含若干节。

【例6-4】可把一个算术表达式表示成一棵树,运算符作为根结点,它的前后两个运算对象分别作为根的左、右两棵子树。如把算术表达式 $a*b+(c-d/e)*f$ 表示成树,则如图6-4所示。

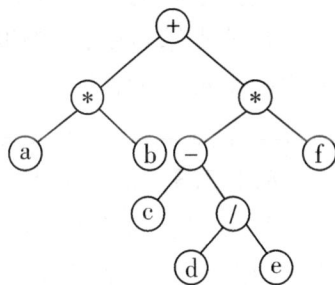

图6-4 表达式树

6.1.2 树的表示

树的表示方法有多种。图6-1至图6-4中的树形表示法是其中的一种,也是最常用的一种。在这种表示法中,结点之

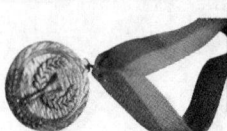

间的关系是通过连线表示的,虽然每条连线上都不带有箭头(即方向),但它并不是无向的,而是有向的,其隐含方向为从上向下,即连线的上方结点是下方结点的前驱,下方结点是上方结点的后继。树的另一种表示法是二元组表示法。除这两种之外,通常还有三种:一是集合图表示,每棵树对应一个圆形,圆内包含根结点和子树,图6-1的树T对应的集合图表示如图6-5(a)所示;二是凹入表表示,每棵树的根对应着一个条形,子树的根对应着一个较短的条形,且树根在上,子树的根在下,树T的凹入表表示如图6-5(b)所示;三是广义表表示,每棵树的根作为由子树构成的表的名字而放在表的左边,树T的广义表表示如图6-5(c)所示。

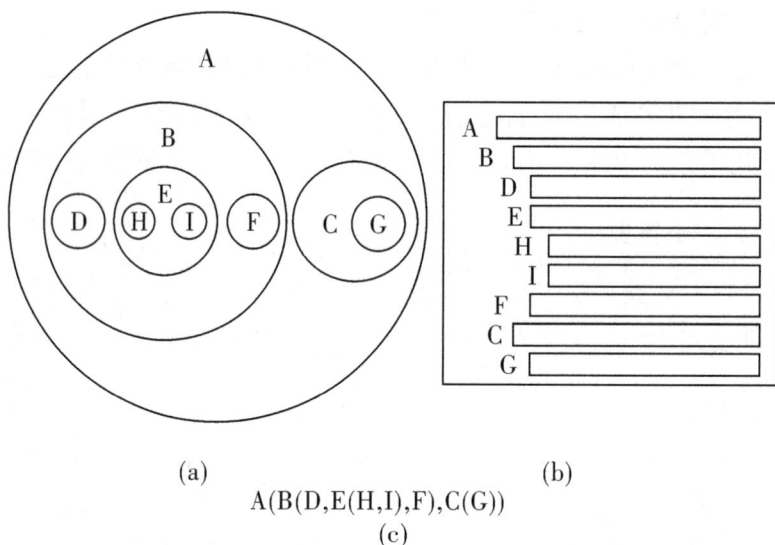

(a)   (b)

A(B(D,E(H,I),F),C(G))

(c)

图6-5 树的其他表示

6.1.3 树的基本术语

6.1.3.1 结点的度和树的度

每个结点具有的子树数或者说后继结点数被定义为该结点的度(degree)。所有结点的度的最大值被定义为该树的度。如在图6-1的树T中,B结点的度为3,A、E结点的度分别为2,C结点的度为1,其余结点的度均为0。因结点的最大度为3,所以树T的度为3。

6.1.3.2 分支结点和叶子结点

度大于0的结点称作分支结点或非终端结点,度等于0的结点称作叶子结点或终端结点。在分支结点中,又把度为1的结点叫做单分支结点,度为2的结点叫做双分支结点,其余依此类推。如在图6-1的树T中,A、B、C、E都是分支结点,D、H、I、F、G都是叶子结点;在分支结点中,C为单分支结点,A、E分别为双分支结点,B为三分支结点。

6.1.3.3 孩子结点、双亲结点和兄弟结点

每个结点的子树的根,或者说每个结点的后继,被习惯地称作该结点的孩子(child)或儿子,相应地,该结点被称作孩子结点的双亲(parent)或父亲。具有同一双亲的孩子互称兄弟(brothers)。每个结点的所有子树中的结点被称作该结点的子孙。每个结点的祖先则被定义为从树根结点到达该结点的路径上经过的所有结点。如在图6-1的树T中,B结点

的孩子为 D、E、F 结点,双亲为 A 结点,D、E、F 互为兄弟,B 结点的子孙为 D、E、H、I、F 结点,I 结点的祖先为 A、B、E 结点,对于树 T 中的其他结点亦可进行同样的分析。

由孩子结点和双亲结点的定义可知:在一棵树中,根结点没有双亲结点,叶子结点没有后继结点。如图 6-1 的树 T,A 结点没有双亲结点,D、H、I、F、G 结点没有孩子结点。

6.1.3.4 结点的层数和树的深度

树既是一种递归结构,也是一种层次结构,树中的每个结点都处在一定的层数上。结点的层数(level)从树根开始定义,根结点为第一层,它的孩子结点为第二层,依此类推。树中结点的最大层数称为树的深度(depth)或高度(height)。如在图 6-1 的树 T 中,A 结点处于第一层,B、C 结点处于第二层,D、E、F、G 结点处于第三层,H、I 结点处于第四层。H、I 结点所处的第四层为树 T 中结点的最大层数,所以树 T 的深度为 4。

6.1.3.5 有序树和无序树

若树中各结点的子树是按照一定的次序从左向右安排的,则称之为有序树,否则称之为无序树。如对于图 6-6 中的两棵树,若看作为无序树,则是相同的;若看作为有序树,则不同,因为根结点 A 的两棵子树的次序不同。又如,对于一棵反映父子关系的家族树,兄弟结点之间是按照排行大小有序的,所以它是一棵有序树。再如,对于一个机关或单位的机构设置树,若各层机构是按照一定的次序排列的,则为一棵有序树,否则为一棵无序树。因为任何无序树都可以当作任一次序的有序树来处理,所以以后若不特别指明,均认为树是有序的。

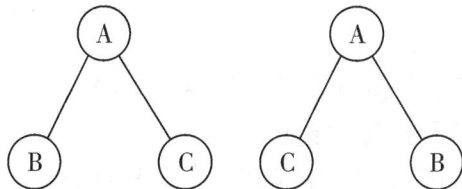

图 6-6 两棵不同的有序树

6.1.3.6 森林

森林是 m(m≥0)棵互不相交的树的集合。例如,对于树中每个分支结点来说,其子树的集合就是森林。在图 6-1 的树 T 中,由 A 结点的子树所构成的森林为 $\{T_1, T_2\}$,由 B 结点的子树所构成的森林为 $\{T_{11}, T_{12}, T_{13}\}$,等等。

6.2 二叉树

6.2.1 二叉树的定义

二叉树(binary tree)是指树的度不超过 2 的有序树。它是一种最简单、而且最重要的树。二叉树的递归定义为:二叉树或者是一棵空树,或者是一棵由一个根结点和两棵互不相交的分别称作根的左子树和右子树所组成的非空树,左子树和右子树又同样都是二叉树。

图 6-7(a)就是一棵二叉树 BT,它由根结点 A 和左子树 BT_1[对应图 6-7(b)]、右子树 BT_2[对应图 6-7(c)]所组成;BT_1 又由根结点 B 和左子树 BT_{11}(只含有根结点 D)、右子

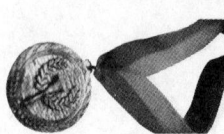

树 BT_{12}（为空树）所组成；对于 BT_2 树也可进行类似的分析。

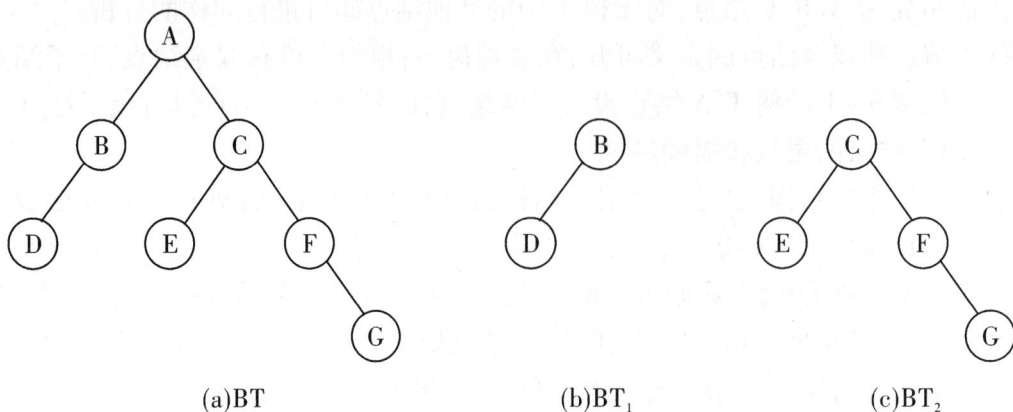

图 6-7 二叉树示例

在二叉树中，每个结点的左子树的根结点被称之为左孩子（left child），右子树的根结点被称之为右孩子（right child）。如在图 6-7 的 BT 二叉树中，A 结点的左孩子为 B 结点，右孩子为 C 结点，B 结点的左孩子为 D 结点，右孩子为空，或者说没有右孩子，C 结点的左孩子为 E 结点，右孩子为 F 结点；F 结点没有左孩子，右孩子为 G 结点。

6.2.2 二叉树的性质

二叉树具有下列重要性质：

性质一：二叉树上第 i 层上至多有 2^{i-1} 个结点（$i \geq 1$）

下面分为 $i=1$ 和 $i>1$ 两种情况讨论：

当 $i=1$ 时，$2^{i-1}=2^0=1$，因为二叉树的第一层上只有一个结点（即根结点），故命题成立。

当 $i>1$ 时，假定第 $i-1$ 层上的结点数至多有 $2^{(i-1)-1}=2^{i-2}$ 个，根据二叉树的定义，每个结点至多有两个孩子，所以第 i 层上的结点数至多为第 $i-1$ 层上结点数的 2 倍，即 $2 \times 2^{i-2}=2^{i-1}$，命题成立。

性质二：深度为 h 的二叉树至多有 2^h-1 个结点

显然，当深度为 h 的二叉树上每一层都达到最多的结点数时，它们的和才能最大，即整个二叉树才具有最多结点数：

$$\sum_{i=1}^{h} 2^{i-1} = 2^0 + 2^1 + 2^2 + \cdots + 2^{h-1} = 2^h - 1$$

故命题成立。

在一棵二叉树中，如果它的第 i 层的结点数达到了 2^{i-1} 个，则称这棵树的第 i 层是满的。当二叉树中的每层都是满的时，就称此二叉树为满二叉树。由性质二的证明可知，深度为 h 的满二叉树的结点数为 2^h-1 个，而且，深度为 h 的二叉树中只有满二叉树的结点数能达到 2^h-1。

图 6-8 中是一棵深度为 4 的满二叉树，它有 15 个结点。图中的结点是用数值来标号的，通常，满二叉树的标号是按层数从小到大，同一层按从左到右的顺序标号。

(a)   (b)

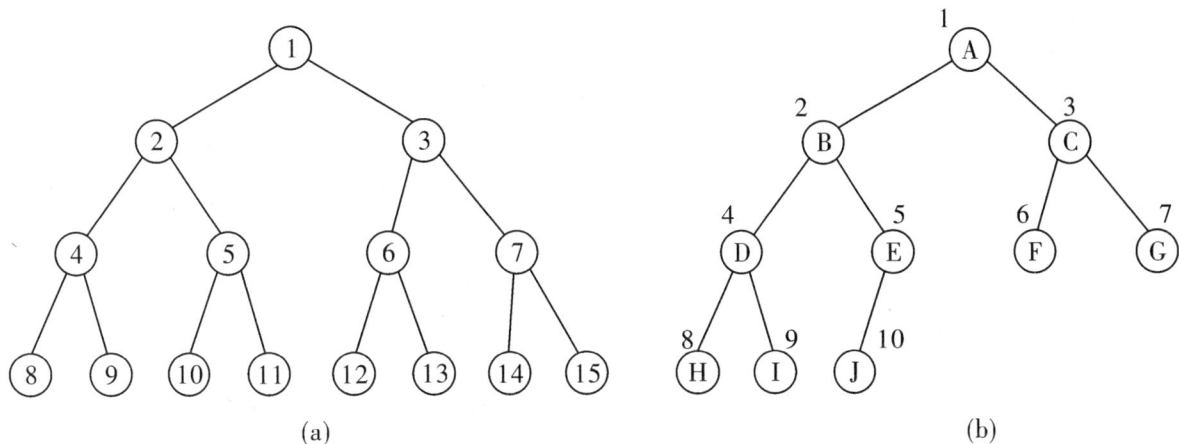

图 6-8 满二叉树和完全二叉树

在一棵二叉树中,如果除最后一层外,其他层都是满的,且最后一层或是满的,或是所有结点都集中在左边,则这棵二叉树称为完全二叉树。显然,满二叉树是特殊的完全二叉树。如图 6-9 就是一棵完全二叉树。

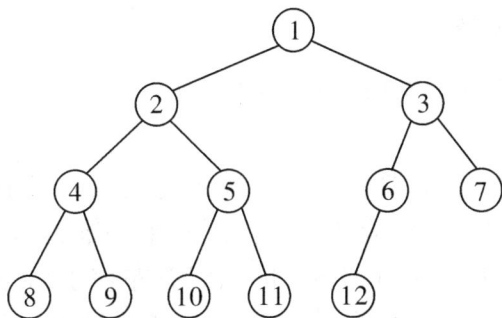

图 6-9 一棵完全二叉树

若对完全二叉树按满二叉树的方法标号,有:

完全二叉树的标号性质一:在 n 个结点的完全二叉树中,对于标号为 i 的结点,若 $i \leqslant \lfloor n/2 \rfloor$,则结点 i 为分枝结点,否则为叶子结点。

完全二叉树的标号性质二:在 n 个结点的完全二叉树中,若 n 为奇数,则所有的分枝结点都有左孩子和右孩子;若 n 为偶数,则编号为 n/2 的结点只有左孩子,没有右孩子,其他分支结点既有左孩子又有右孩子。

完全二叉树的标号性质三:若标号为 i 的结点有左孩子,则它的左孩子为 2i;右标号为 i 的结点有右孩子,则它的右孩子为 $2i+1$。

完全二叉树的标号性质四:若标号为 i 的结点有双亲结点,则 $i>1$ 且它的双亲结点标号为 $\lfloor i/2 \rfloor$。

完全二叉树的深度性质:具有 $n(n>0)$ 个结点的完全二叉树的深度为 $\lfloor \log_2 n \rfloor + 1 = \lceil \log_2(n+1) \rceil$。

证:因为深度为 h 的二叉树的结点个数最多为 $2^h - 1$ 个,又深度为 h 的完全二叉树的结点个数最少为 2^{h-1} 个。设 n 个结点的完全二叉树深度为 h,则:

$$2^{h-1} \leqslant n < 2^h$$

取对数,得:$h - 1 \leq \log^2 n < h$

因为 h 是整数,不难得到:$h = \lfloor \log_2 \rfloor + 1$

因为$\lfloor \log_2 n \rfloor + 1 = \lceil \log_2 (n + 1) \rceil$,所以 $h = \lceil \log_2 (n + 1) \rceil$ 亦成立。

在一棵二叉树中,若除最后一层外,其余层都是满的,则称此树为理想平衡树。显然,完全二叉树是特殊的理想平衡树。图 6 – 10(a)是一棵理想平衡树,而图 6 – 10(b)不是,因为它的倒数第二层没有满。

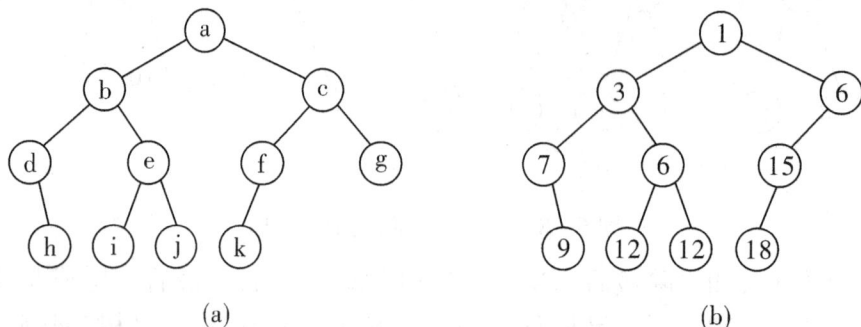

图 6 – 10　理想平衡树与非理想平衡树

6.2.3　二叉树的存储结构

二叉树具有线性存储和链接存储两种存储结构。

6.2.3.1　线性存储

顺序存储一棵二叉树时,首先要将二叉树按照完全二叉树中对应的位置进行标号,然后,以每个结点的标号为下标,将对应的值存储到一个一维数组中。由完全二叉树标号的性质可知,根结点的标号为 1,如果标号为 i 的结点有左孩子结点,那么它的左孩子结点标号为 2i,如果标号为 i 的结点有右孩子,那么它的右孩子结点标号为 2i + 1。这样,就可以按层次从上到下的顺序给每一层标号。如图 6 – 11 就是一个标号的例子,结点里是结点的值,边上是结点的编号。

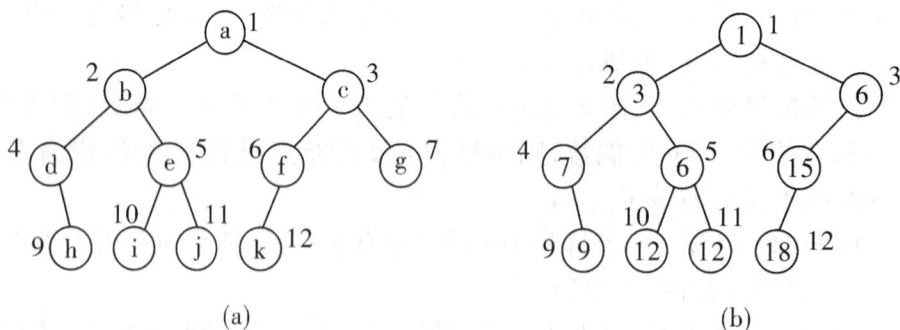

图 6 – 11　二叉树的结点编号

若将图 6 – 11 的两棵二叉树分别存放在数组 TreeA 和 TreeB 中,则两个数组如下:

数组下标	1	2	3	4	5	6	7	8	9	10	11	12
TreeA	a	b	c	d	e	f	g		h	i	j	k
TreeB	1	3	6	7	6	15			9	12	12	18

注意,在数组中可能有一些空的元素,表示这个结点是空的。

在线性存储的二叉树中,各结点之间的关系可以通过下标表示出来,如下标为 i 的结点的父结点是下标为[i/2]的结点,左孩子是下标为 2i 的结点,而右孩子是下标为 2i +1 的结点。

当一棵树是完全二叉树时,用顺序存储是一种非常好的选择,它实现简单、不易出错,而且能充分利用空间。但是,对于一般的二叉树,特别是单分枝结点比较多的,如果用顺序存储,必然造成空间的极大浪费。

6.2.3.2 链接存储

二叉树有另一种存储方式,那就是链接存储。当一棵二叉树用链接存储时,每个结点都要设置三个域:值域(data),左指针(left)域和右指针(right)域。其中,值域用于存储结点的值,左指针域用于存储一个指向它的左孩子的指针,右指针域用于存储一个指向它的右孩子的指针。通常一个结点表示如下:

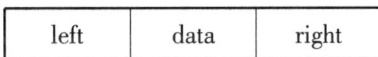

left	data	right

如果在二叉树中希望能及时找到一个结点的父结点,那么通常在存储结构中加入一个parent 指针指向它的父结点,即:

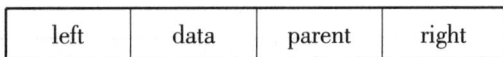

left	data	parent	right

如图 6 – 12 中,(a)是一棵二叉树,(b)是用第一种链接存储,(c)是用第二种链接存储。

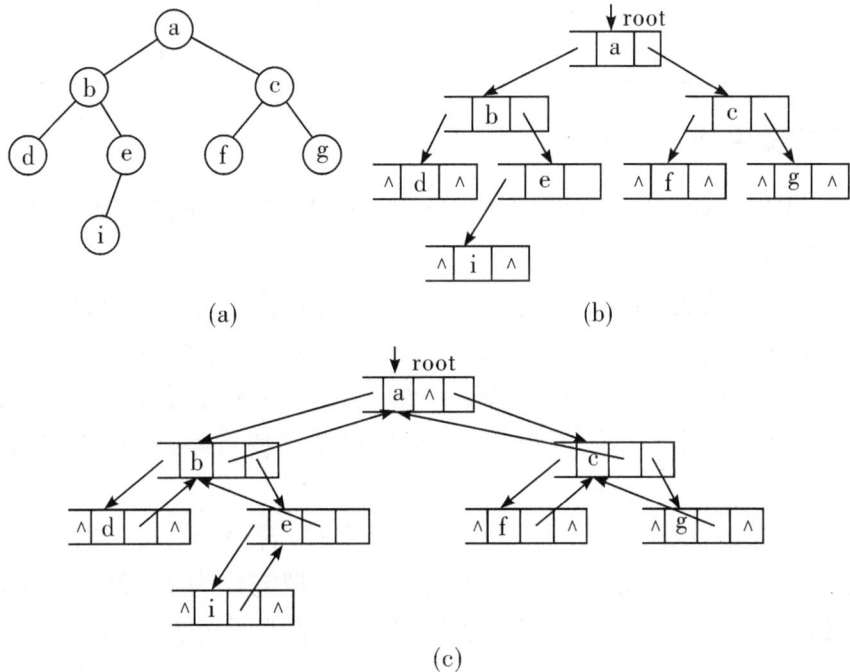

(a) (b)

(c)

图 6 – 12 二叉树的结点编号

和单链表一样,二叉树的链接表既可以由静态结点链接而成,也可以由动态结点链接而成。它们的结点定义分别如下:

二叉树的静态结点定义:

```
struct Tnode{
```

```
        elemtype data;
        int left,right;
}
```

使用静态结点必须使用一个数组来存储。在结点的定义中,left 和 right 为左、右孩子结点在数组中所在的单元的下标,所以用整型。其数组类型的定义如下:

typedef　TNode Ttreelist[TnodeMaxsize];

二叉树的动态结点定义:

```
struct Tnode;
typedef Tnode*　Pnode;
struct Tnode{
    int data;
    Pnode left,right;
}
```

由于是链接存储,在一个二叉树中,结点的存放顺序可以是任意的。以静态链接为例,图 6-12 的树可以存储为:

下标	1	2	3	4	5	6	7	8	…	Size
data	d	b	i	e	a	F	c	g	…	
Left	0	1	0	3	2	0	6	0	…	
right	0	4	0	0	8	0	8	0	…	

6.2.4　由广义表生成二叉树

二叉树的生成根据输入的不同而不同,这里,我们介绍如何将一个广义表表示的二叉树表示成一棵用动态链接表存储的二叉树。

首先,有必要对广义表的表示规范一下,有助于我们后面的处理:每棵树的根结点放在最前面;若它有子树,则在它后面加一对圆括号,子树按从左子树到右子树的顺序写入,并在左右子树之间放一个逗号","隔开;若某个结点只有左子树而没有右子树,则省略逗号和右子树;若某个结点只有右子树而没有左子树,则左子树省略,但不能省略逗号;在整个树的后面加入一个@作为结束符。

算法的基本思想是:依次输入广义表中的每个字符,若遇到字母(假定以字母为结点的值),则表明是结点的值,就为它建立一个新的结点,并把它作为根(第一个字母时)或作为孩子结点连接到它的父结点上;若遇到的是左括号,则表明子树表开始,应首先将它前面字母的结点的指针(即此子树的根)进栈,以便作为以后结点的父结点指针引用,并记下下一个要插入的结点应为其父结点的左孩子(k=1);若遇到右括号,则表明子树表结束,应退栈;若遇到逗号,则表明以左子树处理完毕,应处理其父结点的右孩子(k=2)。这样处理每一个字符,直到处理到@说明输入结束。

其算法的伪代码为:

```
void buildtree(){
```

```
输入一个字符 ch
while(ch 不为@ ){
    switch(ch){
        字母:新建结点,值域的值为 ch,左右子树指针为空;
        如果这是第一个结点,那么它是根结点,否则若 k = 1,则将当前结点作为
栈顶结点的左子树,否则 k = 2,则将当前结点作为栈顶结点的右子树。
        '(':将当前的结点插入栈顶;设下一次处理的为左子树(k←1)
        ')':栈顶元素出栈。
        ',':设下一次处理的为右子树(k←2)。
    }
    输入下一个字符 ch
}
return;
}
```

6.3　二叉树的运算

二叉树的运算主要包括二叉树的遍历、二叉树的输出、求二叉树的深度等。

为了讨论算法的方便,以下我们的操作都建立在动态链接表上,Node 是一个具有 PNode 类型的参数,并且最开始是指向一棵二叉树的根结点。

6.3.1　二叉树的遍历

二叉树的遍历是指按照一定的顺序访问二叉树的每一个结点,并且每个结点只访问一次。它是二叉树中一个非常重要的内容。

由二叉树的递归定义可知,一棵非空二叉树由根结点、左子树和右子树组成。若用 D、L 和 R 分别表示根和左、右子树,则二叉树的遍历一共有六种:DLR、LDR、LRD、DRL、RDL、RLD,其中前三种都是先遍历左子树、后遍历右子树,而后三种相反。由于前三种出现得比较普遍,而后三种很少出现,且前三种和后三种具有对称性,这里只讨论前三种遍历。

在遍历 DLR 中,因根先于左、右子树遍历,故称为前序遍历(preorder)或先根遍历;在遍历 LDR 中,因根在左、右子树遍历之间,故称为中序遍历(inorder)或中根遍历;在遍历 LRD 中,因根后于左、右子树遍历,故称为后序遍历(postorder)或后根遍历。显然,遍历左右子树仍然是遍历二叉树的问题,所以很容易给出这三种遍历的递归算法。

6.3.1.1　前序遍历算法

```
void preorder(TNode*    bt){
    if(bt == NULL){
        cout << bt - > data << ' ';
        preorder(bt - > left);
        preorder(bt - > right);
```

```
        }
    }
```

6.3.1.2 中序遍历算法

```
void inorder(TNode*   bt){
    if(bt == NULL){
        inorder(bt - > left);
        cout << bt - > data << ' ';
        inorder(bt - > right);
    }
}
```

6.3.1.3 后序遍历算法

```
void   postorder(TNode*   bt){
    if(bt == NULL){
        postorder(bt - > left);
        postorder(bt - > right);
        cout << bt - > data << ' ';
    }
}
```

其中 PROCESS(Node)表示对 Node 进行的处理,这个处理是什么要根据具体情况而定。

对图 6-13 中的树,分别执行前序、中序和后序,可以得到三个遍历的序列:前序序列(A,B,D,E,H,C,F,G),中序序列(D,B,H,E,A,F,C,G),后序序列(D,H,E,B,F,G,C,A)。

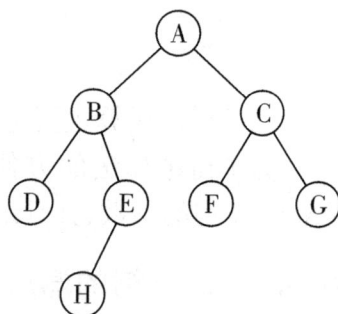

图 6-13 二叉树示例图

6.3.2 输出二叉树

输出二叉树就是将二叉树以某种表示形式打印出来。下面,我们介绍如何将二叉树以广义表的形式输出。

以广义表的形式输出时,首先应输出树的根结点;然后加一个左括号;如果左子树非空则输出左子树;如果右子树非空则输出一个逗号加上右子树;最后再输出一个右括号。当然,如果左、右子树都是空的,就没必要输出括号和括号内的。

由上面的分析可以看出,以广义表形式输出的过程是前序遍历过程经过一点点修改后得到的:

```
void print(Tnode bt){
    if(bt! = NULL) cout << bt - > data << ' ';
    if(bt - > left! = NULL  ||bt - > right! = NULL) cout << ' ( ';
    print(bt - > left);
    if(bt - > right! = NULL) cout << ',';
    print(bt - > right);
```

```
        cout << ')';
        return;
    }
```

6.3.3 求二叉树的深度

若一棵二叉树为空,则它的深度为0,否则它的深度定义为:它左子树和右子树深度的最大值+1。显然,二叉树的深度是递归定义的,因此在求二叉树的深度时也可以递归地求:

```
int depth(Tnode*  bt){
    if(bt == NULL) return 0;
    else{   int depth1,depth2;
        depth1 = depth(bt - > left);
        depth2 = depth(bt - > right);
        if(depth1 > depth2) return depth1 + 1;
            else return depth2 + 1;
    }
}
```

6.4 二叉搜索树

6.4.1 二叉搜索树的定义

二叉搜索树(Binary search tree)又称二叉排序树或二叉查找树,它或者是一棵空树,或者是一棵具有如下特性的非空二叉树:

(1)若它的左子树非空,则左子树中所有的结点的值都不大于根结点的值;

(2)若它的右子树非空,则右子树中所有的结点的值都不小于根结点的值;

(3)它的左、右子树分别是一棵二叉搜索树。

由于二叉搜索树的值是按左子树、根、右子树有序的,所以对一棵二叉搜索树进行中序遍历访问所有结点所得的序列是有序的。

6.4.2 二叉搜索树的查找

由二叉搜索树的定义,在二叉搜索树中查找一个结点值为K的结点的过程为:若二叉树为空,则查找失败,返回空指针;若当前根结点的值等于K,则查找成功,返回当前的根结点;若K小于当前结点的值,则说明要找的结点只可能在当前结点的左子树中,进入左子树查找;若K大于当前结点的值,则说明要找的结点只可能在当前结点的右子树中,进入右子树查找。显然,这个过程和前面的过程一样,也是递归调用的。其实现过程如下:

```
bool Find(BTreenode*  bst,elemtype&item){
    if( bst == NULL) return false;
        else if(item == bst - > data){
```

```
            item = bst - > data;
            return true;
        }else if(item < bst - > data) return Find(bst - > left,item);
        else return Find(bst - > right,item);
    }
```

从算法中可以看出,这个算法递归时一旦返回,就再也不会再出现递归的调用,这种递归叫做末尾递归。末尾递归可以写成非递归的形式,这样可以节省栈所用的空间和时间。如上面的算法可以写成:

```
    bool Find1(BTreenode*   bst,elemtype&item){
        while( bst! = NULL){
            if(item == bst - > data){
                item = bst - > data;
                return true;
            }else if(item < bst - > data) bst = bst - > left;
                else bst = bst - > right;
        }
        return false;
    }
```

在对二叉搜索树进行查找的过程中,K 与结点比较的次数最小为一次,即树的根结点就是要查找的结点,最多为树的深度次,所以平均的查找次数要小于等于树的深度。理论上已经证明,平均查找次数为 $1 + 4\log_2 n$ 次。若二叉树是理想平衡二叉树或接近理想平衡树,则查找次数大概为 $\log_2 n$ 次。因此,对二叉搜索树的查找的复杂度在最好情况和平均情况下都是 $O(\log_2 n)$ 级别的。但是,要是二叉搜索树退化成一条链或近似链的情况,即单支结点非常多,则深度会非常大,查找时的复杂度为 $O(n)$。由上面的分析可知,利用二叉搜索树虽然最坏情况下和单链表的复杂度相同,但一般情况下比单链表好得多。至于空间复杂度,显然只有结点存在时要分配内存,因此空间复杂度为 $O(n)$。

6.4.3 二叉搜索树的插入和生成

二叉搜索树的插入是指在一棵二叉搜索树中插入一个关键字,使它仍满足二叉搜索树的要求。

二叉搜索树的生成通常是从一棵空树开始,将关键字一个一个地加入树中,从而产生一个具有很多结点的二叉搜索树。

在插入结点时,若当前的树为空,则建立一个结点,将这个结点作为根,并使它的值为插入的关键字;若关键字小于当前根结点的值,则应该将关键字插入左子树中,否则应插入右子树中。

上面的算法是递归的,可以写为:

```
    void Insert(BTreenode*  & bst,const elemtype&item){
        if(bst == NULL){
```

奥赛经典

```
        BTreenode*  p = new Tnode;
        p - > data = item;
        p - > left = p - > right = NULL;
        bst = p;
    }else if(item < bst - > data) Insert(bst - > left,item);
        else Insert(bst - > right,item);
}
```

设要建立二叉搜索树的序列为:(63,71,6,52,85,53,82,38,11),则二叉搜索树的插入过程如图 6 - 14 所示。

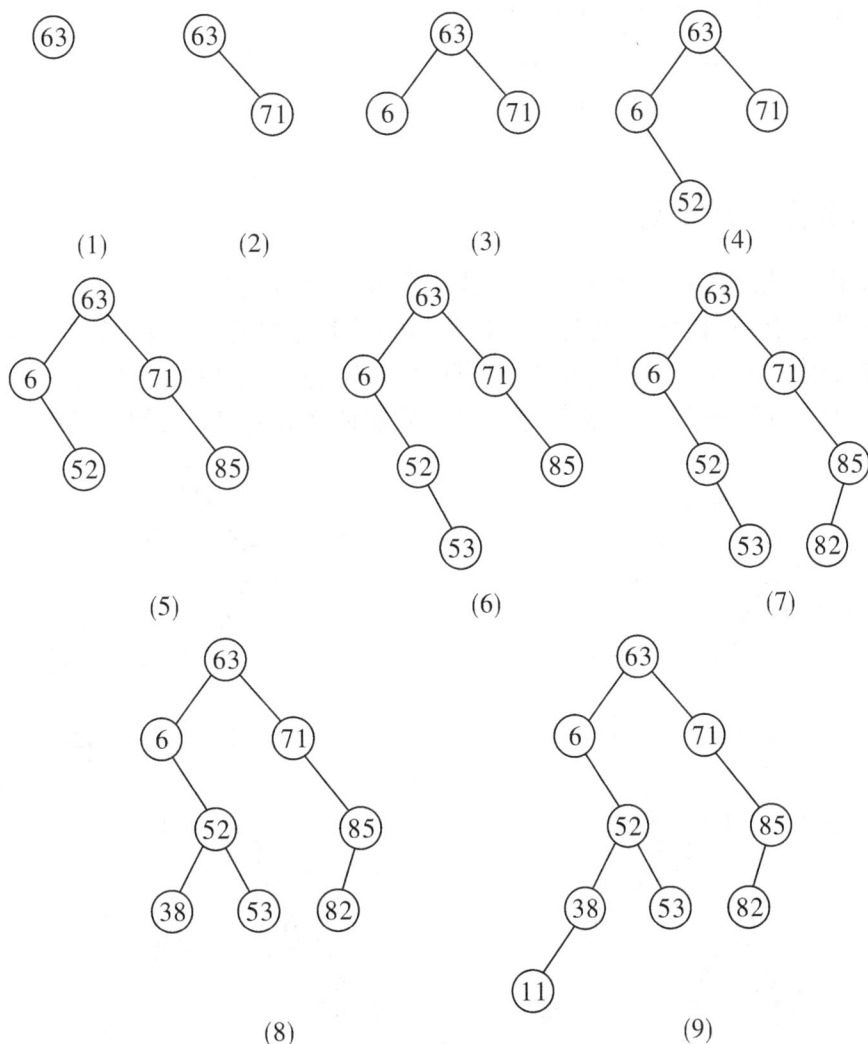

图 6 - 14　二叉搜索树的建立过程

上面建树的算法同查找一样,也是末尾递归,可以转化为非递归来做。和递归不同的是,非递归时必须要记下父结点的指针是多少,而不能单纯地对其父结点的某一个子结点的指针操作。其实现过程为:

```
void Insert1(BTreenode*  & bst,const elemtype&item){
    BTreenode*  t = bst,*  parent = NULL;
```

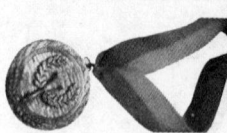

```
while(t! = NULL){
        parent = t;
        if(item < t - > data) t = t - > left;
        else t = t - > right;
}
BTreenode*  p = new BTreenode;
p - > data = item;
p - > left = p - > right = NULL;
if(parent == NULL) bst = p;
        else if(item < parent - > data)
                parent - > left = p;
            else parent - > right = p;
}
```

6.4.4　二叉搜索树的删除

二叉搜索树的删除比插入要复杂些。我们分几种情况讨论：

若结点为叶结点：直接将结点删除。若要删除的是根结点，则将树置空，若删除的是结点 X 的左子树，则设 X 的左子树为空树，若删除的是结点 X 的右子树，则设 X 的右子树为空树；如图 6 – 15(a)是一棵二叉搜索树，(b)是它删除关键字 11 后的二叉树。

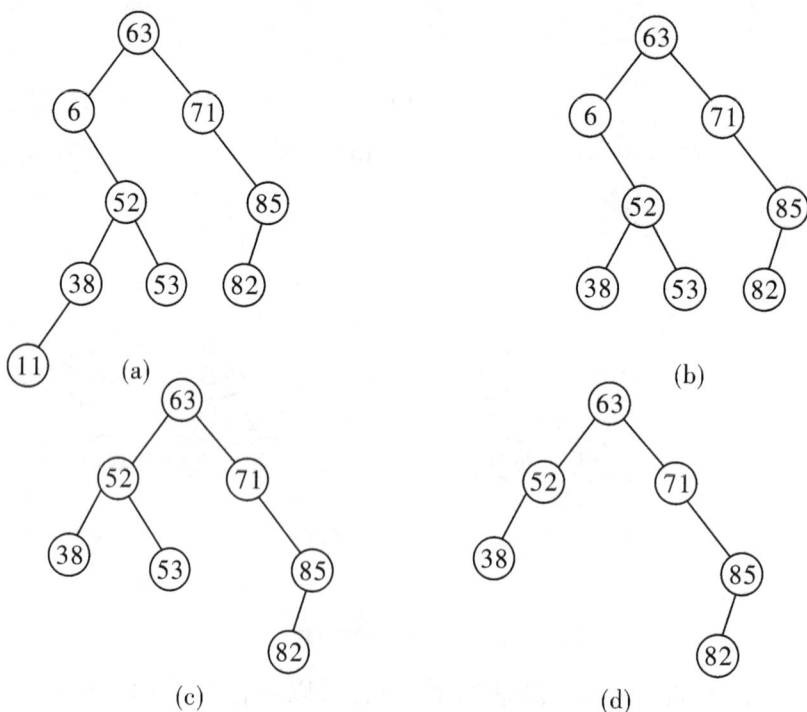

图 6 – 15　二叉树的删除

若结点为单分枝结点：如果一个结点只有左子树或右子树，直接把它删除，用它的左子树或右子树代替它原来的位置即可。如图 6 – 15(b)是一棵二叉搜索树，(c)是它删除关键

字 6 后的二叉树。

　　若结点为双分枝结点：删除双分枝结点的思想是将它的中序遍历前驱复制到它的位置覆盖它,然后删除原来的中序前驱结点。因为结点既有左孩子又有右孩子,所以从它的左孩子开始,每次都往右孩子走,直到走不了了,最后走到的结点就是它的中序前驱(为什么? 请读者自己思考)。显然,它的中序前驱的右孩子为空树,因此删除时只要用上面的叶结点或单分枝结点的删除方法就可以了。图 6－15(c)是一棵二叉搜索树,(d)是它删除关键字 63 后的子树。

　　综上所述,删除二叉搜索树中的一个关键字,可以如下实现:

```
bool Delete(BTreenode*  bst,const elemtype&item){
// 从二叉搜索树 bst 中删除值为 item 的结点,树根指针必须为引用
    if(bst == NULL) return false;
    // 树为空,未找到待删除元素,返回假表示失败
    if(item < bst - > data) return Delete(bst - > left,item);
    //待删除元素小于根结点值,继续在左子树中删除
    if(item > bst - > data) return Delete(bst - > right,item);
    //待删除元素大于根结点值,继续在右子树中删除
    BTreenode*  temp = bst;
    //待删除元素等于树根结点且左子树为空,将整个右子树作为整个树并返回真
    if(bst - > left == NULL){bst = bst - > right; delete temp; return true;}
    //待删除元素等于树根结点且右子树为空,将整个左子树作为整个树并返回真
    if(bst - > right == NULL){bst = bst - > left; delete temp; return true;}
    //待删除元素等于树根结点且左右子树均不为空时的处理情况
    //中序前驱结点就是左孩子结点时,把左孩子结点值赋给树根结点,
    //然后从左子树中删除根结点
    else if(bst - > left - > right == NULL){
        bst - > data = bst - > left - > data;
        return Delete(bst - > left,bst - > left - > data);
    }else{
    //找出中序前驱结点,即左子树的右下角结点,把该结点值赋给树根结点
    //然后以中序前驱结点为根的树上删除根结点
        BTreenode*  p1 = bst,*  p2 = bst - > left;
        while(p2 - > right! = NULL) {
            p1 = p2;
            p2 = p2 - > right;
        }
        bst - > data = p2 - > data;
        return Delete(p1 - > right,p2 - > data);
    }
```

}

和对二叉搜索树的一次插入操作一样,二叉搜索树的一次删除操作的复杂度主要集中在查找上,所以最好情况和平均情况下都是 $O(\log_2 n)$ 的,而最坏情况下是 $O(n)$ 的。

6.5　哈夫曼树

6.5.1　基本术语

在一棵树中,若存在一个序列 $k_1, k_2, k_3, \cdots, k_p$,使得 k_i 与 k_{i+1} 是有边相连的结点(即父亲与孩子的关系),则称序列 $k_1, k_2, k_3, \cdots, k_p$ 是一条从 k_1 到 k_p 的路径,其中,路径中所经过的边数 $p-1$ 称为路径长度。在 k_1 到 k_p 的所有路径中,长度最短的一条叫做最短路径,最短路径的长度叫做最短路径长度。

在许多应用中,常常将树中的结点赋上了一个具有某种意义的数,称为权。结点的带权路径长度指结点的权与该结点到根结点的最短路径长度的乘积。

树的带权路径长度,是指所有叶结点的带权路径长度之和。通常记为:

$$WPL = \sum_{i=1}^{n} w_i l_i$$

其中 n 表示叶结点数,w_i 和 l_i 分别表示叶结点 k_i 的权值和 k_i 到根的最短路径长度。

6.5.2　哈夫曼树

哈夫曼(Huffman)树又称最优二叉树,它是 n 个带权叶结点构成的所有二叉树中,带权路径长度最小的二叉树。因为构造这种树的算法最早是由哈夫曼于 1952 年提出的,所以被称为哈夫曼树。

例如,有四个权分别为 2,5,6,8 的叶结点,它们可以构成不同的二叉树,图 6 - 16 中给出了几种,它们的带权路径长度分别为:

(a) WPL = 2 * 2 + 5 * 2 + 6 * 2 + 8 * 2 = 42

(b) WPL = 2 * 1 + 5 * 2 + 6 * 3 + 8 * 3 = 54

(c) WPL = 8 * 1 + 6 * 2 + 2 * 3 + 5 * 3 = 41

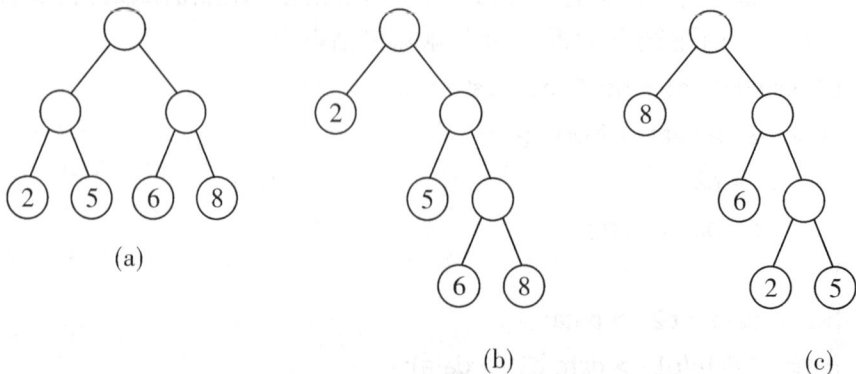

图 6 - 16　由四个叶结点构成的不同的二叉树

可以看出,(c)的 WPL 是最小的。稍后可知,(c)就是哈夫曼树。

由上面的例子可以看出,树的深度小的不一定带权路径长度小,只有权大的结点放在尽量靠根的层才能得到较优值。

6.5.3　构造哈夫曼树

构造哈夫曼树的算法是由哈夫曼提出的,所以称之为哈夫曼算法,具体过程如下:

(1)根据 n 个权值 $\{w_1,w_2,w_3,\cdots,w_n\}$ 对应的 n 个结点构成 n 棵二叉树的森林 $F=\{T_1,T_2,T_3,\cdots,T_n\}$,其中每棵二叉树 $T_i(1 \leqslant i \leqslant n)$ 都有且仅有一个权值为 w_i 的根结点,其左、右子树为空;

(2)在森林 F 中选出两棵根结点的权值最小的树作为一棵新树的左、右子树,且置新树的附加根结点的权值为其左、右子树上根结点的权值之和;

(3)从 F 中删除这两棵树,同时把新树加入 F 中;

(4)重复(2)和(3),直到 F 中只有一棵树为止,此树便是哈夫曼树。

图 6 – 17 中是用(2,5,6,8)构造哈夫曼树的过程。

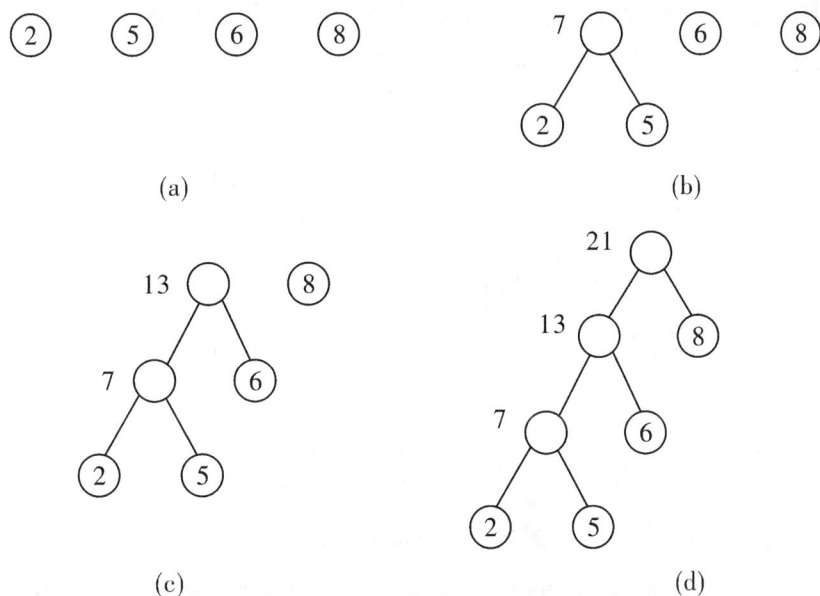

图 6 – 17　哈夫曼树的构造过程

在第二步中,若选权最小的有多于一种选法(如第二大的值和第三大的值相等),则选取不同的值就会对应不同的哈夫曼树;若左右子树摆放的顺序不同,也会产生不同的哈夫曼树。但是,不管选择或摆放的顺序是怎样,所构造出来的哈夫曼树的带权路径长度是不会变的。如图 6 – 16(c)和 6 – 17(d)都是由 $\{2,5,6,8\}$ 所产生的哈夫曼树,其带权路径长度都是 $2 \times 3 + 5 \times 3 + 6 \times 2 + 8 \times 1 = 41$。

6.5.4　带权路径长度与合并费用和

在哈夫曼树的构造中,如果合并两个权值最小的树的权值分别为 a 和 b,而合并这两棵

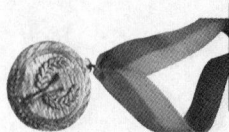

树的费用记为 a + b,则构造哈夫曼树所用的费用与哈夫曼树的带权路径长度相等。

显然,对于一个权值为 x 的结点 X,在与它的兄弟合并时要累加权值,而它父亲与其兄弟合并时又计算了一遍,然后父亲的父亲又计算一遍……也就是说,当它是第 L 层时,它的权值就计算了 $L-1$ 遍,刚好等于根结点到它的最短路径长度。所以带权路径长度与合并费用和是相等的。

6.5.5 哈夫曼码

哈夫曼树的应用较广,哈夫曼码是其中非常重要的一种应用例子。

在电报通讯中,电文是以二进制的 0、1 序列传送的。在发送端需要将电文中的字符序列转换成二进制序列(即编码),在接收端又需要把接收二进制序列转换成对应的字符序列(即译码)。

最简单的二进制编码方式就是等长编码。如假定电文中只有 A、B、C、D、E 这五种编码,在进行等长编码时,它们至少需要三位二进制来表示,可以依次编码为:000、001、010、011、100。若用这六个字符作为六个叶子结点,生成一棵二叉树,使二叉树的每个结点的左、右分支分别用 0、1 编码,从根结点到叶结点所经过的分支的 0、1 编码序列等于叶结点的二进制编码,则对应的编码二叉树如图 6 - 18 所示。

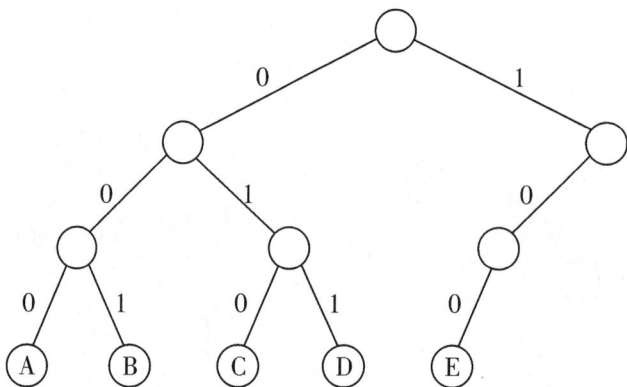

图 6 - 18 编码二叉树

显然,在电文中每个字母出现的频率(次数)一般是不同的。在一份电文中,设这五个字符出现的频率分别为 c_i,则这份电文的总长度为:

$$Len = \sum_{i=1}^{n} c_i l_i$$

其中 n 表示电文中的字符种数,l_i 表示第 i 种字符的编码长度。

若在上面的电文中,字符 A、B、C、D、E 分别为 2、5、6、8、12,则可算出此电文的总长度:

$$Len = \sum_{i=1}^{n} (c_i \times 3) = 3 \times (2 + 5 + 6 + 8 + 12) = 99$$

所以,当采用等长编码时,编码的总长度为 33。

怎样缩短传送电文的总长度,从而节省时间呢?可以想到,若采用不等长编码,让出现频率高的字符具有短的编码,出现频率低的字符具有长的编码,这样有可能缩短传送文件

的长度。采用不等长编码必须避免译码的二义性或多义性。假设用 0 表示字符 A 的编码，01 表示 B 的编码，当接收到编码串 01……时，是用 0 译出 A 还是把 0 留着和 1 组成 01 译出 B 就是一个很大的问题，这样就产生了二义性。因此，若对一个字符集采用不等长编码，则要求字符集中任何字符的编码都不能是另一个字符编码的前缀。符合这个要求的编码叫做前缀编码。显然，等长编码是前缀编码。

为了使不等长编码为前缀编码，可以用该字符集中的字符作为叶结点构造一棵编码二叉树。将每个字符出现的频率作为对应结点的权值，这样，树的带权路径长度就是电文编码后的长度。为了使电文的长度尽可能短，可以使用哈夫曼树。

在上面的例子中，由$\{2,5,6,8,12\}$所生成的哈夫曼树如图 6-19 所示。

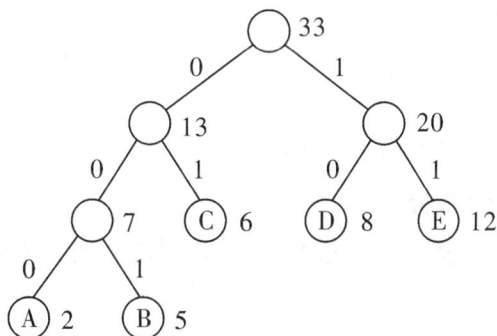

图 6-19　编码哈夫曼树

由此，可以给字符以相应的编码：A：000，B：001，C：01，D：10，E：11，电文的最短传送长度为：

$$\text{Len} = \text{WPL} = 2 \times 3 + 5 \times 3 + 6 \times 2 + 8 \times 2 + 12 \times 2 = 73$$

显然，这比原来的等长传送要短得多。

6.6　树的存储结构和运算

这里所指的树是指长度不小于 2 的树，在有的书上称为多叉树或多元树。下面我们均以三叉树为例对其进行讨论。

6.6.1　树的存储结构

树的存储通常采用如下三种表示：

（1）标准形式

在这种表示中，树中的每个结点除了包含有存储数据元素的值域外，还包含有三个指针域，用来分别指向三个孩子结点，或者说，用来分别链接三棵子树。若结点采用动态产生，则结点类型和指向结点的指针类型可定义为：

```
struct TNode;

typedef TNode*  PNode;
```

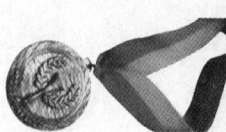

```
struct TNode{
    elemtype data;
    PNode children[4];
}
```

其中 children[1]、children[2]、children[3]分别存储三个孩子结点的指针域。

（2）广义标准形式

广义标准形式是在标准形式的每个结点中增加一个指向其双亲结点的指针域。

（3）二叉树形式

这种表示指首先将树转换为对应的二叉树形式,然后再采用二叉链表存储这棵二叉树。其转换方法将在下一节中讨论。

6.6.2 树的运算

树的运算包括建立树的存储映像、遍历等。

6.6.2.1 建立树的存储映像

假定给出树的广义表,要求采用标准形式建立树的存储结构。

如图 6 - 20,其广义表表示为:

A(B(E,F(H,I,J)),C(G),D)

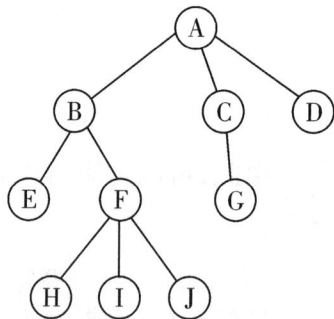

在树的生成算法中,需要设置两个栈,一个用来存储指向根结点的指针,以便将孩子结点链向双亲结点,另一个用来存储待链接的孩子结点的序号,以便能正确地链接到双亲结点的指针域。假定这两个栈分别用 S 和 P 表示,则树的生成算法可以写成如下的形式:

图 6 - 20 三叉树

```
void buildtree(){
    cin >> ch;
    while (ch! = '@'){
        switch(ch)
            case:'A'..'Z'//新建结点,值域的值为 ch,左右子树指针为空;
```
如果这是第一个结点,那么它是根结点,否则将当前结点作为 S 栈顶结点的子树,其序号由 P 栈顶元素决定。
```
            case:'('//将当前的结点插入 S 栈顶;将 1 插入 P 栈顶,表示接下来要链到其父
```
结点的第一个指针域。
```
            case:')'//S、P 栈顶元素出栈。
            case:','//将 P 栈栈顶元素加 1,表示下一次处理的是其父结点的下一个指
```
针域。
```
            cin >> ch;
    }
```

```
return;
}
```

稍加分析即可发现,其实这里的操作和二叉树的非常类似,只是这里的结点数多一点,不再局限于左子树和右子树。

6.6.2.2 遍历树

树的遍历分为深度优先遍历(有的书上也叫先根遍历)和广度优先遍历(也叫按层遍历),还有后根遍历,但第三种应用得不多。

深度优先遍历是指首先访问其根结点,然后从左到右递归地访问每一棵子树。如对图6-20中的树进行深度优先遍历的结果为:

A,B,E,F,H,I,J,C,G,D

仿照二叉树的先序遍历,可以给出三叉树的深度优先遍历的算法框架:

```
void preorder(TNode*    bt){
    if(bt! = NULL)
        cout << bt - > data;
    for(i = 1;i <= 3;i ++ )
        preorder(bt - > children[i]);
}
```

广度优先遍历是指首先访问第一层的结点(即根结点),然后从左到右访问第二层的结点,然后第三层、第四层,直到所有的结点都访问完毕。如对图6-20中的树进行广度优先遍历的结果为:

A,B,C,D,E,F,G,H,I,J

在对树进行广度优先遍历时,需要设置一个队列,开始时队列为空。如果树为空树,则算法结束,否则将根结点插入队列中。以后的每一步,都取出队首元素,访问它,并从左到右将其子树插入队列中。这样所遍历的结果就是按广度优先遍历访问的结果。

广度优先遍历的算法框架可写为:

```
void layerorder(TNode * bt){
    若 bt = NULL 则 return;
    InsertQueue(Q,bt);
    do{
        P = PopQueue(Q);
        cout << p - > data;
        for(i = 1;i <= 3;i ++ )
            if(p - > children[i]! = NULL) InsertQueue(Q,p - > children[i]);
    }while(EmptyQueue(Q)! = true);
}
```

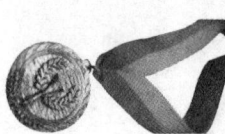

6.7 树、森林与二叉树的转换

6.7.1 树转换成二叉树

树转换成二叉树的方法是:将树中每个结点的第一个孩子结点转换为二叉树中对应结点的左孩子,将第二个孩子结点转换为第一个孩子结点的右孩子,将第三个孩子结点转换成第二个孩子结点的右孩子,依此类推。这样,二叉树中的左孩子,实际就是树中的第一个孩子,而二叉树中的右孩子,则对应树中的右兄弟,显然这个转换是可逆的。例如,图6-21(a)是一棵三叉树,转换成二叉树后如图6-21(b)所示。

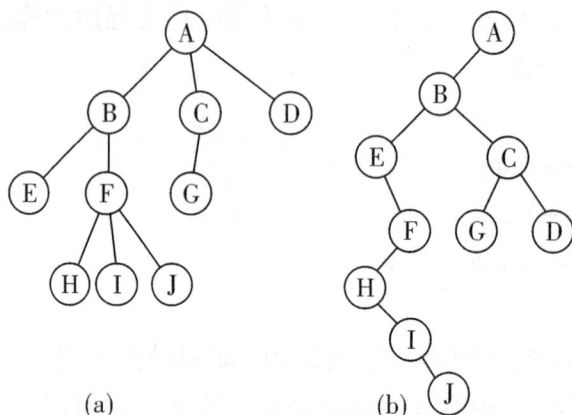

图6-21 多叉树和其对应的二叉树

6.7.2 森林转换成二叉树

森林转换成二叉树,首先要将森林转换成树。

森林转换成树的方法是:增加一个虚拟结点V,将森林中所有的树的根链接到虚拟结点上作为它的孩子结点。如图6-22(a)中的森林转换成树如图6-22(b)所示。

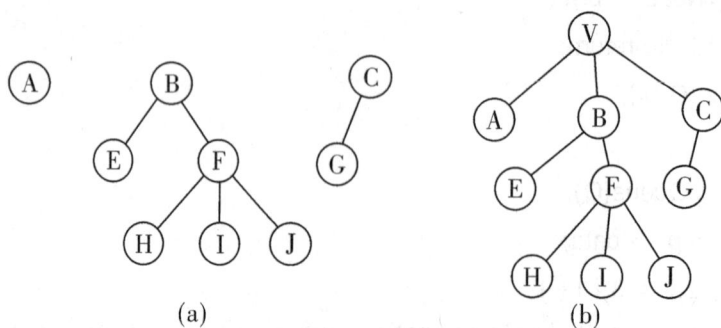

图6-22 森林和转化对应的树

将森林转换成树后,再将树转换成对应的二叉树即可。

6.8 最近公共祖先

最近公共祖先(Least Common Ancestors,LCA)是树中一个基本问题,问题的表述如下:

LCA 问题:给出一棵有根树 T,对于任意两个结点 u 和 v,求出 LCA(T,u,v),即离根最远的结点(或者说离 u 和 v 最近的结点) r,使得 r 同时是 u 和 v 的祖先。

最近公共祖先可以看作一种询问回答式的问题。解决这种题目有两种方式:一种是先进行充分的预处理,然后每次回答询问的问题时只需要少量的时间,这种算法叫做在线算法(online - algorithm);另一种是先将所有的询问收集(读入),然后将所有的回答一起完成。

最朴素的在线算法是:将 u 到根结点路径上的结点进行标记,这些结点都是 u 的祖先结点。然后从 v 开始往上枚举,那么第一个发现被标记的结点 x,就是 u 和 v 的最近公共祖先。

显然这个算法每次询问的时间复杂度可能达到 $O(n)$。而至多有 $O(n^2)$ 种不同的询问,因此最坏情况可能达到 $O(n^3)$ 的时间复杂度。

令 $L(u)$ 为 u 的层数(到根结点的距离),$Fa[u][d]$ 表示到 u 的距离为 d 的祖先结点。考虑一种特殊情况,即 $L(u) = L(v)$ 时,设 $Fa[u][l] = Fa[v][l] = x$ 为 u 和 v 的最近公共祖先。那么有这样一个性质:对于所有 $k < l$,有 $Fa[u][k] \neq Fa[v][k]$;对于所有 $k \geq l$,有 $Fa[u][k] = Fa[v][k]$。由于函数的连续性,所以可以利用二分寻找第一个 $Fa[u][k] = Fa[v][k]$。因此,现在需要能在较低的时间复杂度中计算 $Fa[u][d]$。

由于 $Fa[u][d]$ 的个数有可能达到 $O(n^2)$ 级别,所以不可能在预处理中将所有的 $Fa(u,d)$ 求出来。可以只保存其中的部分 $Fa[u][d]$:令 $f[u][k] = Fa[u][2^k]$。利用 $f[u][k]$ 能够在 $O(\log n)$ 的时间复杂度下查找满足 $L(u) = L(v)$ 的 u、v 两点的最近公共祖先 x:

```
void getLCA(int u,int v){
    if(u == v) { x = u; return;}
    int k = log(2,L(u));
    while(k){
        if(f[u][k]!= f[v][k]){
            u = f[u][k];
            v = f[v][k];
        }
        -- k;
    }
    x = f[u][0];
}
```

上面的代码事实上是利用 $f[u][d]$ 函数,让 u 和 v 两个结点尽量往上爬(寻找父结

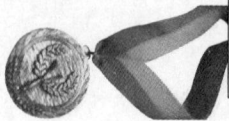

点),最后找到满足 $Fa[u][l] \neq Fa[v][l]$ 的最大值l,那么 $Fa[u][l+1]$ 便是u和v的最近公共祖先。

对于函数 $f[u][d]$ 可以利用递推的方法求得:$f[u][d] = f[f[u][d-1]][d-1]$。递推一次的时间复杂度为 $O(1)$,而 $f[u][d]$ 最多有 $O(n\log_2 n)$ 种状态,因此计算所有 $f[u][d]$ 的时间复杂度为 $O(n\log_2 n)$。

下面考虑 $L(u) \neq L(v)$ 的情况:不妨设 $L(u) < L(v)$,那么有 $LCA(u,v) = LCA(Fa(u, L(u) - L(v)),v)$。因此只需要求出 $Fa(u,L(u) - L(v))$ 即可:

```
void getLCA2(int u,int v){
    k = log(2,L(u));
    while (L(u)! = L(v))
        if(L(u) + pow(2,k) <= L(v)) u = f[u][k -- ];
    x = f[u][0];
    return;
}
```

同样,这一步骤也可以在 $O(\log_2 n)$ 的时间复杂度下完成。因此这个方法可以在 $O(n\log_2 n) - O(\log_2 n)$ 的时间复杂度下完成在线 LCA 问题。利用这种算法也可以执行一些特殊的操作,比如将两棵树的根进行合并。合并操作同样能够在 $O(\log_2 n)$ 的时间复杂度下完成。具体的实现方法请读者自行思考。

下面介绍另一种离线的 LCA 算法,它能够在 $O(n\alpha(n) + Q)$ 的时间复杂度下回答所有 LCA 询问。其中 $\alpha(n)$ 是 Acermann 函数的反函数,可以近似地看成小于5。而 Q 是询问的次数。

考虑深度优先遍历整棵树,遍历到某个结点u,如图 6 - 23:

其中 $v_1,v_2 \cdots v_m$ 表示根结点到u的路径上的结点,显然它们是u所有的祖先结点。图中的 T_x 是一个已经遍历完毕的结点的集合,集合中的每个结点w,满足在w所有未出栈的祖先结点(未出栈的结点中即其子树中仍有未遍历的结点)离其最近的结点为x。那么显然有对于 T_{vi} 中的所有点w,都有 $LCA(u,w) = v_i$。因此对于有关于u的所有询问 $LCA(u,w)$,只要w已经被遍历过,且知道w属于 T_x 集合,就能够得知 $LCA(u,w) = x$。可以通过如下的代码回答所有的询问:

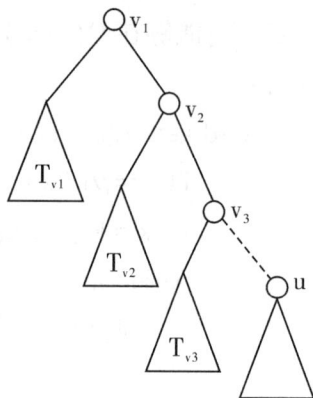

图 6 - 23　树的遍历图

```
void Dfs(int u){
    T[u] = u;                    // 将 Tu 集合初始化
    for(u 的每个孩子 v){
        Dfs(v);
        T[u] = T[u] ∪ T[v];
        T[v] ← ∅;                // v 和其子树全部被遍历,因此将 Tv 中的结点加入到 Tu
```

中,T$_v$清空。

```
        }
        mark[u] ← ture;              //表示结点 u 已经被遍历完毕。
        for(所有关于 u 的询问 LCA(u,v)){
            if(mark[v])              // 如果 v 已经遍历,那么 LCA(u,v) = x,其中 v 属于 T$_x$
                LCA(u,v) = Find(v);  // Find(v)是用来查找 x 的。
        }
    }
```

在上述代码中,要对 T 集合进行合并和元素的查询工作,这两种功能能够通过并查集这种数据结构来实现。并查集将在后面的章节进行介绍,用它实现合并的均摊时间复杂度为 $O(\alpha(n))$,而查找为 $O(1)$,所以这个算法能在 $O(n\alpha(n)+Q)$ 的时间复杂度下漂亮地解决本问题。

除此之外,LCA 问题还能够转化为 RMQ(Range Minimal Query)解决,在线算法的时间复杂能够降到 $O(n)-O(1)$。具体的实现方法这里不再论述,有兴趣的读者可以参照其他的文献。

【例 6 – 5】求异或值

【问题描述】

异或是一种神奇的运算,大部分人把它总结成不进位加法。

现在我们来制造和处理一些复杂的情况。比如我们将给出一棵树,它自己有 N 个结点,树的每条边上有一个权值。我们要进行 M 次询问,对于每次询问,我们想知道某两点之间的路径上所有边权的异或值。

【输入】

输入文件第一行包含一个整数 $n(n\leqslant 100000)$,表示这棵树拥有的结点数,以下有 n－1 行,描述这些边,每行有 3 个数,u,v,w,表示 u 和 v 之间有一条权值为 w 的边。接下来一行有一个整数 $m(m\leqslant 100000)$,表示询问数。之后的 m 行,每行两个数 u,v,表示询问这两个结点之间的路径上权值的异或值。

【输出】

输出 m 行,每行一个整数,表示异或值。

【样例输入】	【样例输出】
5	975
1 4 9644	14675
2 5 15004	0
3 1 14635	
5 3 9684	
3	
2 4	

5 4

1 1

分析：

这题其实很简单，比如说要查询 u 和 v 的 xor。设 tmp 为 u 和 v 的 lca(最近公共祖先)，dis[x]表示 x 到根的 xor。xor 有一个性质:x^ y^ y = x。也就是说将一个数 xor 两遍另一个数还是那个数。因为 dis[u]其中有一部分是 dis[tmp]，把 dis[tmp]异或掉就得到 u 到 tmp 的 xor。那就将 dis[u] ^ dis[tmp]再异或 dis[v] ^ dis[tmp]就得到答案了。

参考程序如下:

```
#include < bits/stdc ++ .h >
#define re register
#define ll long long
#define dl double
#define LL inline ll
#define I inline int
#define V inline void
#define B inline bool
#define FOR(i,a,b) for(re int i = (a),i##i = (b); i <= i##i; ++ i)
#define ROF(i,a,b) for(re int i = (a),i##i = (b); i >= i##i; -- i)
using namespace std;
const int N = 1e5 + 10;
int n,m,r,p,dis[N],dep[N],fa[N][18];
vector < int > edge[N],val[N];
V dfs(int u,int sum) {           //dfs 预处理
    int z = edge[u].size(),v = 0,w = 0;
    dis[u] = sum;
    FOR(i,0,z - 1){
        v = edge[u][i],w = val[u][i];
        if(v == fa[u][0]) continue;
        dep[v] = dep[u] + 1;
        fa[v][0] = u;
        dfs(v,sum^w);
    }
    return;
}
V init() {                                              //倍增
    FOR(j,1,17) FOR(i,1,n) fa[i][j] = fa[fa[i][j- 1]][j- 1];
```

```
        return;
}
int lca(int a,int b) {                                          //求 lca
        if(dep[a] < dep[b]) swap(a,b);
        FOR(i,0,17)   if ((1 << i)&dep[a] - dep[b]) a = fa[a][i];   //让深的点往上走
        if(a == b) return a;                                    //走到同一点
        ROF(i,18,0){
                if (fa[a][i]! = fa[b][i]) {                     //两个一起往上走
                        a = fa[a][i];
                        b = fa[b][i];
                }
        }
        return fa[a][0];
}
int main()
{
        int u,v,w;
        scanf("% d",&n);
        FOR(i,1,n - 1){
                scanf("% d% d% d",&u,&v,&w);
                edge[u].push_back(v),val[u].push_back(w);
                edge[v].push_back(u),val[v].push_back(w);
        }
        dfs(1,1);
        init();
        scanf("% d",&m);
        FOR(i,1,m){
                scanf("% d% d",&u,&v);
                int tmp = lca(u,v);
                printf("% d\n",(dis[u]^dis[tmp])^(dis[v]^dis[tmp]));
        }
return 0;
}
```

6.9 树状数组

树状数组是一种高效的动态数据结构。从名称上看,树状数组首先是数组,但同时包

含了树的思想。这就导致树状数组在操作上与普通数组有很多不同点,当然还有随之而来的在效率上的飞跃。

先考虑一个简单的统计问题:一维子序列动态求和。设该序列为 $a[1],a[2],\cdots,a[n]$,要求提供两种操作:

(1)更新元素值:将 $a[x]$ 的某一位加上 y;

(2)子序列求和:统计 $a[1]+a[2]+\cdots+a[x]$ 的和。

算法 1:更新元素值时直接在原序列中作加法,显然其时间复杂度为 $O(1)$;子序列求和时直接将 $a[1]+a[2]+\cdots+a[x]$ 的和累计,在最坏情况下,子序列求和的时间复杂度为 $O(n)$。

算法 2:增加辅助序列 b,其中 $b[i]=a[1]+a[2]+\cdots+a[i]$。由于 $a[i]$ 的更改影响 $b[i]\cdots b[n]$,因此在最坏情况下更新元素值的时间复杂度为 $O(n)$;而子序列求和的时间复杂度仅为 $O(1)$。

以上两种算法,要么在更新元素值上耗费时间过长(算法 1),要么在子序列求和上无法避免大量运算(算法 2)。根据短板原理,木桶装水量取决于最短的一块木板的长度,因此算法 1 和算法 2 能装的"水"都太少了。

虽然无法推翻短板原理,但是可以通过巧妙的方式避开它:把木桶平放在地上,装一些水,使液面刚好达到最短的木板。这时,尝试把木桶向较长木板的一侧倾斜,你会发现,木桶能装更多的水了!

回到我们原来的问题,如何将"木桶"倾斜呢? 这实际上就是将更新元素值和子序列求和的复杂度调和。让我们看看算法 3:

算法 3:增加序列 C,其中 $C[i]=a[i-2^k+1]+\cdots+a[i]$(k 为 i 在二进制形式下末尾 0 的个数)。由 C 数组的定义可以得出:

$C[1]=a[1]$

$C[2]=a[1]+a[2]=c[1]+a[2]$

$C[3]=a[3]$

$C[4]=a[1]+a[2]+a[3]+a[4]=c[2]+c[3]+a[4]$

$C[5]=a[5]$

$C[6]=a[5]+a[6]=c[5]+a[6]$

……

更新元素值:

引理 1:若 $a[k]$ 所牵动的序列为 $C[p_1],C[p_2],\cdots,C[p_m]$,且 $p_1<p_2<\cdots<p_m$,则有 $l_1<l_2<\cdots<l_m$(l_i 为 p_i 在二进制中末尾 0 的个数)。

证明:若存在某个 i 有 $l_i\geqslant l_{i+1}$,则由 $p_i-2^{l_i}+1\leqslant k\leqslant p_i,p_{i+1}-2^{l_{i+1}}+1\leqslant k\leqslant p_{i+1}$ 得

$$p_{i+1}-2^{l_{i+1}}+1\leqslant k\leqslant p_i,$$

即

$$p_{i+1}\leqslant p_i+2^{l_{i+1}}-1 \tag{1}$$

而由 $l_i \geqslant l_{i+1}, p_i < p_{i+1}$ 可得

$$p_{i+1} \geqslant p_i + 2^{l_i} \tag{2}$$

（1）（2）矛盾，可知 $l_1 < l_2 < \cdots < l_m$，即引理 1 成立。

定理 1：若 $a[k]$ 所牵动的序列为 $C[p_1], C[p_2], \cdots, C[p_m]$。则 $p_1 = k$，而 $p_{i+1} = p_i + 2^{l_i}$（l_i 为 p_i 在二进制中末尾 0 的个数）。

证明：

因为 $p_1 < p_2 < \cdots < p_m$ 且 $C[p_1], C[p_2], \cdots, C[p_m]$ 中包含 $a[k]$，因此 $p_1 = k$。在 p 序列中，$p_{i+1} = p_i + 2^{l_i}$ 是 p_i 后最小的一个满足 $l_{i+1} > l_i$ 的数（若出现 $p_i + x$ 比 p_{i+1} 更小，则 $x < 2^{l_i}$，与 x 在二进制中的位数小于 l_i 相矛盾）。$p_{i+1} = p_i + 2^{l_i}, l_{i+1} \geqslant l_i + 1$。由 $p_i - 2^{l_i} + 1 \leqslant k \leqslant p_i$ 可知，$p_{i+1} - 2^{l_{i+1}} + 1 \leqslant p_i + 2^{l_i} - 2 \times 2^{l_i} + 1 = p_i - 2^{l_i} + 1 \leqslant k \leqslant p_i \leqslant p_{i+1}$，故 p_i 与 p_{i+1} 之间的递推关系式为：

$$p_{i+1} = p_i + 2^{l_i}$$

因此定理 1 成立。

由此得出更改元素值的方法：若将 delta 添加到 $a[k]$，则 C 序列 $C[p_1], C[p_2], \cdots, C[p_m]$（$p_m <= n < p_{m+1}$）受其影响，亦应该添加 delta。例如在 $a[1]..a[9]$ 中，将 $a[3]$ 添加 delta：

$p_1 = k = 3$

$p_2 = 3 + 2^0 = 4$

$p_3 = 4 + 2^2 = 8$

$p_4 = 8 + 2^3 = 16 > 9$

由此得出，$C[3], C[4], C[8]$ 亦应该添加 x。下面给出更新元素值的伪代码：

```
void update(int k,int delta){
    p = k;
    while (p <= limit){
        C[p] = C[p] + delta;
        p += lowbit(p);
    }
}
```

其中 lowbit(p) 表示求 2 的 l 次方，l 为 p 的二进制末尾 0 的个数。比较简单的求法是

```
int lowbit(int x){return x& - x;}
```

讨论子序列求和问题。

类似于更新元素值，子序列求和可以转化为求由 $a[1]$ 开始的序列 $a[1] \cdots a[k]$ 的和 S。而在树状数组中求 S 十分简单：根据 $C[k] = a[k - 2^l + 1] + \cdots + a[k]$（$l$ 为 k 在二进制数中末尾 0 的个数）。我们从 $k_1 = k$ 出发，按照 $k_{i+1} = k_i - 2^{l_{ki}}$（$l_{ki}$ 为 k_i 在二进制数中末尾 0 的个数）递推 $k_2, k_3, \cdots, k_m$（$k_{m+1} = 0$）。由此得出 $S = C[k_1] + C[k_2] + C[k_3] + \cdots + C[k_m]$。例如，计算 $a[1] + a[2] + a[3] + a[4] + a[5] + a[6] + a[7]$：

$k_1 = 7$

$k_2 = k_1 - 2^{l1} = 7 - 2^0 = 6$

$k_3 = k_2 - 2^{l2} = 6 - 2^1 = 4$

$k_4 = k_3 - 2^{l3} = 4 - 2^2 = 0$

即 $a[1] + a[2] + a[3] + a[4] + a[5] + a[6] + a[7] = c[7] + c[6] + c[4]$。由此我们可以写出子序列求和的伪代码：

```
int getsum(int k){
    p = k;
    sum = 0;
    while (p > 0){
        sum += C[p];
        p -= lowbit(p);
    }
    return sum;
}
```

以上就是树状数组的基本介绍。

树状数组的更新元素值操作是针对点进行的，也就是说不能一次更新一段元素值，在这一点上比线段树弱。但是树状数组时空效率较高，并且较容易编写，因此在面临树状数组和线段树都可解决的问题时当然要优先选择树状数组。

【例 6 - 6】火柴排队

【问题描述】

涵涵有两盒火柴，每盒装有 n 根火柴，每根火柴都有一个高度。现在将每盒中的火柴各自排成一列，同一列火柴的高度互不相同，两列火柴之间的距离定义为 $\sum(a_i - b_i)^2$。

其中 a_i 表示第一列火柴中第 i 个火柴的高度，b_i 表示第二列火柴中第 i 个火柴的高度。

每列火柴中相邻两根火柴的位置都可以交换，请你通过交换使得两列火柴之间的距离最小。请问得到这个最小的距离，最少需要交换多少次？如果这个数字太大，请输出这个最小交换次数对 $10^8 - 3$ 取模的结果。

【输入】

共三行，第一行包含一个整数 $n(n \leqslant 10000)$，表示每盒中火柴的数目。

第二行有 n 个整数，每两个整数之间用一个空格隔开，表示第一列火柴的高度。（火柴高度 $< 2^{31}$）

第三行有 n 个整数，每两个整数之间用一个空格隔开，表示第二列火柴的高度。（火柴高度 $< 2^{31}$）

【输出】

一个整数，表示最少交换次数对 $10^8 - 3$ 取模的结果。

【样例输入】   【样例输出】

4   2

1 3 4 2

1 7 2 4

分析：

首先,题目意思其实很容易分析,就是求逆序对数目,因为一定是最大对最大差值才会最小,所以肯定是第一排的最小对应第二排的最小,第一排的次小对应第二排的次小,依此类推。接下来只需要求逆序对即可。树状数组是用来求和的工具,通过这个特性,我们可以求得这个数所在的位置前面比它大的数的个数,就可以得到部分逆序对数目,时间复杂度也是 $O(n\log_2 n)$。

参考程序如下：

```
#include < bits/stdc ++ .h >
#define re register
#define ll long long
#define dl double
#define LL inline ll
#define I inline int
#define V inline void
#define B inline bool
#define FOR(i,a,b) for(re int i = (a),i##i = (b); i <= i##i; ++ i)
#define ROF(i,a,b) for(re int i = (a),i##i = (b); i >= i##i; -- i)
using namespace std;
const int N = 1e5 + 10,mo = 1e8 - 3;
struct ao{
    ll dt;
    int id,rk;
    bool operator < (const ao &c)const {
        return dt < c.dt;
    }
}a[ N ],b[ N ];
int n,c[ N ],bit[ N ];
ll ans;
B cmp(ao x,ao y){ return x.id < y.id;}
I lowbit(int x){ return x&( - x);}
V add(int x){ for(;x <= n;x += lowbit(x)) bit[ x ] ++ ;}
LL ask(int x){ ll as = 0; for(;x;x - = lowbit(x)) as += bit[ x ]; return as;}
int main()
```

```
{
    int i,j;
    scanf("% d",&n);
    FOR(i,1,n) scanf("% lld",&a[i].dt),a[i].id = i;
    FOR(i,1,n) scanf("% lld",&b[i].dt),b[i].id = i;
    sort(a + 1,a + n + 1),sort(b + 1,b + n + 1);
    FOR(i,1,n) c[a[i].id] = b[i].id;
    ROF(i,n,1) ans += ask(c[i] - 1),ans% = mo,add(c[i]);
    printf("% lld",ans);
    return 0;
}
```

6.10　并查集

集合是一个数学概念,一般地,某些指定的对象放在一起就成为一个集合。集合中的元素满足:

(1)确定性:按照明确的判断标准给定一个元素,或者在这个集合里,或者不在,不能模棱两可;

(2)互异性:集合中的元素没有重复;

(3)无序性:集合中的元素没有一定的顺序(通常用正常的顺序写出)。

如果不考虑罗素悖论的话,以上对集合的定义是很精确的。但对于计算机科学来讲,要的不仅仅是精确,而是连续 + 离散 = 具体(continuous + discrete = concrete)。对于一般的应用来说,集合至少要提供三个操作:

(1)建立集合;

(2)查找某个元素是否在一给定集合内;

(3)合并两个集合。

6.10.1　集合的表示与操作

我们首先考虑集合的表示方法,然后在此基础上讨论其操作。假设集合中有 n 个元素,分别用 1 到 n 表示。

6.10.1.1　数组表示法及操作

建立标记数组 A,A[i]表示元素 i 属于的集合的标记。建立集合使用以下操作:

```
void makeset(int x){
    A[x] = x;
}
```

每次查找时判断 A[i]是否是给定集合的标记:

```
int find(int x){
    return A[x];
```

```
}
```

每次合并时进行下列操作：

```
void union(int x,int y);{
    p = A[x];
    for (i = 1;i <= n;i ++ )
        if (A[i] == p) A[i] = A[y];
}
```

也就是将 x 所在集合的所有元素的集合标记都改为 y 所在的集合,复杂度是 $O(n)$ 的。虽然查找效率特别高,但同时合并的效率又太低了。

6.10.1.2 链表表示法及操作

用一个结点对应一个元素,在同一个集合中的结点串成一条链表就得到了单链表的表示方法。在集合中我们以单链表的第一个结点作为集合的代表元。于是每个结点 x(x 也是元素的编号)应包含这些信息:指向代表元即表首的指针 head[x],指向表尾的指针 tail[x],下一个结点的指针 next[x]。集合建立过程设计如下：

```
void makeset(int x){
    head[x] = x;
    tail[x] = x;
    next[x] = NULL;
}
```

求代表元的算法设计如下：

```
int find(int x){
    return head[x];
}
```

前两个过程比较简单,合并两个集合的操作稍微复杂一点。我们要做的是将 x 所在链表加到 y 所在链表尾,然后 y 所在链表中的所有结点的代表元指针改指 x 所在链表的表首结点,如图 6 - 24 所示。

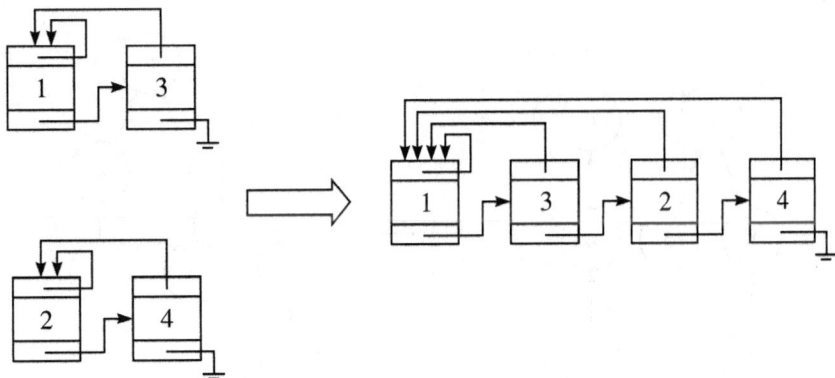

图 6 - 24　集合合并示意图

合并操作的伪代码如下：

```
void union(int x,int y){
    next[tail[head[x]]] = head[y];
    tail[head[x]] = tail[head[y]];
    p = head[y];
    while (p! = NULL){
        head[p] = head[x];
        p = next[p];
    }
    return;
}
```

现在我们来分析一下算法的时间效率。建立集合和查找元素都只需要 $O(1)$ 的时间，而合并两个集合的时间效率与 y 所在链表的长度成线性关系。最坏情况下，即有操作序列 union$(n-1,n)$，union$(n-2,n-1)$，…，union$(1,2)$ 时，$n-1$ 次集合合并的时间复杂度为 $O(n^2)$。现在我们考虑如何减小合并时的复杂度。

我们想到合并链表时，需要降低复杂度，可以用一种启发式的方法：将较短的链表合并到较长的链表上。为此每个代表结点中还需包含表的长度的信息，这可以在合并集合的时候进行更新。

我们来分析一下现在 union(x,y) 的时间复杂度。

首先我们给出一个固定对象 x 的代表元指针 head$[x]$ 被更新次数的上界。由于每次 x 的代表元指针被更新时，x 必然在较小的集合中，因此 x 的代表元指针被更新一次后，集合至少含 2 个元素。类似地，下一次更新后，集合至少含 4 个元素，继续下去，当 x 的代表元指针被更新 $\lceil \log_2 k \rceil$ 次后，集合至少含 k 个元素，而集合最多含 n 个元素，所以 x 的代表元指针至多被更新 $\lceil \log_2 n \rceil$ 次，每次合并操作的时间复杂度至多为 $O(\log_2 n)$。

6.10.1.3　有根树表示法及操作

集合的另一种更好的实现方法是用有根树来表示：每棵树表示一个集合，树中的结点对应一个元素。这种用有根树表示集合的方法叫并查集。

如图 6-25 所示，给出了一个分离集合的森林。

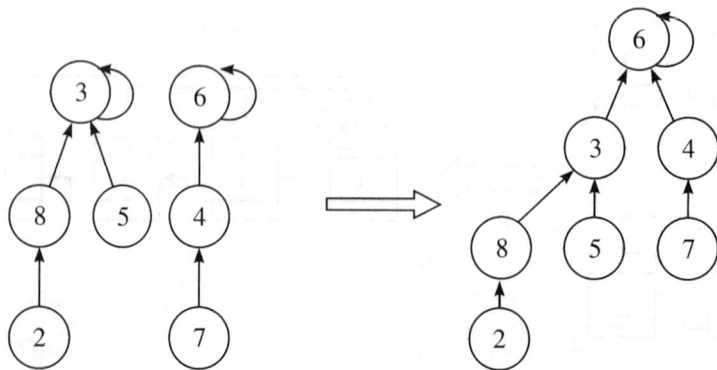

图 6-25　分离集合的森林

每个结点 x 包含这些信息:父结点指针 p[x],树的深度 depth[x]。其中 depth[x]将用于启发式合并过程。于是建立集合过程的时间复杂度依然为 O(1)。

```
void makeset(int x){
    p[x] = x;
    depth[x] = 0;
}
```

用森林来表示集合的最大好处就是降低 union(x,y)过程的时间复杂度。

```
void union(int x,int y){
    fx = find(x);
    fy = find(y);
    p[fx] = fy;
}
```

合并集合的工作只是将 x 所在树的根结点的父结点改为 y 所在树的根结点。在找到根结点之后,这个操作只需 O(1)的时间。而 union(x,y)的时间效率决定于 find(x)的快慢。

```
int find(int x){
    if (x! = p[x]) return x;
    else return find(p[x]);
}
```

这个过程的时效与树的深度成线性关系,因此其平均时间复杂度为 $O(\log_2 n)$,但在最坏情况下(树退化成链表),时间复杂度为 O(n),因此有必要对算法进行优化。

6.10.2 并查集的优化操作

6.10.2.1 启发式合并

第一个优化是启发式合并。在优化单链表时,我们将较短的表链到较长的表尾,在这里我们可以用同样的方法,将深度较小的树指到深度较大的树根上。这样可以防止树的退化,最坏情况不会出现。于是 find(x)的时间复杂度降为为 $O(\log_2 n)$,其过程也要作相应改动。

```
void union(int x,int y){
    fx = find(x);
    fy = find(y);
    if (depth[fx] > depth[fy]) p[fy] = fx;
        else p[fx] = fy;
    if (depth[fx] = depth[fy])
        depth[fy] = depth[fy] + 1;
}
```

然而算法的耗时主要还是花在 find(x)上。

6.10.2.2 路径压缩

第二个优化是路径压缩。它非常简单而有效。如图 6-26 所示,在 find(1)时,我们"顺便"将结点 1,2,3 的父结点权改为结点 4,以后再调用 find(1)时就只需 O(1)的时间。

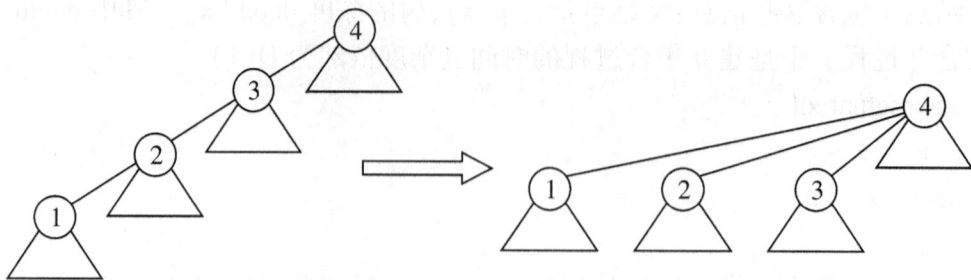

图 6-26　路径压缩示意图

于是 find(x) 的代码改为：

```
intfind(int x){
    if (x! = p[x]) p[x] = find(p[x]);
    return p[x];
}
```

该过程首先找到树的根，然后将路径上的所有结点的父结点改为这个根。实现时，递归的程序有许多栈的操作，改成非递归会更快些。

```
int find(int x){
    r = x;
    while (r! = p[r])
        r = p[r];
    while (x! = r) {
        q = p[x];
        p[x] = r;
        x = q;
    }
    return r;
}
```

改进后的算法时间复杂度的分析十分复杂，这里只给出结论：改进后的查找元素和合并集合操作是 $O(\alpha(n))$ 的，其中 $\alpha(n)$ 是阿克曼函数的反函数，在可以想象的范围内都是小于等于 4 的，因此可以认为是常数级别。

6.11　平衡二叉树

平衡二叉树（Balanced Binary Tree）是二叉查找树的一个进化体，也是第一个引入平衡概念的二叉树。1962 年，G. M. Adelson-Velsky 和 E. M. Landis 发明了这棵树，所以它又叫 AVL 树。平衡二叉树要求对于每一个结点来说，它的左右子树的高度之差不能超过 1，如果插入或者删除一个结点使得高度之差大于 1，就要进行结点之间的旋转，将二叉树重新维持在一个平衡状态。这个方案很好地解决了二叉查找树退化成链表的问题，把插入、查找、删除的时间复杂度最好情况和最坏情况都维持在 $O(\log_2 n)$。但是频繁旋转会使插入和删除牺牲掉 $O(\log_2 n)$ 左右的时间，不过相对二叉查找树来说，时间上稳定了很多。

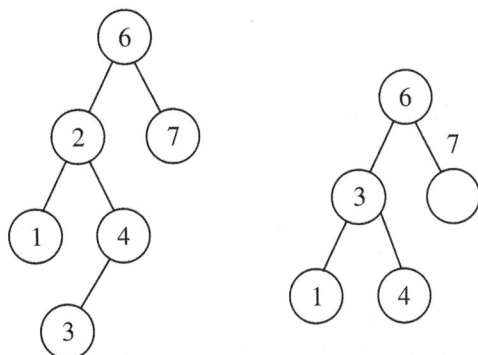

图 6-27 两棵二叉查找树,只有右边是 AVL 树

平衡二叉树实现的大部分过程和二叉查找树是一样的(学平衡二叉树之前一定要会二叉查找树),区别就在于插入和删除之后要写一个旋转算法去维持平衡,维持平衡需要借助一个结点高度的属性。

平衡二叉树常用算法有红黑树、AVL、treap、splay、SBT 等,本书仅介绍 splay 和 treap。

6.11.1 伸展树(Splay)

伸展树(Splay tree),也叫分裂树,是一种二叉搜索树。它通过不断将某个结点旋转到根结点,使得整棵树仍然满足二叉搜索树的性质,并且保持平衡而不至于退化为链,即保持在 $O(\log_2 n)$ 时间复杂度内完成插入、查找和删除操作。它由丹尼尔·斯立特(Daniel Sleator)和罗伯特·恩卓·塔扬(Robert Endre Tarjan)在 1985 年发明。

在伸展树上的一般操作都基于伸展操作:假设想要对一个二叉查找树执行查找操作,为了使整个查找时间更小,被查频率高的那些条目就应当经常处于靠近树根的位置。于是想到设计一个方法,在每次查找之后对树进行重构,把被查的条目搬移到离树根近一些的地方,伸展树应运而生。伸展树是一种自调整形式的二叉查找树,它会沿着从某个结点到树根之间的路径,通过一系列的旋转把这个结点搬移到树根去。

6.11.1.1 伸展树的定义

首先肯定是一棵二叉排序树! 满足性质:

左子树任意结点的值 < 根结点的值 < 右子树任意结点的值。

root 维护根结点编号

tot 维护结点个数

fa[x] 维护结点 x 的父亲

son[0/1][x] 维护结点 x 的左右儿子编号

siz[x] 维护结点 x 的子树大小

cnt[x] 维护结点 x 中权值出现次数

6.11.1.2 伸展树支持的操作

1.基本操作

update(x):在结点 x 位置变换后,更新结点 x 的 siz。

get(x):判断结点 x 是父亲结点的左儿子还是右儿子。

#define updata(x) siz[x] = siz[son[0][x]] + siz[son[1][x]] + cnt[x]

141

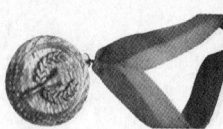

#define get(x) son[1][fa[x]] == x? 1:0

2.旋转操作

旋转操作 rotate(rt,x)是为了使伸展树保持平衡而进行旋转操作,旋转的本质是将某个结点上移一个位置。旋转需要保证:

(1)整棵伸展树的中序遍历不变(不能破坏二叉查找树的性质)。

(2)受影响的结点维护的信息依然正确有效。

(3)root 必须指向旋转后的根结点。

在伸展树中旋转分两种:左旋和右旋,如图 6−28 所示。

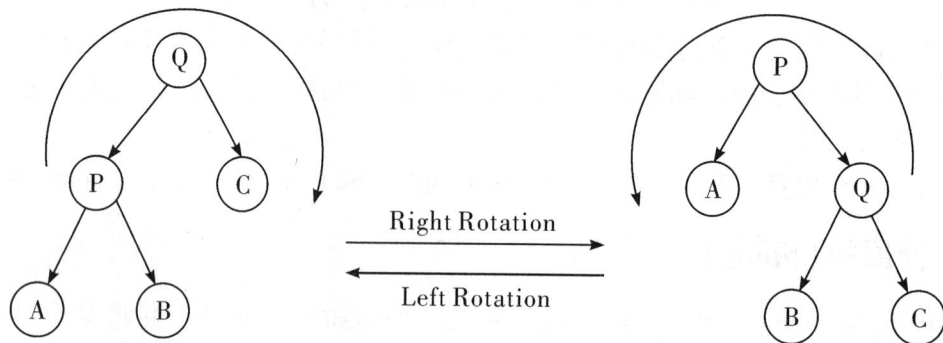

图 6−28 左旋和右旋示意图

具体分析旋转步骤:(假设需要旋转的结点为 x,其父亲为 y,以右旋为例,即 d1 = get(x),即 d1 =0)

(1)将 y 的左儿子指向 x 的右儿子,且 x 的右儿子的父亲指向 y。son[d1][y] = son[d1^1][x]; fa[son[d1^1][x]] = y;

(2)将 x 的右儿子指向 y,且 y 的父亲指向 x。son[d1^1][x] = y; fa[y] = x;

(3)如果原来的 y 还有父亲 z,那么把 z 的某个儿子(原来 y 所在的儿子位置)指向 x,且 x 的父亲指向 z。fa[x] = z; if(z) ch[get(y)][z] = x;

由于左右旋转处理方式相同,这里以右旋为例,如图 6−29 所示,同时给出实现右旋的 C ++ 代码。

```cpp
void rotate(int &rt,int x){
    int y = fa[x],z = fa[y],d1 = get(x),d2 = get(y);
    if(y == rt) rt = x;
        else son[d2][z] = x;
    fa[x] = z,fa[y] = x;
    fa[son[d1^1][x]] = y;
    son[d1][y] = son[d1^1][x];
    son[d1^1][x] = y;
    updata(y),updata(x);
    return;
}
```

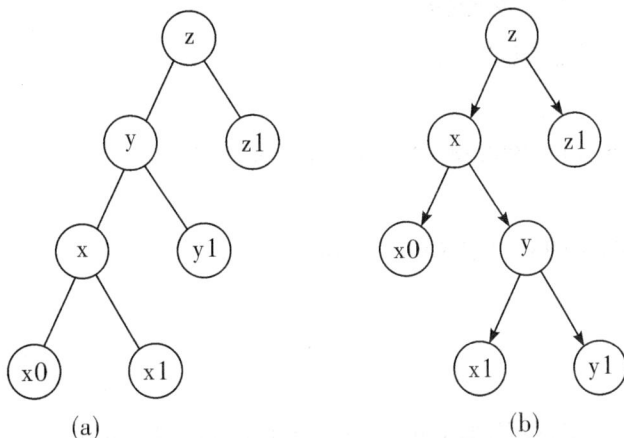

图 6 - 29　图（a）为右旋前，图（b）为右旋后

3. 伸展操作

伸展操作 Splay(x) 是在保持伸展树有序性的前提下，通过一系列旋转将伸展树 S 中的元素 x 调整至树的根部。在调整的过程中，要分以下三种情况分别处理：

情况一：结点 x 的父结点 y 是根结点，如图 6 - 30 所示。

这时，如果 x 是 y 的左孩子，我们进行一次右旋操作；如果 x 是 y 的右孩子，则我们进行一次左旋操作。经过旋转，x 成为二叉查找树 S 的根结点，调整结束。即：如果当前结点父结点即为根结点，那么我们只需要进行一次简单旋转即可完成任务，我们称这种旋转为单旋转。

情况二：结点 x 的父结点 y 不是根结点，y 的父结点为 z，且 x 与 y 同时是各自父结点的左孩子或者同时是各自父结点的右孩子，如图 6 - 31 所示。

这时，我们进行一次右旋 - 右旋操作或者左旋 - 左旋操作。即：设当前结点为 x，x 的父结点为 y，y 的父结点为 z，如果 y 和 x 同为其父亲的左孩子或右孩子，那么我们先旋转 y，再旋转 x。我们称这种旋转为一字形旋转。

情况三：结点 x 的父结点 y 不是根结点，y 的父结点为 z，x 与 y 中一个是其父结点的左孩子而另一个是其父结点的右孩子，如图 6 - 32 所示。

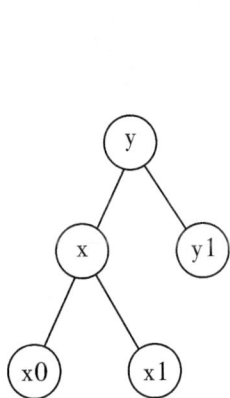

图 6 - 30　情形 1

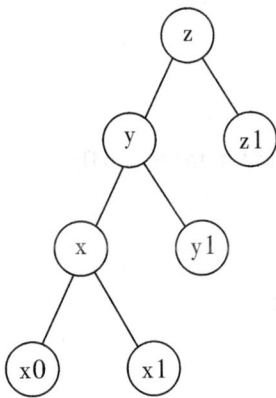

图 6 - 31　情形 2

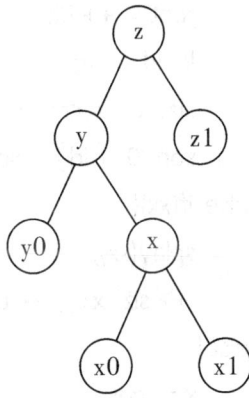

图 6 - 32　情形 3

这时，我们进行一次右旋 - 左旋操作或者左旋 - 右旋操作。即：这时我们连续旋转两

次 x。我们称这种旋转为之字形旋转。

下面给出伸展操作的代码如下：

```
void splay(int x){
    for(int y = fa[x];x! = root;rotate(root,x),y = fa[x])
        if(y! = root)
        rotate(root,(get(x) == get(y))? y:x);
    return;
}
```

4. 查询操作

查询操作 find(v) 查询权值为 v 的结点,给出它的代码如下:

```
int find(int v){
    int rt = root;
    while(rt&&v! = k[rt]) rt = son[v > k[rt]][rt];
    return rt;
}
```

5. 插入操作

插入操作 insert(x)将元素 x 插入伸展树 S 表示的有序集中。具体步骤如下(插入的值为 k):

如果树空了则直接插入根并退出。

如果当前结点的权值等于 x, 则增加当前结点的大小并更新结点和父亲的信息,将当前结点进行 Splay 操作。

否则按照二叉查找树的性质向下找,找到空结点就插入,同时进行 Splay 操作即可。

下面给出插入操作的代码:

```
void insert(int v){
    int x,y,xx = find(v);
    if(! root){
        root =  ++ id;
        k[id] = v;
        siz[id] = cnt[id] = 1;
        son[0][id] = son[1][id] = fa[id] = 0;
    }else if(xx){
        splay(xx);
        ++ siz[xx], ++ cnt[xx];
    }else{
        x = root;
        while(1){
            y = son[v > k[x]][x];
```

```
            if(!y){
                y = ++ id;
                k[y] = v;
                siz[y] = cnt[y] = 1;
                son[v > k[x]][x] = y;
                son[0][y] = son[1][y] = 0;
                fa[y] = x;
                break;
            }
            x = y;
        }
        splay(y);
    }
}
```

6. 删除操作

删除操作 del(x) 将元素 x 从伸展树 S 所表示的有序集中删除。

首先,用查找元素的方法找到 x 的位置。将 x 旋转到根的位置。如果 x 有多个孩子,那么直接将 x 的 cnt 减 1,否则,合并 x 的左右子树,找到 x 左子树中最大的结点(即小于 x 权值的最大值的结点),将其转到根结点。

下面给出删除操作的代码:

```
V del(int x){
    if(!x) return;
    splay(x);
    if(cnt[x] > 1){
        -- cnt[x], -- siz[x];
        return;
    }
    int l = son[0][x],r = son[1][x],lm = l;
    fa[l] = fa[r] = son[0][x] = son[1][x] = 0;
    root = l;
    while(lm&&son[1][lm]) lm = son[1][lm];
    if(!lm){
        root = r;
        return;
    }
    splay(lm);
    son[1][lm] = r;
```

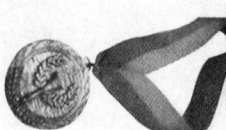

```
    if(r) fa[r] = lm;
    updata(root);
    return;
}
```

7. 查询 x 的排名

查询排名操作 rak(x)，查询结点 x 的排名就相当于将它转到根结点后，其左子树大小 +1。

下面给出查询操作的代码：

```
int rak(int x){
    splay(x);
    return siz[son[0][x]] + 1;
}
```

8. 查询排名为 k 的值

查询排名 k 操作 kth(k)，相当于二叉搜索树上查询排名 k 的值。

下面给出查询排名操作的代码：

```
int kth(int x,int v){
    int lsiz = siz[son[0][x]];
    if(v <= lsiz + cnt[x]&&v >= lsiz + 1) return x;
    if(lsiz + cnt[x] > v) return kth(son[0][x],v);
    return kth(son[1][x],v - lsiz - cnt[x]);
}
```

9. 查询前驱

查询前驱操作 pre(x)：前驱定义为小于 x 的最大数，那么查询前驱可以转化为将 x 插入(此时 x 已经在根的位置了)，前驱即为 x 的左子树中最右边的结点，最后将 x 删除即可。

下面给出查询前驱操作的代码：

```
int pre(int x){
    int rt = son[0][x];
    splay(x);
    while(rt&&son[1][rt]) rt = son[1][rt];
    return rt;
}
```

10. 查询后继

查询后继操作 nxt(x)：后继定义为大于 x 的最小数，查询方法和前驱类似，即 x 的右子树中最左边的结点。

下面给出查询后继操作的代码：

```
int nxt(int x){
    int rt = son[1][x];
```

```
        splay(x);
        while(rt&&son[0][rt]) rt = son[0][rt];
        return rt;
}
```

11. 总结

splay 的代码难度挺高的,但是考场上基本上不需要使用平衡树的全部功能,所以还是能较容易地写出简易版的 splay,以下给出它的完整代码:

op = 1 表示 插入数 x

op = 2 表示 删除数 x(若有多个相同的数,只删一个)

op = 3 表示 查询 x 数的排名(排名定义为比当前数小的数的个数 + 1)

op = 4 表示 查询排名为 x 的数

op = 5 表示 求 x 的前驱(前驱定义为小于 x,且最大的数)

op = 6 表示 求 x 的后继(后继定义为大于 x,且最小的数)

参考程序如下:

```cpp
#include < bits/stdc ++ .h >
#define updata(x) siz[x] = siz[son[0][x]] + siz[son[1][x]] + cnt[x]
#define get(x) son[1][fa[x]] == x? 1:0
using namespace std;
char buf[1 << 15],* fs,* ft;
const int N = 1e6 + 10;
int root,id,n;
int fa[N],son[2][N],cnt[N],siz[N],k[N];
void rotate(int &rt,int x){
        int y = fa[x],z = fa[y],d1 = get(x),d2 = get(y);
        if(y == rt) rt = x;
        else son[d2][z] = x;
        fa[x] = z,fa[y] = x;
        fa[son[d1^1][x]] = y;
        son[d1][y] = son[d1^1][x];
        son[d1^1][x] = y;
        updata(y),updata(x);
        return;
}
void splay(int x){
        for(int y = fa[x];x! = root;rotate(root,x),y = fa[x])
        if(y! = root) rotate(root,(get(x) == get(y))? y:x);
        return;
```

```
    }
    int find(int v){
        int rt = root;
        while(rt&&v! = k[rt]) rt = son[v > k[rt]][rt];
        return rt;
    }
    int pre(int x){
        int rt = son[0][x];
        splay(x);
        while(rt&&son[1][rt]) rt = son[1][rt];
        return rt;
    }
    int nxt(int x){
        int rt = son[1][x];
        splay(x);
        while(rt&&son[0][rt]) rt = son[0][rt];
        return rt;
    }
    int rak(int x){
        splay(x);
        return siz[son[0][x]] + 1;
    }
    int kth(int x,int v){
        int lsiz = siz[son[0][x]];
        if(v <= lsiz + cnt[x]&&v >= lsiz + 1) return x;
        if(lsiz + cnt[x] > v) return kth(son[0][x],v);
        return kth(son[1][x],v - lsiz - cnt[x]);
    }
    void del(int x){
        if(!x) return;
        splay(x);
        if(cnt[x] > 1){
            -- cnt[x], -- siz[x];
            return;
        }
        int l = son[0][x],r = son[1][x],lm = l;
        fa[l] = fa[r] = son[0][x] = son[1][x] = 0;
```

```
        root = l;
        while(lm&&son[1][lm]) lm = son[1][lm];
        if(!lm){
            root = r;
            return;
        }
        splay(lm);
        son[1][lm] = r;
        if(r) fa[r] = lm;
        updata(root);
}
void insert(int v){
    int x,y,xx = find(v);
    if(!root){
        root = ++ id;
        k[id] = v;
        siz[id] = cnt[id] = 1;
        son[0][id] = son[1][id] = fa[id] = 0;
    }else if(xx){
        splay(xx);
        ++ siz[xx], ++ cnt[xx];
    }else{
        x = root;
        while(1){
            y = son[v > k[x]][x];
            if(!y){
                y = ++ id;
                k[y] = v;
                siz[y] = cnt[y] = 1;
                son[v > k[x]][x] = y;
                son[0][y] = son[1][y] = 0;
                fa[y] = x;
                break;
            }
            x = y;
        }
```

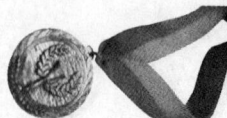

```
            splay(y);
        }
    }
int main()
{
    int op,x,xx;
    cin >> n;
    for(int i = 1;i <= n; ++ i){
        cin >> op >> x;
        switch(op){
            case 1:
                insert(x);
                break;
            case 2:
                del(find(x));
                break;
            case 3:
                cout << rak(find(x)) << endl;
                break;
            case 4:
                cout << k[kth(root,x)] << endl;
                break;
            case 5:
                insert(x);
                cout << k[pre( xx = find(x) )] << endl;
                del( xx );
                break;
            case 6:
                insert(x);
                cout << k[nxt( xx = find(x) )] << endl;
                del( xx );
                break;
        }
    }
    return 0;
}
```

6.11.2　树堆(treap)

这里再引入另一种平衡树。树堆,在数据结构中也称 Treap,是指有一个随机附加域满足堆的性质的二叉搜索树,其结构相当于以随机数据插入的二叉搜索树。其基本操作的期望时间复杂度为 $O(\log_2 n)$。相对于其他的平衡二叉搜索树,Treap 的特点是实现简单,且能基本实现随机平衡的结构。

我们可以看到,如果一个二叉搜索树结点插入的顺序是随机的,这样我们得到的二叉搜索树大多数情况下是平衡的,即使存在一些极端情况,但是这种情况发生的概率很小,所以我们可以这样建立一棵二叉搜索树,而不必要像 AVL 那样旋转,可以证明随机顺序建立的二叉搜索树的期望高度是 $O(\log_2 n)$。但是某些时候我们并不能得知所有的待插入结点,打乱以后再插入。所以我们需要一种规则来实现这种想法,并且不必要所有结点。也就是说结点是顺序输入的,我们实现这一点可以用 Treap。

Treap = Tree + Heap。

Treap 是一棵二叉搜索树,它的左子树和右子树分别是一个 Treap,和一般的二叉搜索树不同的是,Treap 记录一个额外的数据,就是优先级。Treap 在以关键码构成二叉排序树的同时,还满足堆的性质(在这里我们假设结点的优先级大于该结点的孩子的优先级)。但是这里要注意的是 Treap 和二叉堆有一点不同,就是二叉堆必须是完全二叉树,而 Treap 可以不是。

以下给出的是无旋式 Treap,也称 FHQ Treap。

6.11.2.1　树堆的定义

树堆同时满足二叉搜索树和堆(优先队列)的性质:

(1)实际权值满足:左子树任意结点的值 < 根结点的值 < 右子树任意结点的值;

(2)保持二叉搜索树结构平衡的随机键值满足:右子树任意结点的键值 < 左子树任意结点的键值 < 根结点的值。

son[0/1][x]维护结点 x 的左右儿子编号

val[x] 维护结点 x 的权值

rnd[x] 维护结点 x 的随机键值

siz[x]维护结点 x 的子树大小

6.11.2.2　树堆的操作

1.基本操作

update(x):在结点 x 位置变换后,更新结点 x 的 siz。

#define updata(x) siz[x] = siz[son[0][x]] + siz[son[1][x]] + cnt[x]

2.分裂操作

分裂操作 split(p,x,y,v),表示将整棵树按照权值 v 劈成 x,y 两棵树,其中 x 子树权值小于等于 v,而 y 子树权值大于 v。

分裂过程接受四个参数:当前结点 p、分裂后 treap 的两个指针、分裂权值 v。结果为将 treap 分裂为两个 treap,第一个 treap 所有结点的关键值小于等于 v,第二个 treap 所有结点

的权值大于 v。该过程首先判断 val[p] 是否小于等于 v 的关键值,若满足,则说明结点 p 及其左子树全部属于第一个 treap,否则说明 p 及其右子树全部属于第二个 treap。根据此判断决定应向左子树递归还是应向右子树递归,继续分裂子树。待子树分裂完成后按刚刚的判断情况连接 p 的左子树或右子树到递归分裂所得的子树中。

下面给出分裂操作的代码:

```
V split(int p,int& x,int& y,int v){
    if(!p) return x = y = 0,void();
    if(val[p] <= v) x = p,split(son[1][x],son[1][x],y,v);
    else y = p,split(son[0][x],x,son[0][x],v);
    update(p);
    return;
}
```

3. 合并操作

合并操作 merge(x,y),是将 x 和 y 两个子树按照堆的性质合并为一个子树。

合并过程接受两个参数:左 treap 的根指针 x、右 treap 的根指针 y 必须满足 x 中所有结点的权值小于等于 y 中所有结点的权值。因为两个 treap 已经有序,我们只需要考虑堆来决定哪个 treap 应与另一个 treap 的儿子合并。若 x 的根结点的键值大于 y 的,那么 x 即为新根结点,y 应与 x 的右子树合并;反之,则 y 作为新根结点,然后让 x 与 y 的左子树合并。不难发现,这样合并所得的树依然满足堆的大根堆性质。返回值为当前合并后的 treap 的根结点。

下面给出合并操作的代码:

```
int merge(int x,int y){
    if(!x||!y) return x|y;
    if(rnd[x] < rnd[y]) return son[1][x] = merge(son[1][x],y),update(x),x;
    else return son[0][y] = merge(x,son[0][y]),update(y),y;
}
```

4. 查排名 k 操作

查排名操作 kth(x,k)查询第 k 大的结点。根据二叉搜索树的查询方式查询。

下面给出查排名操作的代码:

```
int kth(int x,int k){
    for(;;)
    if(k == siz[ls(x)] + 1) return x;
    else if(k <= siz[ls(x)]) x = ls(x);
    else k - = siz[ls(x)] + 1,x = rs(x);
}
```

5. 新建结点操作

新建结点 add(v),新建一个权值为 v 的结点,并赋随机键值,add(v) 返回这个结点。

下面给出新建结点操作的代码：

```
int add (int v){
    return val[ ++ tot] = v;
    rnd[tot] = rand();
    siz[tot] = 1;
    tot;
}
```

6.插入结点操作

新建一个权值为 v 的结点 x 后,我们尝试将这个结点 x 插入根结点为 rt 的 treap 中 insert(&rt,v)。注意:这里的 x 是指结点编号。具体实现:我们用 l,r 分别维护将根结点为 rt 的 treap 按照 v 分裂为的两个 treap,然后再 add(v),新建一个权值为 v 的结点 x,再将这个结点 x 与 l 维护的左 treap 合并,然后再与 r 维护的右 treap 合并。

下面给出插入结点操作的代码：

```
void insert(int &rt,int v){
    int l,r;
    split(rt,l,r,v);
    rt = merge(merge(l,add(v)),r);
    return;
}
```

7.删除结点操作

删除一个权值为 v 的结点 del(&rt,v),即在根结点为 rt 的 treap 中删去权值为 v 的结点。类比插入操作,我们将原 treap 在 v 处分裂为两个 treap,然后再在 v-1 处再分裂为两个 treap,这样最后分裂出的两个 treap 中,右 treap 的顶点就是我们要删的结点,这里的删除就是把它的左右儿子合并到顶点。再把剩下的 treap 合并。

下面给出删除结点操作的代码：

```
void del(int &rt,int v){
    int l,r,tmp;
    split(rt,l,r,v),split(l,l,tmp,v - 1);
    z = merge(ls(tmp),rs(tmp)),rt = merge( merge(l,tmp),r );
    return;
}
```

8.查询 v 的排名操作

查询 v 的排名操作 rank(&rt,v)即查询权值 v 在全部结点中的权值排名。这个操作极其简单,将 treap 在 v-1 处分裂,求出分裂出的左 treap 的大小,然后加 1 返回。

下面给出查询排名操作的代码：

```
int rank(int &rt,int v){
    int res = 0,l,r;
```

```
        split(rt,l,r,k - 1);
        res = siz[l] + 1;
        rt = merge(l,r);
        return res;
    }
```

9. 总结

treap 可以支持平衡树的几乎所有功能,而且代码难度较其他平衡树低很多,代码长度也会短很多,为广大 oier 所喜爱。关于 treap 的其他功能,这里不一一列举,请读者自行思考。以下给出 treap 的完整代码,其中支持了上一节 splay 里的所有功能,询问方式也同上一节的 splay。

op = 1 表示 插入数 x.

op = 2 表示 删除数 x(若有多个相同的数,只删一个)

op = 3 表示 查询 x 数的排名(排名定义为比当前数小的数的个数 + 1)

op = 4 表示 查询排名为 x 的数

op = 5 表示 求 x 的前驱(前驱定义为小于 x,且最大的数)

op = 6 表示 求 x 的后继(后继定义为大于 x,且最小的数)

参考代码:

```cpp
#include < bits/stdc ++ .h >
#define ls(x) son[0][x]
#define rs(x) son[1][x]
#define update(x) siz[x] = siz[ls(x)] + siz[rs(x)] + 1
using namespace std;
const int N = 2e6 + 10;
int son[2][N],val[N],rnd[N],siz[N];
int n,tot,rt;
int add (int x){ return val[ ++ tot] = x,rnd[tot] = rand(),siz[tot] = 1,tot;}
int merge(int x,int y){
    if(!x ||!y) return x |y;
    if(rnd[x] < rnd[y] ) return rs(x) = merge(rs(x),y),update(x),x;
        else return ls(y) = merge(x,ls(y)),update(y),y;
}
void split(int p,int& x,int& y,int v){
    if(! p) return x = y = 0,void();
    if(val[p] <= v) x = p,split(rs(x),rs(x),y,v);
        else y = p,split(ls(y),x,ls(y),v);
    return update(p),void();
}
int kth(int x,int k){
```

```
        for(;;)
        if(k == siz[ ls(x) ] + 1) return x;
            else if(k <= siz[ ls(x) ]) x = ls(x);
                else k - = siz[ ls(x) ] + 1,x = rs(x);
}
void insert(int &rt,int v){
    int l,r;
    split(rt,l,r,v);
    rt = merge(merge(l,add(v)),r);
    return;
}
void del(int &rt,int v){
    int l,r,tmp;
    split(rt,l,r,v),split(l,l,tmp,v - 1);
    z = merge(ls(tmp),rs(tmp)),rt = merge( merge(l,tmp),r );
    return;
}
int rank(int &rt,int v){
    int res = 0,l,r;
    split(rt,l,r,k - 1);
    res = siz[ l ] + 1;
    rt = merge(l,r);
    return res;
}
int pre(int &rt,int v){
    int l,r,res = 0;
    split(rt,l,r,v - 1);
    res = val[ kth(l,siz[ l ]) ];
    rt = merge(x,y);
    return res;
}
int nxt(int &rt,int v){
    int l,r,res = 0;
    split(rt,l,r,v);
    res = val[ kth(r,1) ];
    rt = merge(l,r);
    return res;
}
```

```
int main()
{
    int tp,v,l,r,tmp;
    srand(time(NULL));
    n = read();
    for(int i = 1;i <= n; ++ i){
        tp = read(),v = read();
        switch(tp){
            case 1:insert(v,rt);break;
            case 2:del(v,rt);break;
            case 3:printf("% d\n",rank(rt,v));break;
            case 4:printf("% d\n",val[ kth(rt,v) ]);break;
            case 5:printf("% d\n",pre(rt,v));break;
            case 6:printf("% d\n",nxt(rt,v));break;
        }
    }
    return 0;
}
```

6.11.3　平衡树小结

1. splay

优点：

可靠的性能——它的平均效率不输于其他平衡树,分摊复杂度为 $O(\log_2 n)$,局部性强,缓存命中率极高时,效率甚至可以更高。

存储所需的内存少——伸展树无需记录额外的什么值来维护树的信息,相对于其他平衡树,内存占用要小。

编程实现简单易写——无需记录结点高度和平衡因子。

由于 splay tree 仅仅是不断调整,并没有引入额外的标记,因而树结构与标准红黑树没有任何不同,从空间角度来看,它比 treap、SBT、AVL 要高效得多。因为结构不变,因此只要是通过左旋和右旋进行的操作对 splay tree 性质都没有丝毫影响,因而它也提供了 BST 中最丰富的功能,包括快速的拆分和合并,并且实现极为便捷。这一点是其他结构较难实现的。其时间效率也相当稳定,和 treap 基本相当,常数较高。

缺点：

仍不能保证单次最坏情况的出现,不适用对效率敏感的场合。

复杂度分析比较复杂。

2. treap

优点：

码量小,易于理解——核心代码只有分裂和合并。

功能强大——在包含普通平衡树的几乎全部功能的同时,可支持区间操作,可进行可持久化操作,易于进行树套树(配合其他数据结构使用)。

缺点:

复杂度基于随机化,常数可能略大,并不具备理论复杂度上界。

需要对 c++ 的指针有一定了解,同时,由于指针的存在,代码不易调试。

6.11.4　平衡二叉树应用举例

【例 6 - 7】POJ 3481 Double Queue

【问题描述】

新成立的巴尔干投资集团银行(BIG Bank)在布加勒斯特开设了一个新的办事处,配备了 IBM 罗马尼亚公司提供的现代计算环境,并使用了现代信息技术。与往常一样,银行的每一位客户都是由一个正整数 K 来识别的(即 K 为该客户的识别码),当他到达银行进行一些服务时,他会得到一个正整数优先级 P。银行年轻经理的一个创意震惊了服务系统的软件工程师。他们打算打破只先询问优先级最高的客户这样的传统,具体的,他们可能会有时先询问优先级最低的客户。因此,这个系统将会执行以下操作:

0:系统需要停止服务。

1 K P:加入一个识别码为 K,优先级为 P 的客户。

2:询问优先级最高的客户,并将他从等待队列中删去。

3:询问优先级最低的客户,并将他从等待队列中删去。

你的任务是帮助银行的软件工程师写一个程序执行需求的服务政策。

【输入】

每行一个执行的操作,第一个整数为操作的类型:0 表示操作停止,1 表示加入一个识别码为 K 优先级为 P 的客户,2 表示询问优先级最高的客户的识别码,并将其从等待队列中删去,3 表示询问优先级最低的客户,并将其从等待队列中删去。

【输出】

对于第 2 种和第 3 种询问,输出该客户的识别码,若当前的等待数列为空,即输出 0。

【样例输入】	【样例输出】
2	0
1 20 14	20
1 30 3	30
2	10
1 10 99	0
3	
2	
2	
0	

时间限制:1s 空间限制:64MB

来源:Southeastern Europe 2007

问题分析,根据题意定义了四种操作:

1:表示有一个编号为 k 的顾客进入等待的队列,他的优先度为 p。

2:处理优先度最高的顾客并从等待队列中清除,输出其编号,队列为空输出 0。

3:处理优先度最低的顾客并从等待队列中清除,输出其编号,队列为空输出 0。

0:表示操作结束。

解题思路:对于输入的顾客,按照优先度建立二叉查找树,在需要输出的时候,将对应的结点提到根结点,然后将其删掉即可。

具体程序实现请读者自己去完成。

6.12　线段树

假设有编号从 1 到 n 的 n 个点,每个点都存了一些信息,用[L,R]表示下标从 L 到 R 的这些点。线段树的用处就是,对编号连续的一些点进行修改或者统计操作,修改和统计的复杂度都是 $O(\log_2 n)$。

线段树的原理:将[1,n]分解成若干特定的子区间(数量不超过 4n),然后,将每个区间[L,R]都分解为少量特定的子区间,通过对这些少量子区间的修改或者统计,来实现快速对[L,R]的修改或者统计。由此看出,用线段树统计的东西,必须符合区间加法;否则,不可能通过分成的子区间来得到[L,R]的统计结果。

符合区间加法的例子:

数字之和——总数字之和 = 左区间数字之和 + 右区间数字之和

最大公因数(GCD)——总 GCD = gcd(左区间 GCD,右区间 GCD);

最大值——总最大值 = max(左区间最大值,右区间最大值)

不符合区间加法的例子:

众数——只知道左右区间的众数,没法求总区间的众数。

01 序列的最长连续零——只知道左右区间的最长连续零,但是没法知道总的最长连续零。一个问题,只要能化成对一些连续点的修改和统计问题,基本就可以用线段树来解决。

【例 6 - 8】给定一个 $n(n \leqslant 100000)$ 个元素的数组 A,有 $m(m \leqslant 100000)$ 个操作,共两种操作:

1. Q a b 询问:表示询问区间[a,b]的元素和;

2. A a b c 更新:表示将区间[a,b]的每个元素加上一个值 c;

问题分析:

① 朴素算法,两个操作都用遍历来完成,单次时间复杂度在最坏情况下都是 $O(n)$ 的,所以 m 次操作下来总的时间复杂度就是 $O(nm)$ 了,复杂度太高。

② 树状数组,对于第一类操作,树状数组可以在 $\log_2 n$ 的时间内出解;然而第二类操作,还是需要遍历每个元素执行 add 操作,复杂度为 $n\log_2 n$,所以也不可行。这个问题同样也需要利用区间拆分的思想。

线段树就是利用区间拆分的思想,完美解决了上述问题。

6.12.1 线段树的基本概念

6.12.1.1 线段树的定义

线段树是一种二叉搜索树，即每个结点最多有两棵子树的树结构。通常子树被称作"左子树"（left subtree）和"右子树"（right subtree）。线段树的每个结点存储了一个区间（线段），故而得名。

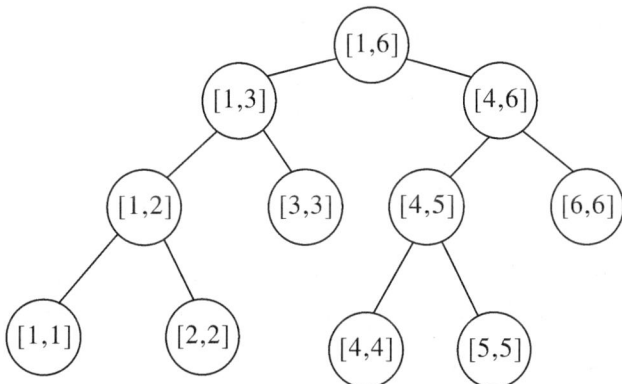

图6-33 线段树示意图

如图6-33所示，表示的是一个[1,6]的区间的线段树结构，每个结点存储一个区间（注意这里的存储区间并不是指存储这个区间里面所有的元素，而是只需要存储区间的左右端点即可），所有叶子结点表示的是单位区间（即左右端点相等的区间），所有非叶子结点（内部结点）都有左右两棵子树，对于所有非叶子结点，它表示的区间为[l,r]，那么令mid为(l+r)/2的下整，则它的左儿子表示的区间为[l,mid]，右儿子表示的区间为[mid+1,r]。基于这个特性，这种二叉树的内部结点，一定有两个儿子结点，不会存在有左儿子但是没有右儿子的情况。

基于这种结构，叶子结点保存一个对应原始数组下标的值，由于树是一个递归结构，两个子结点的区间正好是父结点的区间，可以通过自底向上的计算在每个结点都计算出当前区间的最大值。

需要注意的是，基于线段树的二分性质，所以它是一棵平衡树，树的高度为 $\log_2 n$。

6.12.1.2 数据存储域

熟悉线段树的基本结构以后，看看每个结点的数据域需要存储哪些信息。

首先，既然线段树的每个结点表示的是一个区间，那么必须知道这个结点管辖的是哪个区间，所以其中最重要的数据域就是区间左右端点[l,r]。然而有时候为了节省全局空间，往往不会将区间端点存储在结点中，而是通过递归的传参进行传递，实时获取。

再者，以区间最大值为例，每个结点除了需要知道所管辖的区间范围[l,r]以外，还需要存储一个当前区间内的最大值max。

以数组A[6]=[1 7 2 5 6 3]为例，建立如图6-34所示的线段树，叶子结点的max域为数组对应下标的元素值，非叶子结点的max域则通过自底向上的计算由两个儿子结点的

max 域比较得出。这是一棵初始的线段树,接下来讨论下线段树的询问和更新操作。

在询问某个区间的最大值时,我们一定可以将这个区间拆分成 $\log_2 n$ 个子区间,并且这些子区间一定都能在线段树的结点上找到(这一点下文会着重讲解),然后只要比较这些结点的 max 域,就能得出原区间的最大值了,因为子区间数量为 $\log_2 n$,所以时间复杂度是 $O(\log_2 n)$。更新数组某个元素的值时我们首先修改对应的叶子结点的 max 域,然后修改它的父结点的 max 域,以及祖先结点的 max 域,换言之,修改的只是线段树的叶子结点到根结点的某一条路径上的 max 域,因为树高是 $\log_2 n$,所以这一步操作的时间复杂度也是 $\log_2 n$ 的。

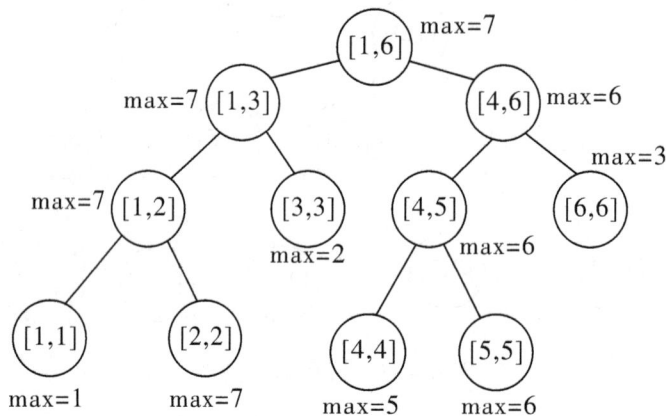

图 6 - 34   求区间最大值线段树示例图

6.12.2   线段树结点表示

6.12.2.1   指针表示

接下来讨论一下结点的表示法,每个结点可以看成是一个结构体指针,由数据域和指针域组成,其中指针域有两个,分别为左儿子指针和右儿子指针,分别指向左右子树;数据域存储对应数据,根据情况而定(如果是求区间最值,就存最值 max;求区间和就存和 sum),这样就可以利用指针从根结点进行深度优先遍历了。

简单的线段树结点的C ++ 结构体:

```
struct treeNode{
        Data data;                          //数据域
        treeNode * lson,* rson;             //指针域
}* root;
```

6.12.2.2   数组表示

实际应用过程中,还有一种更加方便的表示方法,就是基于数组的静态表示法,需要一个全局的结构体数组,每个结点对应数组中的一个元素,利用下标索引。例如,假设某个结点在数组中下标为 p,那么它的左儿子结点的下标就是 2p,右儿子结点的下标就是 2p + 1,这样可以将所有的线段树结点存储在相对连续的空间内。之所以说是相对连续的空间,是因为有些下标可能永远用不到。

还是以长度为 6 的数组为例,如图 6 - 35 所示,红色数字表示结点对应的数组下标,由于树的结构和编号方式,数组的第 10、11 位置空缺。

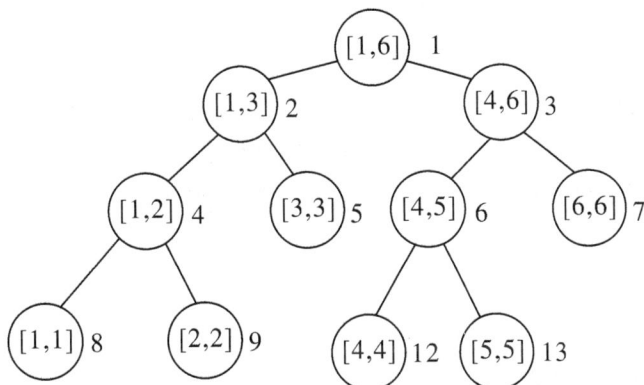

图 6 - 35 线段树数组存储示意图

这种存储方式可以不用存子结点指针,取而代之的是当前结点的数组下标索引,以下是数组存储方式的线段树结点的定义:

```
#define maxn 100007                    //元素总个数
int Sum[maxn << 2],Add[maxn << 2];     //Sum 求和,Add 为懒惰标记
int A[maxn],n;                         //存原数组数据下标[1,n]
```

接下来我们关心的就是 Sum 数组和 Add 数组的取值了,由于线段树是一种二叉树,所以当区间长度为 2 的幂时,它正好是一棵满二叉树,数组存储的利用率达到最高(即 100%),根据等比数列求和可以得出,满二叉树的结点个数为 2n - 1,其中 n 为区间长度(由于 C ++ 中数组长度从 0 计数,编号从 1 开始,所以数组的大小要取 2n)。

那么是否对于所有的区间长度 n 都满足这个公式呢? 答案是否定的,当区间长度为 6 时,最大的结点编号为 13,而公式算出来的是 12(2×6)。

那么数组空间大小取多少合适呢?

线段树需要的数组元素个数是:$2^{[\log_2(n)]+1}$,为了保险起见,我们一般都开 4 倍空间,比如:int Sum[n << 2]。

6.12.3 线段树的基本操作

线段树的基本操作包括构造、更新、询问,都是深度优先搜索的过程。

6.12.3.1 构造

线段树的构造是一个二分递归的过程,封装好了之后代码非常简洁,总体思路就是从区间[1,n]开始拆分,拆分方式为二分的形式,将左半区间分配给左子树,右半区间分配给右子树,继续递归构造左右子树。

当区间拆分到单位区间时(即遍历到了线段树的叶子结点),则执行回溯。回溯时对于任何一个非叶子结点需要根据两棵子树的情况进行统计,计算当前结点的数据域。

建树实现代码:

//PushUp 函数更新结点信息,这里是求和

```
void PushUp(int rt){
    Sum[rt] = Sum[rt << 1] + Sum[rt << 1 |1];
}
//Build 函数建树
void Build(int l,int r,int rt){           //l,r 表示当前结点区间,rt 表示当前结点编号
    if(l == r){                            //若到达叶结点
        Sum[rt] = A[l];                    //储存数组值
        return;
    }
    int m = (l + r) >> 1;
    //左右递归建立子树
    Build(l,m,rt << 1);
    Build(m + 1,r,rt << 1 |1);
    //递归回溯,更新信息
    PushUp(rt);
}
```

构造线段树的调用如下 Build(1,n,1)。

6.12.3.2　更新

线段树的更新是指更新数组在[x,y]区间的值,具体更新这件事情是做了什么要根据具体情况而定,可以是将[x,y]区间的值都变成 val(覆盖),也可以是将[x,y]区间的值都加上 val(累加)。

更新过程采用二分,将[1,n]区间不断拆分成一个个子区间[l,r],当更新区间[x,y]完全覆盖被拆分的区间[l,r]时,则更新管辖[l,r]区间的结点的数据域。

线段树单点修改:

假设 A[L] = A[L] + C,实现代码如下:

```
//l,r 表示当前结点区间,rt 表示当前结点编号
void Update(int L,int C,int l,int r,int rt){
    if(l == r){                            //到叶结点,修改
        Sum[rt] += C;
        return;
    }
    int m = (l + r) >> 1;
    //根据条件判断往左子树调用还是往右
    if(L <= m)   Update(L,C,l,m,rt << 1);
        else    Update(L,C,m + 1,r,rt << 1 |1);
    PushUp(rt);                            //子结点更新了,所以本结点也需要更新信息
}
```

线段树区间修改:

假设 A[L,R] = A[L,R] + C,实现代码如下:

```
//l,r 表示当前结点区间,rt 表示当前结点编号
void Update(int L,int R,int C,int l,int r,int rt){
    if(L <= l && r <= R){                //在区间内,直接修改
        Sum[rt] += C* (r - l + 1);
        Add[rt] += C;
        return;
    }
    int m = (l + r) >> 1;
    PushDown(rt,m - l + 1,r - m);
    if(L <= m)    Update(L,R,C,l,m,rt << 1);
    If(R > m)    Update(L,R,C,m + 1,r,rt << 1 |1);
    PushUp(rt);                //子结点更新了,所以本结点也需要更新信息
}
```

6.12.3.3　询问

线段树的询问和更新类似,大部分代码都是一样的,同样是将大区间[1,n]拆分成一个个小区间[l,r],这里需要存储一个询问得到的结果 ans,当询问区间[x,y]完全覆盖被拆分的区间[l,r]时,则用管辖[l,r]区间的结点的数据域来更新 ans。

询问 A[L,R]的和,首先是下推标记的函数:

```
//ln,m 为左子树,右子树的数字数量
void PushDown(int rt,int ln,int rn){
    if(Add[rt]) {                //下推标记
        Add[rt << 1] += Add[rt];
        Add[rt << 1 |1] += Add[rt];
        //修改子结点的 Sum 使之与对应的 Add 相对应
        Sum[rt << 1] += Add[rt]* ln;
        Sum[rt << 1 |1] += Add[rt]* rn;
        //清除本结点标记
        Add[rt] = 0;
    }
}
```

然后是区间查询的函数:

```
//L,R 表示操作区间,l,r 表示当前结点区间,rt 表示当前结点编号
int Query(int L,int R,int l,int r,int rt){
    if(L <= l && r <= R){                //在区间内,直接返回
```

```
        return sum[rt];
    }
    int m = (l + r) >> 1;
    //下推标记,否则 Sum 可能不正确
    PushDown(rt,m - l + 1,r - m);
    //累计答案
    int ANS = 0;
    if(L <= m) ANS += Query(L,R,l,m,rt << 1);
    if(R > m)   ANS += Query(L,R,m + 1,r,rt << 1 |1);
    return ANS;
}
```

6.12.4 线段树的经典案例

线段树的用法千奇百怪,接下来介绍几个线段树的经典案例,加深对线段树的理解。

6.12.4.1 区间最值

区间最值是最常见的线段树问题,结合上一节线段树的基本操作,在构造线段树的时候,对每个结点执行了一次初始化,初始化同时也是单点更新的过程,然后在回溯的时候统计,统计实质上是合并左右结点的过程,合并结点做的事情就是更新最大值。询问就是将给定区间拆成一个个能够在线段树结点上找到的区间,然后合并这些结点的过程,合并的结果 ans 一般通过引用进行传参,或者作为全局变量,不过尽量避免使用全局变量。

6.12.4.2 区间求和

区间求和问题涉及区间更新区间询问,如果更新和询问都只遍历到询问(更新)区间完全覆盖结点区间的话,会导致计算遗留,举个例子来说明。

用一个数据域 sum 来记录线段树结点区间上所有元素的和,初始化所有结点的 sum 值都为 0,然后在区间[1,4]上给每个元素加上 4,如图 6-36 所示。

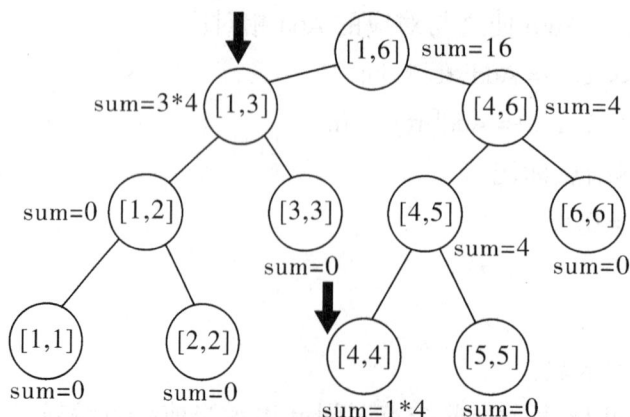

图 6-36　线段树区间求和示意图

图中[1,4]区间完全覆盖[1,3]和[4,4]两个子区间,然后分别将值累加到对应结点的数据域 sum 上,再通过回溯统计 sum 和,最后得到[1,6]区间的 sum 和为 16,看上去貌似天衣无缝,但是实际上操作一多就能看出这样做是有缺陷的。例如当我们要询问[3,4]区间的元素和时,在线段树结点上得到被完全覆盖的两个子区间[3,3]和[4,4],累加区间和为 0 + 4 = 4,如图 6 - 37 所示。

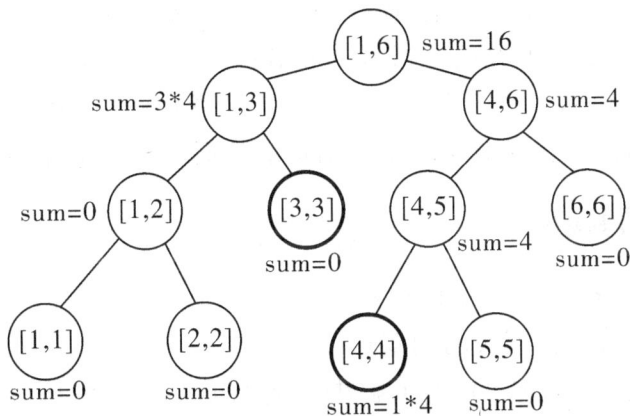

图 6 - 37　线段树区间求和示意图

这是因为在进行区间更新的时候,由于[1,4]区间完全覆盖[1,3]区间,所以我们并没有继续往下遍历,而是直接在[1,3]这个结点进行 sum 值的计算,计算完直接回溯。等到下一次访问[3,3]的时候,它并不知道之前在 3 号位置上其实是有一个累加值 4 的,但是如果每次更新都更新到叶子结点,就会使得更新的复杂度变成 O(n),违背了使用线段树的初衷,所以这里需要引入一个 lazy - tag 的概念。

所谓 lazy - tag,就是在某个结点打上一个"懒惰标记",每次更新的时候只要更新区间完全覆盖结点区间,就在这个结点打上一个 lazy 标记,这个标记的值就是更新的值,表示这个区间上每个元素都有一个待累加值 lazy,然后计算这个结点的 sum,回溯统计 sum。

当下次访问到有 lazy 标记的结点时,如果还需要往下访问它的子结点,则将它的 lazy 标记传递给两个子结点,自己的 lazy 标记置空。

这就是在之前讲线段树的更新和询问的时候有一个函数叫 PushDown 的作用了。对比区间最值,区间求和的几个函数的实现主旨是一致的,因为引入了 lazy - tag,所以需要多实现一个函数用于 lazy 标记的继承,在进行区间求和的时候还需要记录一个区间的长度 len,用于更新的时候计算累加的 sum 值。

6.12.4.3　区间染色

【例 6 - 9】给定一个长度为 n(n≤100000)的木板,支持两种操作:

1. P a b c 将[a,b]区间段染色成 c;

2. Q a b 询问[a,b]区间内有多少种颜色。

保证染色的颜色数少于 30 种。

对比区间求和,不同点在于区间求和的更新是对区间和进行累加,而这类染色问题则是对区间的值进行替换(或者叫覆盖),有一个比较特殊的条件是颜色数目小于 30。我们是不是要将 30 种颜色的有无都存在线段树的结点上呢？答案是肯定的,但是这样一来每个结点都要存储 30 个 bool 值,空间太浪费,而且在计算合并操作的时候有一步 30 个元素的遍历,大大降低效率。然而 30 个 bool 值正好可以压缩在一个 int32 中,利用二进制压缩可以用一个 32 位的整型完美地存储 30 种颜色的有无情况。

因为任何一个整数都可以分解成二进制整数,二进制整数的每一位要么是 0,要么是 1。二进制整数的第 i 位是 1 表示存在第 i 种颜色;反之不存在。

数据域需要存一个颜色种类的位或和 colorBit,一个颜色的 lazy 标记表示这个结点被完全染成了 lazy,基本操作的几个函数和区间求和非常像,这里就不出示代码了。和区间求和不同的是回溯统计的时候,对于两个子结点的数据域不再是加和,而是位或和。

6.12.5　线段树解题模型

先对解题模型图中各个名字给出定义:

问题:可能可以用线段树解决的问题;

目标信息:由问题转换而成的,为了解决问题而需要统计的信息(可能不满足区间加法)。

点信息:每个点储存的信息;

区间信息:每个区间维护的信息(线段树结点定义)(必须满足区间加法);

区间信息包括统计信息和标记。

——统计信息:统计结点代表的区间的信息,一般自下而上更新;

——标记:对操作进行标记(在区间修改时需要),一般自上而下传递,或者不传递。

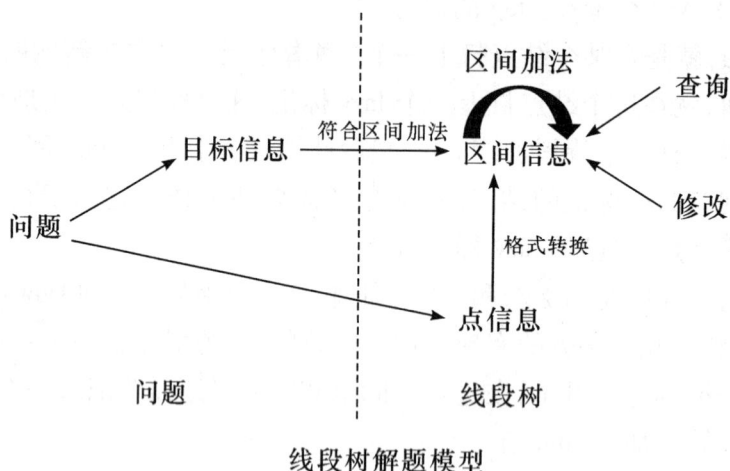

线段树解题模型

图 6-38　线段树解题模型示意图

区间加法:实现区间加法的代码

查询:实现查询操作的代码

修改:实现修改操作的代码

图中虚线右边是实际线段树的实现,左边是对问题的分析以及转换。

一个问题,若能转换成对一些连续点的修改或者统计,就可以考虑用线段树解决。

首先确定目标信息和点信息,然后将目标信息转换成区间信息(必要时,增加信息,使之符合区间加法)。

之后就是线段树的代码实现了,包括:

(1)区间加法;

(2)建树,点信息到区间信息的转换;

(3)每种操作(包括查询,修改)对区间信息的调用,修改。

这样,点的信息不同,区间信息不同,线段树可以维护很多种类的信息,所以是一种非常实用的数据结构。

6.12.6 线段树的应用

【例6-10】敌兵布阵

【问题描述】

C国的死对头A国这段时间正在进行军事演习,所以C国间谍头子Derek和他手下Tidy又开始忙乎了。A国在海岸线沿直线布置了N个工兵营地,Derek和Tidy的任务就是要监视这些工兵营地的活动情况。由于采取了某种先进的监测手段,所以每个工兵营地的人数C国都掌握得一清二楚。每个工兵营地的人数都有可能发生变动,可能增加或减少若干人数,但这些都逃不过C国的监视。

中央情报局要研究敌人究竟演习什么战术,所以Tidy要随时向Derek汇报某一段连续的工兵营地一共有多少人,例如Derek问:"Tidy,马上汇报第3个营地到第10个营地共有多少人。"Tidy就要马上开始计算这一段的总人数并汇报。但敌兵营地的人数经常变动,而Derek每次询问的段都不一样,所以Tidy不得不每次都一个一个营地的去数,很快就筋疲力尽了,Derek对Tidy的计算速度越来越不满:"你个死肥仔,算得这么慢,我炒你鱿鱼!"Tidy想:"你自己来算算看,这可真是一项累人的工作!我恨不得你炒我鱿鱼呢!"无奈之下,Tidy只好打电话向计算机专家Windbreaker求救,Windbreaker说:"死肥仔,叫你平时做多点acm题和看多点算法书,现在尝到苦果了吧!"Tidy说:"我知错了……"但Windbreaker已经挂掉电话了。Tidy很苦恼,这么算他真的会崩溃的。聪明的读者,你能写个程序帮他完成这项工作吗?不过如果你的程序效率不够高的话,Tidy还是会受到Derek的责骂的。

【输入】

第一行一个整数T,表示有T组数据。

每组数据第一行一个正整数$N(N \leqslant 50000)$,表示敌人有N个工兵营地,接下来有N个正整数,第i个正整数a_i代表第i个工兵营地里开始时有a_i个人$(1 \leqslant a_i \leqslant 50)$。

接下来每行有一条命令,命令有4种形式:

(1)Add i j,i和j为正整数,表示第i个营地增加j个人(j不超过30);

(2)Sub i j,i和j为正整数,表示第i个营地减少j个人(j不超过30);

(3)Query i j,i和j为正整数,i≤j,表示询问第i到第j个营地的总人数;

(4)End 表示结束,这条命令在每组数据最后出现。

每组数据最多有40000条命令。

【输出】

对第 i 组数据,首先输出"Case i:"和回车。

对于每个 Query 询问,输出一个整数并回车,表示询问的段中的总人数,这个数保持在 int 以内。

【样例输入】	【样例输出】
1	Case 1:
10	6
1 2 3 4 5 6 7 8 9 10	33
Query 1 3	59
Add 3 6	
Query 2 7	
Sub 10 2	
Add 6 3	
Query 3 10	
End	

分析:

这个是线段树中入门的题目,线段树基本的思想,就还是将一个线段继续分割,一直分割到不能分割。这道题目是知道多少个军营,也就是区间为 1..n,将它分割,建立线段树,可以不用保存它区间的左端点和右端点,用数组下标代表就可以了,数组的值代表当前军营里人的个数,然后这个题就是单个点的增加或者减少,其实增加减少都是增加,减少只是把增加的数目变成负数就行了,更新完最下面的点要一直往上更新,这样查找区间的时候才不会出错。

参考代码如下:

```
#include < bits/stdc ++ .h >
#define re register
#define ll long long
#define dl double
#define LL inline ll
#define I inline int
#define V inline void
#define B inline bool
#define FOR(i,a,b) for(re int i = (a),i##i = (b); i <= i##i; ++ i)
#define ROF(i,a,b) for(re int i = (a),i##i = (b); i >= i##i; - - i)
using namespace std;
const int N = 5e4 + 5;
ll n,ans,a[N],sum[N << 2];
```

```
char s[20];
V build(int rt,int l,int r){
    if(l == r) return sum[rt] = a[l],void();
    int mid = (l + r) >> 1;
    build(rt << 1,l,mid),build(rt << 1 |1,mid + 1,r);
    sum[rt] = sum[rt << 1] + sum[rt << 1 |1];
    return;
}
LL ask(int rt,int l,int r,int L,int R){
    if(L == l&&r == R) return sum[rt];
    int mid = (l + r) >> 1;
    if(R <= mid) return ask(rt << 1,l,mid,L,R);
    else if(L > mid) return ask(rt << 1 |1,mid + 1,r,L,R);
    else return ask(rt << 1,l,mid,L,mid) + ask(rt << 1 |1,mid + 1,r,mid + 1,R);
}
V add(int rt,int l,int r,int pos,int k){
    sum[rt] += k;
    if(l == r) return;
    int mid = (l + r) >> 1;
    if(pos <= mid) add(rt << 1,l,mid,pos,k);
    else add(rt << 1 |1,mid + 1,r,pos,k);
    return;
}
int main(){
    int T,x,y;
    scanf("% d",&T);
    FOR(fl,1,T){
        scanf("% d",&n);
        FOR(i,1,n) scanf("% d",&a[i]);
        build(1,1,n);
        printf("Case % d:\n",fl);
        while(scanf("% s",s)! = EOF){
            if(s[0] == 'E') break;
            else if(s[0] == 'A'){
                scanf("% d% d",&x,&y);
                add(1,1,n,x,y);
```

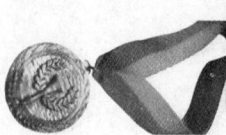

```
        }
        else if(s[0] == 'S'){
            scanf("% d% d",&x,&y);
            add(1,1,n,x, - y);
        }
        else if(s[0] == 'Q'){
            scanf("% d% d",&x,&y);
            ans = ask(1,1,n,x,y);
            printf("% d\n",ans);
        }
    }
}
return 0;
}
```

6.13　树链剖分

先回顾两个问题：

1.将树从结点 x 到结点 y 最短路径上所有结点的值都加上 z。

树上差分可以以 $O(n + m)$ 的复杂度解决这个问题。

2.求树从结点 x 到结点 y 最短路径上所有结点的值之和。

Lca 模板题，我们首先，dfs 在 $O(n)$ 预处理每个结点的 dis（即到根结点的最短路径长度），然后对于每个询问，求出 x,y 两点的 lca，利用 lca 的性质 $distance(x, y) = dis(x) + dis(y) - 2 \times dis(lca)$ 求出结果，时间复杂度 $O(m\log_2 n + n)$。

现在我们思考问题的升级版：

如果刚才的两个问题结合起来，结合成为一道题，包含了这两种操作呢？

刚才的方法显然就不够好，因为每次询问之前要跑 dfs 更新 dis，复杂度乘起来就比较高了，因此我们引入一个能解决问题的方法:树链剖分。

6.13.1　树链剖分的用途

问题：给你一棵无根树，每条边有边权，请你实现以下操作：

1.查询 u 到 v 的路径上边权之和。

2.查询 u 到 v 的路径上边权最大值。

3.修改 u 到 v 的路径上每条边的边权。

……

这些操作利用树链剖分，都可以在 $O(\log_2 n)$ 的时间内解决。

6.13.2 概念的定义

无根树与有根树,一般来说,无根树是很不好处理的,因此将其转为有根树就会好处理一些。我们只要选定一个结点为根,然后进行 DFS 即可转化为有根树。

转换的时候,我们需要额外记录以下信息:

x. father:x 的父亲结点。

x. children:x 的所有孩子。

x. size:以 x 为根的这一棵子树的大小。

x. depth:x 在树中的深度,

即 x 到树根的距离 +1。

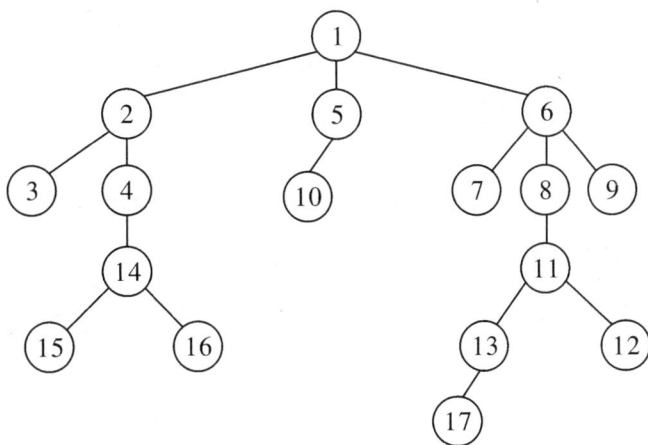

图 6 - 39 树的示意图

如图 6 - 39 所示,这是一棵以 1 为根的树。为了解释得更加清楚,这里举几个例子:

10. father = 5 , 1. father = null

1. children = {2,5,6} , 7. children = ∅

1. size = 17 , 6. size = 8 , 3. size = 1

1. depth = 1,10. depth = 3 , 14. depth = 4

6.13.3 树链剖分的核心思想

树链剖分的思想是:把一棵树拆成若干个不相交的链,然后用一些数据结构去维护这些链。

那么问题来了,如何把树拆成链?

首先明确一些定义:

1. 重儿子:该结点的子树中,结点个数最多的子树的根结点(也就是和该结点相连的点),即为该结点的重儿子。

2. 重边:连接该结点与它的重儿子的边。

3. 重链:由一系列重边相连得到的链。

4.轻链:由一系列非重边相连得到的链。

这样就不难得到拆树的方法,对于每一个结点,找出它的重儿子,那么这棵树就自然而然地被拆成了许多重链与许多轻链。

如何对这些链进行维护?

首先,要对这些链进行维护,就要确保每个链上的结点都是连续的,因此我们需要对整棵树进行重新编号,然后利用 dfs 序的思想,用线段树或树状数组等进行维护,注意在进行重新编号的时候要先访问重链,这样可以保证重链内的结点编号连续。

6.13.4 树链剖分的实现过程

为了进行树链剖分,我们在立树的过程中需要计算一个重儿子,记作 x.next:

$$x.next = u : u \in x.children, u.size \text{ 最大}$$

即所有儿子中大小最大的一个,就记为重儿子,其他的儿子就是轻儿子。同时称与重儿子相连的边为重边,与轻儿子相连的边为轻边。

1. 建立有根树

下面的伪代码是建立树链剖分的一棵有根树的过程(假设我们输入的是无根树,这是一张无向图,其中与 u 相连的顶点集合为 G[u].neighbors):

```
function MAKE - ROOT(G,u):              //以 u 为树根
    u.visited = true                     //u 已经访问过了
    u.father = null                      //u 没有父亲
    u.depth = 1
    REAL - MAKE - ROOT(G,u)
function REAL - MAKE - ROOT(G,u):        //DFS 过程
    u.size = 1
    u.next = null
    foreach v in G[u].neighbors:
        if not v.visited:                //如果还未访问
            v.visited = true
            u.children += v              //添加儿子结点
            v.father = u
            v.depth = u.depth + 1
            REAL - MAKE - ROOT(G,v)      //递归向下
            u.size += v.size             //更新子树大小
            if u.next = null || v.size > u.next.size:  //更新重儿子
                u.next = v
```

2. 轻重链剖分

在介绍树链剖分的算法之前,我们先来看看剖分后的树是个什么样子,如图 6 - 40

所示。

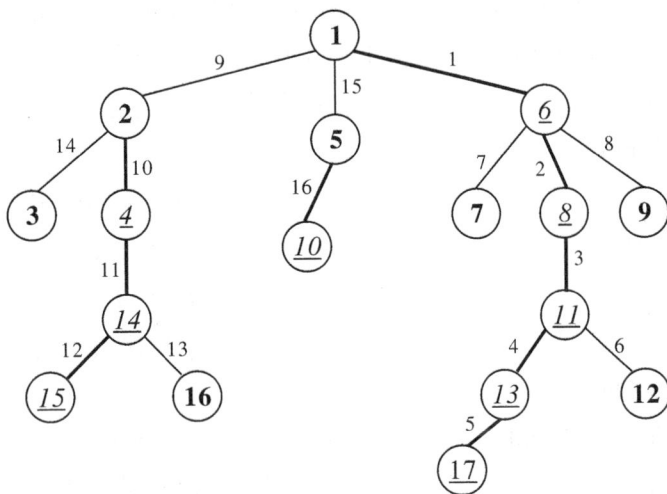

图 6 - 40　轻重链剖分示意图

剖分后的树信息量一下大了很多。我们逐条解释上面都画了些什么。

（1）树链（重链）：所有加粗的边所连成的每一条链都是剖分后的结果。某些树链没有边，就只有一个结点，这个结点是加粗的。在上面，1 - 6 - 8 - 11 - 13 - 17 是剖分出来的最长的树链，而 3 独自一个结点形成了树链。

（2）树链起点：加粗的结点是每一条树链的起点。

（3）重儿子：倾斜下画线的结点是重儿子。

（4）编号：每一条边上的数字为剖分后的编号。

可以看出，树中的每一个结点都会在一条树链中。因此我们需要对树链也进行编号。我们以树链顶端的结点作为树链的编号，并记为 x. top。例如，8. top = 1，16. top = 16。如果两个结点 u 和 v 在同一树链中，当且仅当 u. top = v. top。

对于边 u→v 的编号，我们记边为二元组（u, v），那么记编号为（u, v）. id。但是这样不方便在程序中储存，因此我们将边的编号放到结点里面。在上面的写法中，如果 u 是 v 的父亲，那么我们将边（u, v）的编号放到 v 中，即 v. id。这样表示 v 与其父亲相连的边（u, v）的编号为 v. id。

边的编号是树剖的关键，给边赋予编号后，就可以实现很多操作了。

我们首先来看这些编号有什么特点：

（1）每个边的编号都不一样。

（2）同一条的树链的边的编号从深度小的到深度大的编号递增。这样做的好处就是同一条链上面的数据可以用一些数据结构（如线段树、Splay 等）来维护。

（3）对于结点 u，其重边的编号是 u 与所有儿子的连边中最小的。

到这里，估计你已经猜到计算 top 和 id 的用处了。但不要着急，下面就将计算这些值。

计算的过程也是一遍 DFS。这次的 DFS 是在第一次建立好的有根树上进行的。当我们处理到结点 u 时，我们将 u 和 u. next 相连来形成树链。之所以选取重儿子，是因为重儿子的大小最大,因此所生成的树链将尽可能长。那么其他的儿子将自己成为新的树链。

此时来考虑编号。因为同一条树链上的边的编号是递增的,因此要优先对重儿子进行 DFS。由于轻儿子是新创建的树链,因此 DFS 的顺序并不重要。

至此,树链剖分的算法就结束了。当算法完成时,每个结点就会有正确的 top 和 id。

下面是轻重链剖分的伪代码:

```
count = 0                               //已编号的数量
function TREE - SPLIT(x):                //剖分子树 u
    x.id = 0                             //根结点没有父亲
    x.top = x                           //根结点是第一条链
    REAL - TREE - SPLIT(x)
function REAL - TREE - SPLIT(x):          //DFS 过程
    if x.next! = null:                   //如果有重儿子
        count += 1
        x.next.id = count
        x.next.top = x.top
        REAL - TREE - SPLIT(x.next)       //优先重儿子
    for each v in x.children:             //对于轻儿子则新创一条链
        if v! = x.next:                   //检查是不是重儿子
            count += 1
            v.id = count
        v.top = v
        REAL - TREE - SPLIT(v)
```

6.13.5 树链剖分的基础操作

轻重链剖分完有什么用呢？就像一开始所讲的:

查询 u 到 v 的路径上边权之和。

查询 u 到 v 的路径上边权最大值。

修改 u 到 v 的路径上每条边的边权。

……

下面将介绍如何进行路径边权之和的查询和修改路径边权这两个操作。其他的操作可以在此思想上扩展。

1. 查询

假如我们要查询 u 到 v 的路径上的权值之和,那么就会有两种情况:

(1)u 和 v 在同一条树链上。

(2)u 和 v 不在同一条树链上。

对于第一种情况,非常好解决。我们可以用线段树来维护每一条边的权值,直接按照编号来排列。由于同一条链上的编号是递增的,如果 u. depth < v. depth,则可以直接查询

[u. next. id, v. id]的和。如果 u. depth = v. depth，由于 u 和 v 是在同一条树链上的，也就是意味着 u = v，那么就不需要统计。

对于第二种情况，我们考虑使它们不断逼近到同一条链上来，从而就转为了第一种情况。但是，在其中一个结点变化到另一条树链上时，要将经过的树链的值进行统计。

我们按照以下步骤来处理：

如果 u. top. depth < v. top. depth，那么交换 u 和 v，使 u 所在的树链为所处位置较深的一个；

计算[u. top. id，u. id]的值并累加；

令 u = u. top. father；

如果 u. top = v. top，则转化为第一种情况，否则跳转第一步。

上面步骤的思想就是将上升期间的每一条树链的和统计出来，这样实则就是统计了这条路径上的和。

第一步的操作是为了方便后续的处理。第二步是计算这一条链上的和，包括这条链上面的一条轻边，因为在第三步中要走这条轻边到达上面一条树链。最后一步是检查是否成为了第一种情况。

这里给出一个查询示例，如图 6 - 41。

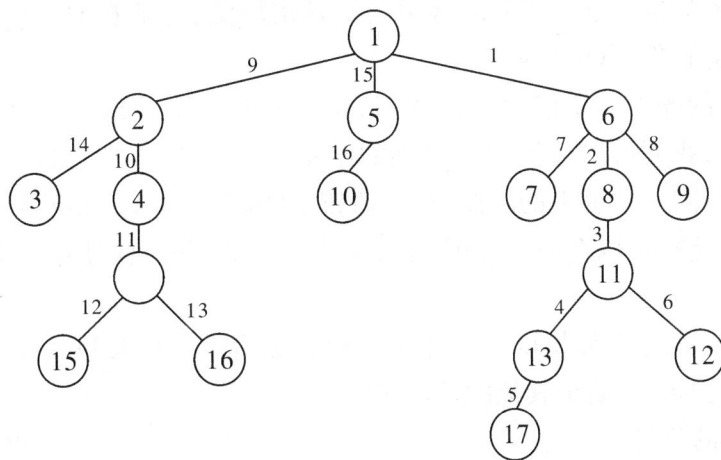

图 6 - 41 查询示例图

假设我们查询 16 到 17 路径上的权值和：首先会发现它们不在同一条链上，由于 16 所处的链的深度较大为 5，因此将 16 进行上移，上移至 14，并统计[13,13]的和。然后 14 和 17 依然不在同一条链中，由于 14 所处的链的深度为 2，因此将 14 上移。上移至 1，并统计[9,11]的和。最后发现 1 和 17 已经在同一条链中了，直接统计[1,5]的和即可。

下面是上面步骤的参考伪代码：

```
function QUERY - SUM(u,v):
    sum = 0
    //如果不在同一条树链
    while u.top! = v.top:
```

```
        if u.top.depth < v.top.depth:
            SWAP(u,v)                          //交换 u 和 v
            sum += QUERY(u.top.id,u.id)        //利用线段树等数据结构来求和
            u = u.top.father                   //走轻边进入上面的树链
        if u == v:                             //如果处在相同位置
            return sum
        if u.depth > v.depth:                  //使 u 成为深度较小的结点
            SWAP(u,v)
    return QUERY(u.next.id,v.id) + sum
```

2. 修改

修改操作和查询几乎是一模一样的,只是将求和的地方变成了相应的数据结构的修改操作。

6.13.6　树链剖分的应用举例

树链剖分求 LCA 问题,LCA 即最近公共祖先。计算 LCA 的算法可以说是各种各样,有爬山法,Tarjan 算法,倍增法,ST 跳表法,还可以转成 RMQ 问题……在与树相关的操作中,经常需要一些求 LCA 的操作。其中最常用的就是倍增法,它能在 $O(\log_2 n)$ 的时间内求出 LCA,并且其空间复杂度为 $O(n\log_2 n)$。

当我们树剖后的操作需要借助到 LCA 时,是不是就要写个 LCA 的算法呢?

其实并不需要,我们可以直接利用树剖的结果来计算 LCA。求 LCA 的过程和之前查询也是差不多的:在同一条链上的时候,深度值较小的就是 LCA。如果不在同一条链上,就不断往上跳即可。这样可以在 $O(\log_2 n)$ 时间内求出 LCA,并且仅使用了 $O(n)$ 的空间复杂度,优势十分显著。

当然,单纯拿树链剖分来求 LCA 也煞是浪费。既然树剖有求 LCA 的能力,因此在面对需要 LCA 的时候就不必求助于其他的算法了。

【例 6 – 11】树的统计

【问题描述】

一棵树上有 n 个结点,编号分别为 1 到 n,每个结点都有一个权值 w。我们将以下面的形式来要求你对这棵树完成一些操作:Ⅰ. CHANGE u t:把结点 u 的权值改为 t。Ⅱ. QMAX u v:询问从点 u 到点 v 的路径上的结点的最大权值。Ⅲ. QSUM u v:询问从点 u 到点 v 的路径上的结点的权值和。注意:从点 u 到点 v 的路径上的结点包括 u 和 v 本身。

【输入】

输入的第一行为一个整数 n,表示结点的个数。接下来 n－1 行,每行 2 个整数 a 和 b,表示结点 a 和结点 b 之间有一条边相连。接下来 n 行,每行一个整数,第 i 行的整数 wi 表示结点 i 的权值。接下来 1 行,为一个整数 q,表示操作的总数。接下来 q 行,每行一个操作,以“CHANGE u t”或者“QMAX u v”或者“QSUM u v”的形式给出。对于 100% 的数据,保证 1 ≤ n ≤ 30000,0 ≤ q ≤ 200000;操作中保证每个结点的权值 w 在 － 30000 到 30000

之间。

【输出】

对于每个"QMAX"或者"QSUM"的操作,每行输出一个整数表示要求输出的结果。

【样例输入】	【样例输出】
4	4
1 2	1
2 3	2
4 1	2
4 2 1 3	10
12	6
QMAX 3 4	5
QMAX 3 3	6
QMAX 3 2	5
QMAX 2 3	16
QSUM 3 4	
QSUM 2 1	
CHANGE 1 5	
QMAX 3 4	
CHANGE 3 6	
QMAX 3 4	
QMAX 2 4	
QSUM 3 4	

解题分析:

题目求解的问题模型为单点修改,区间询问。单点修改不用多提,重点在于,我们如何把从结点 u 到结点 v 这条路径上的结点求出最大值以及权值和呢?先考虑一种暴力的算法——跑 LCA。我们根据 u 和 v 的深度找到公共父亲结点,然后在从子结点向上跳的时候,得到最大值或是权值和(如果是修改操作,其实也是同理)。然而这终究是暴力。那么,重链在这道题中的作用就凸显出来了——为了你在跑 LCA 的时候往上跳得更快。

通过轻重链剖分之后求出了每条重链的顶端,每次我们跑 LCA 的时候,若当前结点不是重链顶,则可以直接跳到顶端。同时,因为它们在线段树的编号是连续的,所以可以很方便地进行求值或者是修改。

6.14 树的应用举例

【例 6-12】树的重量

【问题描述】

树可以用来表示物种之间的进化关系。一棵"进化树"是一个带边权的树,其叶结点

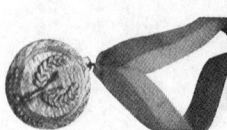

表示一个物种,两个叶结点之间的距离表示两个物种的差异。现在,一个重要的问题是,根据物种之间的距离,重构相应的"进化树"。

令 N = {1..n},用一个 N 上的矩阵 M 来定义树 T。其中,矩阵 M 满足:对于任意的 i, j,k,有 M[i][j] + M[j][k] ≥ M[i][k]。树 T 满足:

1. 叶结点属于集合 N;

2. 边权均为非负整数;

3. dT(i,j) = M[i][j],其中 dT(i,j) 表示树上 i 到 j 的最短路径长度。

如下图,矩阵 M 描述了一棵树。

$$M = \begin{bmatrix} 0 & 5 & 9 & 12 & 8 \\ 5 & 0 & 8 & 11 & 7 \\ 9 & 8 & 0 & 5 & 1 \\ 12 & 11 & 5 & 0 & 4 \\ 8 & 7 & 1 & 4 & 0 \end{bmatrix}$$

树的重量是指树上所有边权之和。对于任意给出的合法矩阵 M,它所能表示树的重量是唯一确定的。不可能找到两棵不同重量的树,它们都符合矩阵 M。你的任务就是,根据给出的矩阵 M,计算 M 所表示树的重量。图 6-42 是上面给出的矩阵 M 所能表示的一棵树,这棵树的总重量为 15。

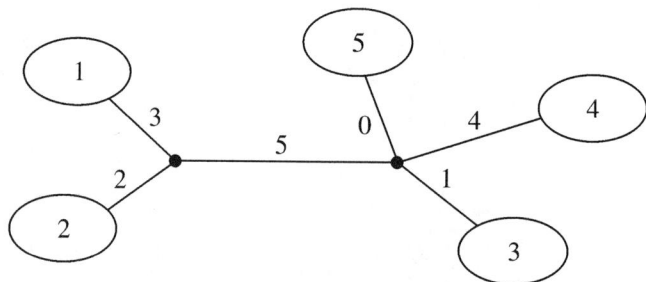

图 6-42　矩阵 M 对应的树

【输入】

输入数据包含若干组数据。每组数据的第一行,是一个整数 n(2 < n < 30)。其后 n-1 行,给出的是矩阵 M 的一个上三角(不包含对角线),矩阵中所有元素是不超过 100 的非负整数。输入数据保证合法。

输入数据以 n = 0 结尾。

数据不超过 100 组。

【输出】

对于每组输入,输出一行,一个整数,表示树的重量。

【样例输入】	【样例输出】
5 1	5
5 9 12 8	71
8 11 7	
5 1	

4

4

15 36 60

31 55

36

0

分析：

考虑我们这道题实际上是在做什么：假设我们已经构建了一棵树，每次把一个点加入原树，然后更新答案，这里的更新实际上就是在求加入点与原树的最小距离。（以下定义 E (u,v) 为结点 u 到结点 v 的最短路）

对于任意的两个结点 u,v。假设我们新加入 t，如图 6 - 43 所示。

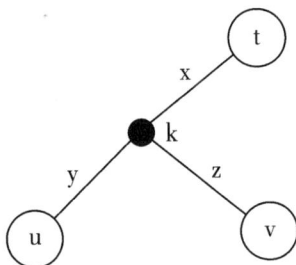

图 6 - 43　u 与 v 中加入结点 t

那么 x = (1 式 + 2 式 - 3 式)/2，这里的 x 求的是 t 到三点交点的距离。

引理一：当把 t 加入树中时，t 到该树的距离为连接 t 和这棵树的最小边。

引理二：当且仅当 E(t,u) 和 E(t,v) 和 E(u,v) 三条路径的交点是 k 时，原来的方程才会成立。

结合引理一和引理二，我们只需要固定住一个点 u，然后枚举树上每一个点 v，求出 t 到 k(t -> u 和 t -> v 和 u -> v 三条路径的交点) 的距离，取最小即可。时间复杂度 $O(n^2)$。

源程序：

```
#include < bits/stdc ++ .h >
#define re register
#define ll long long
#define dl double
#define LL inline ll
#define I inline int
#define V inline void
#define B inline bool
#define FOR(i,a,b) for(re int i = (a),i##i = (b); i <= i##i; ++ i)
#define ROF(i,a,b) for(re int i = (a),i##i = (b); i >= i##i; -- i)
#define gc getchar()
//#define gc (fs == ft&&(ft = (fs = buf) + fread(buf,1,1 << 18,stdin),fs == ft))? 0:* fs ++
```

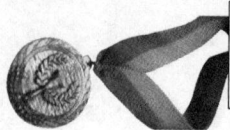

```
using namespace std;
const int N = 50,inf = 1e9 + 7;
char * fs,* ft,buf[1 << 18];
int n,ans,dis[N][N];
V sol(){
    FOR(i,3,n){//固定 u
        int mn = inf;
        FOR(j,2,i - 1) mn = min(mn,(dis[1][i] - dis[1][j] + dis[j][i])/2); //枚举 v 更新
答案
        ans += mn;
    }
    return;
}
int main()
{
    scanf("% d",&n);
    while(n! = 0){
        FOR(i,1,n) FOR(j,i + 1,n) scanf("% d",&dis[i][j]);
        ans = dis[1][2];//初始的树只有结点 1 和结点 2
        sol();
        printf("% d \n",ans);
        scanf("% d",&n);
    }
    return 0;
}
```

【例 6 – 13】树的中心问题

【问题描述】

给出一棵树,求出树的中心。

为了定义树的中心,首先给每个结点进行标号。对于一个结点 K,如果把 K 从树中删除(连同与它相连的边一起),剩下的部分被分成了很多块,每一块显然又是一棵树(即剩下的部分构成了一个森林)。则给结点 K 所标的号就是森林中结点个数最多的树所拥有的结点数。如果结点 K 的标号不大于其他任何一个结点的标号,则结点 K 被称为是树的中心。

【输入】

输入的第一行包含一个整数 N(1≤N≤16 000),表示树中的结点数。接下来 N – 1 行,每行两个整数 a,b,由一个空格分隔,表示 a 与 b 之间有一条边。

【输出】

输出两行,第一行两个整数 v,T,v 表示树的中心结点的标号,T 表示树有多少个中心。第二行包含 T 个数,为所有树的中心的编号,按升序排列。

【样例输入】	【样例输出】
7	3 1
1 2	1
2 3	
2 4	
1 5	
5 6	
6 7	

分析:

和上题一样,本题也是一个无根树问题,需要规定一下谁为根。本题可以任意规定,不妨规定为 1 号结点。

本题中,对于一个结点,删除这个结点后,剩下的部分分为两类:一类是原来这个结点的子树,另一类是原来除这个结点和其子树以外的部分(上方子树),这些必定是一块,如果知道一个结点所有的子树的结点数,就可以得到除上方子树以外的所有块的结点数,而:

上方子树的结点数 = 原来树的结点总数(n) - 所有子树的结点总数 - 1

所以,这个问题只要求出每个结点的子结点总数即可。

源程序:

```cpp
#include < iostream >
#include < cstdio >
#define inf 12345678
using namespace std;
struct bian{
    int to,nxt;
}edge[16001];
int n,sum[16001],last[16001],no[16001];
int v,ant,top;
int las(int x){
    for(int i = last[x];i! = 0;i = edge[i].nxt)
        sum[x] += las(edge[i].to);
    return sum[x];
}
int main()
{
    int x,y;
    freopen("tree.in","r",stdin);
```

```
        freopen("tree.out","w",stdout);
        scanf("% d",&n);
        for(int i = 1;i <= n;i ++ )
            last[i] = 0;sum[i] = 1;
        for(int i = 1;i < n;i ++ ) {
            scanf("% d% d",&x,&y);
            if(x > y) {x^ = y;y^ = x;x^ = y;}    //相当于 swap
            edge[ ++ top].to = y;
            edge[top].nxt = last[x];
            last[x] = top;
        }
        int root = las(1);
        int temp;
        v = inf;
        for(int i = 1;i <= n;i ++ ){
            temp = root - sum[i];
            for(int j = last[i];j! = 0;j = edge[j].nxt)
                if(sum[edge[j].to] > temp)
                    temp = sum[edge[j].to];
            no[i] = temp;
            if(no[i] == v) ant ++ ;
            if(no[i] < v) {
                v = no[i];
                ant = 1;
            }
        }
        cout << v << " " << ant << endl;
        for(int i = 1;i <= n;i ++ )
            if(no[i] == v) cout << i << " ";
        return 0;
    }
```

【例 6 – 14】笛卡尔树

【问题描述】

让我们考虑一种特殊的二叉搜索树,叫笛卡尔树(Cartesian Tree)。二叉搜索树是一棵有根的有序树,满足对于它的任何一个结点 x,都满足以下条件:

它左子树中的每个结点的关键字都小于 x 的关键字;它右子树中的每个结点的关键字

182

都大于 x 的关键字。也就是说,如果设 x 的左子树为 L(x),右子树为 R(x),关键字为 Kx,则对于每个结点 x,有:

(1)若 y in L(x),则 Ky < Kx

(2)若 z in R(x),则 Kz > Kx

如果对二叉搜索树的每个结点 x 增加一个副关键字 ax,对于关键字 ax 满足堆的性质,即:

若 y 是 x 的祖先结点,则 ay < ax。

则这棵二叉搜索树称为笛卡尔树。

给出系列的数对(k,a),用这些数对构造一棵笛卡尔树,或者指出这样的二叉树是不可能构造出来的。

【输入】

第一行包含一个整数 N——给出的数对的数目,也就是笛卡尔树的结点数(1≤N≤50000)。

接下来的 N 行每行包含一对数(Ki,ai),所有的|Ki|,|ai|≤30000。所有的主关键字和副关键字都不同,也就是:对于任何 i,j(i≠j)有 Ki≠Kj 且 ai≠aj。

【输出】

如果可以构造出对应的笛卡尔树,在第一行输出 YES,否则输出 NO。

如果有解,输出对应的笛卡尔树。树的输出方法为:

首先将所有的结点按输入顺序从 1 至 N 编号。然后按顺序输出所有结点的信息,每个结点的信息由三个数组成:它的父结点,左孩子结点,右孩子结点。如果父结点或孩子结点不存在,则输出 0。如果存在多于一种构树方案,输出任意一棵即可。

【样例输入】	【样例输出】
7	YES
5 4	2 3 6
2 2	0 5 1
3 9	1 0 7
0 5	5 0 0
1 3	2 4 0
6 6	1 0 0
4 11	3 0 0

分析:

本题是一个建树的问题。如果将所有的关键字对按 k 关键字的升序排列,则 k 关键字序列就是所要建的树的中序序列。考虑按顺序将所有的关键字对插入树中,now 指针指向最后插入的结点。则 now 结点必然有以下性质:

(1)若 now 结点有父结点,则 now 不是其父结点的左子树(否则其父结点的中序遍历在 now 之后)。

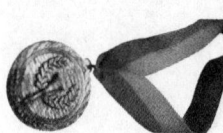

（2）now 结点必然没有右子树（否则其右子树的中序遍历在 now 之后）。

由于是按 k 关键字的升序插入，因此，再讨论 k 关键字已经无意义了，我们只要在不改变以前结点的中序遍历先后顺序的情况下，将要插入的结点插入在 now 的一个后继位置即可。

接下来考虑 a 关键字的问题。设新插入的结点为 node。

情况 1：node 的 a 关键字大于 now 的 a 关键字。

这种情况，可以将 node 作为 now 的右子树，now 作为 node 的父结点。如图 6-44。

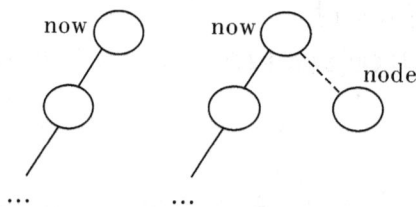

图 6-44　情况 1

情况 2：now 没有父结点，node 的 a 关键字小于 now 的 a 关键字。

这种情况，可以将 node 作为 now 的父结点，now 作为 node 的左子树。如图 6-45。

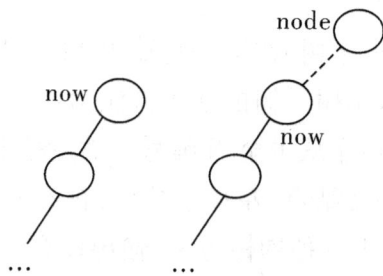

图 6-45　情况 2

情况 3：now 有父结点 par，node 的 a 关键字小于 now 的 a 关键字，同时 par 的 a 关键字小于 node 的 a 关键字。

这种情况，可以将 node 作为 par 的右子树，然后将 now 作为 node 的左子树。（注意，这里如果 now 有右子树，也是一样可行的。）如图 6-46。

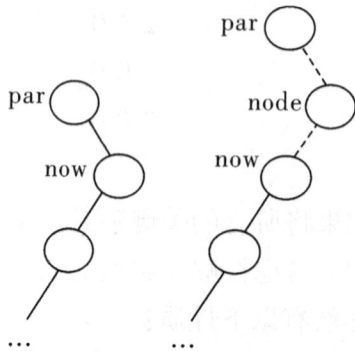

图 6-46　情况 3

情况 4:now 有父结点 par,node 的 a 关键字小于 now 的 a 关键字,同时 par 的 a 关键字大于 node 的 a 关键字。

这种情况,可以将 now 设为 par,再插入 node 时不会影响到中序遍历的先后顺序。

参考程序如下:

```cpp
#include < iostream >
#include < cstdio >
using namespace std;
const int maxr = 30001;
const int maxn = 50001;
int n,now,r;
int k[maxn],a[maxn],w[2* maxr],ans[maxn][4];
void init(){
    int i;
    cin >> n;
    for(i = 1;i <= n;i ++ ){
        cin >> k[i] >> a[i];
        w[k[i] + maxr] = i;
    }
return;
}
void solve(){
    int i;
    for(i = 30000;i <= 2* maxr;i ++ )
    if(w[i]){
        now = w[i];
        break;
    }
    r = k[now] + 1;
    for(i = r + maxr;i <= 10 + maxr;i ++ )
    if(w[i] != 0){
        while(a[w[i]] < a[now]&&ans[now][1] != 0)
            now = ans[now][1];
        if(a[w[i]] < a[now]){
            ans[now][1] = w[i];
            ans[w[i]][2] = now;
        }
        else{
```

```
                    ans[w[i]][2] = ans[now][3];
                    ans[now][3] = w[i];
                    ans[w[i]][1] = now;
                    if(ans[w[i]][2])
                    ans[ans[w[i]][2]][1] = w[i];
                }
            now = w[i];
        }
        return;
    }
    void print(){
        int i;
        cout << "YES" << endl;
        for(i = 1;i <= n;i ++ )
            cout << ans[i][1] << ' ' << ans[i][2] << ' ' << ans[i][3] << endl;
        return;
    }
    int main()
    {
        init();
        solve();
        print();
        return 0;
    }
```

【例 6 – 15】合并果子

【问题描述】

在一个果园里,多多已经将所有的果子打了下来,而且按果子的不同种类分成了不同的堆。多多决定把所有的果子合成一堆。

每一次合并,多多可以把两堆果子合并到一起,消耗的体力等于两堆果子的重量之和。可以看出,所有的果子经过 n – 1 次合并之后,就只剩下一堆了。多多在合并果子时总共消耗的体力等于每次合并所耗体力之和。

因为还要花大力气把这些果子搬回家,所以多多在合并果子时要尽可能地节省体力。假定每个果子重量都为 1,并且已知果子的种类数和每种果子的数目,你的任务是设计出合并的次序方案,使多多耗费的体力最少,并输出这个最小的体力耗费值。

例如有 3 种果子,数目依次为 1、2、9。可以先将 1、2 堆合并,新堆数目为 3,耗费体力为 3。接着,将新堆与原先的第三堆合并,又得到新的堆,数目为 12,耗费体力为 12。所以多多总共耗费体力 = 3 + 12 = 15。可以证明 15 为最小的体力耗费值。

【输入】

输入文件 fruit. in 包括两行,第一行是一个整数 n(1≤n≤10000),表示果子的种类数。第二行包含 n 个整数,用空格分隔,第 i 个整数 a_i(1≤a_i≤20000)是第 i 种果子的数目。

【输出】

输出文件 fruit. out 包括一行,这一行只包含一个整数,也就是最小的体力耗费值。输入数据保证这个值小于 2^{31}。

【样例输入】	【样例输出】
3	15
1 2 9	

【数据规模】

对于 30% 的数据,保证有 n≤1000;

对于 50% 的数据,保证有 n≤5000;

对于全部的数据,保证有 n≤10000。

分析:

根据哈夫曼树带权路径长度与合并费用和之间的关系,本题最好的合并顺序应该用哈夫曼树的合并顺序,而所谓的最小体力耗费值,也就是哈夫曼树的带权路径长度。

参考程序 1(STL 优先队列):

```cpp
#include < iostream >
#include < queue >
#include < algorithm >
using namespace std;
struct node {
    int val;
    bool operator < (const node &x) const
    {
        return x.val < val;
    }
};
int i,j,n,ans;
priority_queue < node > k;
node p,q;
int main()
{
    cin >> n;
    for(i = 1;i <= n;i ++ ) {
        cin >> p.val;
        k.push(p);
```

```
        }
        for(i = 1;i < n;i ++ ) {
            p = k.top();k.pop();
            q = k.top();k.pop();
            ans += p.val + q.val;
            p.val += q.val;
            k.push(p);
        }
        cout << ans;
        return 0;
    }
```

参考程序 2(手写堆):

```cpp
#include < bits/stdc ++ .h >
using namespace std;
int heap[ 200010 ],n,ans;
void down(int l,int r){
    int i = l,j = 2* i;
    heap[ 0 ] = heap[ i ];
    while(j <= r) {
        if(j < r&&heap[ j ] > heap[ j + 1 ]) j ++ ;
        if(heap[ 0 ] <= heap[ j ]) break;
        else{
            heap[ i ] = heap[ j ];
            i = j;
            j = j* 2;
        }
    }
    heap[ i ] = heap[ 0 ];
}
void lift(int l){
    int j = l,i = l/2;
    heap[ 0 ] = heap[ j ];
    while(j > 0){
        if(heap[ j ] <= heap[ 0 ]) break;
        else {
            heap[ j ] = heap[ i ];
            j = i;
```

```
            i = i/2;
        }
    }
    heap[j] = heap[0];
}
void insert(int x){
    heap[++n] = x;
    lift(n);
}
void dmin(){
    heap[1] = heap[n];
    n--;
    down(1,n);
}
int main()
{
    cin >> n;
    for(int i = 1;i <= n;i++)
        cin >> heap[i];
    sort(heap + 1,heap + 1 + n);
    for(int j = n - 1;j >= 1;j--){
        int a = heap[1];
        dmin();
        int b = heap[1];
        dmin();
        ans += (a + b);
        insert(a + b);
    }
    cout << ans;
    return 0;
}
```

【例 6 – 16】密码机

【问题描述】

一台密码机按照以下的方式产生密码：首先往机器中输入一系列数，然后取出其中一部分数，将它们异或以后得到一个新数作为密码。现在请模拟这样一台密码机的运行情况，用户通过输入控制命令来产生密码。

密码机中存放一个数列，初始时为空。密码机的控制命令共有 3 种：

ADD < Number >

把 < Number > 加入到数列的最后。

REMOVE < Number >

在数列中找出一个等于 < Number > 的数,把它从数列中删除。

XOR BETWEEN < Number1 > AND < Number2 >

对于数列中所有大于等于 < Number1 > 并且小于等于 < Number2 > 的数依次进行异或,输出最后结果作为密码。如果只有一个数满足条件,输出这个数。如果没有任何满足条件,输出 0。

你可以假设用户不会 REMOVE 一个不存在于数列中的数,并且所有输入的数都不超过 20000。

【输入】

输入文件 password. in 包括了一系列的控制命令。每一个控制命令占据单独一行。输入文件中没有多余的空行。文件不超过 60000 行。

【输出】

对于每一个 XOR 命令,依次在 password. out 中输出一行包括你的密码所产生的密码。输出文件中不应该包含任何的多余字符。

【样例输入】	【样例输出】
ADD 5	3
ADD 6	6
XOR BETWEEN1 AND 10	
REMOVE 5	
XOR BETWEEN 1 AND 8	

分析:

算法 1:直接处理

对于这样的试题,最容易的方法就是直接处理。即:设置一个数组 Arr[1..t],用于存储数列中的所有元素,设 L 为数组中的元素个数,对于要求的三种运算,分别处理如下:

ADD < number >:直接将 < number > 加入数组的最末,即 $L \leftarrow L + 1$,$Arr[L] \leftarrow$ < number >。

REMOVE < number >:查找 < number > 在数组中的位置,设为 p,将 p 以后的所有元素前移一位即删除 < number >。当然,如果直接将 Arr[p] 值改为数组的最后一个元素值,并删除最后一个元素,可以少移动元素,即:$Arr[p] \leftarrow Arr[L]$,$L \leftarrow L - 1$。

XOR BETWEEN < number1 > AND < number2 >:设 TmpResult =0,枚举数组中的每一个元素,或其介于 < number1 > 和 < number2 >(包括 < number1 > 和 < number2 >),则将它与 TmpResult 取 xor 存于 TmpResult 中。最后 TmpResult 即为结果。

算法 1 采用最显而易见的方法处理问题,其正确性是毋庸置疑的。但是,最直接的算法往往是很低效的。算法 1 的 REMOVE 和 XOR 操作的复杂度都为 O(t),总的时间复杂度高达 $O(t^2)$。显然,这对于题中如此大的数据范围是无法在规定时间内解出所有数据的。

因此,我们需要挖掘原题的性质,以求更好地解决此题。

注意到其中的 XOR 操作,都是对一个大小上的一段连续的数操作,因此,可以考虑将所有的数保持按大小排好序。但是,XOR 操作,如果直接计算,必然会是 $O(t)$ 的,因此需要寻找更有效的方法。

考虑到 x_1 xor x_2 xor $x_3 = x_1$ xor (x_2 xor x_3),即 xor 操作满足结合律。因此,如果我们能将整个序列分成很多段,并用较低的复杂度更新每段的 xor 值,就有可能更好地解决此问题。综合考虑,线段树满足此要求。

算法 2:采用线段树

在算法 2 中,我们采用线段树这种数据结构要处理每一种操作。首先,令线段树 $T[a, b]$ 表示数值大小在 $[a, b]$ 这个区间内的信息,包括左儿子指针 $Tz[a, b]$、右儿子指针 $Ty[a, b]$ 以及处理 XOR 操作所需要的所有元素 xor 操作的结果。更新结点(ADD,REMOVE)时,若 $T[a, b]$ 是叶结点,即 $a = b$,则可直接更新。若 $T[a, b]$ 是分枝结点,则更新它的子结点,显然只要更新左儿子结点或右儿子结点就行了,然后 $T[a, b] = Tz[a, b]$ xor $Ty[a, b]$。

对于 XOR 操作,我们只要找到 [< number1 > , < number2 >] 是哪几个区间的并,然后将这些区间的值取 xor 即可。

算法 2 由于使用了线段树操作,使得其每一种操作的时间复杂度都降为了 $O(\log_2 n)$,因此总和时间复杂度降为了 $O(t\log_2 n)$,已经是一种非常优秀的算法了。

但是,探索是永不停息的。下面,我们将通过继续分析,得到一个时间复杂性的系数更低且更容易编程实现的算法,它仍然是基于一种优秀的数据结构的。

首先,我们提出一个疑问:是否有必要处理 REMOVE 操作?

考虑下面的式子:

$$x_2 \text{ xor } x_3 = x_1 \text{ xor } x_2 \text{ xor } x_3 \text{ xor } x_1$$

即删除 x_1 后的数列的 xor 结果与再加一个 x_1 后的 xor 结果是完全一样的。这是由于 xor 运算不仅满足结合律,还满足交换律:x_1 xor $x_2 = x_2$ xor x_1,且有一个非常特殊的性质:x xor x = 0。这样,对 xor 操作中删除一个数的操作可以用加上同一个数的操作来实现。这一条对于原题也同样适用。因此,REMOVE 操作可用 ADD 操作代替。

根据上面的分析,我们还可以得到这样一个式子:

$$(x_1 \text{ xor } x_2 \text{ xor } \cdots \text{ xor } x_b) \text{ xor } (x_1 \text{ xor } x_2 \text{ xor } \cdots \text{ xor } x_{a-1}) = (x_a \text{ xor } x_{j+1} \text{ xor } \cdots \text{ xor } x_b)$$ 其中 $b \geq a$。

即对于区间 $[a, b]$ 之间的 xor 值可通过 $[1, b]$ 之间的 xor 值与 $[1, a]$ 之间的 xor 值得到。这样,在记录时,就只要记录 $[1, x]$ 这段的 xor 值即可。

算法 3:树状数组

基于上面的分析,我们可以找到一种更有效的数据结构:树状数组。通过维护 $[1, x]$ 之间的 xor 值达到解决原题的目的。

这里,我们不再进行三种操作,而是进行两种操作:ADD 与 XOR。REMOVE 操作与 ADD 操作采用同一过程。

具体实现请见参考程序。

参考程序：

```cpp
#include < bits/stdc ++ .h >
#define inf 20005
using namespace std;
int p[100001];
int n,m,p1;
int low,high;
string word;
int lowbit(int v){
        return v&( - v);
}
void add(int x,int y){
    for(int i = x;i <= inf;i += lowbit(i))
        p[i]^ = y;
}
int sumx(int x){
    int p2 = 0;
    for (int i = x;i;i - = lowbit(i)) {
        p2^ = p[i];
    }
    return p2;
}
int main()
{
    while (cin >> word) {
        if (word == "ADD" | |word == "REMOVE") {
            cin >> p1;
            add(p1,p1);
        }
        else {
            cin >> word >> low >> word >> high;
            if (low > high) {cout << 0 << endl;}
            else    cout << (sumx(high)^sumx(low - 1)) << endl;
        }
    }
return 0;
}
```

【例6-17】相等的单词

【问题描述】

所有非空的01序列被称作一个二进制单词。一组相等的单词是如下形式的等式：$x_1x_2..x_1 = y_1y_2..y_r$，这里 x_i 和 y_j 是二进制字符01或是用小写字母表示的变量。对每一个变量都有一个固定长度的二进制单词来代替这个变量，这个长度称之为这个变量的长度。为了解决单词相等的问题我们需要用某种方法分配给所有变量适当的二进制单词（这个二进制单词的长度必须为这个变量的长度），使得变量被取代后的等式成立。对一个给定的等式计算有几种解答。

例子：

让 a,b,c,d,e 分别为长度为 4,2,4,4,2 的5个变量。考虑以下等式:1bad1 = acbe。这个等式有16种不同的解答方案。

任务：

写一个程序从文件 row.in 中读入等式的数目以及它们的描述。

对每个等式找出它们的解答方案数，将结果写入文件 row.out。

【输入】

在文件 row.in 的第一行有一个整数 x（$1 \leqslant x \leqslant 5$）表示等式的数目，随后有 x 个等式的描述。每个描述包括6行，两个等式的描述之间没有空行。每个等式用以下方式描述:在描述的第一行有一个整数 k（$0 \leqslant k \leqslant 26$）表示等式中不同的变量数目，我们假设变量是从 a 起的 k 个小写字母。第二行有 k 个由空格隔开的正整数，表示 k 个变量的长度（第一个数表示 a 的长度，第二个数表示 b 的长度）。第三行有一个整数 p，表示等式左边的长度[有 0 1 及变量（单个字母）组成的单词长度]。等式左边将被写在下一行，仅包括01及小写字母而没有空格。以下两行给出了对等式左边的描述，第一行为一个正整数 r，表示等式右边的长度，等式的右边被写在第二行。等式两边所有变量的和相等且不超过10000。

【输出】

对每个 p（$1 \leqslant p \leqslant x$），你的程序必须在第 p 行给出第 p 个等式的不同解答方案数，并将它写入文件 row.out。

【样例输入】

1

5

4 2 4 4 2

5

1bad1

4

acbe

【样例输出】

16

分析：

这是一道关于含字母的等式的问题，由于等式中变量的个数最多可以达到10000，因此不仅单纯的搜索不可能在短时间内出解，就连 $O(n^2)$ 的算法都很难奏效。

仔细观察这道题,发现它实际上是字母对应的问题。如果仅仅只是每一个位置上的字母对应,这道题就会变得很容易,但事实上,某个位置上的字母对应这样的单独的问题又被同一字母在等式中反复出现所联系起来,因此问题就变得复杂起来了。那么首先让我们来研究一下这种对应之间的关系。

例如,对于题目中的样例:

位置	1	2	3	4	5	6	7	8	9	10	11	12
等式左边	1	b1	b2	a1	a2	a3	a4	d1	d2	d3	d4	1
等式右边	a1	a2	a3	a4	c1	c2	c3	c4	b1	b2	e1	e2

每一列的对应并不是单独的,a1 出现了两次就把位置 1 与位置 4 联系了起来,而 a4 又把位置 4 与位置 7 联系了起来,1 又把位置 1 与位置 12 联系了起来,所以我们得到位置 1,4,7,12 是彼此相关联的,又其中有 1 出现,所以这四个位置上的数都是 1。……

所以最终可以得到如下的位置组:

$(1,4,7,12),(2,5,9),(3,6,10),(8),(11)$

同组之间的位置是彼此相关的,决定了其中任意一个位置上的取值,其他位置也就随之而确定了。而两组之间又是彼此相互独立的。去掉第一个已经确定是 1 的位置组,共有 4 个可以随机取值的位置组,所以答案是 $2^4 = 16$。

通过上面的例子我们可以看到:这道题实际上就是求这样两个 01 串中有几个位置是可以互不相关地随机取值的,或者说就是确定有几个如上例中的位置组。而每一个位置上的对应关系就可以看成是位置组之间的桥梁,或者可以把当前的位置组信息看作是一些集合,则新的一个位置上的对应关系就可以看成是对集合元素的合并。到这里问题的答案已经很明显了,我们可以用并查集来实现。注意:如果 0 与 1 被放入了同一个集合则失败退出。

比如对于上面的样例如图 6-47 所示:

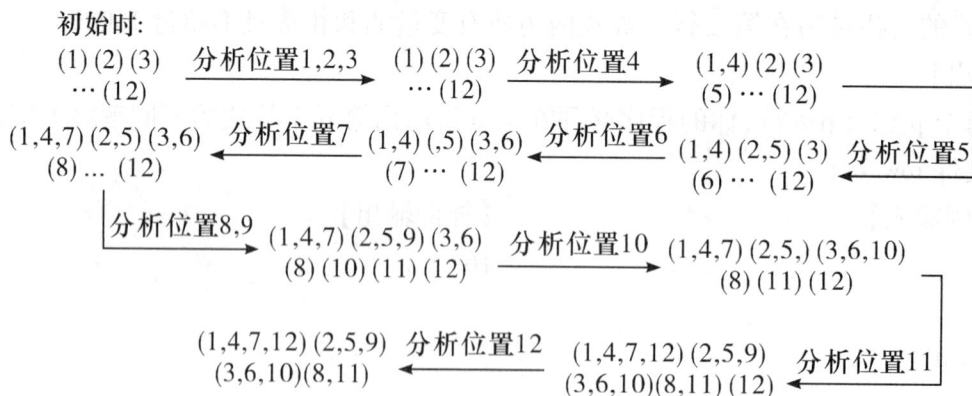

初始时:

(1)(2)(3)…(12) ——分析位置1,2,3——▶ (1)(2)(3)…(12) ——分析位置4——▶ (1,4)(2)(3)(5)…(12)

(1,4,7)(2,5)(3,6)(8)…(12) ◀——分析位置7—— (1,4),(5)(3,6)(7)…(12) ◀——分析位置6—— (1,4)(2,5)(3)(6)…(12) ◀——分析位置5——

——分析位置8,9——▶ (1,4,7)(2,5,9)(3,6)(8)(10)(11)(12) ——分析位置10——▶ (1,4,7)(2,5,)(3,6,10)(8)(11)(12)

(1,4,7,12)(2,5,9)(3,6,10)(8,11) ◀——分析位置12—— (1,4,7,12)(2,5,9)(3,6,10)(8,11)(12) ◀——分析位置11——

图 6-47 示例分析变化图

然而由于这样的方法在每个位置上要确定其字母在其他地方是否出现过,实现比较困难,我们可以稍作修改使得实现上容易一些。

将所有的字母(字母代表多个数字)每一位上所在集合编号放入一个数组 s 中,并用 $s[0]$ 表示数字 0 的所在集合编号,$s[1]$ 表示数字 1 的。举个例子说,对 abcde 长度分别为 4 2 4 4 2 时,$s[2]$ 表示 a[1] 的,$s[3]$ 表示 a[2] 的,$s[6]$ 表示 b[1] 的,而 $s[16]$ 表示 e[1] 的。

再来看刚才的样例：

数组 s(下标)：

0　1　02　03　04　05　06　07　08　09　10　11　12　13　14　15　16　17

数组 s(代表)：

0　1　a1　a2　a3　a4　b1　b2　c1　c2　c3　c4　d1　d2　d3　d4　e1　e2

初始：

0　1　02　03　04　05　06　07　08　09　10　11　12　13　14　15　16　17

分析位置 1：

0　1　01　03　04　05　06　07　08　09　10　11　12　13　14　15　16　17

分析位置 2：

0　1　01　03　04　05　03　07　08　09　10　11　12　13　14　15　16　17

分析位置 3：

0　1　01　03　04　05　03　04　08　09　10　11　12　13　14　15　16　17

分析位置 4：

0　1　01　03　04　01　03　04　08　09　10　11　12　13　14　15　16　17

分析位置 5：

0　1　01　03　04　01　03　04　03　09　10　11　12　13　14　15　16　17

分析位置 6：

0　1　01　03　04　01　03　04　03　04　10　11　12　13　14　15　16　17

分析位置 7：

0　1　01　03　04　01　03　04　03　04　05　11　12　13　14　15　16　17

分析位置 8：

0　1　01　03　04　01　03　04　03　04　05　11　11　13　14　15　16　17

分析位置 9：

0　1　01　03　04　01　03　04　03　04　05　11　11　03　14　15　16　17

分析位置 10：

0　1　01　03　04　01　03　04　03　04　05　11　11　03　04　15　16　17

分析位置 11：

0　1　01　03　04　01　03　04　03　04　05　11　11　03　04　15　15　17

分析位置 12：

0　1　01　03　04　01　03　04　03　04　05　11　11　03　04　15　15　01

最终检查一下所在集合编号仍为自己本身的集合个数，注意要除去 s[0] 与 s[1]。

关于并查集，将小的树合并到大的树上去以及路径压缩后，可以基本上在 O(n) 的时间内出解。

时间复杂度：O(na(n))。a(n) 随 n 增长极为缓慢，可以认为是一个常数。

空间复杂度：O(n)。

参考程序：

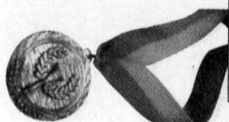

```cpp
#include < bits/stdc ++ .h >
#define re register
#define ll long long
#define dl double
#define LL inline ll
#define I inline int
#define V inline void
#define B inline bool
#define FOR(i,a,b) for(re int i = (a),i##i = (b); i <= i##i; ++ i)
#define ROF(i,a,b) for(re int i = (a),i##i = (b); i >= i##i; - - i)
#define gc getchar()
using namespace std;
const int N = 1e4 + 10;
int n,t,T,m,la,lb,l[28],f[28* N],ans,a[N],b[N],d[N],z,bug,bug2;
char c;
bool p[N];
I find(int x){
    int y = x,tmp;
    while (f[y] ! = y) y = f[y];
    while (f[x] ! = x) tmp = f[x],f[x] = y,x = tmp;
    return y;
}
I cheng(int * a){
    FOR(i,1,z) a[i] * = 2;
    FOR(i,1,z){
        a[i + 1] += a[i]/10;
        a[i] % = 10;
    }
    if (a[z + 1] ! = 0) z ++ ;
}
V init(){
    memset(l,0,sizeof(l));
    memset(a,0,sizeof(a));
    memset(b,0,sizeof(b));
}
int main()
```

```
{
    scanf("% d",&T);
    int i,j;
    while(T - - ){
        init();
        scanf("% d",&n);
        FOR(i,1,n){
            scanf("% d",&l[ i ]);
            l[ i ] += l[ i - 1 ];
        }
        bug = l[ n ];
        FOR(i,1,l[ n ] + 1) f[ i ] = i;
        scanf("% d",&la);                    //以下是对左式的处理
        m = 0;
        FOR(i,1,la){
            c = gc;
            while ((c < 'a' | |c > 'z')&&c! = '0'&&c! = '1') c = getchar();
            if (c == '1') a[ ++ m ] = 0; else if (c == '0') a[ ++ m ] = bug + 1;
            FOR(j,1,l[ c - 'a' + 1 ] - l[ c - 'a' ]) a[ ++ m ] = l[ c - 'a' ] + j;
        }
        bug2 = m;
        scanf("% d",&lb);                    //以下是对右式的处理
        m = 0;
        FOR(i,1,lb){
            c = gc;
            while ((c < 'a' | |c > 'z')&&c! = '0'&&c! = '1') c = getchar();
            if (c == '1') b[ ++ m ] = 0; else if (c == '0') b[ ++ m ] = bug + 1;
            FOR(j,1,l[ c - 'a' + 1 ] - l[ c - 'a' ])b[ ++ m ] = l[ c - 'a' ] + j;
        }
        ans = 0;
        FOR(i,1,m) if (find(a[ i ])! = find(b[ i ])) f[ find(a[ i ]) ] = find(b[ i ]);
        if (find(0) == find(bug + 1) | | m! = bug2){
            printf("0 \n");
            continue;
        }
        memset(p,0,sizeof(p));
```

```
        p[find(0)] = true;
        p[find(bug + 1)] = true;
        for (i = 1;i <= m;i ++){
        if (!p[find(a[i])]) p[find(a[i])] = true,ans ++ ;
        }
        memset(d,0,sizeof(d));
        d[1] = 1;
        z = 1;
        FOR(i,1,ans) cheng(d);
        ROF(i,z,1) printf("% d",d[i]);
        printf("\n");
    }
    return 0;
}
```

6.15 小结

　　树是一种非常重要的数据结构。它的用途非常广泛,很多算法都直接或间接地用到树来做,很多题目都能向树转换。更重要的,它并不只是一种单纯的数据结构,其一对多的结构、递归的思想在信息学及很多地方都是值得借鉴的。

习题六

一、选择题(每题只有一个正确选项)

1. 树中所有结点的度等于所有结点数加 　　　　　　　　　　　　　　　(　)
A. 0 　　　　　　　　 B. 1 　　　　　　　　 C. −1 　　　　　　　　 D. 2

2. 在一棵二叉树的二叉链表中,空指针域数等于非空指针域数加 　　　　(　)
A. 2 　　　　　　　　 B. 1 　　　　　　　　 C. 0 　　　　　　　　 D. −1

3. 在一棵具有 n 个结点的二叉树中,所有结点的空子树个数等于 　　　　(　)
A. n 　　　　　　　　 B. n − 1 　　　　　　 C. n + 1 　　　　　　 D. 2n

4. 在一棵具有 n 个结点的二叉树的第 i 层上,最多具有(　　)个结点。(　)
A. 2^i 　　　　　　　 B. 2^{i+1} 　　　　　　 C. 2^{i-1} 　　　　　　 D. 2^n

5. 在一棵具有 35 个结点的完全二叉树中,该树的深度为 　　　　　　　(　)
A. 6 　　　　　　　　 B. 7 　　　　　　　　 C. 5 　　　　　　　　 D. 8

6. 在一棵具有 n 个结点的完全二叉树中,树枝结点的最大编号为 　　　　(　)
A. $\lceil (n+1)/2 \rceil$ 　　　 B. $\lfloor (n+1)/2 \rfloor$ 　　　 C. $\lceil n/2 \rceil$ 　　　　 D. $\lfloor n/2 \rfloor$

7. 在一棵完全二叉树中,若编号为 i 的结点存在左孩子,则左孩子结点的编号为

( )

A. 2i B. 2i − 1 C. 2i + 1 D. 2i + 2

8. 在一棵完全二叉树中,对于编号为 i(i > 1) 的结点,其双亲结点的编号为 ( )

A. $\lceil (i-1)/2 \rceil$ B. $\lfloor (i-1)/2 \rfloor$ C. $\lceil i/2 \rceil$ D. $\lfloor i/2 \rfloor$

9. 一棵二叉树的广义表表示为 a(b(c),d(e(,g(h)),f)),则该二叉树的高度为

( )

A. 3 B. 4 C. 5 D. 6

10. 从二叉搜索树中查找一个元素时,其时间复杂度大致为 ( )

A. $O(n)$ B. $O(1)$ C. $O(\log_2 n)$ D. $O(n^2)$

11. 根据 n 个元素建立一棵二叉搜索树时,其时间复杂度大致为 ( )

A. $O(n)$ B. $O(\log_2 n)$ C. $O(n^2)$ D. $O(n\log_2 n)$

12. 从堆中删除一个元素的时间复杂度为 ( )

A. $O(1)$ B. $O(n)$ C. $O(\log_2 n)$ D. $O(n\log_2 n)$

二、填空题

1. 对于一棵具有 n 个结点的树,该树中所有结点的度数之和为_____。

2. 假定一棵三叉树的结点个数为 50,则它的最小深度为_____,最大深度为_____。

3. 在一棵高度为 h 的四叉树中,最多含有_____个结点。

4. 一棵深度为 5 的满二叉树中的结点数为_____个,一棵深度为 3 的满四叉树中的结点数为_____个。

5. 在一棵二叉树中,假定双分支结点数为 5 个,单分支结点数为 6 个,则叶子结点数为_____个。

6. 一棵二叉树的广义表表示为 a(b(c,d),e(f(,g))),它含有双分支结点_____个,单分支结点_____个,叶子结点_____个。

7. 对于一棵含有 40 个结点的理想平衡树,它的高度为_____。

8. 若对一棵二叉树从 0 开始进行结点编号,并按此编号把它顺序存储到一维数组 a 中,即编号为 0 的结点存储到 a[0] 中,其余类推,则 a[i] 元素的左孩子元素为_____,右孩子元素为_____,双亲元素(i > 0)为_____。

9. 对于一棵具有 n 个结点的二叉树,对应二叉链表中指针总数为_____个,其中_____个用于指向孩子结点,_____个指针空闲着。

10. 在一棵高度为 5 的理想平衡树中,最少含有_____个结点,最多含有_____个结点。

11. 对一棵二叉搜索树进行中序遍历时,得到的结点序列是一个_____。

12. 当向一个小根堆插入一个具有最小值的元素时,该元素需要逐层_____调整,直到被调整到_____位置为止。

三、运算题

1. 假定一棵二叉树广义表表示为 a(b(c),d(e,f)),分别写出对它进行先序、中序、后序、按层遍历的结果。

先序：

中序：

后序：

按层：

2. 已知一棵二叉树的先根和中根序列,求该二叉树的后根序列。

先根序列：A,B,C,D,E,F,G,H,I,J

中根序列：C,B,A,E,F,D,I,H,J,G

后根序列：

3. 已知一棵二叉树的中根和后根序列,求该二叉树的高度和双支、单支及叶子结点数。

中根序列：c,b,d,e,a,g,I,h,j,f

后根序列：c,e,d,b,i,j,h,g,f,a

高度：　　　　　双支：　　　　　单支：　　　　　叶子：

4. 已知一组元素为(46,25,78,62,12,37,70,29),画出按元素排列顺序输入生成的一棵二叉搜索树,再以广义表形式给出该二叉搜索树。

5. 从空堆开始依次向小根堆中插入集合 {38,64,52,15,73,40,48,55,26,12} 中的每个元素,请以顺序表的形式给出每插入一个元素后堆的状态。

6. 已知一个堆为(12,15,40,38,26,52,48,64),若需要从堆中依次删除四个元素,请给出每删除一个元素后堆的状态。

四、上机编程题

1. 促销

【问题描述】

Bytelandish 超市营销部要你为其编写一程序来模拟计算正在准备的促销活动的费用。

此次促销活动遵循以下规则：

(1)参与促销活动的消费者应在其付款的账单上填写个人的详细信息,并将账单放入一特殊的投票箱内；

(2)每一促销日的最后,从投票箱中取出两张账单：数额最大的和数额最小的；支付最大账单的顾客将会得到数值等于两账单之差的现金奖励；

(3)为了防止一次购买却获得多次奖励的现象发生,每次抽出的两张账单都不再放回投票箱,但箱内的剩余账单继续参与此次促销活动。

由于超市的营业额非常大,因而我们可以认为在每个促销日的最后,在我们取出最大与最小账单之前,投票箱内至少有两张账单。

任务：编写一程序

(1)促销活动中每天放入投票箱内的账单价格表从文件 pro.in 中读入；

(2)计算在这连续的促销活动中用作奖励的总费用；

(3)结果写入文件 pro.out。

【输入】

输入文件 pro.in 的第一行的正整数 N 表示为此次促销活动持续的天数，$1 <= N <= 5000$。接下来的 N 行含有一连串用单个空格隔开的非负数。第 I + 1 行的数字表示在第 I 天促销活动中放入投票箱内账单的价格。此行的第一个整数 K 表示这一天放入投票箱内的账单数，$0 \leq K \leq 10^5$，接着的 K 个正整数分别代表着每张账单的价格，所有的这些数字都不大于 10^6。整个活动中放入投票箱内的账单数不超过 10^6。

【输出】

输出文件 pro.out 中恰含有一整数，它的值等于此次促销活动用作奖励的总花费。

【样例输入】	【样例输出】
5	19
3 1 2 3	
2 1 1	
4 10 5 5 1	
0	
1 2	

2. 商务旅行

【问题描述】

某首都城市的商人要经常到各城镇去做生意，他们按自己的路线去走，目的是为了更好地节约时间。

假设有 N 个城镇，首都编号为 1，商人从首都出发，其他各城镇之间都有道路连接，任意两个城镇之间如果有直连道路，在它们之间行驶需要花费单位时间。该国公路网络发达，从首都出发能到达任意一个城镇，并且公路网络不会存在环。

你的任务是帮助该商人计算一下他的最短旅行时间。

【输入】

输入文件 kom.in 中的第一行有一个整数 N，$1 \leq n \leq 30000$，为城镇的数目。下面 N − 1 行，每行由两个整数 a 和 b（$1 \leq a, b \leq n; a \neq b$）组成，表示城镇 a 和城镇 b 有公路连接。在第 N + 1 行为一个整数 M（$2 \leq M \leq 10^6$），下面的 M 行，每行有该商人需要顺次经过的各城镇编号。

【输出】

在输出文件 kom.out 中输出该商人旅行的最短时间。

【样例输入】	【样例输出】

5   7

1 2

1 5

3 5

4 5

4

1

3

2

5

3.区间染色判定问题

【问题描述】

有 n 个区间,其起点和终点分别用 a_i 和 b_i 表示。对于两个区间 i 和 j,若 $a_i < a_j < b_i < b_j$ 或 $a_j < a_i < b_j < b_i$ 则称区间 i 和区间 j 相交。对所有的区间黑白二染色,每个区间至少要染其中的一种颜色。假设两个区间同色且相交,那么就称这种染色方案不合法。给定 n 个区间和一个染色方案,问这个方案是否合法?

【输入】

输入文件 color.in 第一行是区间数 n;

此后 n 行,每行三个数 a_i,b_i,c_i,分别表示区间的起点和终点以及区间的颜色($c_i = 0$ 是白色,$c_i = 1$ 是黑色)。

【输出】

输出文件 color.out,若这个方案合法则输出"Accept",否则输出"WA"。

【样例输入】	【样例输出】
3	Accept
1 3 1	
2 3 0	
1 2 1	

【数据范围】

$1 \leqslant n \leqslant 100000$;

$1 \leqslant a_i \leqslant b_i \leqslant 1000000000$。

4.银河英雄传说

【问题描述】

公元 5801 年,地球居民迁移至金牛座 α 第二行星,在那里发表银河联邦创立宣言,同年改元为宇宙历元年,并开始向银河系深处拓展。

宇宙历七九九年,银河系的两大军事集团在巴米利恩星域爆发战争。泰山压顶集团派

宇宙舰队司令莱因哈特率领十万余艘战舰出征,气吞山河集团点名将杨威利组织麾下三万艘战舰迎敌。

杨威利擅长排兵布阵,巧妙运用各种战术屡次以少胜多,难免滋生娇气。在这次决战中,他将巴米利恩星域战场划分成 30000 列,每列依次编号为 1,2,…,30000。之后,他把自己的战舰也依次编号为 1,2,…,30000,让第 i 号战舰处于第 i 列(i = 1,2,…,30000),形成"一字长蛇阵",诱敌深入。这是初始阵形。当进犯之敌到达时,杨威利会多次发布合并指令,将大部分战舰集中在某几列上,实施密集攻击。合并指令为 M i j,含义为让第 i 号战舰所在的整个战舰队列,作为一个整体(头在前尾在后)接至第 j 号战舰所在的战舰队列的尾部。显然战舰队列是由处于同一列的一个或多个战舰组成的。合并指令的执行结果会使队列增大。

然而,老谋深算的莱因哈特早已在战略上取得了主动。在交战中,他可以通过庞大的情报网络随时监听杨威利的舰队调动指令。

在杨威利发布指令调动舰队的同时,莱因哈特为了及时了解当前杨威利的战舰分布情况,也会发出一些询问指令:C i j。该指令意思是,询问电脑,杨威利的第 i 号战舰与第 j 号战舰当前是否在同一列中,如果在同一列中,那么它们之间布置有多少战舰。

作为一个资深的高级程序设计员,你被要求编写程序分析杨威利的指令,以及回答莱因哈特的询问。

最终的决战已经展开,银河的历史又翻过了一页……

【输入】

输入文件 galaxy.in 的第一行有一个整数 T(1 ≤ T ≤ 500,000),表示总共有 T 条指令。

以下有 T 行,每行有一条指令。指令有两种格式:

M i j :i 和 j 是两个整数(1 ≤ i,j ≤ 30000),表示指令涉及的战舰编号。该指令是莱因哈特窃听到的杨威利发布的舰队调动指令,并且保证第 i 号战舰与第 j 号战舰不在同一列。

C i j :i 和 j 是两个整数(1 ≤ i,j ≤ 30000),表示指令涉及的战舰编号。该指令是莱因哈特发布的询问指令。

【输出】

输出文件为 galaxy.out。你的程序应当依次对输入的每一条指令进行分析和处理:

如果是杨威利发布的舰队调动指令,则表示舰队排列发生了变化,你的程序要注意到这一点,但是不要输出任何信息;

如果是莱因哈特发布的询问指令,你的程序要输出一行,仅包含一个整数,表示在同一列上,第 i 号战舰与第 j 号战舰之间布置的战舰数目。如果第 i 号战舰与第 j 号战舰当前不在同一列上,则输出 −1。

【样例输入】	【样例输出】
4	−1

```
M 2 3                                          1
C 1 2
M 2 4
C 4 2
```

【样例说明】

战舰位置图:表格中阿拉伯数字表示战舰编号

	第一列	第二列	第三列	第四列	……
初始时	1	2	3	4	……
M 2 3	1		3 2	4	……
C 1 2	1 号战舰与 2 号战舰不在同一列,因此输出 −1				
M 2 4	1			4 3 2	……
C 4 2	4 号战舰与 2 号战舰之间仅布置了一艘战舰,编号为 3,输出 1				

5. 郁闷的出纳员

【问题描述】

OIER 公司是一家大型专业化软件公司,有着数以万计的员工。作为一名出纳员,我的任务之一便是统计每位员工的工资。这本来是一份不错的工作,但是令人郁闷的是,我们的老板反复无常,经常调整员工的工资。如果他心情好,就可能把每位员工的工资加上一个相同的量。反之,如果心情不好,就可能把当前在公司的所有员工的工资扣除一个相同的量。我真不知道除了调工资他还做什么其他事情。

工资的频繁调整很让员工反感,尤其是集体扣除工资的时候,一旦某位员工发现自己的工资已经低于了合同规定的工资下限,他就会立刻气愤地离开公司,并且再也不会回来了。每位员工的工资下限都是统一规定的。每当一个人离开公司,我就要从电脑中把他的工资档案删去,同样,每当公司招聘了一位新员工,我就得为他新建一个工资档案。

老板经常到我这边来询问工资情况,他并不问具体某位员工的工资情况,而是问现在工资第 k 多的员工拿多少工资。每当这时,我就不得不对数万个员工进行一次漫长的排序,然后告诉他答案。

好了,现在你已经对我的工作了解不少了。正如你猜的那样,我想请你编一个工资统计程序。怎么样,不是很困难吧?

如果某个员工的初始工资低于最低工资标准,那么将不计入最后的答案内。

【输入】

第一行有两个整数 n 和 min。n 表示下面有多少条命令,min 表示工资下限。

接下来的 n 行,每行一个字符 x 和一个整数 k,表示一条命令。命令可以是以下四种之一:

(1) I k 新建一个工资档案,初始工资为 k。如果某员工的初始工资低于工资下限,他将立刻离开公司。

(2) A k 把每位员工的工资加上 k。

(3) S k 把每位员工的工资扣除 k。

(4) F k 查询第 k 多的工资。

在初始时,可以认为公司里一个员工也没有。

【输出】

对于每条 F 命令,你的程序要输出一行,仅包含一个整数,为当前工资第 k 多的员工所拿的工资数,如果 k 大于目前员工的数目,则输出 −1。

输出的最后一行包含一个整数,为离开公司的员工的总数。

请注意,初始工资低于工资下限的员工不算作离开公司的员工。

【样例输入】	【样例输出】
9 10	10
I 60	20
I 70	−1
S 50	2
F 2	
I 30	
S 15	
A 5	
F 1	
F 2	

6. MEG – Megalopolis

【问题描述】

在经济全球化浪潮的影响下,习惯于漫步在清晨的乡间小路的邮递员 Blue Mary 也开始骑着摩托车传递邮件了。不过,她经常回忆起以前在乡间漫步的情景。昔日,乡下有依次编号为 1..n 的 n 个小村庄,某些村庄之间有一些双向的土路。从每个村庄都恰好有一条路径到达村庄 1(即比特堡)。并且,对于每个村庄,它到比特堡的路径恰好只经过编号比它的编号小的村庄。另外,对于所有道路而言,它们都不在除村庄以外的其他地点相遇。在这个未开发的地方,从来没有过高架桥和地下铁道。随着时间的推移,越来越多的土路被改造成了公路。至今,Blue Mary 还清晰地记得最后一条土路被改造为公路的情景。现在,这里已经没有土路了——所有的路都成为了公路,而昔日的村庄已经变成了一个大都市。Blue Mary 想起了在改造期间她送信的经历。她从比特堡出发,需要去某个村庄,并且

在两次送信经历的间隔期间,有某些土路被改造成了公路。现在 Blue Mary 需要你的帮助:计算出每次送信她需要走过的土路数目。(对于公路,她可以骑摩托车;而对于土路,她就只好推车了。)

【输入】

在输入的第一行有一个整数 n(1≤n≤250000),表示字节音中的村庄数量。以下 n-1 行包含道路描述,采用两个整数 a,b(1≤a<b≤n),用一个空格隔开,表示与道路相连的村庄数量。下一行有一个整数 m(1≤m≤250000),表示 Blue Mary 已完成的行程数。

以下 n+m-1 行按时间顺序包含对事件的描述:

"A a b"(保证 a<b)表示在该特定时刻,a 村和 b 村之间的乡村公路正在改建为高速公路。

"W a"表示询问 Blue Mary 从比特堡到 a 村的旅行。

【输出】

你的程序应该精确地写出 m 行整数输出(分别对应 m 次询问),每行一个数,表示 Blue Mary 在她的旅行中所走过的乡村公路的数量。

【样例输入】	【样例输出】
5	2
1 2	1
1 3	0
1 4	1
4 5	
4	
W 5	
A 1 4	
W 5	
A 4 5	
W 5	
W 2	
A 1 2	
A 1 3	

第7章 图

7.1 图的概念

图(graph)是图型结构的简称。它是一种复杂的非线性数据结构。图在各个领域都有着广泛的应用。图的二元组定义为:

$$G = (V, E)$$

其中 V 是非空的顶点集合,即

$$V = \{v_i \mid 1 \leqslant i \leqslant n, n \geqslant 1, v_i \in elemtype, n \text{ 为顶点数}\}$$

E 是 V 上二元关系的集合,一般我们只讨论仅含一个二元关系的情况,且直接用 E 表示这个关系。这样,E 就是 V 上顶点的序偶或无序对[每个无序对(x,y)是两个对称序偶 $<x,y>$ 和 $<y,x>$ 的简写形式]的集合。对于 V 上的每个顶点,在 E 中都允许有任意多个前驱和任意多个后继,即对每个顶点的前驱和后继个数均不限制。回顾一下线性表和树的二元组定义,都是在其二元关系上规定了某种限制,线性表的限制是只允许每个结点有一个前驱和一个后继,树的限制是只允许每个结点有一个前驱和多个后继。因此,图比线性表和树具有广泛性,它包含线性表和树在内,线性表和树可看作图的简单情况。

对于一个图 G,若 E 是序偶(有序对)的集合,则每个序偶对应图中的一条有向边,若 E 是无序对的集合,则每个无序对对应图形中的一条无向边,所以可把 E 看作是边的集合。这样图的二元组定义可叙述为:图由非空顶点集(vertexset)和边集(edgeset)所组成。针对图 G,顶点集和边集可分别记为 V(G)和 E(G)。边集 E(G)允许是空集,这时图 G 中的顶点均为孤立顶点。

对于一个图 G,若边集 E(G)为有向边,则称此图为有向图(digraph),若边集 E(G)为无向边,则称此图为无向图(undigraph)。如图 7-1 中所示的 G_1 是无向图,G_2 是有向图。

7.2 图的基本术语

1. 端点和邻接点

在一个无向图中,若存在一条边(v_i, v_j),则称 v_i, v_j 为此边的两个端点,并称它们互为邻接点(adjacent),即 v_i 是 v_j 的一个邻接点,v_j 也是 v_i 的一个邻接点。如图 7-1 的 G_1 中,含顶点 v_1 的四条边是(1,2),(1,3),(1,4)和(1,6),v_1 四个邻接点分别为 v_2, v_3, v_4 和 v_6。

在一个有向图中,若存在一条边 $<v_i, v_j>$,则称此边是顶点 v_i 的一条出边(outedge),顶点 v_j 的一条入边(inedge);称 v_i 为此边的起始端点,简称起点或始点,v_j 为此边的终止端点,简称终点;称 v_i 和 v_j 互为邻接点,并称 v_j 是 v_i 的出边邻接点,v_i 是 v_j 的入边邻接点。如图 7 - 1 的 G_2 中,顶点 C 有两条出边 $<C,B>$ 和 $<C,D>$,两条入边 $<A,C>$ 和 $<B,C>$,顶点 C 的两个出边邻接点为 v_B 和 v_D,两个入边邻接点为 v_A 和 v_B。

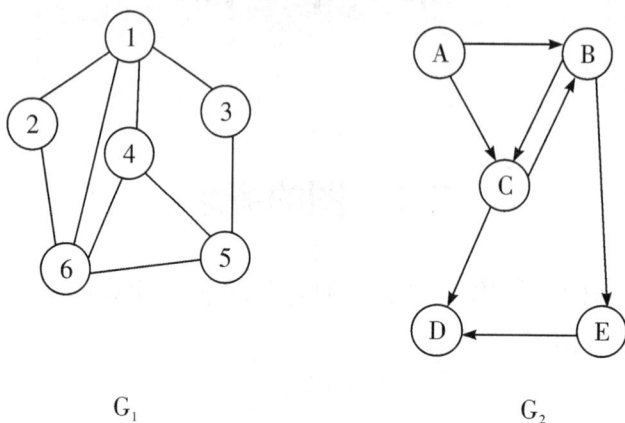

$$G_1 \qquad\qquad\qquad G_2$$

图 7 - 1 图的示例

2. 顶点的度、入度、出度

无向图顶点 v 的度(degree)定义为以该顶点为一个端点的边的数目,简单地说,就是该顶点的边的数目,记为 $D(v)$。如图 7 - 1 的 G_1 中 v_1 顶点的度为 4,v_2 顶点的度为 2。有向图中顶点 v 的度有入度和出度之分,入度(indegree)是该顶点的入边的数目,记为 $ID(v)$;出度(outdegree)是该顶点的出边的数目,记为 $OD(v)$。顶点 v 的度等于它的入度和出度之和,即 $D(v) = ID(v) + OD(v)$。如图 7 - 1 的 G2 中顶点 A 的入度为 0,出度为 2,度为 2;顶点 C 的入度为 2,出度为 2,度为 4。

若一个图中有 n 个顶点和 e 条边,则该图所有顶点的度同边数 e 满足下面关系:

$$e = \frac{1}{2}\sum_{i=1}^{n}D(v_i)$$

这很容易理解,因为每条边的度数为 2,所以全部顶点的度数为所有边数的 2 倍,或者说,边数为全部顶点的度数的一半。

3. 完全图、稠密图、稀疏图

若无向图中的每两个顶点之间都存在着一条边,有向图中的每两个顶点之间都存在着方向相反的两条边,则称此图为完全图。显然,若完全图是无向的,则图中包含有 $n(n-1)/2$ 条边,若完全图是有向的,则图中包含有 $n(n-1)$ 条边。当一个图接近完全图时,则可称为稠密图,相反地,当一个图有较少的边数[即 $e \ll n(n-1)$]时,则可称为稀疏图。图 7 - 2 中的 G_3 就是五个顶点的无向完全图,G_4 就是六个顶点的有向稀疏图。

4. 子图

设有两个图 $G = (V,E)$ 和 $G' = (V',E')$,若 V' 是 V 的子集,且 E' 是 E 的子集,则称 G' 是 G 的子图。例如图 7 - 2,由 G_3 中全部顶点和同 v_1 相邻的所有边可构成 G_3 的一个子图,由 G_3 中的顶点 v_1,v_2,v_3 和它们之间的所有边可构成 G_3 的另一个子图。

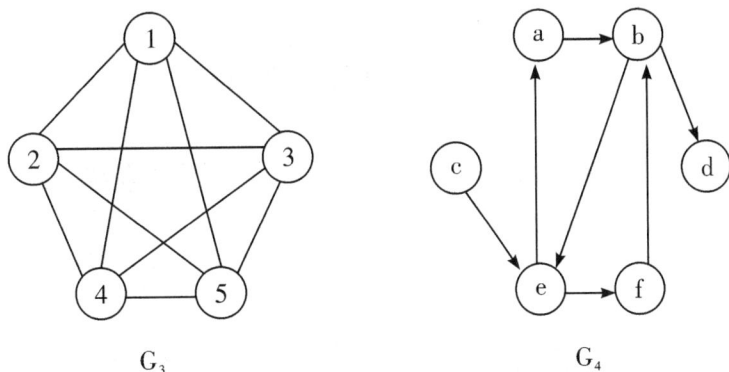

图 7 - 2   完全图和稀疏图示例

5. 路径和回路

在一个图 G 中,从顶点 v 到顶点 v′的一条路径(path)是一个顶点序列 $v_{i0}, v_{i1}, v_{i2}, \cdots,$ v_{im},其中 $v = v_{i0}, v′ = v_{im}$,若此图是无向图,则$(v_{ij-1}, v_{ij}) \in E(G), (1 \leq j \leq m)$;若此图是有向图,则$< v_{ij-1}, v_{ij} > \in E(G), (1 \leq j \leq m)$。路径长度是指该路径上经过的边的数目。若一条路径上除了前后端点可以相同外,其他顶点均不同,则称此路径为简单路径。若一条路径上的前后两端点相同,则被称为回路或环(cycle),前后两端点相同的简单路径被称为简单回路或简单环。如图 7 - 2 的 G_4 中,从顶点 c 到顶点 d 的一条路径为 v_c, v_e, v_a, v_b, v_d,其路径长度为 4;路径 v_a, v_b, v_e, v_a 为一条简单回路,其路径长度为 3;路径 v_a, v_b, v_e, v_f, v_b 不是一条简单路径,因为存在着从顶点 v_b 到 v_b 的一条回路。

6. 连通和连通分量

在无向图 G 中,若从顶点 v_i 到顶点 v_j 有路径,则称 v_i 和 v_j 是连通的。若图 G 中任意两个顶点都连通,则称 G 为连通图,否则称为非连通图。无向图 G 的极大连通子图称为 G 的连通分量。显然,任何连通图的连通分量只有一个,即本身,而非连通图有多个连通分量。例如,上面给出的图 7 - 1 中的 G_1 和图 7 - 2 中的 G_3 就是连通图。

7. 强连通图和强连通分量

在有向图 G 中,若从顶点 v_i 到顶点 v_j 有路径,则称从 v_i 到 v_j 是连通的。若图 G 中的任意两个顶点 v_i 和 v_j 都连通,即从 v_i 到 v_j 和从 v_j 到 v_i 都存在路径,则称 G 是强连通图。有向图 G 的极大强连通子图称为 G 的强连通分量。显然,强连通图只有一个强连通分量,即本身,非强连通图有多个强连通分量。

8. 权和网

在一个图中. 每条边可以标上具有某种含义的数值,此数值称为该边的权(weight)。例如,对于一个反映城市交通线路的图,边上的权可表示该条线路的长度或等级;对于一个反映电子线路的图,边上的权可表示两端点间的电阻、电流或电压;对于一个反映零件装配的图,边上的权可表示一个端点需要装配另一个端点的零件的数量;对于一个反映工程进度的图,边上的权可表示从前一子工程到后一子工程所需要的天数。边上带有权的图称作带权图,也常称作网(network)。如图 7 - 3 就是一个网。

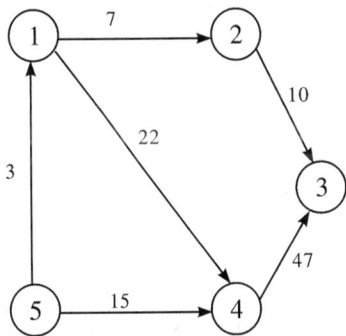

图 7 - 3   网的示例

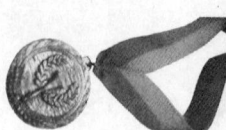

7.3 图的存储结构

图的存储结构又称图的存储表示或图的表示。它有多种方法,这里主要介绍邻接矩阵、邻接表和边集数组这三种方法。

7.3.1 邻接矩阵

邻接矩阵(adjacency matrix)是表示顶点之间相邻关系的矩阵。设 $G=(V,E)$ 是具有 n 个顶点的图,顶点序号依次为 1、2、…、n,则 G 的邻接矩阵是具有如下定义的 n 阶方阵。

$$A_{i,j} = \begin{cases} 1, & \text{对于无向图}: (v_i, v_j) \text{ 或 } (v_j, v_i) \in E(G) \\ & \text{对于有向图}: <v_i, v_j> \in E(G) \\ 0, & \text{反之} \end{cases}$$

若图 G 是一个带权图,则用邻接矩阵表示也很方便,只要把 1 换为相应边上的权值,把 0 换为∞即可。其中∞表示"无穷大",实际存储时它要大于图 G 中需要进行的各种运算所得到的最大的权值。

采用邻接矩阵表示图,便于查找图中任一条边或边上的权。如要查找边 (v_i, v_j) 或 $<v_i, v_j>$,则只要查找邻接矩阵中第 i 行第 j 列的元素 $A_{i,j}$ 是否非零(或非∞)即可。若该元素非零(或非∞),则表明此边存在,否则此边不存在。因为邻接矩阵中的元素可以随机存取,所以其查找时间复杂性为 $O(1)$。如要查找 v_i 的一个邻接点(对于无向图)或出边邻接点(对于有向图),则只要在第 i 行上查找出一个非零(或非∞)元素。以该元素所在的列号 j 为序号的顶点 v_j 就是所求的一个邻接点或出边邻接点。一般算法要求是依次查找一个顶点 v_i 的所有邻接点(对于有向图为出边邻接点或入边邻接点),此时需访问对应第 i 行或第 i 列上的所有元素,所以其时间复杂性为 $O(n)$。

图的邻接矩阵存储需要占用 n×n 个存储单元,所以其空间复杂性为 $O(n^2)$。这种存储结构用于表示稠密图能够充分利用存储空间,但若用于表示稀疏图,则致使邻接矩阵变为稀疏矩阵,从而造成存储空间的很大浪费。

例如图 7-3 的邻接矩阵表示如下:

	1	2	3	4	5
1	0	7	∞	22	∞
2	∞	0	10	∞	∞
3	∞	∞	0	∞	∞
4	∞	∞	47	0	∞
5	3	∞	∞	15	0

图的邻接矩阵表示很容易生成,这是一个生成无向带权图的算法描述:
void Create (){

```
for(i = 1;i <= n;i ++ )
    for(j = 1;j <= n;j ++ )
        G[i][j] = 0x3f3f3f3f;            //赋初值
for(k = 1;k <= e;k ++ ){
    Input(i,j,w);                        //输入边
    G[i][j] = w;
    G[j][i] = w;
}
}
```

7.3.2　邻接表

邻接表(adjacency list)是对图中的每个顶点建立一个邻接关系的单链表,并把它们的表头指针用向量存储的一种图的表示方法。为顶点 v_i 建立的邻接关系的单链表又称作 v_i 的邻接表。v_i 邻接表中的每个结点用来存储以该顶点为端点或起点的一条边的信息,因而被称为边结点。v_i 邻接表中的结点数,对于无向图来说,等于 v_i 的边数、邻接点数或度数;对于有向图来说,等于 v_i 的出边数、出边邻接点数或出度数。边结点的类型通常被定义为三个域:一是邻接点域(adjvex),用以存储顶点 v_i 的一个邻接顶点 v_j 的序号 j;二是权域(weight),用以存储边 (v_i,v_j) 或 $<v_i,v_j>$ 上的权;三是链域(next),用以链接 v_i 邻接表中的下一个结点。在这三个域中,邻接点域和链域是必不可少的,权域可根据情况取舍,若表示的是无权图,则可省去此域。对于每个顶点 v_i 的邻接表,需要设置一个表头结点,该结点除了包括 v_i 邻接表的表头指针域(link)外,通常还包括用于存储顶点 v_i 信息的值域(data),若顶点 v_i 的值就是该顶点的编号 i,则此域可以省去。若图 G 中有 n 个顶点,则就有 n 个表头结点,为了便于随机访问任一顶点的邻接表,需把这 n 个表头结点用一个向量(即一维数组)存储起来,其中第 i 个分量存储 v_i 邻接表的表头结点。这样,图 G 就可以由这个表头向量来表示。

在图的邻接表中便于查找一个顶点的边(出边)或邻接点(出边邻接点),这只要首先从表头向量中取出对应的表头指针,然后从表头指针出发进行查找。由于每个顶点单链表的平均长度为 e/n(对于有向图)或 2e/n(对于无向图),所以此查找运算的时间复杂度为 O(e/n)。但要从有向图的邻接表中查找一个顶点的入边或入边邻接点,那就不方便了,它需要扫描所有顶点邻接表中的边结点,因此其时间复杂性为 O(n + e)。对于那些需要经常查找顶点入边或入边邻接点的运算,可以为此专门建立一个逆邻接表(contrary adjacency list),该表中每个顶点的单链表不是存储该顶点的所有出边的信息,而是存储所有入边的信息。

图的邻接表表示和图的邻接矩阵表示,虽然方法不同,但也存在着对应的关系。邻接表中每个顶点 v_i 的单链表对应邻接矩阵中的第 i 行,整个邻接表可看作是邻接矩阵的带行指针向量的链接存储;整个逆邻接表可看作是邻接矩阵的带列指针向量的链接存储。我们知道,对于稀疏矩阵,若采用链接存储是比较节省存储空间的,所以稀疏图的邻接表表示比邻接矩阵表示要节省存储空间。

例如图 7 - 3 的邻接表表示如图 7 - 4 所示。

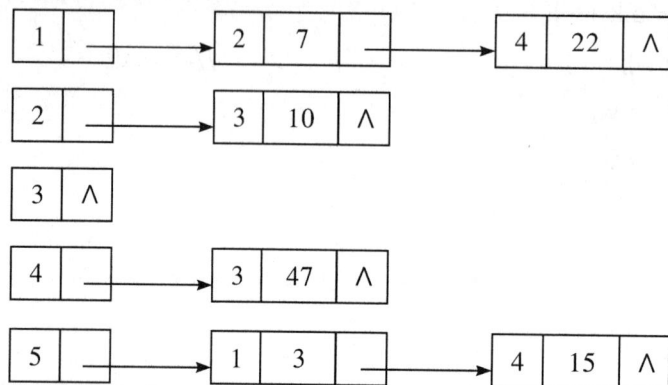

图 7 - 4　链接存储图

下面给出一个生成无向带权图的邻接表的算法描述:

```
void create(){
    for(int i = 1;i <= n;i ++ ){
        input(G[i].data);        //输入点的信息
        G[i].lk = 0;
    }
    for(int k = 1;k <= E;k ++ ){
        input(i,j);              //输入边
        GetMemory(s);            //取得一个空内存单元,用于存放结点
        s.adjvex = j;
        s.next = G[i].lk;
        G[i].lk = s;             //链式储存
    }
    return;
}
```

7.3.3　边集数组

边集数组(edgeset array)是利用一维数组存储图中所有边的一种图的表示方法。该数组中所含元素的个数要大于等于图中边的条数,每个元素用来存储一条边的起点、终点(对于无向图,可选定边的任一端点为起点或终点)和权(若有的话),各边在数组中的次序可任意安排,也可根据具体要求而定。

例如图 7 - 3 的边集数组表示如表 7 - 1 所示。

表 7-1　边集数组存储表

起点	终点	权值
1	2	7
1	4	22
2	3	10
4	3	47
5	1	3
5	4	15

下面给出一个生成无向带权图的边集数组的算法描述:

```
void Create(G){
    for(k = 1;k <= n;k ++ ){
        input(i,j,w);
        G[ k ].fromvex = i;                //起点
        G[ k ].endvex = j;                 //终点
        G[ k ].weight = w;                 //边权
    }
}
```

在边集数组中查找一条边或一个顶点的度都需要扫描整个数组,所以其时间复杂性为 $O(e)$。边集数组适合那些对边依次进行处理的运算,不适合对顶点的运算和对任一条边的运算。空间复杂性为 $O(e)$,从空间复杂性上讲,边集数组也适于表示稀疏图。

图的邻接矩阵、邻接表和边集数组表示各有利弊,具体应用时,要根据图的稠密和稀疏程度以及算法的要求进行选择。

7.4　图的遍历

图的遍历就是从指定的某个顶点(称为初始点)出发,按照一定的搜索方法对图中的所有顶点各作一次访问的过程。图的遍历比树的遍历要复杂,因为从树根到达树中的每个结点只有一条路径,而从图的初始点到达图中的每个顶点可能存在着多条路径。当顺着图中的一条路径访问过某一顶点后,可能还会顺着另一条路径回到该顶点。为了避免重复访问图中的同一个顶点,必须用标志量来标记每个顶点是否被访问过。

根据搜索方法的不同,图的遍历有两种:一种叫做深度优先搜索遍历,另一种叫做广度优先搜索遍历。

7.4.1　深度优先搜索遍历

深度优先搜索(depth first search)遍历类似树的先根遍历,它是一个递归过程,可叙述为:首先访问一个顶点 v_i(开始为初始点),并将其标记为已访问过,然后从 v_i 的一个未被访问的邻接点(无向图)或出边邻接点(有向图)出发进行深度优先搜索遍历,当 v_i 的所有邻接点均被访问过时,则退回到上一个顶点 v_k,从 v_k 的另一个未被访问过的邻接点出发进行深度优先搜索遍历。

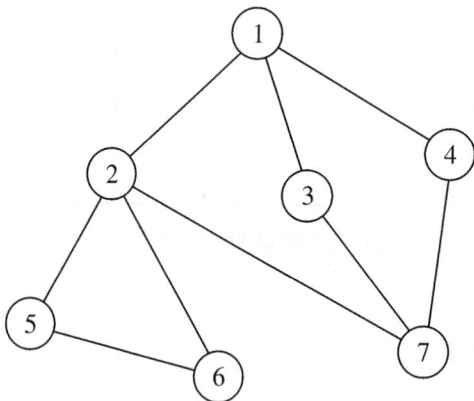

图7-5 图的示例

如图7-5的深度优先遍历的具体步骤如下:

(1)访问顶点 v_1,并标记 v_1 已被访问过。选取 v_1 的任意一个未访问过的邻接点(假设选 v_2)进行深度优先遍历。

(2)访问顶点 v_2,并标记 v_2 已被访问过。选取 v_2 的任意一个未访问过的邻接点(假设选 v_5)进行深度优先遍历。

(3)访问顶点 v_5,并标记 v_5 已被访问过。选取 v_5 的任意一个未访问过的邻接点(假设选 v_6)进行深度优先遍历。

(4)访问顶点 v_6,并标记 v_6 已被访问过。v_6 邻接点都被访问过,回溯到 v_5,v_2,选取 v_7 进行深度优先遍历。

(5)访问顶点 v_7,并标记 v_7 已被访问过。选取 v_7 的任意一个未访问过的邻接点(假设选 v_3)进行深度优先遍历。

(6)访问顶点 v_3,并标记 v_3 已被访问过。v_3 邻接点都被访问过,回溯到 v_7,选取 v_4 进行深度优先遍历。

(7)访问顶点 v_4,并标记 v_4 已被访问过。v_4 邻接点都被访问过,回溯到 v_7,v_2,v_1 发现所有点的邻接点都被访问过,至此遍历结束。

得到的深度优先遍历序列为: v_1,v_2,v_5,v_6,v_7,v_3,v_4

下面给出用邻接矩阵存储的图的深度优先搜索的算法描述:

```
void dfs(int i){
    Print(i);
    visited[i] = true;
    for (int j = 1;j <= n;j ++ ) {
        if (!visited[j]&&g[i][j] == 1)
```

```
        dfs(j);
    }
}
```

图的深度优先遍历因为选取的点的顺序和边的顺序不同,不是唯一的。对邻接矩阵表示的图进行深度优先搜索遍历时,需要扫描邻接矩阵中的每一个元素,所以其时间复杂度为 $O(n^2)$。对邻接表表示的图进行深度优先搜索遍历时,需要扫描邻接表中的每个边结点,所以其时间复杂度为 $O(E)$。

7.4.2 广度优先搜索遍历

广度优先搜索(breadth first search)遍历类似树的按层遍历,其过程为:首先访问初始点 v_i,并将其标记为已访问过,接着访问 v_i 的所有未被访问过的邻接点 v_{i1},v_{i2},$\cdots$,v_{it} 并均标记为已访问过,然后再按照 v_{i1},v_{i2},$\cdots$,v_{it} 的次序,访问每一个顶点的所有未被访问过的邻接点,并均标记为已访问过,依此类推,直到图中所有和初始点 v_i 有路径相通的顶点都被访问过为止。

在广度优先搜索遍历中,先被访问的顶点,其邻接点亦先被访问,所以在算法的实现中需要使用一个队列,用来依次记录被访问过的顶点。算法开始时,将初始点 v_i 访问后插入队列中,以后每从队列中删除一个元素,就依次访问它的每一个未被访问过的邻接点,并令其进队,这样,当队列为空时表明所有与初始点有路径相通的顶点都已访问完毕,算法到此结束。

如图 7-5 的广度优先遍历的具体步骤如下:

(1)访问顶点 v_1,并标记已被访问过。

(2)访问顶点 v_1 的所有未被访问过的邻接点 v_2,v_3,v_4,并标记已访问过。

(3)访问顶点 v_2 的所有未被访问过的邻接点 v_5,v_6,v_7,并标记已访问过。

(4)依次访问 v_3,v_4,v_5,v_6,v_7 所有未被访问过的邻接点,发现已经都被访问,广度优先遍历结束。

得到的广度优先遍历序列为 v_1,v_2,v_3,v_4,v_5,v_6,v_7。

下面给出用邻接矩阵存储的图的广度优先搜索的算法描述:

```
void bfs(int i){
    Setnull(Q);                          //初始化队列
    Print(i);
    visited[i] = true;
    Insert(Q,i);
    do{
        K = delete(Q);                   //删除队首结点
        for(int j = 1;j <= n;j ++ ) {
            if(g[k][j] == 1&&! visited[j])
```

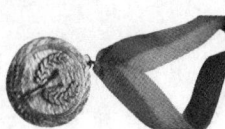

```
                Print(j);
                visited[ j ] = true;
                Insert(Q,j);                    //访问相邻结点
            }
        }while(Q);                              //当队列为空的时候遍历完毕
    }
```

与图的深度优先搜索遍历一样,对于图的广度优先搜索遍历,若采用邻接矩阵表示,其时间复杂性为 $O(n^2)$;若采用邻接表表示,其时间复杂性为 $O(E)$。由图的某个顶点出发进行广度优先搜索遍历时,访问各顶点的次序不同也会导致搜索序列的不同,所以也不是唯一的。

深度优先遍历和广度优先遍历得到的序列各有特点,比如深度优先序列构造的生成树没有横向弧,广度优先序列构造的生成树可以很容易得到每个结点的层次等,需要具体情况具体分析,选取一种合适的。

7.4.3　非连通图的遍历

前面提到的深度优先遍历和广度优先遍历都只从图的一个顶点开始进行一次遍历,对于连通图可以遍历到图的所有结点,但如果图不连通,则有一部分结点无法访问到。修改很简单,每次选取任意一个没有被遍历过的结点开始一次遍历,重复此操作直到遍历完图的所有结点即可。

7.5　图的生成树与最小生成树

在一个连通图 G 中,如果取它的全部顶点和一部分边构成一个子图 G',即:
$$V(G') = V(G) \text{ 和 } E(G') \subseteq E(G)$$

若边集 E(G') 中的边既将图中的所有顶点连通又不形成回路,则称子图 G' 是原图 G 的一棵生成树。

下面简单说明一下既包含连通图 G 中的全部 n 个顶点又没有回路的子图 G'(即生成树)必含有 n-1 条边。要构造子图 G',首先从图 G 中任取一个顶点加入 G' 中,此时 G' 中只有一个顶点,自然是连通的,以后每次添加一条一个端点在图 G' 中、另一个不在 G' 中的边,并将不在 G' 中的端点连通到图 G' 中,这样不会产生回路。N-1 次后,就向 G' 中加入了 n-1 条边和 n-1 个顶点,使得 G' 中 n 个点连通且不存在回路。

图 7-6 中的(b),(c),(d)均是图(a)的生成树。对于一个边带权的连通图(假设边上的权都非负)生成树的不同,树的权(即树中所有边上的权值总和)也不同。其中权最小的生成树为图的最小生成树(minimum spanning tree)。

求图的最小生成树很有实际意义。例如,若一个连通图表示城市之间的通信系统,图的顶点代表城市,图的边代表城市之间架设通信线路的造价,各城市之间的距离不同,地理

条件不同,其造价也不同,即边上的权不同,现在要求既要连通所有城市、又要使总造价最低,这就是一个求图的最小生成树的问题。

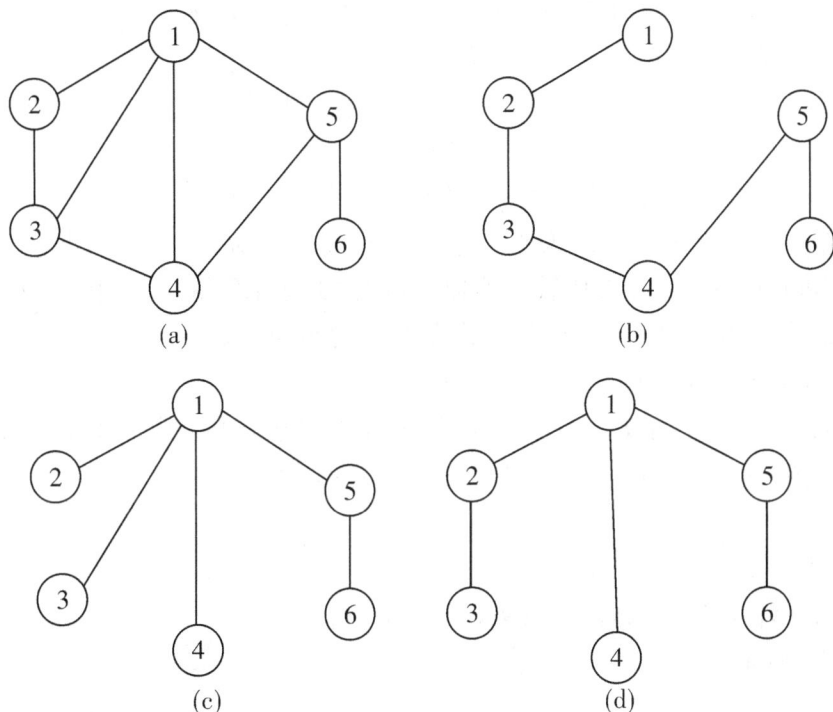

图7-6 生成树的示例

下面讨论求图的最小生成树的两种算法:普里姆(Prim)算法和克鲁斯卡尔(Kruskal)算法。

7.5.1 普里姆算法

假设 $G = (V, E)$ 是一个具有 n 个顶点的连通图,$T = (U, TE)$ 是 G 的最小生成树,其中 U 是 T 的顶点集,TE 是 T 的边集,U 和 TE 的初值均为空集。算法开始时,首先从 V 中任取一个顶点(假定取 v_1),将它并入 U 中,此时 $U = \{v_1\}$,然后只要 U 是 V 的真子集(即 $U \subset V$),就从那些其一个端点已在 T 中,另一个端点仍在 T 外的所有边中,找一条最短(即权值最小)边,假定为 (v_i, v_j),其中 $v_i \in U$,$v_j \in V - U$,并把该边 (v_i, v_j) 和顶点 v_j 分别并入 T 的边集 TE 和顶点集 U,如此进行下去,每次往生成树里并入一个顶点和一条边,直到 $(n-1)$ 次后就把所有 n 个顶点都并入到生成树 T 的顶点集中,此时 $U = V$,TE 中含有 $(n-1)$ 条边,T 就是最后得到的最小生成树。

普里姆算法的关键之处是:每次如何从生成树 T 中到 T 外的所有边中,找出一条最短边。例如,在第 k 次前,生成树 T 中已有 k 个顶点和 $k-1$ 条边,此时 T 中到 T 外的所有边数为 $k(n-k)$,当然它包括两顶点间没有直接边相连,其权值被看作为"无穷大"的边在内。从如此多的边中查找最短边,其时间复杂性为 $O(k(n-k))$,显然是很费时的。是否有一种好的方法能够降低查找最短边的时间复杂性呢? 回答是肯定的,它能够使查找最短边的时间复杂性降低到 $O(n-k)$。方法是:假定在进行第 k 次前已经保留着从 T 中到 T 外每一顶点[共 $(n-k)$ 个顶点]的各一条最短边,进行第 k 次时,首先从这 $(n-k)$ 条最短边中,找

出一条最最短的边(它就是从 T 中到 T 外的所有边中的最短边),假设为(v_i,v_j),此步需进行(n-k)次比较;然后把边(v_i,v_j)和顶点 v_j 分别并入 T 中的边集 TE 和顶点集 U 中,此时 T 外只有 n-(k+1)个顶点,对于其中的每个顶点 v_t,若(v_j,v_t)边上的权值小于已保留的从原 T 中到 v_t 的最短边的权值,则用(v_j,v_t)修改之,使从 T 中到 T 外顶点 v_t 的最短边为(v_j,v_t),否则原有最短边保持不变,这样,就把第 k 次后从 T 中到 T 外每一顶点 v_t 的各一条最短边都保留下来了。为进行第(k+1)次运算做好了准备,此步需进行(n-k-1)次比较。所以,利用此方法求第 k 次的最短边共需比较 2(n-k)-1 次,即时间复杂度为 O(n-k)。

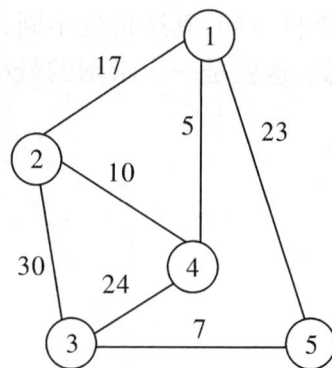

图 7-7　图的示例

所以普里姆算法总的时间复杂度为 $O(n^2)$。

下面给出图 7-8 用普里姆算法求最小生成树的具体步骤,其中 T 表示生成树中顶点集,TE 表示生成树中边集,min 表示到 T 中的最短距离的边。

(1)T = {v_1}

TE = {}

Min = { (v_1,v_2),(v_1,v_3), (v_1,v_4),(v_1,v_5)}

如图 7-8(a)

(2)T = {v_1,v_4}

TE = { (v_1,v_4)}

Min = { (v_4,v_2), (v_4,v_3), (v_1,v_5)}

如图 7-8(b)

(3)T = {v_1, v_4, v_2}

TE = { (v_1,v_4), (v_4,v_2)}

Min = { (v_4,v_3),(v_1,v_5)}

如图 7-8(c)

(4)T = {v_1, v_4, v_2, v_5}

TE = { (v_1,v_4), (v_4,v_2), (v_1, v_5)}

Min = { (v_5,v_3)}

如图 7-8(d)

(5)T = {v_1, v_4, v_2, v_5, v_3}

TE = { (v_1,v_4), (v_4,v_2), (v_1, v_5), (v_5,v_3)}

Min = {}

如图 7-8(e)

下面给出普里姆算法的算法描述:

```
Tree Prim()                              //返回一棵树 TE
{
    for(i = 2;i <= n;i ++)
    min[i] = G[i][i];
```

```
for(int k = 2;k <= n;k ++ ){
    i = Find_Shortest();                          //找到当前最短边连接的结点
    if(i == 0)
        {cerr << "no solution";return TE;}
    T = T -> i;
    TE = TE -> (i,Fa);                            //加入结点
    for(int j = 2;j <= n;j ++ ) {
        if(!(j∈T)&&(g[i][j] < min[j])) min[j] = G[i][j];
        Fa[j] = i;
    }    //更新
    return TE;
}
}
```

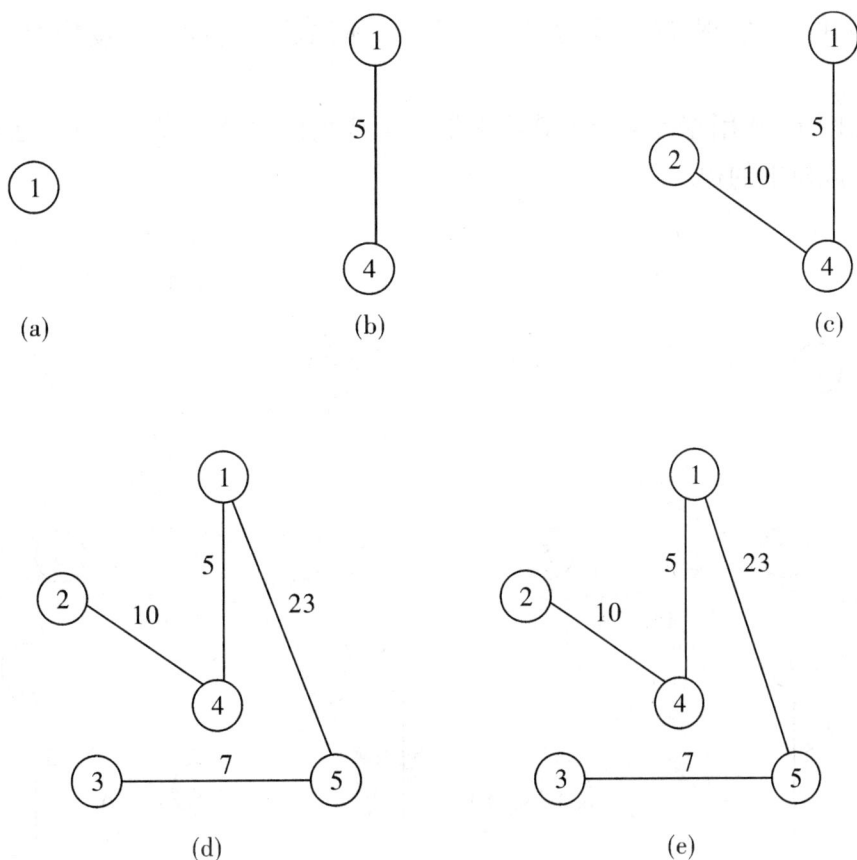

图 7 - 8 普里姆算法示例

7.5.2 克鲁斯卡尔算法

假设 G = (V,E) 是一个具有 n 个顶点的连通图,T = (U,TE) 是 G 的最小生成树,U 的初值等于 V,即包含有 G 中的全部顶点,TE 的初值为空。此算法的基本思想是,将图 G 中

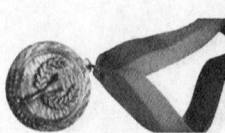

的边按权值从小到大的顺序依次选取,若选取的边使生成树 T 不形成回路,则把它并入 TE 中,保留作为 T 的一条边,若选取的边使生成树 T 形成回路,则将其舍弃,如此进行下去,直到 TE 中包含有 n - 1 条边为止。此时的 T 即为最小生成树。

克鲁斯卡尔算法的关键之处是:如何判断欲加入的一条边是否与生成树中已选取的边形成回路。这可将各顶点划分为所属集合的方法来解决,每个集合中的顶点表示一个无回路的连通分量。算法开始时,由于生成树的顶点集等于图 G 的顶点集,边集为空,所以 n 个顶点分属于 n 个集合。每个集合中只有一个顶点,表明顶点之间互不连通。

当从边集数组中按次序选取一条边时,若它的两个端点分属于不同的集合,则表明此边连通了两个不同的连通分量。因每个连通分量无回路,所以连通后得到的连通分量仍不会产生回路,此边应选取作为生成树的一条边,同时把端点所在的两个集合合并成一个,即成为一个连通分量。当选取的一条边的两个端点同属于一个集合时,此边应放弃,因同一个集合中的顶点是连通无回路的,若再加入一条边则必产生回路。

克鲁斯卡尔算法在对边排序时如果用快速排序的话时间复杂度为 $O(E\log_2 E)$,而添边的过程可以用并查集实现,复杂度为 $O(E\alpha(E))$,所以总的时间复杂度为 $O(E\log_2 E + E\alpha(E))$。

下面给出图 7 - 9 用克鲁斯卡尔算法求最小生成树的具体步骤,其中 U 表示顶点的集合,TE 表示生成树中的边。

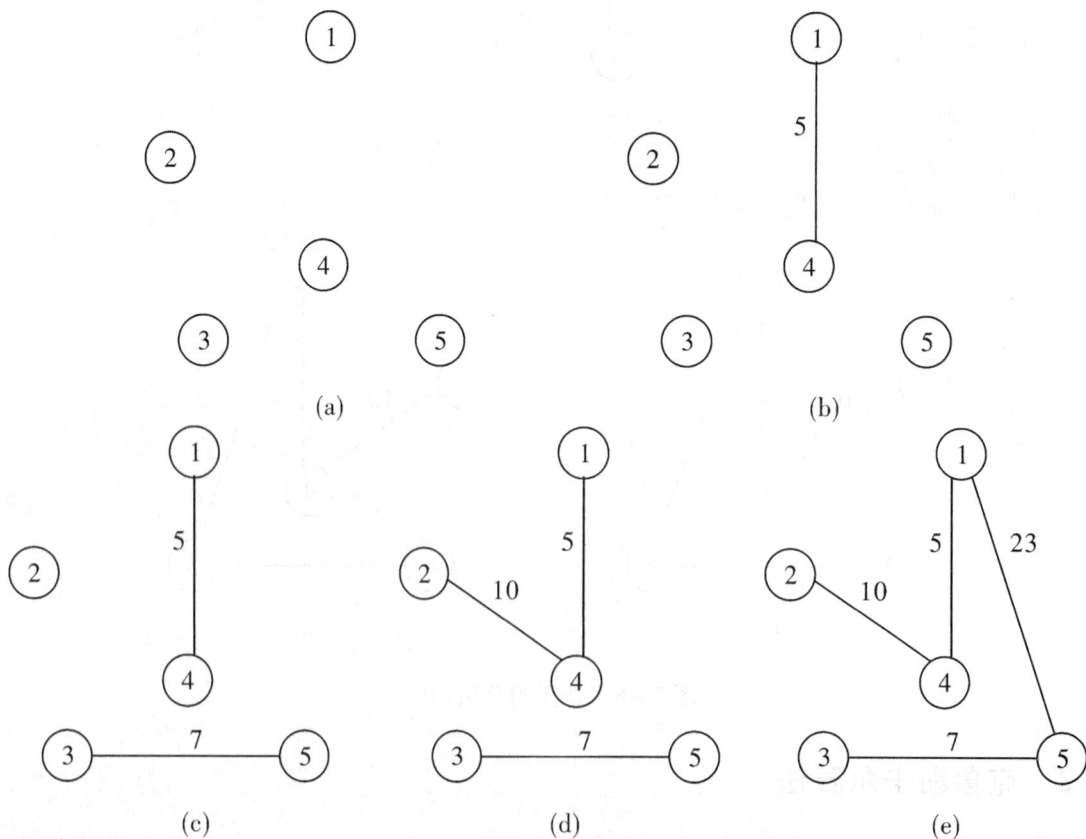

图 7 - 9　克鲁斯卡尔算法示例

(1) U = { v_1, v_2, v_3, v_4, v_5 }

　　TE = {}

　　如图 7 - 9(a)

(2) U = { v_1v_4, v_2, v_3, v_5 }

　　TE = { (v_1, v_4) }

　　如图 7 - 9(b)

(3) U = { v_1v_4, v_2, v_3v_5 }

　　TE = { (v_1, v_4), (v_3, v_5) }

　　如图 7 - 9(c)

(4) U = { $v_1v_4v_2$, v_3v_5 }

　　TE = { (v_1, v_4), (v_3, v_5), (v_4, v_2) }

　　如图 7 - 9(d)

(5) U = { $v_1v_4v_2v_3v_5$ }

　　TE = { (v_1, v_4), (v_3, v_5), (v_4, v_2), (v_1, v_5) }

　　如图 7 - 9(e)

下面给出克鲁斯卡尔算法的算法描述：

```
Tree Kruskal() {                          //返回一棵树 TE
    Sort_Edge();                          //给边排序
    for(i = 1;i <= e;i ++ )
    if(Check(Edge[i])){                   //检查当前边加上后是否成环
        TE = T - > Edge;
        Merge(Edge[i]);                   //加边
        m = m + 1;
        if(m == n)
        return TE;
    }
    cerr << "no solution";
    return TE;
}
```

【例 7 - 1】雅典奥运——修筑天桥

【问题描述】

2004 年奥运会在希腊雅典举行,现在已经在雅典城建了许多新的大型体育馆。为了使观众能够方便地在体育馆之间通行,雅典政府决定在体育馆之间建一些天桥,使得其中任意两个体育馆之间都有直接或间接的天桥相连。当然,从经济的角度出发,政府希望所有天桥的修建费用之和最小,其中修天桥费用与天桥的长度成正比,所以希望建设的天桥的总长度尽量小。

【输入】

第一行是一个整数 N(N≤100),表示雅典城内体育馆的数目。第二行至第 N + 1 行每

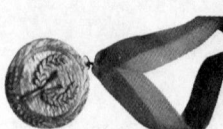

行两个数 $X_i, Y_i (0 \leq X_i, Y_i \leq 100)$，表示第 i 个体育馆的坐标。

【输出】

只有一个数，表示天桥总长度最小值。

【样例输入】	【样例输出】
2	2.23607
1 1	
2 3	

分析：

将 n 个体育馆每两个之间连一条边，构造成一个有 n 个顶点的完全图，每两个顶点之间边上的权值为它们之间的平面距离，显然，解题的关键是求这个图中的最小生成树，求出后，最短长度即可得。这是应用最小生成树解题的典型。可以用普里姆或者克鲁斯卡尔来解决，但由于是完全图，所以普里姆算法的效率更高。

参考程序如下：

```cpp
#include < iostream >
#include < cmath >
#define maxn 101
using namespace std;
float g[maxn][maxn];
float x[maxn],y[maxn],len[maxn],ans;
bool select[maxn];
int n;
void ini(){
    int i;
    cin >> n;
    for(i = 1;i <= n;i ++ )
        cin >> x[i] >> y[i];
    return;
}
float dist(int i,int j){
    return sqrt((x[i] - x[j])* (x[i] - x[j]) + (y[i] - y[j])* (y[i] - y[j]));
}
void prepare(){
    int i,j;
    for(i = 1;i <= n;i ++ )
        for(j = 1;j <= n;j ++ )
            g[i][j] = dist(i,j);        //预处理点对两两距离
    return;
```

```
}
voidwork(){
    int i,j,k;
    float min;
    for(i = 1;i <= n;i ++ )
        len[i] = g[1][i];
    for(k = 1;k <= n;k ++ ){
        min = 0x3f3f3f3f;
        for(j = 1;j <= n;j ++ )
            if(!select[j]&&len[j] < min) {
                min = len[j];
                i = j;
            }
        ans += min;
        select[i] = true;
        for(j = 1;j <= n;j ++ )
            if (!select[j]&&g[i][j] < len[j])   len[j] = g[i][j];
            //Prim算法求最小生成树
    }
}
void print() {
    cout << ans;
}
int main()
{
    ini();
    prepare();
    work();
    print();
    return 0;
}
```

7.6 树形图和最小树形图

类比无向图最小生成树的定义,我们定义一张有向图 G 以 r 为根的最小树形图为 G 的一个子图 T,并且子图 T 中 r 到任意非 r 结点 u 的路径存在且唯一。根据树的定义,子图 T 的形状就是一棵以 r 为根的树,只不过所有的边都是从父亲指向儿子的有向边。所以也称

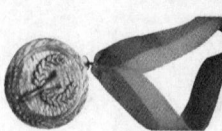

为"树形图"(Directed Spanning Trees, DST)。

定义:设 TG = (V, E) 是一个有向图,它具有下列性质:

(1)TG 中不包含有向环;

(2)存在一个顶点 V_i,它不是任何弧的终点,而 V 中的其他顶点都恰好是唯一的一条弧的终点,则称 TG 是以 V_i 为根的"树形图"(Directed Spanning Trees, DST)。

最小树形图:给一个有向带权图 G = (V, E),试求出其以 r 为根的边权和最小的树形图,即"最小树形图"(Minimum Directed Spanning Tree, MDST)。

最小树形图就是有向带权图 G = (V, E) 中以 V_i 为根的所有树形图中权值和最小的那棵,也就是说,给一个带权有向图带权图 G 和一个特殊的点 root,求一棵以 root 为根结点的树使该树的总权值最小,即"最小树形图"(Minimum Directed Spanning Tree, MDST)。

例如,图 7 - 10 中(a)是有向带权图 G,(b)(c)(d)都是图 G 中以顶点 1 为根的树形图,其中图(b)的边权和 37 为图 G 的所有树形图中边权和最小,图(b)为图 G 的最小树形图。

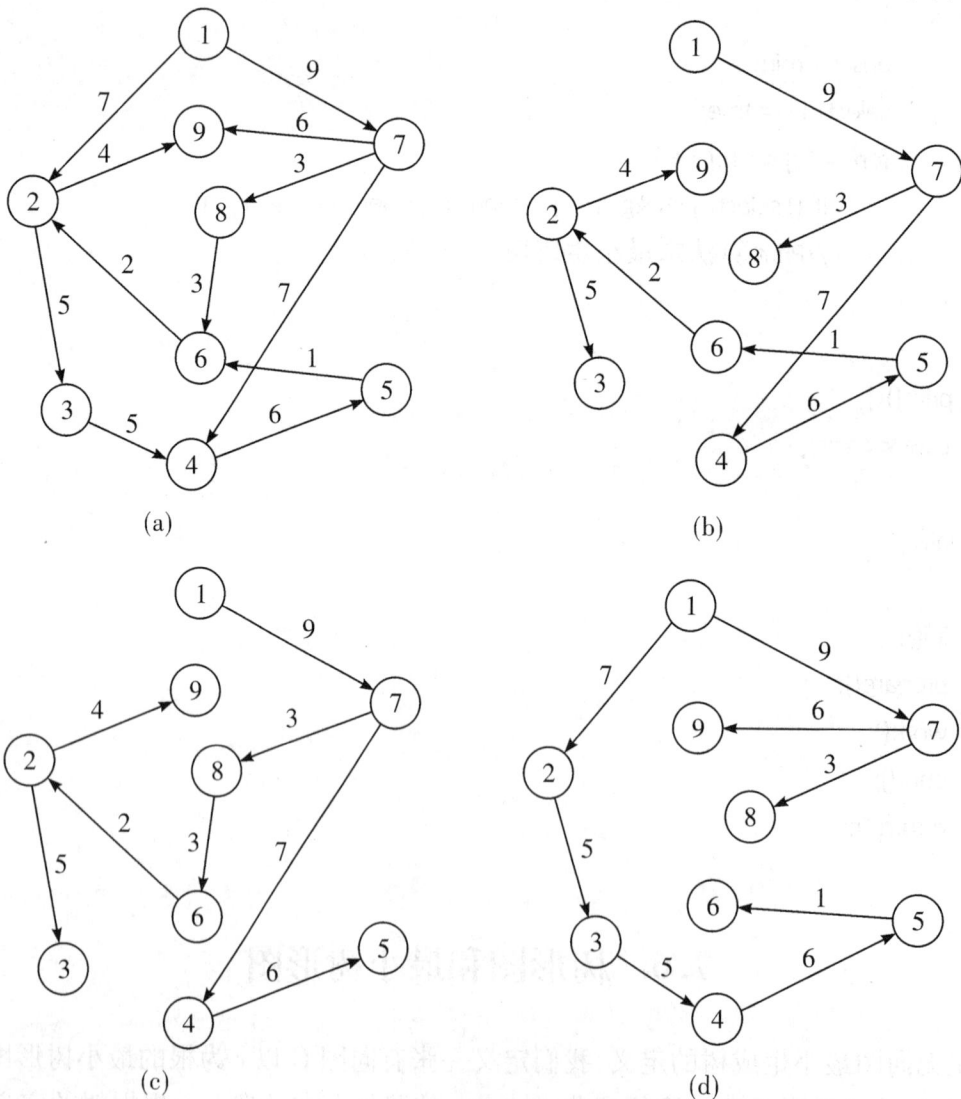

(a)

(b)

(c)

(d)

图 7 - 10 有向带权图与树形图示例

容易发现，Prim 和 Kruskal 算法在有向图上都会发生错误。为解决该问题，1965 年，朱永津和刘振宏最先提出了最小树形图时间复杂度为 O(VE)的算法。(两年后，也就是 1967 年，Edmonds 也独立发现了同样的算法。可能 Edmonds 名气比较大，现在英文资料里面关于这个算法的叫法总少不了 Edmonds 的名字)。

下面介绍求最小树形图的朱 – 刘算法。

根据定义，首先我们可以发现一个很显然的性质：在一个树形图 T 中，除根结点 root 外的点都只有一条入边。

一个简单的贪心思路是：对于每个非根结点，我们找出其所有入边中最小的一条。这样操作之后我们会得到原图的一个子图 G′，其含有 n – 1 条边。

例如图 7 – 10 中(a)，依据这个思路得到的子图 G′如图 7 – 11，不难发现，G′不是树形图，因为 G′中有一个环。那反过来说，若 G′中没有环，显然就是我们寻找的答案。现在有环，怎么办呢？

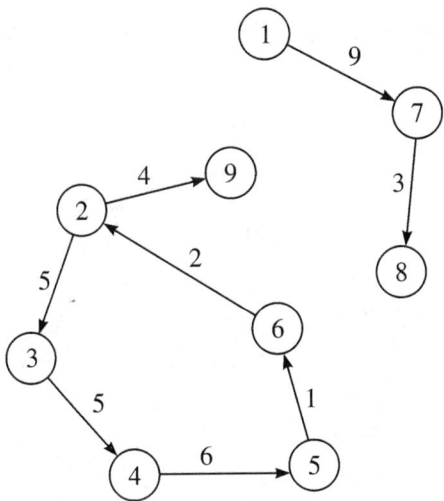

图 7 – 11　子图 G′

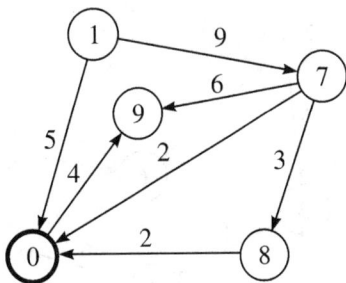

图 7 – 12　图 G1

一个思路是：必须把这个环中的某条边换掉，使 G′是一棵树形图，同时又是边权最小的树形图，因此有了第二个思路，把这个环缩为一个点，所有到这几个点的入边都视为到收缩点的入边，所有这几个点的出边视为收缩点的出边。例如对于上图，我们把{2,3,4,5,6}这个环缩为一个结点，设为 0，则根据边的变化，得到一个新图 G1，但我们要考虑新图 G1 的边权变化，只有 2 种情况：

(1)一种是由环中发出的边，即环的出边，这种情况显然边权不需要变化；

(2)另一种是图中其他点指向环中某个结点，即环的入边，为了求新图的最小树形图，这种入边的边权需要减去环中指向该点的边权，以便对图 G1 求解时换掉环中的该入边易于计算。

于是我们得到新图 G1 如图，其中顶点 0 代表环。

对新图 G1 依据前面的贪心思想，得到 G1 的两棵最小树形图，如图 7 – 13 所示，显然是原图 G 的最小树形图，只是需要还原展开环就可以了，如图 7 – 13 所示。

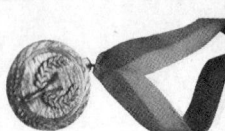

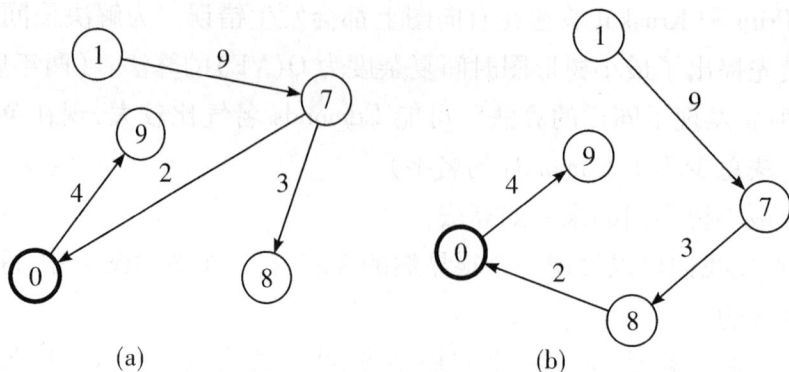

图 7 – 13　图 G1 的两棵最小树形图

　　最后对环进行还原展开就得到了原图 G 的最小树形图,还原时将环 C 中有 2 条入边的点去掉环中的那一条边即可。例如图 7 – 13 中的(a),展开环 C 时,环中顶点 6 有两条入边,去掉环 C 中边 <5,6>,得到图 7 – 14 中的(a),为原图 G 的最小树形图;同理,对图 7 – 13 中的(b),展开环 C 后得到原图 G 的另一棵最小树形图,如图 7 – 14(b)所示,这也说明了最小树形图并不唯一。

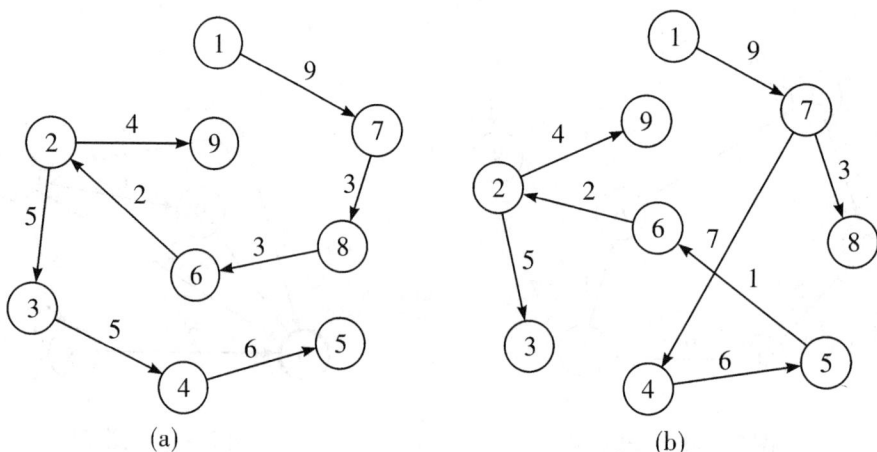

图 7 – 14　图 G 的两棵最小树形图

　　通过上面的实例,我们得到这样一个结论:对于任一个环 C,最多只需要换一条边。

　　证明:考虑任意一棵 MDST,设其树根为 r,环 C 上的结点依次为 $v_1, v_2, \cdots, v_n$。从根结点 r 开始,在树上向环 C 行走,至少能走到环 C 上的一个点,不妨设其为 v_1,然后检查边 $v_1 \rightarrow v_2$ 是否在 MDST 中,如果有,就沿着这条边走到 v_2。如果没有,那么树上就有另外一条边 $u \rightarrow v_2$。首先,我们是从根结点一路走过来,所以 v_1 不会是 v_2 在树上的儿子,所以将边 $u \rightarrow v_2$ 更换为 $v_1 \rightarrow v_2$ 不会导致树上出现环,保证更换后依然是一棵树。其次,$v_1 \rightarrow v_2$ 是 v_2 的入边中边权最小者,所以更换后 DST 的边权之和不会变大,故其也是 MDST。之后依次操作直到检查完 $v_{n-1} \rightarrow v_n$ 为止,这时我们就保证了环 C 上 n – 1 条边都在 MDST 上了。

　　总结上述过程,给出有向带权图 G 和根结点 v_0,朱 – 刘算法的过程如下:

　　(1)求最小入边集合 E_0

　　从所有 $v_i(i \neq 0)$ 的入边中取一条最短的,若对于点 i,没有入边,则不存在最小树形图,

算法结束;如果都能取得,则求得了最小入边集合 E_0,并且得到由 n 个点和 n - 1 条边组成的图 G 的一个子图 G',这个子图的边权和一定是最小的,但是不一定是一棵树。

(2)检查 E_0

若 E_0 没有有向环且不包含收缩点,则算法结束,E_0 就是图 G 以 v_0 为根的最小树形图;若 E_0 含有有向环,则转入步骤(3);若 E_0 没有有向环,但是存在收缩点,则转到步骤(4)。

(3)收缩 G 中的有向环

把 G 中的环 C 收缩成点 u,对于图 G 中两端都属于 C 的边就会被收缩掉,其他的边仍然保留,得到一个新的图 G1,G1 中收缩点的入边的长度要变化。变化的规则是:设点 v 在环 C 中,且环中 v 的入边的权值为 w,点 v'不在环 C 中,则对于 G 中的每一条边 < v',v >,在 G1 中有边 < v',u > 和其对应,且权值 $W_{G1}(< v',u >) = W_G(< v',v >) - w$;对于图 G 中以环 C 中的点的出边,在图 G1 中有边 < u,v' >,则 $W_{G1}(< u,v' >) = W_G(< v',v >)$。有一点需要注意,在这里生成的图 G1 可能存在重边。

对于图 G 和 G1:

①如果图 G1 中没有以 v_0 为根的最小树形图,则图 G 也没有;

②如果 G1 中有一棵以 v_0 为根的最小树形图,则可按照步骤(4)的展开方法得到图 G 的最小树形图。

(4)展开收缩点

假设图 G1 的最小树形图为 T1,那么 T1 中所有的边都属于图 G 的最小树形图 T。将 G1 的一个收缩点 u 展开成环 C,从 C 中去掉与 T1 具有相同终点的边,其他边都属于 T。

解决该问题的复杂度为 O(VE)。

下面给出代码实现:

```cpp
#include < bits/stdc ++ .h >
using namespace std;
struct bian{
    int p,q,r;
} a[ 100001 ];   //定义边的数量为 100000
int n,m,b[ 1001 ][ 1001 ],rt,ffl,ans,vis[ 10001 ],lfl,lp[ 1001 ][ 1001 ];   //定义结点数为 1000
int plp,nplp[ 10001 ],nfl,tlp[ 10001 ],fa[ 10001 ],faq[ 10001 ],dis[ 10001 ],nans;
void putin(){
    cin >> n >> m >> rt;
    rt -- ;
    for(int i = 0;i < n;i ++ )
        for(int j = 0;j < n;j ++ )
            b[ i ][ j ] = 99999999;
    for(int i = 1;i <= m;i ++ ){
        cin >> a[ i ].p >> a[ i ].q >> a[ i ].r;
```

```
                a[i].p--,a[i].q--,b[a[i].p][a[i].q] = a[i].r;
        }
}
void cal(){
    while(1){
        for(int i = 0;i < n;i ++ )
            faq[i] = 99999999;
        for(int i = 1;i <= m;i ++ ){
            int np = a[i].p,nq = a[i].q;
            if(a[i].r < faq[nq]&&np! = nq) fa[nq] = np,faq[nq] = a[i].r;
        }
        for(int i = 0;i < n;i ++ ){
            if(i == rt)continue;
            if(faq[i] >= 99999999){
                ffl = 1;
                return;
            }
        }
        int cnt = 0;
        memset(vis, - 1,sizeof(vis));
        memset(tlp, - 1,sizeof(tlp));
        faq[rt] = 0;
        for(int i = 0;i < n;i ++ ){
            ans += faq[i];int v = i;
            while(v! = rt&&tlp[v] == - 1&&vis[v]! = i){
                vis[v] = i;
                v = fa[v];
            }
            if(v! = rt&&tlp[v] == - 1){
                int u = fa[v];
                do{
                    tlp[u] = cnt;
                    u = fa[u];
                }while(u! = v);
                tlp[v] = cnt ++ ;
            }
        }
```

```
if(cnt == 0) break;
for(int i = 0;i < n;i ++ )
        if(tlp[ i ] == - 1) tlp[ i ] = cnt ++ ;
for(int i = 1;i <= m;i ++ ){
        int np = a[ i ].p,nq = a[ i ].q;
        a[ i ].p = tlp[ a[ i ].p];
        a[ i ].q = tlp[ a[ i ].q];
        if(tlp[ np]! = tlp[ nq]) a[ i ].r - = faq[ nq];
        }
        n = cnt,rt = tlp[ rt];
    }
}
int main()
{
    putin();
    cal();
    if(ffl) printf(" - 1 \n");
        else printf("% d \n",ans);
    return 0;
}
```

【例 7 - 2】小店购物

【问题描述】

有一个小店因为其丰富的经营优惠方案深受附近居民的青睐,生意红火。

小店的优惠方案十分简单有趣:

一次消费过程中,如你在本店购买了精制油的话,你购买香皂时就可以享受 2.00 元/块的优惠价;如果你在本店购买了香皂的话,你购买可乐时就可以享受 1.50 元/听的优惠价……诸如此类的优惠方案可概括为:如果你在本店购买了商品 A 的话,你就可以以 P 元/件的优惠价格购买商品 B(购买的数量不限)。

有趣的是,你需要购买同样一些商品,由于不同的买卖顺序,老板可能会叫你付不同数量的钱。比如你需要一块香皂(原价 2.50 元)、一瓶精制油(原价 10.00 元)、一听可乐(原价 1.80 元),如果你按照可乐、精制油、香皂这样的顺序购买的话,老板会问你要 13.80 元;而如果你按照精制油、香皂、可乐这样的顺序购买的话,你只需付 13.50 元。

该处居民发现你擅长电脑程序设计,于是他们请你编写一个程序:在告诉你该小店商品的原价,所有优惠方案及所需的商品后,计算至少需要花多少钱(不允许购买任何不必要的商品,即使这样做可能使花的钱更少)。

【输入】

输入文件第一行为一个整数 n(1≤n≤50),表示小店的商品总数。

接下来是 n 行,其中第 $i+1$ 行由一个实数 $c_i(0 < c_i \le 1000)$ 和一个整数 $m_i(0 \le m_i \le 100)$ 组成,其间由一个空格分隔,分别表示第 i 种商品的原价和所需数量。第 $n+2$ 行又是一个整数 $k(1 \le k \le 500)$,表示小店的优惠方案总数。

接着 k 行,每行有两个整数 $A,B(1 \le A,B \le n)$ 和一个实数 $P(0 \le P < 1000)$,表示一种优惠方案,即如果你购买了商品 A,你就可以以 P 元/件的优惠价格购买商品 B,P 小于商品 B 的原价。所有优惠方案的 (A,B) 都是不同的。为了方便老板不收分币,所有价格都不出现单位分。

【输出】

输出只有一个实数,表示最少需要花多少钱。输出实数需保留两位小数。

【样例输入】	【样例输出】
4	15.50
10.00 1	
1.80 1	
3.00 0	
2.50 2	
2	
1 4 2.00	
4 2 1.50	

分析:

树形图算法的典型应用。把每个物品 x 分拆成两个点 x_1,x_2,设其价格为 c_x,需求为 n_x。对于每个物品 x,在 x_1 与 x_2 间连权值为 0 的边。对于优惠关系 $<p,q,r>$,连边 $<p_1,q_1,c_q-r>$ 和 $<p_1,q_2,(n_q-1)*(c_q-r)>$,最后建立超级源点并往每个 x_1 连权值为 0 的边。注意处理自己向自己连边的情况。跑一遍最大树形图,最后用所有 $c_x * n_x$ 的和减去树形图权值和即可。

样例见图 7-15,其中 x_1 为 x,x_2 为 $x+n$,超级源点为 9。易验证树形图总权值为 1.3:

参考程序如下:

```cpp
#include < bits/stdc ++ .h >
using namespace std;
struct bian{
    int p,q;
    double r;
} bi[ 4001 ];
int n,m,p,q,pb,cm[ 201 ],st,fa[ 201 ],fl[ 201 ],lpfl,lp[ 201 ],plp;
double c[ 201 ],bq[ 4001 ],a[ 101 ][ 101 ],r,faq[ 201 ],ans,aa;
```

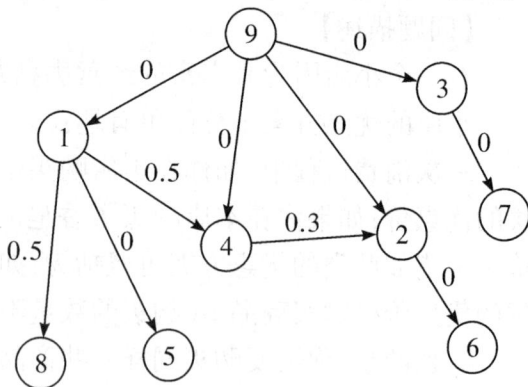

图 7-15　样例构图

```
void lb(int np,int nq,double nr){
    bi[ ++ pb].p = np;
    bi[pb].q = nq;
    bi[pb].r = nr;
    return;
}
void putin(){
    cin >> n;
    for(int i = 1;i <= n;i ++ ){
        cin >> c[i] >> cm[i];
        aa += c[i]* cm[i];
    }
    cin >> m;
    for(int i = 1;i <= m;i ++ ){
        cin >> p >> q >> r;
        if(p! = q){
            lb(p,q,c[q] - r);
            lb(p,q + n,(cm[q] - 1)* (c[q] - r));
        }else{
            fl[p] = 1;
            lb(p,p + n,(cm[p] - 1)* (c[p] - r));
        }
    }
    for(int i = 1;i <= n;i ++ )
        if(! fl[i]) lb(i,i + n,0);
    memset(fl,0,sizeof(fl));
    n = 2* n + 1;
    st = n;
    for(int i = 1;i <= n/2;i ++ )
        lb(st,i,0);
    return;
}
void cal(){
    while(1){
        for(int i = 1;i <= n;i ++ ){
            fa[i] = 0;
            faq[i] = - 99999999;
```

```
        }
        for(int i = 1;i <= pb;i ++ ){
            if(bi[i].p == bi[i].q) continue;
            if(bi[i].r > faq[bi[i].q]){
                fa[bi[i].q] = bi[i].p;
                faq[bi[i].q] = bi[i].r;
            }
        }
        for(int i = 1;i <= n;i ++ ){
            if(i == st) continue;
            if(faq[i] <=  - 99999990){
                cout << "a";
                return;
            }
        }
        plp = 0;
        memset(fl,0,sizeof(fl));
        faq[st] = 0;
        for(int i = 1;i <= n;i ++ ){
            ans += faq[i];
            int v = i;
            while(v! = st&&! lp[v]&&fl[v]! = i){
                fl[v] = i;
                v = fa[v];
            }
            if(v! = st&&! lp[v]){
                plp ++ ;
                int u = fa[v];
                do{
                    lp[u] = plp;
                    u = fa[u];
                }while(u! = v);
                lp[v] = plp;
            }
        }
        if(! plp) return;
        else{
```

```
        for(int i = 1;i <= n;i ++ )
            if(!lp[i])lp[i] = ++ plp;
    st = lp[st];
    n = plp;
    for(int i = 1;i <= pb;i ++ ){
        int nq = bi[i].q;
        bi[i].p = lp[bi[i].p];
        bi[i].q = lp[bi[i].q];
        if(bi[i].p! = bi[i].q)
            bi[i].r - = faq[nq];
    }
    memset(lp,0,sizeof(lp));
    memset(fa,0,sizeof(fa));
    memset(faq,0,sizeof(faq));
        }
    }
}
int main()
{
    putin();
    cal();
    printf("% .2f\n",aa - ans);
    return 0;
}
```

7.7 强连通分量

在有向图 G 中,如果两个顶点 u,v 间有一条从 u 到 v 的有向路径,同时还有一条从 v 到 u 的有向路径,则称两个顶点强连通。如果有向图 G 的每两个顶点都强连通,称 G 是一个强连通图。有向非强连通图的极大强连通子图,称为强连通分量(Strongly Connected Components,SCC)。

有向图的强连通分量问题:给定有向图 G,求出其所有强连通分量。

这里讨论求强连通分量的一种经典算法:Tarjan 算法。

Tarjan 算法:

对图进行深度优先遍历(DFS)。如果我们把每个点被遍历到时走的入边记录下来,会发现这些边连同图的顶点一起构成了图的一棵生成树,称之为 DFS 树。

我们发现:有向图经过一遍 DFS 后,边可以分成4类:

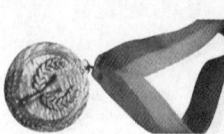

1. 树边(tree edge):图7-16中 <1,3>, <3,2>, <2,5>, <2,6>, <1,4>。每次找到一个还没有访问过的结点的时候就形成了一条树边。

2. 反祖边(back edge):图7-16中 <4,1>, <5,2>, <6,3>。也被叫做回边,即指向祖先结点的边。

3. 横叉边(cross edge):图7-16中 <4,3>。它主要是在遍历的时候遇到了一个已经访问过的结点,但是这个结点并不是当前结点的祖先时形成的。

4. 前向边(forward edge):图7-16中 <3,5>。它是在遍历的时候遇到子树中的结点的时候形成的。

一个显然的性质:若 v 是某 SCC 中第一个被访问到的点,则该 SCC 所有的点都在 DFS 树上 v 的子树中。我们不妨把 v 称为该 SCC 的根。

Tarjan 算法对于每个点 x 维护了 dfn_x:表示 x 被遍历到的次序,即 DFS 序(也称时间戳, DFN 序);维护 low_x:设 x 的子树为 S_x,则 low_x 为以下结点的 dfn 最小值;S_x 中的点:从 S_x 中的点出发通过一条非树边能到达的点。

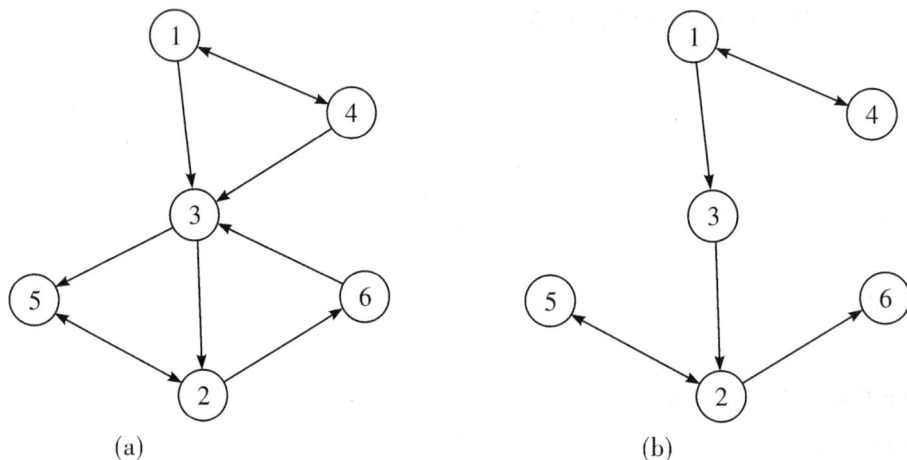

图7-16 (a)为图 G,(b)为 G 的 DFS 树

由定义可以得出:

low(x) = Min{

 dfn(x),

 low(y),   //(x,y)为树枝边,x 为 y 的父结点

 dfn(y),   //(x,y)为指向栈中结点的后向边(非横叉边)

}

另一个性质:对于每一个 SCC,其中必定有且仅有一个点 x 满足 $dfn_x = low_x$,这个点就是该 SCC 中被遍历到的第一个点,因为它的 dfn 和 low 都是该 SCC 最小的,且不被该 SCC 中其他点所影响。

根据上述性质,我们可以通过 dfn 和 low 找到所有的 SCC。在对整个图 DFS 的过程中,我们每经过一个新点,就把该点放入栈中。我们一边 DFS 一边更新每个点 dfn 和 low 的值。在回溯过程中,如果一个点 x 的 $dfn_x = low_x$,则当前栈中的点连同 x 一起必定是一个完整的

SCC,于是我们弹出栈中的点直到弹出 x 点并标记之。

可以发现,运行 Tarjan 算法的过程中,每个顶点都被访问了一次,且只进出了一次栈,每条边也只被访问了一次,所以该算法的时间复杂度为 O(N + M)。

算法伪代码如下:

```
tarjan(x){
    dfn[ x ] = low[ x ] = ++ Index        //为结点 x 设定次序编号和 low 初值
    Stack.push(x)                          //将结点 x 压入栈中
    for each (x,y) in E                    //枚举每一条边
        if (y is not visited)              //如果结点 y 未被访问过
            tarjan(y)                      //继续向下找
            low[ x ] = min(low[ x ],low[ y ])
        else if (y in S)                   //如果结点 y 还在栈内
            low[ x ] = min(low[ x ],dfn[ y ])
    if (dfn[ x ] == low[ x ])              //如果结点 x 是强连通分量的根
        repeat
            y = S.pop                      //将 y 退栈,为该强连通分量中一个顶点
                print y
        until (x == y)
}
```

对图 7 - 16(a),我们依次按 dfn 序访问 1,3,2,5,发现返祖边 <5,2 >,并更新 5 号结点的 low 值为 3,此时发现 low[5]的值不等于 dfn[5],暂不构成 SCC,于是回溯至 2 号结点并继续搜索 6 号结点,发现返祖边 <6,3 >,依次更新 6 号和 2 号结点的 low 值为 2。在回溯到 3 号结点的时候发现其 dfn = low,于是将栈中结点按顺序依次出栈至 3,形成一个 SCC 为 {3,2,5,6},实现过程如图 7 - 17 所示。

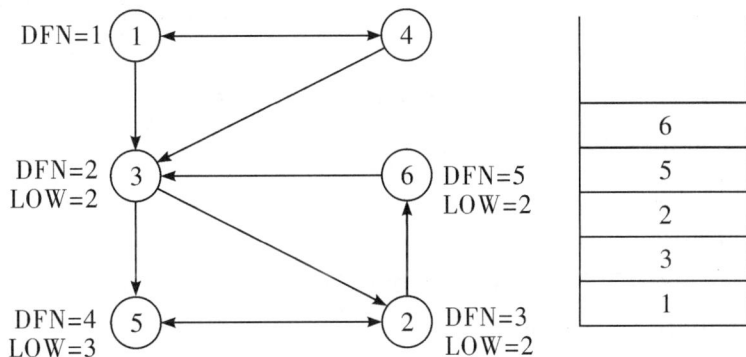

图 7 - 17　求 SCC 过程模拟图 1

返回 1 号结点,并继续搜索 4 号结点,发现返祖边 <4,1 >,更新 4 号结点的 low 值为 1,回溯到 1 号结点时发现其 dfn = low,栈中有 1,4,形成另一个 SCC 为 {1,4}。实现过程如

图 7 – 18 所示,算法执行完毕。

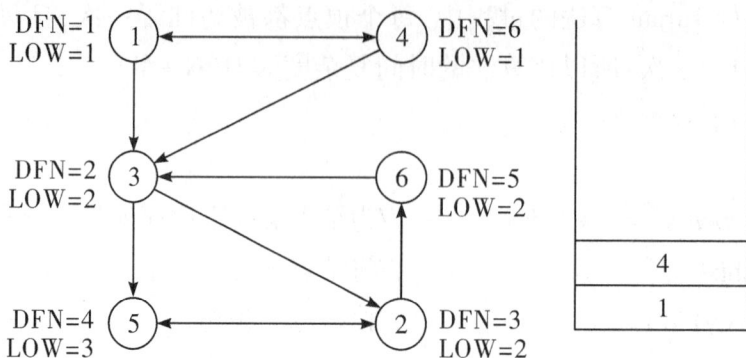

图 7 – 18　求 SCC 过程模拟图 1

下面给出代码实现:

```cpp
#include < bits/stdc ++ .h >
using namespace std;
struct bian{
    int p,q;
}bi[400001];
int n,m,a[100001],b[400001],nxt[400001],ls[100001],p,q,pb;
int dfn[100001],low[100001],scc[100001],sta[100001],fl[100001],psta,psc,pdfn;
void lb(int np,int nq){ls[np] = (a[np]? nxt[ls[np]]:a[np]) = ++ pb,b[pb] = nq;}
void putin(){
    cin >> n >> m;
    for(int i = 1;i <= m;i ++ ){
        cin >> p >> q;
        lb(p,q);
    }
}
void dfs(int x){
    dfn[x] = low[x] = ++ pdfn,sta[ ++ psta] = x,fl[x] = 1;
    for(int i = a[x];i;i = nxt[i]){
        if(! fl[b[i]]){
            dfs(b[i]);
            low[x] = min(low[x],low[b[i]]);
        }else if(fl[b[i]] == 1){
            low[x] = min(low[x],dfn[b[i]]);
        }
    }
    if(dfn[x] == low[x]){
```

```
        ++ psc;
        while(sta[psta] != x) scc[sta[psta]] = psc,fl[sta[psta--]] = 2;
        scc[sta[psta]] = psc,fl[sta[psta--]] = 2;
    }
}
int main()
{
    putin();
    for(int i = 1;i <= n;i ++)
            if(!fl[i]) dfs(i);
    for(int i = 1;i <= n;i ++)
            cout << scc[i] << endl;
    return 0;
}
```

【例7-3】受欢迎的牛

每头奶牛都梦想成为牛棚里的明星。被所有奶牛喜欢的奶牛就是一头明星奶牛。所有奶牛都是自恋狂,每头奶牛总是喜欢自己的。奶牛之间的"喜欢"是可以传递的——如果A喜欢B,B喜欢C,那么A也喜欢C。牛栏里共有N头奶牛,给定一些奶牛之间的爱慕关系,请你算出有多少头奶牛可以当明星。

【输入】

第一行:两个用空格分开的整数——N和M。(N≤10000,M≤100000)

接下来M行:每行两个用空格分开的整数——A和B,表示A喜欢B。

【输出】

一行单独一个整数,表示明星奶牛的数量。

【样例输入】	【样例输出】
6 10	4
1 4	
4 1	
1 3	
3 5	
5 2	
2 6	
6 3	
4 3	
2 5	
3 2	

分析:

如果图中没有环,那么答案可以很简单地求:对图拓扑排序一遍,看最后面的点是否满足要求即可。

如果有环呢?

我们考虑用 Tarjan 找出所有的 SCC,则一个 SCC 中的点互相爱慕。我们把一个 SCC 缩成一个点,并记录其在原图中的大小,不同的 SCC 之间按照原图的点的关系连边。容易发现,这时的新图没有环。于是做一遍拓扑排序后输出最后的点对应原图的 SCC 大小即可。

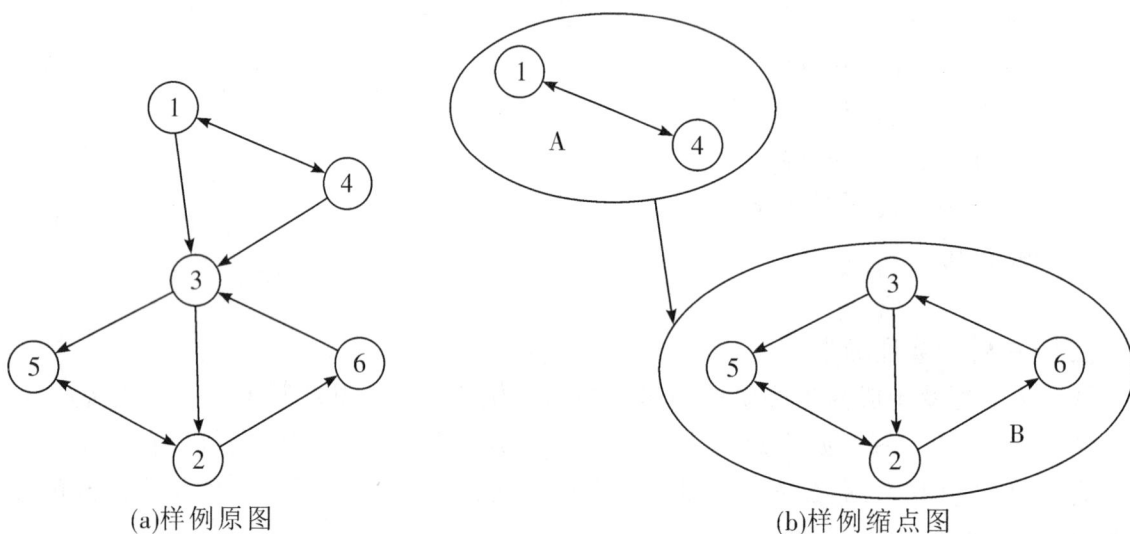

(a)样例原图　　　　　　　　　　　(b)样例缩点图

图 7 - 19

样例输入对应图 7 - 19(a),1、4 缩成一个点 A,2、3、5、6 缩成另一个点 B,有连边 < A,B > ,如图 7 - 19(b)。B 中所有的点均受欢迎。

源程序:

```cpp
#include < bits/stdc ++ .h >
using namespace std;
    struct bian{
    int p,q;
}bi[400001];
int n,m,a[100001],b[400001],nxt[400001],ls[100001],p,q,pb;
int sz[100001],ans[100001],rd[100001],aans,pbi;
int dfn[100001],low[100001],scc[100001],sta[100001],fl[100001],psta,psc,pdfn;
queue < int > qu;
void lb(int np,int nq){ls[np] = (a[np]? nxt[ls[np]]:a[np]) = ++ pb,b[pb] = nq;}
void putin(){
    cin >> n >> m;
    for(int i = 1;i <= m;i ++ ){
        cin >> p >> q;
```

```
            lb(p,q);
        }
    }
    void dfs(int x){
        dfn[ x ] = low[ x ] = ++ pdfn,sta[ ++ psta ] = x,fl[ x ] = 1;
        for(int i = a[ x ];i;i = nxt[ i ]){
            if(! fl[ b[ i ] ]){
                dfs(b[ i ]);
                low[ x ] = min(low[ x ],low[ b[ i ] ]);
            }else if(fl[ b[ i ] ] == 1){
                low[ x ] = min(low[ x ],dfn[ b[ i ] ]);
            }
        }
        if(dfn[ x ] == low[ x ]){
            ++ psc;
            while(sta[ psta ] ! = x)scc[ sta[ psta ] ] = psc,fl[ sta[ psta -- ] ] = 2;
            scc[ sta[ psta ] ] = psc,fl[ sta[ psta -- ] ] = 2;
        }
    }
    void sd(){
        for(int i = 1;i <= n;i ++ )
            if(! fl[ i ]) dfs(i);
        for(int i = 1;i <= n;i ++ ){
            sz[ scc[ i ] ] ++ ;
            for(int j = a[ i ];j;j = nxt[ j ])
                if(scc[ i ] ! = scc[ b[ j ] ])bi[ ++ pbi] = (bian){scc[ i ],scc[ b[ j ] ]};
        }
        memset(a,0,sizeof(a)),memset(b,0,sizeof(b));
        memset(nxt,0,sizeof(nxt)),memset(ls,0,sizeof(ls)),pb = 0;
        for(int i = 1;i <= pbi;i ++ )
            lb(bi[ i ].p,bi[ i ].q);
        n = psc;
    }
    int main()
    {
```

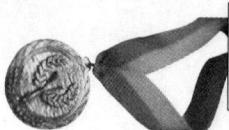

```
putin();
sd();
for(int i = 1;i <= n;i ++ )
    for(int j = a[i];j;j = nxt[j])
        rd[b[j]] ++ ;
for(int i = 1;i <= n;i ++ ){
    if(!rd[i]) qu.push(i);
    ans[i] = 1;
}
while(!qu.empty()){
    int nt = qu.front();qu.pop();
    ans[b[a[nt]]] += ans[nt];
    for(int i = a[nt];i;i = nxt[i]){
        rd[b[i]] -- ;
        if(!rd[b[i]]) qu.push(b[i]);
    }
}
for(int i = 1;i <= n;i ++ )
    if(ans[i] == n) aans = i;
printf("% lld\n",sz[aans]);
return 0;
}
```

7.8　最短路径

　　由图的概念可知,在一个无权图中,若从一顶点到另一顶点存在着一条路径(这里只讨论无回路的简单路径),则称该路径长度为该路径上所经过的边的数目,它也等于该路径上的顶点数减1。由于从一顶点到另一顶点可能存在着多条路径,每条路径上所经过的边数可能不同,即路径长度不同,我们把路径长度最短(即经过的边数最少)的那条路径叫做最短路径,其路径长度叫做最短路径长度或最短距离。求图中一顶点 v_i 到其余各顶点的最短路径和最短距离比较容易,只要从该顶点 v_i 出发对图进行一次广度优先搜索遍历,在遍历时记下每个结点的层次即可。

　　若图是带权图(假定权值非负)从源点 v_i 到终点 v_j 的每条路径上的权(它等于该路径上所经边上的权值之和,称为该路径的带权路径长度)可能不同,我们把权值最小的那条路径也称作最短路径,其权值也称作最短路径长度或最短距离。

　　实际上,这两类最短路径问题可合并为一类,只要把第一类的每条边的权都设为1就

归属于第二类了,所以在以后的讨论中,若不特别指明,均是指第二类的最短路径问题。求图的最短路径问题用途很广。例如,若用一个图表示城市之间的运输网,图的顶点代表城市,图上的边表示两端点对应城市之间存在着运输线,边上的权表示该运输线上的运输时间或单位重量的运费,考虑到两城市间的海拔高度不同、流水方向不同等因素,将造成来回运输时间或运费的不同,所以这种图通常是一个有向图。如何能够使从一城市到另一城市的运输时间最短或者运费最省呢? 这就是一个求两城市间的最短路径问题。

求图的最短路径问题包括两个子问题:一是求图中一顶点到其余各顶点的最短路径,二是求图中每对顶点之间的最短路径。下面分别进行讨论。

7.8.1 从一顶点到其余各顶点的最短路径

对于一个具有 n 个顶点和 e 条边的图 G,从某一顶点(即源点)v_i 到其余任一顶点(即终点)v_j 的最短路径,可能是它们之间的边 (v_i,v_j) 或 $<v_i,v_j>$,也可能是经过 k 个($1 \leqslant k \leqslant n-2$,最多经过除源点和终点之外的所有顶点)中间顶点和 k+1 条边所形成的路径。

那么,如何求出从源点 v_i 到其余每一个顶点的最短路径呢? 迪杰斯特拉(Dijkstra)于 1959 年提出了解决此问题的一般算法,具体做法是按照从源点到其余每一顶点的最短路径长度的升序依次求出从源点到各顶点的最短路径及长度,每次求出从源点 v_i 到一个终点 v_j 的最短路径及长度后,都要以 v_j 作为新考虑的中间点,用 v_i 到 v_j 的最短路径和最短路径长度对 v_i 到其他尚未求出最短路径的那些终点的当前路径及长度作必要的修改,使之成为当前新的最短路径和最短路径长度,当进行 n-2 次后算法结束。

迪杰斯特拉算法需要设置一个集合(假定为 S),其作用是保存已求得最短路径的终点,它的初值中只有一个元素,即源点 v_i,以后每求出一个从源点 v_i 到终点 v_j 的最短路径,就将该顶点 v_j 并入 S 集合中,以便作为新考虑的中间点;还需要设置一个数组 dist(1..n),该数组中的第 j 个元素 $dist_j$ 用来保存从源点 v_i 到终点 v_j 的目前最短路径长度,它的初值为 (v_i,v_j) 或 $<v_i,v_j>$ 边上的权值,若 v_i 到 v_j 没有边,则权值为无穷大,以后每考虑一个新的中间点时,$dist_j$ 的值可能变小;另外,再设置一个与 dist 数组相对应的数组 path(1..n),该数组中的第 j 个元素 $path_j$ 用来保存与 $dist_j$ 相对应的目前最短路径,它的初值为 v_i 到 v_j 的边,若不存在边则为空。

此算法的执行过程是:首先从 S 集合以外的顶点(即待求出最短路径的终点)所对应的 dist 数组元素中,查找出其值最小的元素(假定为 $dist_m$),该元素值就是从源点 v_i 到终点 v_m 的最短路径长度(证明从略),对应 path 数组中的元素 $path_m$ 就是从 v_i 到 v_m 的最短路径(即经过的顶点序列或边的序列),接着把已求得最短路径的终点 v_m 并入集合 S 中,然后,把 v_m 作为新考虑的中间点,对 S 集合以外的每个顶点 v_j,比较 $dist_m + G_{m,j}$ 与 $dist_j$ 的大小,若前者小则替换 $dist_j$,使 $dist_j$ 始终保持到目前为止最短的路径长度,同时用 $path_m$ 并上 v_j 后替换 $path_j$,使之与 $dist_j$ 的修改相对应。重复 n-2 次上述运算过程,即可在 dist 数组中得到从源点 v_i 到其余每个顶点的最短路径长度,在 path 数组中得到相应的最短路径。

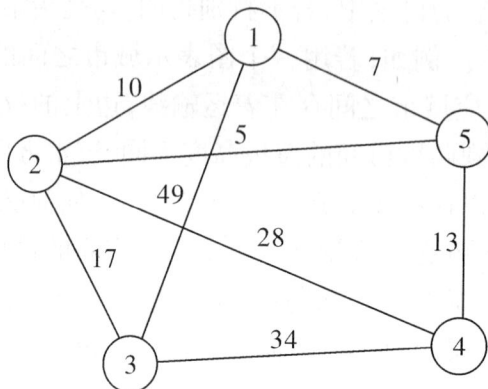

图 7 - 20　带权示例图

下面给出图 7 - 20 以 v_1 为起点的迪杰斯特拉算法具体步骤：

S_i 为 1 表示顶点 v_i 属于 S 集合，等于 0 则表示 v_i 不属于 S 集合。

（1）

	v_1	v_2	v_3	v_4	v_5
S	1	0	0	0	0
Dist	0	10	49	∞	7
Path	v_1	v_1,v_2	v_1,v_3		v_1,v_5

（2）

	v_1	v_2	v_3	v_4	v_5
S	1	0	0	0	1
Dist	0	10	49	20	7
Path	v_1	v_1,v_2	v_1,v_3	v_1,v_5,v_4	v_1,v_5

（3）

	v_1	v_2	v_3	v_4	v_5
S	1	1	0	0	1
Dist	0	10	27	20	7
Path	v_1	v_1,v_2	v_1,v_2,v_3	v_1,v_5,v_4	v_1,v_5

（4）

	v_1	v_2	v_3	v_4	v_5
S	1	1	0	1	1
Dist	0	10	27	20	7
Path	v_1	v_1,v_2	v_1,v_2,v_3	v_1,v_5,v_4	v_1,v_5

（5）

	v_1	v_2	v_3	v_4	v_5
S	1	1	1	1	1
Dist	0	10	27	20	7
Path	v_1	v_1,v_2	v_1,v_2,v_3	v_1,v_5,v_4	v_1,v_5

下面给出无向图的迪杰斯特拉算法描述：

```
void Dijkstra(int v0){
    for(int i = 0;i < n;i ++ )
        dist[ i] = INF,vis[ i] = 0;          //dist 存储最短路,vis 表示是否访问过
    dist[ v0] = 0;
    vis[ v0] = 1;
    for(int i = 0;i < n;i ++ )
        if(g[ v0] [ i] ! = INF&&i! = v0)
            dist[ i] = g[ v0] [ i];
    for(int i = 0;i < n - 1;i ++ ) {
        int Min = INF,u;
        for(int j = 0;j < n;j ++ ) {
            if(! vis[ j] &&dist[ j] < Min) {
                Min = dist[ j];
                u = j;
            }
        }                                     //找到最小边和其对应结点
        vis[ u] = 1;
        for(int j = 0;j < n;j ++ ) {
            if(! vis[ j] &&g[ u] [ j] ! = INF&&dist[ u] + g[ u] [ j] < dist[ j])
                dist[ j] = dist[ u] + g[ u] [ j];       //更新
        }
    }
}
```

7.8.2 每对顶点之间的最短路径

求图中每对顶点之间的最短路径是指把图中任意两个顶点 v_i 和 $v_j(i \neq j)$ 之间的最短路径都计算出来。解决此问题有两种方法：一是分别以图中的每个顶点为源点共调用 n 次迪杰斯特拉算法,此方法的时间复杂度为 $O(n^3)$；二是采用下面介绍的弗洛伊德（Floyed）算法,此算法的时间复杂度仍为 $O(n^3)$,但比较简单。

弗洛伊德算法实际上是一个动态规划的算法。从图的邻接矩阵开始,按照顶点 $v_1,v_2,$

…，v_n 的次序，分别以每个顶点 $v_k(1 \leqslant k \leqslant n)$ 作为新考虑的中间点，在第 $k-1$ 次运算 A^{k-1}（A^0 为原图的邻接矩阵 G）的基础上，求出每对顶点 v_i 到 v_j 的最短路径长度 $A_{i,j}^k$，计算公式为：

$$A_{i,j}^k = \begin{cases} G_{i,j} & k = 0 \\ \min(A_{i,j}^{k-1}, A_{i,k}^{k-1} + A_{k,j}^{k-1}) & 1 \leqslant k \leqslant n \end{cases}$$

其中 min 函数表示取参数表中的较小值。参数表中的前项表示在第 $k-1$ 次运算后得到的 v_i 到 v_j 的目前最短路径长度，后项表示考虑以 v_k 作为新的中间点所得到的 v_i 到 v_j 的路径长度。若后项小于前项，则表明以包含 v_k 作为中间点的路径长度更短，所以更新 $A_{i,j}^k$，使 $A_{i,j}^k$ 一直保存前 k 次运算后得到的从 v_i 到 v_j 的目前最短路径长度。当 k 从 1 取到 n 后，矩阵 A^n 就是最后得到的结果，其中 $A_{i,j}^n$ 就是顶点 v_i 到 v_j 的最短路径长度。

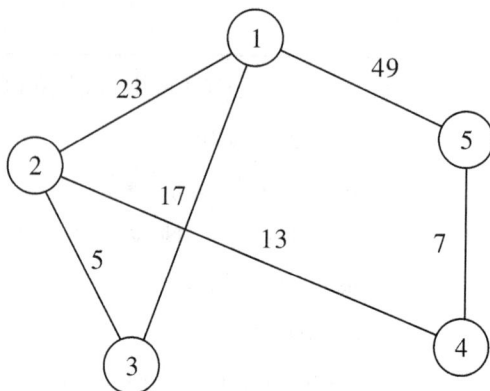

图 7-21　带树示例图

下面给出图 7-21 用弗洛伊德算法求所有点对之间最短路径的具体步骤：

（1）k = 0

0	23	17	∞	49
23	0	5	13	∞
17	5	0	∞	∞
∞	13	∞	0	7
49	∞	∞	7	0

（2）k = 1

0	23	17	∞	49
23	0	5	13	72
17	5	0	∞	66
∞	13	∞	0	7
49	72	66	7	0

（3）k = 2

0	23	17	36	49
23	0	5	13	72
17	5	0	18	66
36	13	18	0	7
49	72	66	7	0

（4）k = 3

0	22	17	35	49
22	0	5	13	71
17	5	0	18	66
35	13	18	0	7
49	71	66	7	0

（5）k = 4

0	22	17	35	42
22	0	5	13	20
17	5	0	18	25
35	13	18	0	7
42	20	25	7	0

（6）k = 5

0	22	17	35	42
22	0	5	13	20
17	5	0	18	25
35	13	18	0	7
42	20	25	7	0

下面给出弗洛伊德算法的算法描述:

```
void Floyd (){
    for(k = 1;k <= n;k ++ )              //注意要先枚举 k
        for(i = 1;i <= n;i ++ )
            for(j = 1;j <= n;j ++ )
                if(g[i][k] + g[k][j] < g[i][j])g[i][j] = g[i][k] + g[k][j];
}
```

【例 7 - 4】雅典奥运——志愿者

【问题描述】

虽然雅典在体育馆之间修筑了天桥,但来到这里看奥运的大多数游客还是喜欢走雅典的街道。他们总是想知道某两个体育馆之间的最短距离,于是有许多志愿者专门回答游客的问题,但由于志愿者也不可能把这些信息完全记下来,所以总是要向总部询问。如果你是总部的一名工作人员,你能胜任这个工作吗?

【输入】

第一行两个数 n,m(1≤n≤100,1≤m≤500)。表示一共有 n 个体育馆,有 m 条询问。

接下来一个 n×n 的矩阵,其中第 i 行第 j 列的元素表示体育馆 i 到体育馆 j 之间的距离,如果为 0,则表示没有直接的通路。

接下来有 m 行,每行两个数,表示询问的两个体育馆 i,j。

【输出】

对于每条询问输出一行,表示这两个体育馆之间的最短距离。

【样例输入】	【样例输出】
3 1	3
0 1 2	
1 0 0	
2 0 0	
2 3	

分析:

本题是一道求最短距离的算法问题。可以对于每条询问用迪杰斯特拉算法求一次单源点的最短路径,也可以先用弗洛伊德算法求出任意两点之间的最短路径长度,然后对每条询问直接查找答案。下面分别给出两种算法的代码。

参考程序如下:

Dijkstra 算法:

```
#include < iostream >
#define none 15010
#define maxn 101
#define maxm 501
using namespace std;
```

```
int s[maxn];
int g[maxn][maxn];
int query[maxn][2];
int n,m;
void ini(){
    int i,j;
    cin >> n >> m;
    for(i = 1;i <= n;i ++ )
        for(j = 1;j <= n;j ++ )
            cin >> g[i][j];
    for(i = 1;i <= m;i ++ )
        cin >> query[i][0] >> query[i][1];
    return;
}
void dijkstra(int k){
    int i,j,t,ss;
    for(j = 1;j <= n;j ++ ){
        if(j! = k)
            s[j] = 0;
        else
            s[j] = 1;
        if(g[j][k] == 0)
            g[j][k] = none;   //处理无边的情况
    }
    for(t = 1;t <= n - 2;t ++ ){
        i = 0;
        ss = maxn;
        for(j = 1;j <= n;j ++ )
            if(s[j] == 0&&g[k][j] < ss) {
                ss = g[k][j];
                i = j;
            }
        if(i == 0) return;
        s[i] = 1;
        for(j = 1;j <= n;j ++ )
            if(s[j] == 0&&g[k][i] + g[i][j] < g[k][j])
                g[k][j] = g[k][i] + g[i][j];
```

```
        }
}
void work(){
        int k;
        for(k = 1;k <= n;k ++ )
            dijkstra(k);
}
void print(){
    int i;
    for(i = 1;i <= m;i ++ )
        cout << g[query[i][0]][query[i][1]] << endl;
}
int main()
{
    ini();
    work();
    print();
    return 0;
}
```

Floyd 算法:

```
#include < iostream >
#define none 15010
#define maxn 101
#define maxm 501
using namespace std;
int s[maxn];
int g[maxn][maxn];
int query[maxn][2];
int n,m;
void ini(){
    int i,j;
    cin >> n >> m;
    for(i = 1;i <= n;i ++ )
        for(j = 1;j <= n;j ++ )
            cin >> g[i][j];
    for(i = 1;i <= m;i ++ )
```

```
            cin >> query[i][0] >> query[i][1];
    }
    void floyd(){
        int i,j,k;
        for(k = 1;k <= n;k ++ )
            for(i = 1;i <= n;i ++ )
                if(k! = i&&g[i][k] > 0)
                for(j = 1;j <= n;j ++ )
                    if(k! = j&&i! = j&&g[k][j] > 0)
                        if(g[i][j] == 0||g[i][k] + g[k][j] < g[i][j])
                            g[i][j] = g[i][k] + g[k][j];
    }
    void print(){
        int i;
        for(i = 1;i <= m;i ++ )
            cout << g[query[i][0]][query[i][1]] << endl;
    }
    int main()
    {
        ini();
        floyd();
        print();
        return 0;
    }
```

7.9　拓扑排序

在实际工作中,经常用一个有向图来表示施工的流程图,或产品生产的流程图。一个工作往往可以分为若干个子工程,把子工程称为"活动"。在有向图中若以顶点表示"活动"的网(Activity On Vertex network),简称为 AOV 网。

对于一个 AOV 网,构造其所有顶点的线性序列,使此序列不仅保持网中各顶点间原有的先后关系,而且使原来没有先后关系的顶点之间也建立起人为的先后关系,这样的线性序列称为拓扑有序序列。构造 AOV 网的拓扑有序序列的运算称为拓扑排序。

某个 AOV 网,如果它的拓扑有序序列被构造成功,则该网中不存在有向回路,其各个子工程可按拓扑有序序列的次序进行安排。显然,一个 AOV 网的拓扑有序序列并不是唯一的。图 7 – 22 所示的 AOV 网的拓扑有序序列:

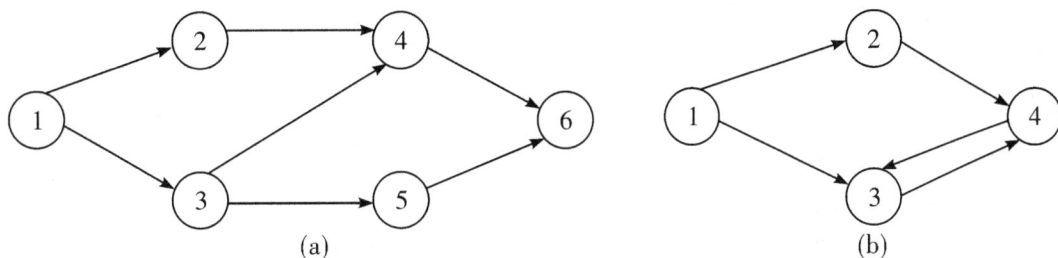

图 7-22 AOV 网示例

V1,V2,V3,V4,V5,V6

V1,V3,V2,V5,V4,V6

对 AOV 网进行拓扑排序的方法和步骤是:

(1)在网中选择一个没有前驱的顶点且输出之;

(2)从网中删去该顶点,并且删去从该顶点发出的全部有向边;

(3)重复上述两步,直至网中不存在没有前驱的顶点为止。

其操作的结果有两种:一是网中全部顶点均被输出,说明网中不存在有向回路,可以进行拓扑排序;另外是网中顶点未被全部输出,剩余的顶点均有前驱顶点,说明网中存在有向回路,不能够进行拓扑排序。图 7-22 (a)和(b)分别是这两种情况。

在图 7-22 (a)中的 AOV 网,首先取没有前驱的顶点 V1 进行输出,并从网中删去 V1 及 V1 发出的弧 <V1,V2>,<V1,V3>;接着,再选没有前驱的顶点,这时可选 V2,V3 中任意一个,比如选 V2,输出之,删去 V2 及弧 <V2,V4>;依此类推。最后将网中的顶点全部输出,就得到了该网的一种拓扑排序序列:V1,V2,V3,V4,V5,V6。

在图 7-22 (b)中的 AOV 网,首先取没有前驱的顶点 V1 进行输出,并从网中删去 V1 及 V1 发出的弧 <V1,V2>,<V1,V3>;接着,再选没有前驱的顶点 V2,输出之,删去 V2 及弧 <V2,V4>;此时,剩下的两个顶点中再也没有无前驱的顶点,拓扑排序无法进行下去,显然,网中存在 V2,V3 一个有向回路。

【例 7-5】士兵排队

【问题描述】

有 N 个士兵(1≤N≤100),编号依次为 1,2,3,…,N 队列训练,指挥官要把一些士兵从高到矮依次排成行,但现在指挥官不能直接获得每个人的身高信息,只能获得"P1 比 P2高"这样的比较结果(P1,P2 ∈ 1,2,3,…,N),如"A B"表示 A 比 B 高。

【输入】

第一行为一个数 N(N≤100),表示士兵的个数。以下若干行,每行有两个数 A,B,表示士兵 A 的身高大于士兵 B 的身高。

【输出】

给出一个合法的排队序列。

【样例输入】	【样例输出】
4	1 2 4 3
1 2	

2 3

4 3

分析：

此题初看，不知道如何下手。因此不妨先用图将上述身高关系表示出来。图中有 N 个点分别代表 N 个士兵。若已知士兵 A 的身高大于士兵 B 的身高，则在 A、B 间连一条从 A 到 B 的有向边。这时发现，原问题就是要求此图的一个拓扑排序。如图 7 – 23 所示的一个实例。A 比 B 高，B 比 C 高，D 比 C 高。一个可能的士兵排队顺序是 ABDC。

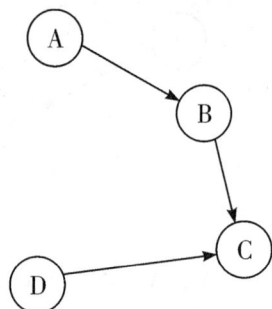

图 7 – 23　示例图

```cpp
#include < bits/stdc ++ .h >
using namespace std;
const int maxn = 100;
int mp[ maxn ][ maxn ],        //记录有向边的情况;
    id[ maxn ],                //记录每个顶点的入度;
    top[ maxn ],               //记录拓扑序列
    n;
void init(){
    int i,j;
    freopen("soldiers.in","r",stdin);
        cin >> n;
    while(cin >> i){
        cin >> j;mp[ i ][ j ] = 1;
        id[ j ] ++ ;
    }
    return;
}
void print(int ans){
    freopen("soldiers.out","w",stdout);
    if(ans == - 1) cout << "No solution.";
    else
        for(int i = 1;i <= n;i ++ )cout << top[ i ] << " ";
    return;
}
int main()
{
    init();
    int j;
```

```
for(int i = 1;i <= n;i ++ ){
    j = 1;
    while(j <= n&&id[ j]! = 0)j ++ ;    //找到入度为 0 的点
    if(j > n){
        print( - 1);
        return 0;
    }
    top[ i] = j;id[ j] = INT_MAX;
    for(int k = 1;k <= n;k ++ )
        if(mp[ j][ k] == 1) id[ k] -- ;    //更新
}
print(1);
return 0;
}
```

7.10 关键路径

若在带权有向图 G 中,以顶点表示事件,以有向边表示活动,边上的权值表示该活动持续的时间,则此带权有向图称为用边表示"活动"的网(Activity On Edge network),简称 AOE 网。通常在 AOE 网上列出了完成预定工程计划所需要进行的活动,每项活动的计划完成时间,要发生哪些事件,及这些事件和活动间的关系。从而可以分析该项工程是否实际可行,估算工程的完成时间,哪些活动是影响工程进度的关键,进一步可以进行人力、物力的调度和分配以达到缩短工期的目的。

在 AOE 网表示一项工程的施工计划时,顶点所表示的事件实际上就是某些活动已经完成以及某些子工程可以动工的标志。具体地说,顶点所表示的事件是指该顶点所有进入边所表示的活动均已完成以及它的发出边所表示的活动均可以开始的一种状态。例如,图 7 - 24 是一个具有 4 项活动的假想工程的 AOE 网。网中共有 4 个顶点,分别表示 4 个事件。边上的权值表示要

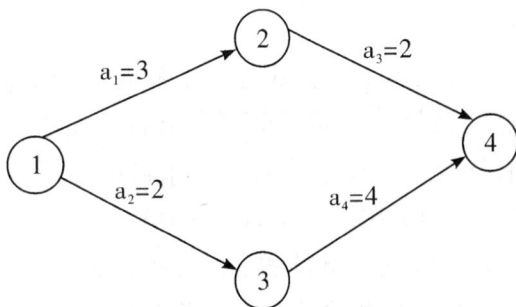

图 7 - 24 AOE 网示意图

完成该边所表示的活动所需要的时间,如图 7 - 24 中活动 a_1 计划需花 3 天时间才能完成。关系这个 AOE 网的各个事件的含义解释如下:事件 v_1 表示该工程的开始。事件 v_2 表示活动 a_1 完成而活动 a_3 可以开始。事件 v_3 表示活动 a_2 完成而活动 a_4 可以开始。事件 v_4 表示该工程结束。

对于一个工程来说,一般有一个开始状态和一个结束状态,所以在 AOE 网中至少有一个开始顶点,开始顶点的入度为零,亦称为源点。

另外有一个结束顶点,结束顶点的出度为零,亦称为汇点。网中不能存在有向回路,否则整个工程无法完成。

与 AOV 网不同,对于 AOE 网所关心的问题是:完成该工程至少需要多少时间以及哪些活动是影响整个工程进度的关键。

由于 AOE 网中的某些活动能够平行地进行,故完成整个工程所需的时间是从开始顶点到结束顶点的最长路径长度。这里的路径长度是指该路径上的权值之和。从源点到汇点的路径长度最长的路径称为关键路径。

关键路径上的所有活动均是关键活动。如果任何一项关键活动没有按期完成,则会影响整个工程的进度,而提高关键活动的速度通常可以缩短整个工程的工期。例如图 7 - 24 的 AOE 网,关键路径是 $v_1 - v_3 - v_4$,关键路径长度为 $2+4=6$,关键活动是 a_2,a_4。如果提高 a_4 的速度,使其由原计划的 4 天减少到 3 天,则整个工程可以提前一天完工。若进一步提高 a_4 的速度,使其只用 2 天完成,但整个工程不能在 4 天内完成,这是因为当 $a_4 = 2$ 时,关键路径就变化了。如果一个 AOE 网中存在两条以上的关键路径,则需同时提高这几条关键路径上某些关键活动的速度,才能缩短整个工程的工期。如果只提高非关键活动的速度是不能加快整个工程进度的。

由上分析可知,要对工程计划进行有效的安排和调度,首先应求出其对应的 AOE 网的关键路径和关键活动。为了求出关键活动,先定义几个有关的变量,并讨论其计算方法。

(1)顶点事件的最早发生时间 $Ve(j)$。$Ve(j)$ 是指从源点 V_1 到 V_j 的最长路径长度。这个时间决定了所有 V_j 发出的弧所表示的活动能够开工的最早日期。

$Ve(j)$ 的计算方法为:

$$Ve(1) = 0$$
$$Ve(j) = \max\{Ve(i) + dut<i,j>\} \qquad <i,j> \in T, 2 \leq j \leq n$$

其中 T 是所有到达顶点 j 的弧的集合,$dut<i,j>$ 是弧 $<i,j>$ 上的权值,n 是网中的顶点数。

显然,上述公式是一个从源点开始的递推公式。$Ve(j)$ 的计算必须在 V_j 的所有前趋顶点的最早发生时间全部求出后才能进行。这样必须对 AOE 网进行拓扑排序,然后按拓扑有序序列逐个求出各顶点事件的最早发生时间。例如图 7 - 24 中的顶点 V_4,其最早发生时间 $Ve(4)$ 是在求得 $Ve(2) = 3$,$Ve(3) = 2$ 之后,才求得 $Ve(4) = 6$。

(2)顶点事件的最晚发生时间 $Vl(i)$。$Vl(i)$ 是指在不推迟整个工程完成日期的前提下,事件 V_i 所允许的最晚发生时间。对一个工程来说,计划用几天时间完成是可以从 AOE 网中求得的,其数值就是汇点 V_n 的最早发生时间 $Ve(n)$,而这个时间也就是 $Vl(n)$。其他顶点事件的 Vl 应从汇点开始,逐步向源点方向递推才能求出。

Vl 的计算公式应该是:

$$Vl(n) = Ve(n)$$
$$Vl(i) = \min\{Vl(j) - dut<i,j>\} \qquad <i,j> \in S, 1 \leq i \leq n-1$$

其中,S 是所有从顶点 i 发出的弧的集合。

显然,$Vl(i)$ 的计算必须在顶点 i 的所有后继顶点的最晚发生时间全部求出后才能进

行。这样必须对 AOE 网进行逆拓扑排序,然后按逆拓扑有序序列进行递推求出各顶点事件的 Vl。例如图 7-24 中的 V_2,其 Vl(2) 是在先求出 $V_1(4) = 6$ 之后才求得 $V_1(2) = 4$。

(3)边活动的最早开始时间 Ee(i)。Ee(i) 是指该边所表示的活动 a_i 最早可以开工的时间。若活动 a_i 是由弧 <j,k> 表示,则:Ee(i) = Ve(j)。这说明活动 a_i 的最早开始时间等于事件 Vj 的最早开始时间。这与 AOE 网中关于事件含义的解释是完全一致的。

(4)边活动的最晚开始时间 El(i)。El(i) 是指在不推迟整个工程完成日期的前提下,允许该活动最晚开始的时间。若活动 a_i 由弧 <j,k> 表示,则 El(i) = El(k) - dut<j,k>。

对于活动 a_i 来说,若 Ee(i) = El(i),表明该活动最早可以开工的日期与整个工程计划允许该活动最迟的开工日期相等,施工时间一点也不能拖延。若 a_i 活动不能按计划日期完成,则整个工程就要延期。若它提前完成,则有可能使整个工程也提前完成,该活动就是关键活动。

因此,对于活动 a_i,若 El(i) - Ee(i) = 0,则 a_i 是关键活动。由关键活动组成的路径就是关键路径。现在来讨论关键路径的具体算法:

先从源点出发进行拓扑排序,它的作用是判断是否存在回路和可以进行拓扑时求出每个事件的最早发生时间 Ve;然后从汇点出发进行逆拓扑排序,在逆拓扑排序过程中求出每个事件的最晚发生时间 El;第三步根据上面求出的 Ve 和 El,求出每个活动最早开始时间 Ee 和最晚开始时间 El;第四步求出关键路径,根据第三步求出的每个活动的最早开始时间 Ee 和最晚开始时间 El,如果有 Ee(j) = El(j),则 j 活动为关键活动。

下面介绍在竞赛中常用的一种较好的方法:

(1)从源点出发进行拓扑排序,若拓扑排序无法进行下去,则说明网中存在有向回路,因此不能求出关键路径。这里拓扑排序起到了(2)用动态规划求解的划分阶段的作用。

(2)用动态规划求解关键路径。

【例7-6】工程

【问题描述】

在大型工程的施工前,经常把整个工程划分为若干个子工程,并把这些子工程编号为 $1,2,\cdots,N$。这样划分之后,子工程之间就会有一些依赖关系,即一些子工程必须在某些子工程之后才能施工。由于子工程之间有相互依赖关系,因此有两个任务需要我们去完成:一方面,需根据每个子工程的完成时间计算整个工程最少的完成时间;另一方面,由于一些不可预测的客观因素使某些子工程延期,因此必须知道哪些子工程的延期会影响整个工程的延期,我们把有这种特征的子工程称为关键子工程。因此第二个任务就是找出所有的关键子工程,以便集中精力管理好这些子工程,尽量避免这些子工程延期,达到用最快的速度完成整个工程的目的。

(1)根据预算,每个子工程都有一个完成时间;

(2)子工程之间的依赖关系是:部分子工程必须在一些子工程完成之后才能开工;

(3)只要满足子工程的依赖关系,在任何时刻可以有任意多个子工程同时在施工,即同时施工的子工程个数不受限制;

(4)整个工程的完成是指:所有子工程完成。

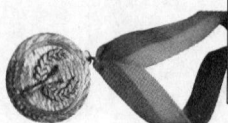

【输入】

第 1 行为 N,N 是子工程的总个数,N≤100;第 2 行为 N 个正整数,分别代表 N 个子工程 $1,2,\cdots,N$ 的完成时间;第 3 行到 N+2 行,每行有 N-1 个 0 或 1。其中的第 i+2 行的这些 0,1 分别代表"子工程 i"与子工程 $1,2,\cdots,i-1,i,i+1,\cdots,N$ 的依赖关系,$(i=1,2,\cdots,N)$。

【输出】

如子工程划分不合理,则输出 -1;如子工程划分合理,则用两行输出,第 1 行为整个工程最少的完成时间;第 2 行为按由小到大顺序输出所有关键子工程的编号。

【样例输入】	【样例输出】
5	14
5 4 12 7 2	1 3 4 5
0 0 0 0	
0 0 0 0	
0 0 0 0	
1 1 0 0	
1 1 1 1	

分析:

本题从题目来看与关键路径问题如出一辙,但是也稍微有一些变化,即边上无权,但点上有权。不过这点改动并不影响问题的解决,仍然可以采用与关键路径相类似的算法。具体实现时,由于有多个无前趋和多个无后继的结点,在进行递推时不方便,所以可以在图中设计一个虚拟头结点和一个虚拟尾结点。从虚拟头结点向每一个工程引出一条有向边,从每一个工程引出一条有向边到虚拟尾结点。

下面给出源程序:

```cpp
#include < bits/stdc ++ .h >
using namespace std;
const int maxn = 101;
int mp[maxn][maxn],          //记录工程之间依赖关系
    times[maxn],             //记录每个工程的耗时
    ve[maxn],                //记录顶点事件最早发生时间
    vl[maxn],                //记录顶点事件最晚发生时间
    top[maxn],               //记录拓扑序列
    id[maxn],                //记录每个顶点的入度
    n;
void init(){
freopen("engineering.in","r",stdin);
cin >> n;
for(int i = 1;i <= n;i ++ )
```

```
                cin >> times[i];
        for(int i = 1;i <= n;i ++ ){
            for(int j = 1;j <= n;j ++ )
                if(i! = j) cin >> mp[j][i];
            mp[0][i] = 1;mp[i][n + 1] = 1;
        }
        return;
    }
    void prepare(){
        for(int i = 0;i <= n + 1;i ++ )
            for(int j = 0;j <= n + 1;j ++ )
                id[j] += mp[i][j];
            return;
    }
    bool topsort(){                         //拓扑排序
        int j;
        for(int i = 0;i <= n + 1;i ++ ){
            j = 0;
            while(j <= n + 1&&id[j] ! = 0) j ++ ;
            if(j > n + 1)return false;
            top[i] = j;id[j] = INT_MAX;
            for(int k = 0;k <= n + 1;k ++ )
                if(mp[j][k] == 1)id[k] -- ;
        }
        return true;
    }
    void calc_ve(){
        int x,y;
        ve[0] = 0;
        for(int i = 1;i <= n + 1;i ++ ){
            x = top[i];
            for(int j = 0;j <= i - 1;j ++ ){
                y = top[j];
                if(mp[y][x]&&ve[y] > ve[x]) ve[x] = ve[y];
            }
            ve[x] += times[x];
        }
        return;
```

```
        }
        void calc_vl(){
            int x,y;
            vl[n+1] = ve[n+1];
            for(int i = n;i >= 0;i-- ){
                x = top[i];
                vl[x] = INT_MAX;
                for(int j = i+1;j <= n+1;j++ ){
                    y = top[j];
                        if(mp[x][y] == 1&&(vl[y] - times[y] < vl[x]))vl[x] = vl[y] - times[y];
                }
            }
            return;
        }
        void print(int ans){
            freopen("engineering.out","w",stdout);
            if(ans == -1) cout << "No solution";
            else{
                cout << ve[n+1] << endl;
                for(int i = 1;i <= n;i++ )
                    if(ve[i] == vl[i])cout << i << " ";
                cout << endl;
            }
            return;
        }


    int main()
    {
        init();
        prepare();
        if(!topsort()) {print(-1);return 0;}
        calc_ve();                      //最早发生时间
        calc_vl();                      //最晚发生时间
        print(1);
        return 0;
    }
```

7.11　图的应用举例

图是一种相对较复杂且很重要的数据结构,应用相当广泛,下面通过几个实例,谈谈图在信息学中的具体应用和技巧。

【例7－7】马拉松赛跑

【问题描述】

华中师大一附中想在七十周年校庆的那天举行一个万人马拉松赛跑,凡是华师一附中毕业的学生,都可以参加。校内肯定是没有这么大的地方,所以学校向市政府申请了一些道路,在这些道路上进行马拉松赛跑。为了不给交通太大的压力,所以道路都只占用了一半,为了安全起见,这样的道路都作为单向的。可以在任何道路的任何位置开始及结束。考虑到参加比赛的毕竟都不是专业运动员,赛程不可能太长,但不知道对于某个长度,给定的赛场是否能够胜任,这个问题就交给你了。

【输入】

第一行有三个数 n,m,s 分别表示道路的交叉路口数目、道路数目以及给定的赛程长度。

接下来 m 行,每行三个数 p,q,r 表示在第 p 个交叉路口到第 q 个交叉路口之间有一条长度为 r 的道路。

【输出】

如果赛场能够找出一条给定长度的赛道则输出 YES,否则输出 NO。

【样例输入】	【样例输出】
3 2 20	NO
1 2 10	
2 3 5	

分析:

该题实际上就是问图中是否存在一条长度大于等于 S 的路径,而且该路径可以重复经过一个顶点多次。如果图中有一个圈,那么不管 S 为多大,一定能找到。如果图中没有圈,那么每个连通分量都是一棵树,只需要在树中找一条最长路径,看是否大于等于 S 即可,注意要处理每一个连通分量。

参考程序:

```
#include < bits/stdc ++ .h >
#define fin "marathon.in"
#define fon "marathon.out"
using namespace std;
const int maxn = 101;
int mp[ maxn][ maxn],fa[ maxn],n,m;
```

```
long l,longest,dp[maxn];
bool visited[maxn],ffl;
void print(int ans){
    freopen(fin,"w",stdout);
    if(ans)  cout << "YES";
        else cout << "NO";
    return;
}
void init(){
    int x,y,r;
    freopen(fin,"r",stdin);
    cin >> n >> m >> l;
    for(int i = 1;i <= m;i ++ ){
        cin >> x >> y >> r;
        if(x == y)print(1);
        if(mp[x][y] == 0){
            mp[x][y] = r;mp[y][x] = r;
        }
        else{
            print(1);ffl = 1;return;       //正反边同时出现的时候要特殊处理
        }
    }
    return;
}
void search(int i){
    for(int j = 1;j <= n;j ++ )
        if(mp[i][j]&&j! = fa[i]){
            if(fa[j]){
                print(1);ffl = 1;return;   //找环
            }
            fa[j] = i;                     //处理每个点在树上的父亲
            search(j);
            if(ffl)  return;
        }
    return;
}
void Calc(int i){
```

```
        if(dp[i])   return;
        for(int j = 1;j <= n;j ++ ){
            if(fa[j] == i){
                Calc(j);
                dp[i] = max(dp[i],dp[j] + mp[i][j]);
            }
        }
        return;                              //树的最长路径
    }
    int main()
    {
        init();
        if(ffl)return 0;
        for(int i = 1;i <= n;i ++ )
            if(fa[i] == 0){
                fa[i] = - 1;
                search(i);
                if(ffl) return 0;
            }
        for(int i = 1;i <= n;i ++ )
            if(fa[i] == - 1){
                Calc(i);
                if(dp[i] > longest) longest = dp[i];    //对每个连通分量都要处理一遍
            }
        if(longest >= l) print(1);
            else print(0);
        return 0;
    }
```

【例7－8】沙丘

【问题描述】

根据新出土的一批史料记载,在塔克拉玛干沙漠中的一座沙丘下面,埋藏着一个神秘的地下迷宫。由著名探险家阿强率领的探险队经过不懈的挖掘,终于发现了通往地下迷宫的入口!队员们兴奋不已,急忙钻下去,去寻找那个埋藏已久的秘密。

他们刚钻进迷宫,只听“轰隆”一声巨响,回头一看,入口已与石墙融为一体,无法辨认。他们意识到自己被困在迷宫里了!环顾周围,这似乎是一个洞穴。

这座迷宫由很多洞穴组成,某些洞穴之间有道路连接。每个洞穴都有一盏灯,凭借着微弱的灯光,可以看清有多少条道路与这个洞穴相连。每个洞穴的内部是完全相同的,且无法做标记。每条道路也是完全相同的,也无法做标记。

阿强凭借着微弱的灯光,发现了墙壁上的一段文字(事实上,每个洞穴的墙壁上都有这段文字),翻译成现代汉语就是:"陌生人,请把这个迷宫的洞穴数和道路数告诉我,我就会指引你走出迷宫。"

阿强很快镇定了下来,他拿出一个路标,对队员们说:"这个迷宫的危险程度远超出我们的想象,为了安全起见,大家一定要集体行动。我这儿有一个路标,有了它,我们一定能探明迷宫的结构。大家跟我走!"

现在,轮到你扮演阿强了。路标只有一个,可以随身携带,也可以暂时放在某个洞穴中(把路标放在道路上是毫无意义的,因为那里一片漆黑,什么都看不见)。你的任务很简单:用尽量少的步数探明这个迷宫共有多少个洞穴和多少条道路。"一步"是指从一个洞穴走到另一个相邻的洞穴。

交互方法:

本题是一道交互式题目,你的程序应当和测试库进行交互,而不得访问任何文件(包括临时文件)。测试库提供了若干函数,它们的用法和作用如下:

(1)init 必须先调用,但只能调用一次,用作初始化测试库;

(2)look(d,sign)的作用是查看当前洞穴的情况,测试库将从整型变量 d 中返回与该洞穴相连的道路的数目,从布尔型变量 sign 中返回该洞穴内是否有路标,sign 为 true 表示有路标,为 false 表示无路标。

(3)put_sign 的作用是在当前洞穴放上路标。只有当路标随身携带着的时候,才可以调用这个函数。

(4)take_sign 的作用是把当前洞穴的路标拿走。只有当路标在当前洞穴时,才可以调用这个函数。

(5)walk(i)的作用是沿着编号为 i 的道路走到相邻的洞穴中。这里的编号是相对于当前所在洞穴而言的,并且是暂时的。假设与某洞穴相连的道路有 d 条,这些道路按照逆时针顺序依次编号为 0,1,2,…,d−1。走第一步时,编号为 0 的道路由库确定。以后的过程,阿强会将他走进这个洞穴的道路编号为 0。

(6)report(n,m)的作用是向测试库报告结果。n 表示洞穴的数目,m 表示道路的数目。当这个函数被调用后,测试库会自动中止你的程序。

【样例输入】

dune. in 内容如下

5

3 2 3 4

2 1 3

2 1 2

2 1 5

1 4

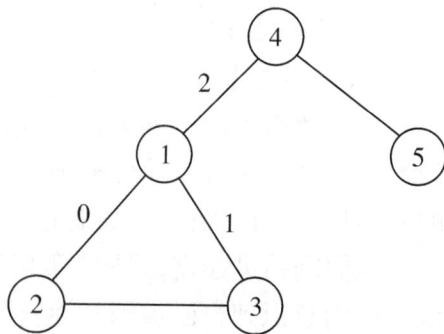

图 7-25 示例图

探险队初始时站在编号为 1 的洞穴内,编号为 0 的

道路通向洞穴 2,编号为 1 的道路通向洞穴 3,编号为 2 的道路通向洞穴 4。

【样例输出】

一种可能得满分的调用方案如下:

Pascal 选手的调用方法	C/C ++ 选手的调用方法	说明
init;	init( );	初始化程序
look(d,sign);	look(d,sign);	返回 d = 3,sign = false
put_sign;	put_sign( );	放下路标
walk(0);	walk(0);	选择编号为 0 的道路
look(d,sign);	look(d,sign);	返回 d = 2,sign = false
walk(1);	walk(1);	选择编号为 1 的道路
look(d,sign);	look(d,sign);	返回 d = 2,sign = false
walk(1);	walk(1);	选择编号为 1 的道路
look(d,sign);	look(d,sign);	返回 d = 3,sign = true
take_sign;	take_sign( );	拿起路标
walk(1);	walk(1);	选择编号为 1 的道路
look(d,sign);	look(d,sign);	返回 d = 2,sign = false
walk(1);	walk(1);	选择编号为 1 的道路
look(d,sign);	look(d,sign);	返回 d = 1,sign = false
report(5,5);	report(5,5);	返回洞穴数为 5,道路数为 5

分析:

初看这道题目会觉得无从下手,因为这个图的遍历显得很盲目。某个顶点或者某条边到底是否计算过呢? 标志只有一个,应该怎样合理运用呢? 类似这样的问题都使得我们难以找到突破口。

不妨先确定一条很简单又显而易见的思路:通过对图的遍历,每走到一个新的结点或者新的边就统计,如果重复则忽略。这样目标变得简单明了,就可以按着这个思路来设计算法。

我们往往把图的问题利用生成树等具有更多特殊性质的数据结构来解决,这道题目同样可以用这样的方法。对于任意一个图,用深度优先遍历求得一棵生成树,它把图中的边分成两类:树边($n-1$ 条),非树边($m-n+1$ 条),而且所有的非树边都是后向边(即某个点和它的祖辈结点之间的边),而没有横向边,这是很显然的,但却是极有用的。有了这个性质,也就是如果按照深度优先顺序遍历,遇到了重复点必定是这个结点的祖辈结点。深度优先遍历时保存从根到当前结点的路径,也就是生成树上该结点的所有祖辈结点。

假设当前遍历的结点为 i,那么需要依次遍历除 i 的父结点之外的其他所有邻结点。如果当前遍历邻结点 j,则首先把 sign 放在 j,然后按照树上的边返回直到根或者在路径上发现 sign。

（1）如果在路径上发现 sign，则表示 j 结点是 i 结点的一个祖辈结点，那么统计边（i，j），并把从 j 到 i 的那条边做标记，继续遍历 i 的下一个结点，当回溯到 j 的时候不要再遍历 i 结点了。

（2）如果一直返回到根都没发现 sign，则 j 是一个新结点，那么统计边（i，j）和结点 j 并扩展顶点 j。

这样访问每条边都至少需要遍历一次到根的路径，所以时间复杂度和询问次数的复杂度都是 $O(n*m)$。

接下来的问题是：由于一个点的邻结点的编号时刻在发生变化，怎样确定邻结点的编号。设：$Around_i$——表示点 i 把它父结点在它的邻结点中编号为 0 时，它当前的子结点的编号是多少。

这样在处理的时候就会方便一些，每次回溯的时候先回到 i 的父结点，然后再 walk（0）走到 i，这样 i 的父结点在它的邻结点中编号为 0，和 $Around_i$ 保持一致。

如图 7 - 26，A、B、C、D 是当前路径上的点，而 E、F、G 是访问过的结点，H、I 是没有访问的结点。而此时 $Around_A$ 是 B，$Around_B$ 是 C，$Around_C$ 是 D。每访问该结点下一个点时，需要修改 Around。

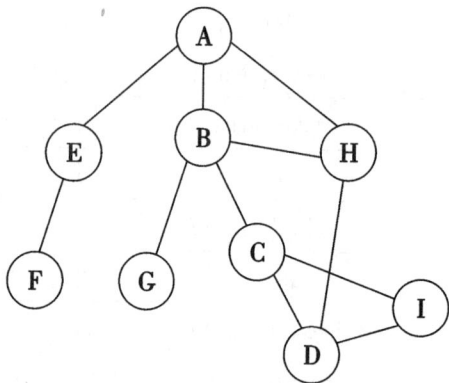

图 7 - 26　示例图

$Visited_{i,j}$——表示点 i 把它父结点在它的邻结点中编号为 0 时，编号为 j 的结点是否遍历过了。

如图 7 - 27，如果当前路径为 F，I，A，B，C，J，当访问 J 的邻结点 I 时发现 I 是一个已经访问过的结点，但是现在不知道 J 在 I 的邻结点中编号为多少，所以需要求出 J 和 A 的编号的相对关系。那么把 Sign 放到 J 上，然后顺着 C，B，A 返回到 I，切记此时不能从 J 直接到 I，因为这样会丢失当前的相对位置关系，即 F 的位置。然后再依次枚举 I 的顺着 A 的下一个结点，即 D，E，…J，直到发现 Sign 就可以得知 J 是 I 的哪一个邻结点了。

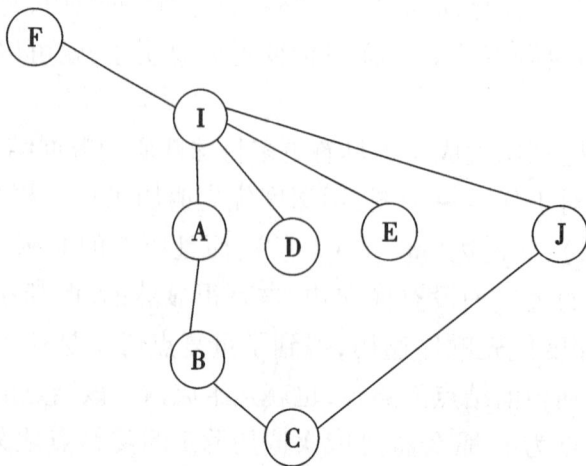

图 7 - 27　示例图

　　可以发现,这道题目的算法几乎没有用到什么高深的知识,仅仅是以最基础的图的深度优先遍历为框架,经过加工后得到的解法。可见,掌握基础算法是很重要的,许多看似高深的算法其实也就是一些最基础最简单的算法经过一定的变形、加工后得到的。

　　下面给出它的库及代码实现:

　　库:

```
#include < fstream >
#include < cstring >
using namespace std;
ifstream fin("dune.in");
ofstream fout;
static const int MaxN = 101;
static const int MaxM = 4001;
static int n,m,nowpos,nowroad,Count,score;
static bool stone;
static bool havestone[ MaxN ];
static bool cave,channel;
static int g[ MaxN ][ MaxM ],h[ MaxN ][ MaxM ];
static int d[ MaxN ];
static bool Initialized = false,isInTest = false;
static void Error(string message){
    if (!isInTest) fout << message << endl;
    else fout << - 1 << endl;
    exit(0);
}
void init(){
    if (Initialized) {
        Error("You have called init() twice!");
    }
    Initialized = true;
    fin >> n;
    if (n == 0) {
        isInTest = true;
        fin >> n >> m;
        fout.open("dune.out");
    }
```

```
        else fout.open("dune.log");
        if (!isInTest) fout << "init()" << endl;
        m = 0;
        int i,j,k;
        for (i = 1; i <= n; i ++ ) {
            fin >> d[i];
            m += d[i];
            for (j = 0; j < d[i]; j ++ ) {
                fin >> g[i][j];
            }
        }
        m / = 2;
        for (i = 1; i <= n; i ++ ) {
            for (j = 0; j < d[i]; j ++ ) {
                for (k = 0; k < d[g[i][j]]; k ++ ) {
                    if (g[g[i][j]][k] == i) break;
                }
                h[i][j] = k;
            }
        }
        nowpos = 1;
        nowroad = 0;
        stone = true;
        memset(havestone,0,sizeof(havestone));
        count = 0;
        score = 0;
        cave = channel = false;
    }
void put_sign(){
        if (!isInTest) fout << "put_sign()" << endl;
        if (!Initialized) Error("You must call init() first!");
        if (!stone) Error("Error in put_sign()!");
        stone = false;
        havestone[nowpos] = true;
    }
```

```
void take_sign(){
    if (!isInTest) fout << "take_sign()" << endl;
    if (!Initialized) Error("You must call init() first!");
    if (!havestone[nowpos]) Error("Error in take_sign()!");
    stone = true;
    havestone[nowpos] = false;
}
void walk(int k){
    if (!isInTest) fout << "walk(" << k << ")" << " " << nowpos;
    if (!Initialized) Error("You must call init() first!");
    int nextpos = g[nowpos][(nowroad + k) % d[nowpos]];
    nowroad = h[nowpos][(nowroad + k) % d[nowpos]];
    nowpos = nextpos;fout << " - > " << nowpos << endl;
    Count ++ ;
}
void look(int &roadnum,bool &stone){
    if (!isInTest) fout << "look(d,sign),returned with d = " << d[nowpos]
                        << ",sign = " << havestone[nowpos] << endl;
    if (!Initialized) Error("You must call init() first!");
    roadnum = d[nowpos];
    stone = havestone[nowpos];
}
void report(int ncave,int nchannel){
    if (!isInTest) fout << "report(" << ncave << "," << nchannel << ")" << endl;
    if (!Initialized) Error("You must call init() first!");
    if (!isInTest) {
        if (ncave == n) fout << "The number of caves is correct!" << endl;
        else fout << "The number of caves is NOT correct!" << endl;
        if (nchannel == m) fout << "The number of channels is correct!" << endl;
        else fout << "The number of channels is NOT correct!" << endl;
        fout << "You have walked " << Count << " time(s)!" << endl;
    }
    else {
        fout << count << endl;
        fout << ncave << ' ' << nchannel << endl;
    }
```

```
        exit(0);
}
程序实现：
void init();
void look(int&,bool&);
void put_sign();
void take_sign();
void walk(int);
void report(int,int);
#include < bits/stdc ++ .h >
using namespace std;
int d,n,m;
int ar[1001],fl[1001][1001],fa[1001],ns[1001];
bool si;
void dfs(int x){
    look(d,si); bool nfl = 1;
    for(int i = (x! = 1);i < d;i ++ ,look(d,si)){
        if(fl[x][i]){
            if(!nfl)walk(1),walk(0);
            continue;
        }
        ar[x] = i;
        if(nfl) walk(i);
        else walk(1);
        put_sign(),walk(0),m ++ ;
        int ni = x;
        while(!si&&ni! = 1){
            walk(d - ar[ni]);
            ni = fa[ni];
            look(d,si);
        }
        if(!si){
            fa[ ++ n] = x,ns[x] = n;
            while(ns[ni])walk((ni == 1)? 0:ar[ni]),ni = ns[ni];
            take_sign(),dfs(n),nfl = 0;
        }else{
```

```
                take_sign();int ng = ni;
                while(ni! = x) {
                        walk((ni == ng)? 0:ar[ ni ]);
                        ni = ns[ ni ] ;
                }
                int nd = 0,nj = 0,tmp = 0;
                put_sign(),walk(0),ni = fa[ ni ],look(d,si);
                while(ni! = ng){
                        walk(d - ar[ ni ]);
                        ni = fa[ ni ] ;
                        look(d,si);
                }
                bool nsi = 0;
                look(nd,nsi);
                for(nj = 1;nj <= nd;nj ++ ){
                        walk(1),look(tmp,nsi);
                        if(nsi)take_sign();
                        walk(0);
                        if(nsi)break;
                }
                fl[ ni ][ (ar[ ni ] + nj)% nd] = 1,walk(nd - nj),ni = ns[ ni ],nfl = 1;
                while(ni! = x){
                        walk(ar[ ni ]);
                        ni = ns[ ni ] ;
                }
            }
        }
        look(d,si),walk(! nfl),ns[ x ] = ar[ x ] = 0;
}
int main()
{
    init();
    n ++ ;
    dfs(1);
    report(n,m);
    return 0;
}
```

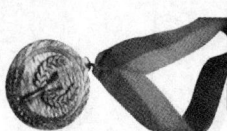

【例7-9】出纳员的雇佣

【问题描述】

Tehran 的一家每天24小时营业的超市需要一批出纳员来满足它的需要。超市经理雇佣你来帮他解决他的问题——超市在每天的不同时段需要不同数目的出纳员(例如:午夜时只需一小批,而下午则需要很多)来为顾客提供优质服务。他希望雇佣最少数目的出纳员。

经理已经提供给你一天的每一小时需要出纳员的最少数量——R_0, R_1, ..., R_{23}。R_0 表示从午夜到上午1:00需要出纳员的最少数目,R_1 表示上午1:00到2:00之间需要的,等等。每一天,这些数据都是相同的。有 N 人申请这项工作,每个申请者 i 在每24小时中,从一个特定的时刻开始连续工作恰好8小时,定义 t_i($0 \leq t_i \leq 23$)为上面提到的开始时刻。也就是说,如果第 i 个申请者被录取,他(她)将从 t_i 时刻开始连续工作8小时。你将编写一个程序,输入 R_i($i = 0..23$)和 t_i($i = 1..N$),它们都是非负整数,计算为满足上述限制需要雇佣的最少出纳员数目。在每一时刻可以有比对应的 R_i 更多的出纳员在工作。

【输入】

输入文件的第一行为24个整数表示 R_0, R_1, ..., R_{23}($R_i \leq 1000$)。接下来一行是 N,表示申请者数目($0 \leq N \leq 1000$),接下来每行包含一个整数 t_i($0 \leq t_i \leq 23$)。

【输出】

对于每个测试点,输出只有一行,包含一个整数,表示需要出纳员的最少数目。如果无解,你应当输出"No Solution"。

【样例输入】	【样例输出】
0 1 1 0 1 0 0 0 0 0 0 0 0 0 0 0 0 0 0 0 0 0 0 0	1
2	
0	
4	

分析:

初看本题,很容易使人往贪心、动态规划或网络流这些方面思考,但这些算法对于本题都无能为力。由于本题的约束条件很多,为了理清思路,我们先把题目中的约束条件用数学语言表达出来。设 S_i 表示 $0 \sim i$ 时刻雇佣出纳员的总数,W_i 表示在时刻 i 开始工作的申请者的人数。那么我们可以将题目中的约束条件转化为下面的不等式组:

$$\begin{cases} 0 \leq S_i - S_{i-1} \leq W_i & 0 \leq i \leq 23 \\ S_i - S_{i-8} \leq R_i & 8 \leq i \leq 23 \\ S_{23} + S_i - S_{i+16} \leq R_i & 0 \leq i \leq 7 \end{cases}$$

这样的不等式组,不禁使我们想到了差分约束系统。对于每条不等式 $S_i - S_j \leq K$,从顶点 j 向顶点 i 引一条权值为 K 的有向边。我们要求 S_{23} 的最小值,只要求顶点0到顶点23的最短路径。但是注意上面第三条不等式:它包含三个未知数,无法在图中表示为边的关系。

思考到这一步,似乎陷入了僵局。难道本题不能用差分约束系统解决吗?不,我们还需要一些转化。退一步海阔天空。如果把 S_{23} 作为未知数,那是肯定做不下去的。但是如果把 S_{23} 作为已知数,那么第三条不等式就只有两个未知数 S_i,S_{i+16},我们从顶点 $i+16$ 向顶点 $i(0 \leqslant i \leqslant 7)$ 引一条权值为 $R_i - S_{23}$ 的边。

那么,该不等式组可以完全转化为一个有向图,未知数 S_i 的解,就是图中顶点 0 到顶点 i 的最短路径。而当图中存在负权回路时,不等式组无解。上面的解法是把 S_{23} 当成了已知数,而实际上 S_{23} 不但是未知的,而且正是我们要求的。怎么办?我们可以用二分法枚举 S_{23} 的值,逐步缩小范围,用迭代法判断是否存在负权回路(判定可行性)。如果当 S_{23} 取到 N 仍不可行,则输出"No Solution",否则输出 S_{23} 的最小值。时间复杂性为 $O(24^3 * \log_2 N)$。

这样题目就完全转化成了一个图论问题。用经典的 Bellman_Ford 算法判断是否存在负权回路。Bellman_Ford 算法其实就是一种迭代算法,图中的点不需要存在拓扑序列,只要满足没有负权回路,对于结点 v_i,用 l_i 表示当前从源点到该点的最短距离长度,每次都更新它的子结点。由于一次更新至少能确定一个点,所以在 $n-1$ 次更新后 n 个点的值应该都确定了,如果在第 n 次迭代后仍然有结点的 l_i 值被更新,那么就可以得知图中含有负权回路,否则 l_i 就是从源点到该点的最短路径长度。

下面给出 Bellman_Ford 的算法描述:

```
Bellman_Ford(G,S)
    for(int i = 1;i <= n;i ++ )l_i←INF
    l_s←0
    Count ← 0
    While(more | |(count! = n)){
        pd←false
        count←count + 1
        for(int i = 1;i <= n;i ++ )
            for(int j = 1;j <= n;j ++ )
                if(l_i + g_{i,j} < l_j)
                    l_j←l_i + g_{i,j}
                    pd←true
    }
    If(more) return(no solution) else return(L)
```

本题用到了差分约束系统的理论,巧妙地转化成一个图论的题目。像这类题目,元素之间有复杂的制约关系,拓扑关系不明确,很可能转化成有向无环图来解决。

【例 7 - 10】新桥

【问题描述】

一座城市有 $n(n \leqslant 5000)$ 个小区,小区间有 $m(m \leqslant 100000)$ 个双向行驶的道路,如图 7 - 28 所示。小区 A 的居民每天要到小区 B 或者小区 C 工作。为帮助大家节约路上的时间,市长打算新建一座长度不超过 Lmax 的新桥,使得新桥修建后:

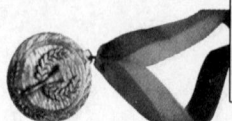

（1）小区 A 到小区 B 的最短路径比原有的路径短；

（2）小区 A 到小区 C 的最短路径比原有的路径短；

（3）在满足（1）、（2）的条件下使得两条最短路径的长度和最小。

【输入】

第一行包括两个整数和一个实数：N,M,Lmax,表示有 N 个顶点,M 条边,Lmax 为长度限制。

接下来 N 行,第 1+i 行是一个整点坐标 X_i,Y_i,表示第 i 个顶点的坐标。其中 1 号点为 A,2 号和 3 号分别表示 B 和 C。

接下来 M 行,每行都有两个顶点编号,表示两个小区间有一条双向行驶道路。

【输出】

两个顶点编号。表示新建的桥连接的两个小区。

【样例输入】	【样例输出】
6 5 40	4 5
0 0	
100 0	
100 100	
45 20	
55 20	
25 50	
1 4	
4 6	
5 2	
5 3	
6 3	

分析：

一个最容易想到的方法是：枚举新桥连接的两个小区 u,v,然后在加入边(u,v)后重新计算 A−B 和 A−C 的最短路径长度。这样做的最坏情况时间复杂度为 $O(n^2m+n^3\log_2 n)$,令人不满意,我们需要把算法加以改进。

可以注意到,如果加入了新桥(u,v),那么新的 A−B,A−C 必须要经过桥(u,v)才能满足条件。也就是说,我们只需计算 A−u,A−v,B−u,B−v 的长度,A−B 的最短路径只可能是 A−u−v−B 或 A−v−u−B。这样做以后,预处理如果用堆存储的 Dijkstra 复杂度是 $O(n+m\log_2 n)$,如果用二项堆的存储的 Dijkstra 复杂度是 $O(m+n\log_2 n)$,主过程的复杂度为 $O(n^2)$,总的复杂度为 $O(n^2+m\log_2 n)$ 或者 $O(n^2+m)$。

还可以顺着这个思路进一步改进算法。假设新桥是(u,v),那么是否有可能 A−B 的最短路为 A−u−v−B 而 A−C 的最短路为 A−v−u−C 呢？不可能！因为新的两条路径长为 S1 = L(A,u)+L(u,v)+L(v,B)+L(A,v)+L(v,u)+L(u,C),而在没有桥之前的

合法通路 A－v－B 和 A－u－C 的长 S2＝L(A,u)＋L(u,C)＋L(A,v)＋L(v,B)。而 S1－S2＝2L(u,v)＞0,因此两条新路长的和大于两条老路的长度和,故这不可能是合法解。

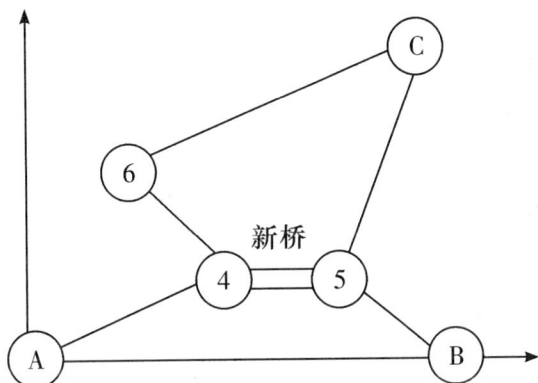

图 7－28 示例图

这样,任何一个合法解都可以表示为桥(u,v),而最优路径为 A－u－v－B 和 A－u－v－C。即枚举方式变为:先枚举 v,求出 v－B 和 v－C,然后枚举 u,使得 L(u,v)＋L(A,u) 尽量小。为了加速,可以按照 L(A,u) 递增的顺序或者 L(u,v) 递减的顺序枚举。虽然最坏情况时间复杂度还是 $O(n^2＋m)$,但是效率有了一定的提高。

再来考虑一下 Lmax。如果可以建造桥的位置数目 k 不大,那么如果不重复遗漏地枚举这 k 个位置,复杂度将变为 $O(k＋m＋n\log_2 n)$,速度也将有很大提高。可以用分治法来解决这个问题。

从本题可以看出图论的基本算法应该灵活运用,对于不同的题目具体分析,可以根据具体情况进行适当的优化,得到更加高效的算法。

下面提供了一个复杂度为 $O(n^2＋m\log_2 n)$ 的代码,其他请读者自己去完成。

源程序:

```cpp
#include < bits/stdc ++ .h >
#include < queue >
#define inf 999999999
using namespace std;
struct dot{
    int x,y;
}d[5001];
int n,m,a[100001],b[400001],nxt[400001],ls[100001],pb,L,p,q;
int ansx,ansy;
double bq[400001],s[5001][5001],ans = inf;
priority_queue < pair < int,int >> pq;
double dis(dot x,dot y){return sqrt((x.x - y.x)* (x.x - y.x) + (x.y - y.y)* (x.y - y.y));}
void lb(int np,int nq,double nr){
```

```
        ls[np] = (a[np] ? nxt[ls[np]]:a[np]) = ++ pb,b[pb] = nq,bq[pb] = nr;
    }
    void putin(){
        cin >> n >> m >> L;
        for(int i = 1;i <= n;i ++ )
            cin >> d[i].x >> d[i].y;
        for(int i = 1;i <= m;i ++ ){
            cin >> p >> q;
            lb(p,q,dis(d[p],d[q]));
        }
        return;
    }
    void dijkstra(int x){
        for(int i = 1;i <= n;i ++ )
            s[x][i] = inf;
        s[x][x] = 0,pq.push(make_pair(0,x));
        while(! pq.empty()){
            int nt = pq.top().second;
            pq.pop();
            for(int i = a[nt];i;i = nxt[i]){
                if(s[x][nt] + bq[i] < s[x][b[i]]){
                    s[x][b[i]] = s[x][nt] + bq[i];
                    pq.push(make_pair( - s[x][b[i]],b[i]));
                }
            }
        }
        return;
    }
    int main()
    {
        putin();
        for(int i = 1;i <= n;i ++ )
            dijkstra(i);
        ans = s[1][2] + s[1][3];
        for(int i = 1;i <= n;i ++ ){
            for(int j = 1;j <= n;j ++ ){
```

```
            if(dis(d[i],d[j]) <= L&&2* s[1][i] + s[j][2] + 2* dis(d[i],d[j]) + s[j]
[3] < ans){
                ans = 2* s[1][i] + s[j][2] + 2* dis(d[i],d[j]) + s[j][3];
                ansx = i,ansy = j;
            }
        }
    }
    cout << ansx << " " << ansy << endl;
    return 0;
}
```

7.12   小结

这一章中我们学习图的数据结构,介绍了图的概念和一些基本术语以及存储方法,并对图的遍历、最小生成树、最短路径、拓扑排序、关键路径等基本算法进行了详细的讲解。这些内容是解决图论问题必不可缺的,但是单单生搬硬套是不够的,因为建模后得到的问题是多种多样的,需要在对这些算法熟练地掌握后,灵活运用,进行相应的改造和扩充,才能很好地解决问题。

习题七

一、选择题(每题只有一个正确选项)

1. 设无向图的顶点个数为 n,则该图最多有(   )条边   (   )

A. $n-1$ B. $n(n-1)/2$

C. $n(n+1)/2$ D. $n(n-1)$

2. N 个顶点的连通图至少有(   )条边。   (   )

A. $n-1$ B. n

C. $n+1$ D. 0

3. 在一个无向图中,所有顶点的度数之和等于所有边数的(   )倍。   (   )

A. 3   B. 2

C. 1   D. 1/2

4. N 个(n > 1)顶点的强连通图中至少含有(   )条有向边。   (   )

A. $n-1$ B. n

C. $n(n-1)/2$ D. $n(n-1)$

5. 对于具有 e 条边的无向图,它的邻接表中有(   )个边结点。   (   )

A. $e-1$ B. e

C. 2(e-1)   D. 2e

6. 具有 n 个顶点的有向无环图最多可包含(   )条有向边。   (   )

A. n-1   B. n

C. n(n-1)/2   D. n(n-1)

7. 一个有 n 个顶点和 n 条边的无向图一定是   (   )

A. 连通的   B. 不连通的

C. 无环的   D. 有环的

8. 为了实现图的广度优先搜索遍历,其广度优先搜索算法需要使用的一个辅助数据结构为   (   )

A. 栈   B. 队列

C. 二叉树   D. 树

9. 为了保证一个有 n(n≥3)个顶点的无向图是连通的,这个图至少要有(   )条边
                                                        (   )

A. n-1   B. n(n-1)/2-(n+2)

C. (n-2)(n-1)/2   D. (n/2+1)(n-1)

10. 中序遍历为 ABC 的树有(   )棵   (   )

A. 3   B. 1

C. 5   D. 8

二、填空题

1. 在一个图中,所有顶点的度数之和等于所有边数的_____倍。

2. 在一个具有 n 个顶点的无向完全图中,包含有_____条边;在一个具有 n 个顶点的有向完全图中,包含有_____条边。

3. 对于一个具有 n 个顶点的图,若采用邻接矩阵表示,则矩阵大小为_____。

4. 对于一个具有 n 个顶点和 e 条边的有向图和无向图,在其对应的邻接表中,所含边结点分别为_____和_____条。

5. 在有向图的邻接表和逆邻接表表示中,每个顶点邻接表分别链接着该顶点的所有_____和_____结点。

6. 对于一个具有 n 个顶点和 e 条边的有向图和无向图,若采用边集数组表示,则存于数组中的边数分别为_____和_____条。

7. 对于一个具有 n 个顶点和 e 条边的无向图,当分别采用邻接矩阵、邻接表和边集数组表示时,求任一顶点度数的时间复杂度依次为_____、_____和_____。

8. 假定一个图具有 n 个顶点和 e 条边,则采用邻接矩阵、邻接表和边集数组表示时,其相应的空间复杂度分别为_____、_____和_____。

9. 对用邻接矩阵表示的图进行任一种遍历时,其时间复杂度为_____;对用邻接表表示的图进行任一种遍历时,其时间复杂度为_____。

10. 对于一个具有 n 个顶点和 e 条边的连通图,其生成树中的顶点数和边数分别为_____

__和_____。

三、运算题

1.对于图7-29(a)和(b),求出:

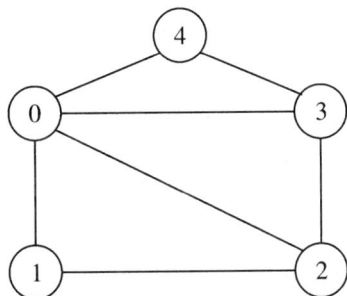

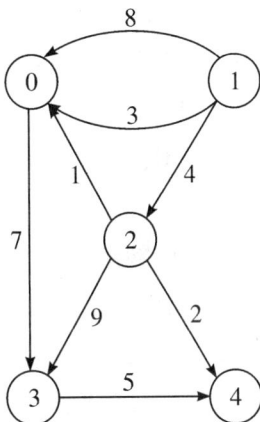

(a)　　　　　　　　　　　　　(b)

图7-29　图(a)与(b)

(1)每一个图的二元组表示。对于带权图,可将边的权写在该边的后面。

(2)(a)图中每个顶点的度,以及每个顶点的所有邻接点和所有边。

(3)(b)图中每个顶点的入度、出度和度,以及每个顶点的所有入边和出边。

(4)(a)图中从 V_0 到 V_4 的所有简单路径及相应路径长度。

(5)(b)图中从 V_0 到 V_4 的所有简单路径及相应带权路径长度。

2.对于图7-29(a)和(b),给出:

(1)每个图的邻接矩阵。

(2)每个图的邻接表。

(3)每个图的边集数组。

3.对于图7-30(a)和(b),按下列条件分别写出从顶点0出发按深度优先搜索遍历得到的顶点序列和按广度优先搜索遍历得到的顶点序列。

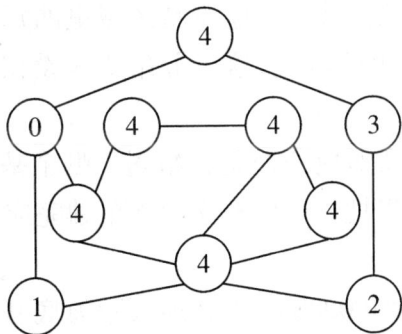

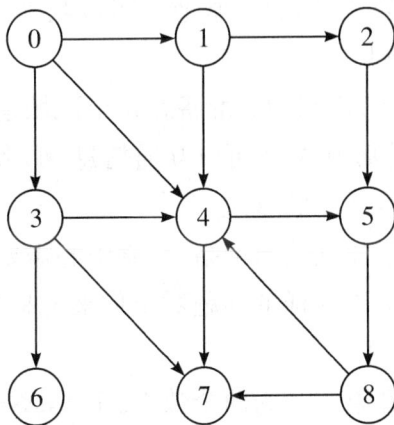

(a)　　　　　　　　　　　　　(b)

图7-30　图(a)与(b)

（1）假定它们均采用邻接矩阵表示。

（2）假定它们均采用邻接表表示,并且假定每个顶点邻接表中的结点是按顶点序号从大到小的次序链接的。

4.已知一个带权图的顶点集 V 和边集 G 分别如下,请利用克鲁斯卡尔算法求出该图的最小生成树的权,以及依次得到的各条边。

$V = \{0,1,2,3,4,5\}$；

$E = \{(0,1)19,(0,2)21,(0,3)14,(1,2)16,(1,5)5,(2,3)26,(2,4)11,(3,4)18,(4,5)6\}$；

5.假定一个 AOV 网的顶点集和边集为:

$V = \{0,1,2,3,4,5,6,7,8,9\}$；

$E = \{<0,2>,<0,3>,<1,3>,<1,4>,<2,3>,<2,5>,<3,5>,<3,6>,<3,8>,<4,6>,<5,7>,<5,8>,<6,8>,<7,9>,<8,9>\}$；

试写出一种拓扑序列。若在它的邻接表存储结构中,每个顶点邻接表中的边结点都是按照终点序号从大到小链接的,则写出唯一一种拓扑序列。

四、上机编程题

1.基础算法设计:

（1）根据有向图的邻接矩阵 GA 求出序号为 numb 的顶点的度数。

（2）根据无向图的邻接表 GL 求出序号为 numb 的顶点的度数。

（3）求出一个用邻接矩阵 GA 表示的图中所有顶点的最大出度值。

2.海底之城

【问题描述】

C 国是一个高科技大国。目前,C 国投资巨额资金,用于在深海处建设一座现代化高科技城市。当然,这是一项长期而艰巨的工程。现在只是刚刚起步。

科技中心已经成功解决了初期建设的很多困难,并且建立了一批海底基地。由于环境等复杂因素,一个海底基地只能接收到其他某些海底基地发来的信息,而如果基地 A 可以收到 B 发来的信息,基地 C 可以收到 A 发来的信息,那么基地 B 发出的信息就可通过 A 而被 C 收到。

现在,控制中心准备在每个区域建立一个控制分站,以更好地控制区域里的每个基地（如果说基地 A、B 可以互通信息,那么它们属于同一个区域）。这个分站要求设在每个区域内编号最小的基地。

为了建立信息网络,控制中心需要知道每个基地所对应的控制分站属于哪个基地。他们知道解决这样的问题对于你来说是非常轻松的,所以把这个任务交给你单独完成。

【输入】

文件第一行为两个数 N,M（$1 \leq N \leq 20000, 0 \leq M \leq 100000$）,其中 N 表示海底基地的个数,M 表示接下的 M 行每行有一条描述。每条描述包括两个数 A,B（$1 \leq A, B \leq N$）,表示基地 A 可以直接收到由基地 B 发来的信息。

【输出】

一行,依次输出基地1～N对应的控制分站所处基地的编号。

【样例输入】	【样例输出】
3 3	1 1 3
1 2	
2 1	
3 1	

3.繁忙的都市

【问题描述】

城市C是一个非常繁忙的大都市,城市中的道路十分的拥挤,于是市长决定对其中的道路进行改造。城市C的道路是这样分布的:城市中有n个交叉路口,有些交叉路口之间有道路相连,两个交叉路口之间最多有一条道路相连接。这些道路是双向的,且把所有的交叉路口直接或间接地连接起来了。每条道路都有一个分值,分值越小表示这个道路越繁忙,越需要进行改造。但是市政府的资金有限,市长希望进行改造的道路越少越好,于是他提出下面的要求:

(1)改造的那些道路能够把所有的交叉路口直接或间接地连通起来。

(2)在满足要求(1)的情况下,改造的道路尽量少。

(3)在满足要求(1)、(2)的情况下,改造的那些道路中分值最大的道路分值尽量小。

任务:就职于市规划局的你,应当作出最佳的决策,选择哪些道路应当被修建。

【输入】

输入文件的第一行有两个整数n,m 表示城市有n个交叉路口,m 条道路。接下来 m 行是对每条道路的描述,u,v,c 表示交叉路口,u 和 v 之间有道路相连,分值为 c。($1 \leq n \leq 300, 1 \leq c \leq 10000$)

【输出】

输出文件有两个整数 s,max,表示你选出了几条道路,分值最大的那条道路的分值是多少。

【数据约定】

$1 \leq n \leq 300, 1 \leq c \leq 10000$

【样例输入】	【样例输出】
4 5	3 6
1 2 3	
1 4 5	
2 4 7	
2 3 6	
3 4 8	

4. 最短距离

【问题描述】

设有 n 个城市, 依次编号为 1, 2, …, n, 另外有一个文件保存着 n 个城市之间的距离。当两个城市之间距离等于 -1 时, 表示这两个城市没有直接连接。求指定城市 k 到每个城市 i($1 \leq k, i \leq n \leq 50$)的最短距离和对应的最短路径。

【输入】

输入文件的第一行保存两个整数, 第一个是城市数目, 第二个是指定城市的编号。

以下 n 行为一个 n * n 的邻接矩阵。

【输出】

输出文件有 n 行, 第 i 行代表指定城市 k 到 i 最短距离和最短路径, 中间用空格隔开, k 到自己的距离为 0。

【样例输入】	【样例输出】
5　3	60 3 ->4 ->5 ->1
0　40　65　-1　30	100 3 ->4 ->5 ->1 ->2
40　0　105 -1　-1	0
65 105　0　10　35	10　3 ->4
-1　-1　10　0　20	30　3 ->4 ->5
30　-1　35　20　0	

5. Car 的旅行路线

【问题描述】

又到暑假了, 住在城市 A 的 Car 想和朋友一起去城市 B 旅游。

她知道每个城市都有 4 个飞机场, 分别位于一个矩形的 4 个顶点上, 同一个城市中两个机场之间有一条笔直的高速铁路, 第 i 个城市中高速铁路的单位里程价格为 T_i, 任意两个不同城市的机场之间均有航线, 所有航线单位里程的价格均为 t。

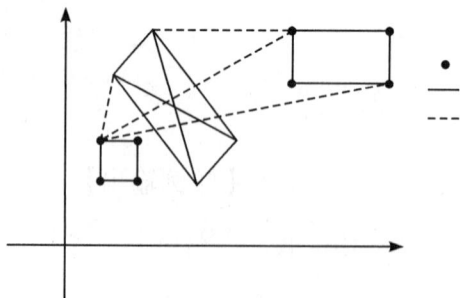

图 7 -31　示例图

图 7 -31 例(从上而下)机场, 高速铁路, 飞机航线

注意: 图中并没有标出所有的铁路与航线。

那么 Car 应如何安排到城市 B 的路线才能尽可能地节省花费呢？她发现这并不是一个简单的问题,于是她来向你请教。

找出一条从城市 A 到 B 的旅游路线,出发和到达城市中的机场可以任意选取,要求总的花费最少。

【输入】

输入文件的第一行为一个正整数 n,表示有 n 组测试数据。

每组的第一行有 4 个正整数 s,t,A,B。(n≤10,S≤100)

S 表示城市的个数,t 表示飞机单位里程的价格,A、B 分别为城市 A、B 的序号。

接下来有 S 行,其中第 i 行均有 7 个正整数,前 6 个数分别是第 i 个城市中任意 3 个机场的坐标,最后一个数为第 i 个城市高速铁路单位里程的价格。

【输出】

输出文件共有 n 行,每行 1 个数据对应测试数据。

保留一位小数。

【样例输入】	【样例输出】
1	47.5

3 10 1 3

1 1 1 3 3 1 30

2 5 7 4 5 2 1

8 6 8 8 11 6 3

6.旅行

【题目描述】

小 Y 是一个爱好旅行的 OIer。她来到 X 国,打算将各个城市都玩一遍。

小 Y 了解到,X 国的 n 个城市之间有 m 条双向道路。每条双向道路连接两个城市。不存在两条连接同一对城市的道路,也不存在一条连接一个城市和它本身的道路。并且,从任意一个城市出发,通过这些道路都可以到达任意一个其他城市。小 Y 只能通过这些道路从一个城市前往另一个城市。

小 Y 的旅行方案是这样的:任意选定一个城市作为起点,然后从起点开始,每次可以选择一条与当前城市相连的道路,走向一个没有去过的城市,或者沿着第一次访问该城市时经过的道路后退到上一个城市。当小 Y 回到起点时,她可以选择结束这次旅行或继续旅行。需要注意的是,小 Y 要求在旅行方案中,每个城市都被访问到。

为了让自己的旅行更有意义,小 Y 决定在每到达一个新的城市(包括起点)时,将它的编号记录下来。她知道这样会形成一个长度为 n 的序列。她希望这个序列的字典序最小,你能帮帮她吗?

【输入】

输入文件的第一行为两个整数,分别代表点数 n 和边数 m。(n≤5000,m=n-1 或 m=n)

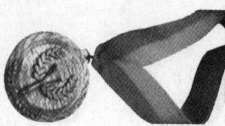

接下来 m 行,每行包含两个整数 u,v(1≤u,v≤n),表示编号为 u 和 v 的城市之间有一条道路,两个整数之间用一个空格分隔。

【输出】

输出文件包含一行,n 个整数,表示字典序最小的序列。相邻两个整数之间用一个空格分隔。

【样例输入】	【样例输出】
6 6	1 3 2 4 5 6
1 3	
2 3	
2 5	
3 4	
4 5	
4 6	

第 8 章 查找

8.1 查找的基本概念

查找(search)又称检索。它同人们的日常工作和生活有着密切的联系。如从图书馆查找书籍,从成绩表中查找成绩排名,从电话簿查找电话,在搜索网站中搜索资料等。当今社会是一个信息爆炸的社会,在庞大的信息量中寻找实用的信息是一项必需的技能,而计算机是一项查找信息的利器。

利用计算机查找需要把人工组织的信息表(或称数据表)存入计算机中,变为计算机可利用的"表",查找过程就在这个表上进行。如利用计算机进行图书管理,则把人工整理的图书目录表存入计算机中,变为计算机可利用的表,查找时根据用户提供的书名或其他信息,从这个表中查找出所需要的图书。在计算机中,作为查找对象的表是指数据的存储结构,存储结构不同,对应着不同的表。如线性表(即为带有线性结构的数据)的顺序存储结构对应着顺序表,其链接存储结构对应着单链表(假定不考虑双向链表),二叉排序树(即为带有二叉树结构的数据)的链接存储结构对应着二叉链表等。这一章还将结合查找运算介绍线性表的索引存储结构(对应索引表和主表)和散列存储结构(对应散列表)等内容。

在计算机上对表进行查找,就是根据所给条件查找出满足条件的第一条记录(元素)或全部记录,若没有找到满足条件的任何记录,则返回特定值,表明查找失败;若查找到满足条件的第一条记录,则表明查找成功,返回该记录的存储位置,以便对该记录作进一步处理;若需要查找到满足条件的所有记录,则可看作为在多个区间内连续查找到满足条件的第一条记录的过程,即首先在整个区间内查找到满足条件的第一条记录,接着在剩余的区间内查找到满足条件的第一条记录(对整个区间而言,它是满足条件的第二条记录),依此类推,直到剩余区间为空时止。所以,查找问题就归结为在指定的区间(即表的一部分或全部)内查找满足所给条件的第一条记录,若查找成功,则返回记录的存储位置,否则表明查找失败,返回一个特定值。当然,查找运算只是整个数据处理过程的一个环节,它的下一个环节是如何对查找结果进行处理,这可根据实际需要,对查找成功的记录进行观察、计算、输出、修改、删除等,当查找失败时,输出错误信息或插入新记录等。

用于在表上查找记录的条件,情况比较复杂,它由具体应用而定,但其中最具有代表性的条件是:在关键字段(项)上查找关键字等于给定值 K 所在的记录。由于表中每个记录的关键字都不同,所以这种条件只可能查找到唯一的一条记录。在本章的讨论中,我们将以这种条件为依据给出各种查找的算法,当然读者也不难根据实际需要给出使用其他条件的查找算法。

作为查找对象的表的结构不同,其查找方法一般也不同。但无论哪一种方法,其查找过程都是用给定值 K 同关键项上的关键字按照一定的次序进行比较的过程,比较次数的多少就是相应算法的时间复杂性,它是衡量一个查找算法优劣的重要指标。

8.2　顺序表查找

顺序表(sequential list)是指线性表的顺序存储结构。顺序存储线性表结构的类型定义已经在前面的章节给出,它包含两个域:顺序存储线性表元素的向量域和存储线性表长度的指针域。

在程序实现过程中,顺序存储线性表结构一般用数组实现。例如:用一个一维数组来实现顺序存储,那么存储形式如下:

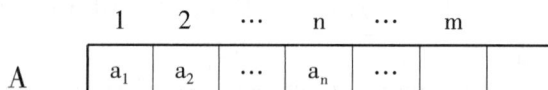

$$
\begin{array}{c|c|c|c|c|c|c|c|}
 & 1 & 2 & \cdots & n & \cdots & m & \\
\hline
A & a_1 & a_2 & \cdots & a_n & \cdots & & \\
\hline
\end{array}
$$

表中 m 表示数组空间的上界,n 表示线性实际的长度。顺序存储线性表元素的数组和数组长度 n 可以这样说明:

    elemtype A[m+1];

    int n;

其中 elemtype 可以为任何类型,假设是下面的抽象记录类型:

    struct elemtype {

        keytype key;

        …

    }

对于一种元素类型可以有多个关键字域(key),关键字可以是任意类型。在进行查找的过程,关键字就是查找对象的基准,用关键字来判断是否查找到所需的对象。

由于这种说明方式在表述上十分清晰,所以在后面的文章的举例和伪代码中,将都会采用这种说明方式表示一个顺序存储线性表。

在顺序表上进行查找有多种方法,这里只介绍最主要的两种方法——顺序查找和二分查找。

8.2.1　顺序查找

顺序查找(sequential search)是一种最简单、最基本的查找方法。它的基本思想是:从顺序表的一端开始,依次将每个元素的关键字同目标值 K 进行比较,若某个元素的关键字等于目标值 K,则表明查找成功,返回该元素所在域的指针(在数组中就是数组下标),若所有表中元素比较了一遍都没有找到目标值 K,那么说明表中并没有这个目标值的元素。

顺序查找的伪代码:

```
int SequentialSearch(elemtype * A,int n,const elemtype &k){
```

```
        int i = 1
        while ((i <= n) && (A[i] != k)) {
            i ++ ;
        }
        if( i <= n)
        return i;
        else
        return 0;
    }
```

在上面的代码中每次循环都要进行两个判断,为了省去前一个判断,可以在表的另一端事先设置"哨岗",即把给定值 K 赋给第 n+1 单元(对应从表头开始向后查找)或第 0 单元(对应从表尾开始向前查找)的关键字域,当查找失败,即查找到第 n+1 单元或第 0 单元时,因比较相等而使循环正常结束。改进后的算法描述如下:

```
    int SequentialSearch(elemtype * A,int n,const elemtype &k){
        A[n+1].key = k
        int i = 1
        while (A[i] != k)
            i ++ ;
        if(i <= n)    return    i;
        else    return 0;
    }
```

顺序查找的时间复杂度为 $O(n)$,速度较慢,效率不高,但是实现方式是最为简单的。顺序查找适用于顺序线性表,同样适用于单链表。而且对表中元素的排列次序无要求,这将给插入新元素带来方便,因为不需要为新元素寻找插入位置和移动原有元素,只要把它加入到表尾(对于顺序表)或表头(对于单链表)即可。

为了尽量提高顺序查找的速度,一种可考虑的方法是,在已知各元素查找概率不等的情况下,可将各元素按查找概率从大到小排列,从而降低查找的平均比较次数;另一种可考虑的方法是,在事先未知各元素查找概率的情况下,每次查找到一个元素时,将它与前驱元素对调位置,这样,查找频度高(即概率大)的元素就会逐渐前移,最后使得元素的前后位置按查找概率从大到小排列,从而达到减少平均比较次数的目的。

8.2.2 二分查找

二分查找(binary search)又称折半查找。作为二分查找对象的表必须是顺序存储的有序表,通常假定有序表是按关键字从小到大有序(或者任何一种有序方式,只要这种有序方式是单调的)。二分查找的过程是:首先取整个有序表 A(1..n) 的中点元素 A[mid](其中 $mid = \lfloor \frac{(n+1)}{2} \rfloor$)的关键字同给定值 K 比较,若相等,则查找成功,返回该元素的下标 mid,

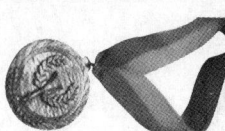

否则,若 A[mid].key > K,则说明待查元素(即关键字等于 K 的元素)只可能落在左子表 A(1..mid-1)中,接着只要在左子表中继续进行二分查找即可,若 A[mid].key < K,则说明待查元素只可能落在右子表 A(mid+1..n)中,接着只要在右子表中继续进行二分查找即可;这样,经过一次关键字的比较,就缩小一半查找空间,如此进行下去,直到找到关键字为 K 的元素,或者当前查找区间为空(说明表中不存在关键字为 K 的元素)时止。

二分查找的过程是递归的,但是很容易用非递归算法描述。(递归算法留给读者自行思考)

```
int BinarySearch(elemtype * A,int n,const elemtype &k){
    int low = 1;
    int high = n;
    int mid;
    while (low <= high) {
        mid = (low + high) / 2;
        if(A[mid].key == k){
            return mid;
        }else if(A[mid].key > k{
            ligh = mid - 1;
        }else{
        low = mid + 1;
        }
    return 0;
}
```

【例 8-1】假定有序表 A 中 8 个元素(即 n=8)的关键字序列为:

13,23,26,47,89,101,111,123

现在要在这个有序表中查找关键字为 26 的这个元素,那么查找过程如下:

括号表示当前查找的区间,"["右边第一个元素为 low,"]"左边第一个元素为 high,箭头表示 mid 所在的位置。

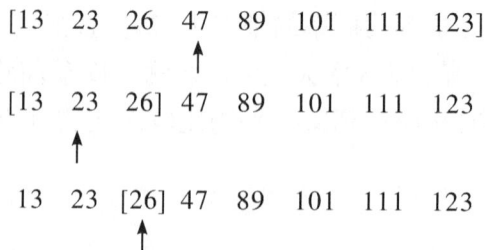

$$[13 \quad 23 \quad 26 \quad 47 \quad 89 \quad 101 \quad 111 \quad 123]$$
$$\uparrow$$

$$[13 \quad 23 \quad 26] \quad 47 \quad 89 \quad 101 \quad 111 \quad 123$$
$$\uparrow$$

$$13 \quad 23 \quad [26] \quad 47 \quad 89 \quad 101 \quad 111 \quad 123$$
$$\uparrow$$

图 8-1 二分查找的过程

三次比较后成功地找到了 26 这个元素。

二分查找过程可用一棵二叉树来描述,树中的每个根结点对应当前查找区间的中点元素 A[mid],它的左子树和右子树分别对应该区间的左子表和右子表,通常把此二叉树称为

二分查找的判定树。由于二分查找是在有序表上进行的,所以其对应的判定树必然是一棵二叉排序树。图 8 - 2 就是一棵描述图 8 - 1 查找过程的判定树,树中每个结点的值为对应元素的关键字,结点上面的数字为对应元素的下标,附加的带箭头虚线表示查找一个元素的路径,其中给出了图 8 - 1 中查找关键字为 26 元素的路径。从此图可以清楚地看出,在有序表上二分查找一个关键字等于 K 的元素时,对应着判定树中从树根结点到待查结点的一条路径,同关键字进行比较的次数就等于该路径上的结点数,或者说等于待查结点的层数。

进行二分查找的判定树不仅是一棵二叉排序树,而且是一棵理想平衡树,因为它除最后一层外,其余所有层的结点数都是满的,所以判定树的高度 h 和结点数 n 之间的关系为:

$$h = \lfloor \log_2 n \rfloor + 1$$

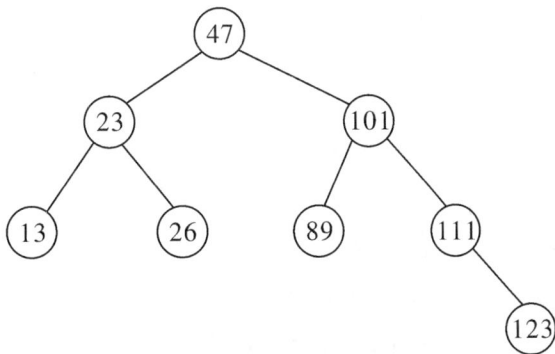

图 8 - 2　二分查找的判定树

这就告诉我们,二分查找成功时,同元素关键字进行比较的次数最多为 h,在等概率的情况下平均比较次数略低 h(证明从略),所以二分查找算法的时间复杂性为 $O(\log_2 n)$。显然它比顺序查找的速度要快得多。例如,假定一个有序表含有 1000 个元素,若采用二分查找则至多比较 10 次,若采用顺序查找,则最多需要比较 1000 次,平均也得比较 500 次。

在二分查找中,查找失败也对应着判定树中的一条路径,它是从树根结点到相应结点的空子树。当待查区间为空,即区间上界小于区间下界时,比较过程就达到了这个空子树。由此可知,二分查找失败时,同关键字进行比较的次数也不会超过树的高度,所以不管二分查找成功与失败,其时间复杂性均为 $O(\log_2 n)$。

二分查找的优点是比较次数少,查找速度快。但在查找之前要为建立有序表付出代价,同时对有序表的插入和删除都需要平均比较和移动表中的一半元素,这是很浪费时间的操作,所以,二分查找适用于数据相对固定的情况。

【例 8 - 2】集合(经典例题)

给定两个集合 A、B,集合内的任一元素 x 满足 $1 \le x \le 10^9$,并且每个集合的元素个数不大于 10^5。我们希望求出 A、B 之间的关系。(内存:2M)

根据给定两个集合的描述,判断它们满足下列关系的哪一种:

A 是 B 的一个真子集,输出"A is a proper subset of B"

B 是 A 的一个真子集,输出"B is a proper subset of A"

A 和 B 是同一个集合,输出"A equals B"

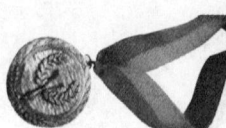

A 和 B 的交集为空,输出"A and B are disjoint"

上述情况都不是,输出"I'm confused!"

分析:

要判断集合 A 和 B 的关系,只需要看 B 中的每个元素和集合 A 的关系,归结起来,下面是判断 5 种情况的充要条件:

1.A 是 B 的一个真子集:——判断 B 中的元素是否在 A 中,如果在 A 中,那么就将 A 中相应的元素进行标记。若最后 A 中所有元素都被标记,且 B 中至少有一个不在 A 中,则 A 是 B 的真子集。

2.B 是 A 的一个真子集:——判断 B 中的元素是否在 A 中,如果在 A 中,那么就将 A 中相应的元素进行标记。若 B 中所有元素都在 A 中,且 A 中有元素没有被标记,则 B 是 A 的一个真子集。

3.A 和 B 是同一个集合:——判断 B 中的元素是否在 A 中,如果在 A 中,那么就将 A 中相应的元素进行标记。若 B 中所有元素都在 A 中,且 A 中有元素都被标记,则 B 和 A 是同一个集合。

4.A 和 B 的交集为空:B 中没有元素在 A 中。

5.上述情况都不是,就输出"I'm confused!"

可以看出只要对 B 的元素在 A 中进行查找即可。因此对 A 中的元素进行从小到大排序,删除重复的元素。对 A 初始化后,A 就有序化了,那么可以利用二分查找判断 B 中的每个元素与集合 A 的关系。

排序的时间复杂度为 $O(n\log_2 n)$,二分查找的复杂度为 $O(n\log_2 n)$,所以总的复杂度为 $O(n\log_2 n)$。

8.3　索引查找

8.3.1　索引查找

索引查找(index search)又称分级查找。例如,在汉语字典中查找汉字。如果知道字形,先在部首表中找到对应检字表中对应的页码,然后再根据字的笔画顺序查找到对应正文中的页码,然后在此页码中便找到了需要查找的汉字。在这里,整个字典就是索引查找的对象,字典的正文是字典的主要部分,被称之为主表,检字表、部首表和音节表都是为了方便查找主表而建立的索引,所以称之为索引表。

同样在计算机中,索引查找就是建立在索引存储结构的基础上进行的。索引存储的基本思想是:首先把一个线性表(主表)中的元素按照一定的函数关系或条件划分成若干个子表,每个子表建立一个索引项,所有这些索引项构成主表的一个索引表。然后可以用顺序或链接的方式来存储索引表和每个子表。索引表中的每个元素一般包含三个域——索引值域、指向子表的地址、指向子表的长度。相应的类型定义描述如下:

```
struct Indexitem {
```

　　　Index：索引值的类型　　　//可以是任意的函数值:字符、数字

　　　int Address;　　　　　　//这是假设子表是静态顺序结构存储,若为动态链接,那么这里是一个指针

　　　int length;

　　}

　Indexitem Indexlist[m + 1];

　　例如,要为参加雅典奥运会的运动员资料表建立一个索引表,可以用运动员的年龄、参赛项目、编号等信息建立索引表。假设用运动员的项目编号进行分类:

运动员资料如表 8 - 1 所示:

表 8 - 1　运动员资料

编号	参赛项目	运动员
TF001	田径	刘翔
ST004	射击	杜丽
ST001	射击	朱启南
DV001	跳水	田亮
DV002	跳水	彭勃
DV003	跳水	胡佳
SW006	游泳	罗雪娟
BB001	篮球	姚明
BB002	篮球	李楠
BB003	篮球	刘炜

那么根据编号建立一个线性表,这个线性表作为主表,如下:

Mainlist = (TF001,ST004,ST001,DV001,DV002,DV003,SW006,BB01,BB002,BB003)

然后根据项目值进行分类:

TF = (TF001)

ST = (ST001,ST004)

DV = (DV001,DV002,DV003)

SW = (SW006)

BB = (BB001,BB002,BB003)

这样根据项目建立起一个索引表 8 - 2:

表 8 - 2　索引表

Indexlist	Index	Address	Length
1	TF	1	1
2	ST	2	2
3	DV	4	3
4	SW	7	1
5	BB	8	3

其中 Address 域表示每个项目运动员在主表中出现的第一个位置。Length 表示运动员的个数,也就是这个项目的运动员在主表中占据的长度。

建立动态链接的示意图如图 8－3 所示。

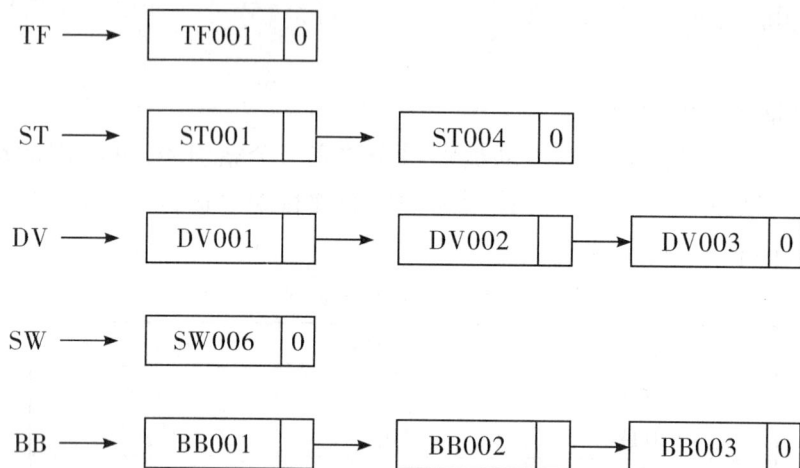

图 8－3　索引查找的动态链接

8.3.2　索引查找算法

索引查找是在索引表(即线性表的索引存储结构)上进行的查找。索引查找的过程是:首先根据给定的索引值 K1,在索引表上找到索引项为 K1 的索引项,以确定其子表所在的位置,然后再根据关键字 K2,在对应的子表中查找关键字等于 K2 的元素。在索引表和子表中查找的过程既可以用顺序查找又可以用二分查找。

设数组 A 是主表,B 是索引表。m 表示索引表的长度。算法描述如下:

```
int IndexSearch(elemtype * A,indexitem * B,int m,keytype K1,keytype K2){
    int i = SequentialSearch(B,m,K1);           //在索引表中进行顺序查找
    int j;
    if (i == 0) return 0;                        //说明查找失败
    j = B[i].address;
    while ((j < B[i].address + B[i].length) && (K2! = A[j].key))
        j ++ ;
    if(j = B[i].address + B[i].length)
        return 0;
    else    return j;
}
```

索引查找的比较次数等于算法中查找索引表的比较次数和查找相应子表的比较次数之和。查找索引表最多比较 m 次,查找相应的子表(为了便于讨论,假定每个子表具有相同的长度,其长度为 n/m,n 为主表中的元素个数)的最多比较次数为 n/m,所以整个索引查找过程的最多比较次数为 m＋n/m。若对 m 求导得 $1 - \dfrac{n}{m^2}$,令导函数等于 0,可得当 m 取

$\sqrt{n}$时,原函数 m + n/m 取最小值 2$\sqrt{n}$,也就是说,当把线性表中的 n 个元素划分为$\sqrt{n}$个等长的子表(每个子表的长度也为$\sqrt{n}$)时,索引查找的最多比较次数的值最小,为 2$\sqrt{n}$。读者容易证明,在查找各元素概率相等的情况下,此时的平均比较次数也为最少,即为$\sqrt{n}$。所以索引查找算法(假定索引表和子表都采用顺序查找)的时间复杂性为 O(m + n/m),特别地,当 m =$\sqrt{n}$时,其时间复杂性为 O($\sqrt{n}$)。

8.4 散列查找

8.4.1 散列的概念

散列(hash)同顺序、链接和索引一样,是存储线性表的又一种方式。散列存储的基本思想是:以线性表中的每个元素的关键字 K 为自变量,通过一种函数 h(K)计算出函数值,把这个值解释为一块连续存储空间(即数组空间)的单元地址(即下标),将该元素存储到这个单元中。散列存储中使用的函数 h(K)称为散列函数或哈希函数,它实现关键字到存储地址的映射(或称转换),h(K)的值称为散列地址或哈希地址,f 使用的数组空间是线性表进行散列存储的地址空间,所以称之为散列表(hashlist)或哈希表。在散列表上进行查找时,首先根据给定的关键字 K,用与散列存储时使用的同一散列函数 h(K)计算出散列地址,然后按此地址从散列表中取出对应的元素。

【例 8 - 3】假定一个线性表为:

A = (18,75,60,43,54,90,46)

为了散列存储该线性表,假定选取的散列函数为:

h(K) = K mod m

即用元素的关键字 K 除以散列表的长度 m,取余数(即为 0 至 m - l 范围内的一个数)作为存储该元素的散列地址。这里假定 K 和 m 均为正整数,并且 m 要大于等于待散列的线性表的长度 n。在此例中,n = 7,所以假定取 m = 13,则得到的每个元素的散列地址为:

h(18) = 18 mod 13 = 5   h(75) = 75 mod 13 = 10

h(60) = 60 mod 13 = 8   h(43) = 43 mod 13 = 4

h(54) = 54 mod 13 = 2   h(90) = 90 mod 13 = 12

h(46) = 46 mod 13 = 7

若根据散列地址把元素存储到散列表 H(0..m - 1)中,则存储映象为:

	0	1	2	3	4	5	6	7	8	9	10	11	12
H			54		43	18		46	60		75		90

从散列表中查找元素同插入元素一样简单,如从 H 中查找关键字为 60 的元素时,只要利用上面的函数 h(K)计算出 K = 60 时的散列地址 8,从下标为 8 的单元中取出该元素即可。

上面讨论的散列表是一种理想的情况,即插入时根据元素的关键字求出的散列地址,其对应的存储单元都是空闲的,也就是说,每个元素都能够直接存储到它的散列地址所对

应的单元中,不会出现该单元已被其他元素占用的情况。在实际应用中,这种理想情况是很少见的,通常可能出现一个待插入元素的散列地址单元已被占用,使得该元素无法直接存入到此单元中的现象,我们把这种现象叫做冲突(collision)。在散列存储中,冲突是很难避免的,除非关键字的变化区间小于等于散列地址的变化区间,而这种情况当关键字取值不连续时又是非常浪费存储空间的,一般情况是关键字的取值区间大于散列地址的变化区间(即散列函数的数值范围)。如在例题 8 - 3 中,关键字为两位正整数,其取值区间为 0 ~ 99,而散列地址的取值区间为 0 ~ 12,远比关键字的取值区间小。这样,当不同的关键字通过同一散列函数计算散列地址时,就可能出现具有相同散列地址的情况,若该地址中已经存入了一个元素,则具有相同散列地址的其他元素就无法直接存入进去,从而引起冲突,通常把这种具有不同关键字而具有相同散列地址的元素称作"同义词",由同义词引起的冲突称作同义词冲突。如再向例题 8 - 3 的散列表 H 中插入一个关键字为 70 的新元素时,该元素的散列地址为 5,就同已存入的关键字为 18 的元素发生冲突,致使关键字为 70 的新元素无法存入到下标为 5 的单元中。因此,如何尽量避免冲突和冲突发生后如何解决冲突(即为发生冲突的待插入元素找到一个空闲单元,使之存储起来)就成了散列存储的两个关键问题。

在散列存储中,虽然冲突很难避免,但发生冲突的可能性却有大有小,这主要与三个因素有关。一是与装填因子 a 有关,所谓装填因子是指散列表中已存入的元素数 n 与散列表空间大小 m 的比值,即 a = n/m,当 a 越小时,冲突的可能性就越小,a 越大(最大取 1)时,冲突的可能性就越大。这很容易理解,因为 a 越小,散列表中空闲单元的比例就越大,所以待插入元素同已存元素发生冲突的可能性就越小,反之,a 越大,散列表中空闲单元的比例就越小,所以待插入元素同已存元素冲突的可能性就越大。另一方面,a 越小,存储空间的利用率也就越低,反之,存储空间的利用率也就越高,为了兼顾减少冲突的发生和提高存储空间的利用率这两个方面,通常使 a 最终控制在 0.6 ~ 0.9 范围内为宜。二是与所采用的散列函数有关,若散列函数选择得当,就能够使散列地址尽可能均匀地分布在散列空间上,从而减少冲突发生的可能性,否则,若散列函数选择不当,就可能使散列地址集中于某些区域,从而加大冲突发生的可能性。三是与解决冲突的方法有关,方法选择的好坏也将减少或增加发生冲突的可能性。后面将陆续讨论影响冲突发生的这三个因素。

8.4.2 散列函数

构造散列函数的目标是使散列地址尽可能均匀地分布在散列空间上,同时使计算尽可能简单,以节省计算时间。根据关键字的结构和分布不同,可构造出与之适应的各不相同的散列函数,这里只介绍较常用的几种,其中又以介绍除留余数法为主。在下面的讨论中,假定关键字均为整型,若关键字不为整型,则要设法把它转换为整型。

1. 直接定址法

直接定址法是以关键字 K 本身或关键字加上某个数值常量 C 作为散列地址的方法。对应的散列函数 h(K) 为:

$$h(K) = K + C$$

这种方法计算最简单,并且没有冲突发生。它适用于关键字的分布基本连续且关键字

范围比较小的情况,否则容易造成空间上的浪费。

2. 除留余数法

除留余数法在信息学竞赛中是最常用的一种方法。就是上一节例子中举出的散列函数,将关键字除一个数字取余。函数式为:

$h(K) = K \bmod m$

这种方法的关键是选好 m,使得每一个关键字通过该函数转换后映射到散列空间上任一地址的概率都相等,从而减少冲突的可能性。效果最好的是当 m 为一个质数时。

3. 数字分析法

数字分析法是取关键字中某些取值较分散的数字位作为散列地址的方法。这个方法适合于关键字比较大的情况,比如一个高精度数或者一个字符串,因为没有必要也不可能把整个数串作为哈希值,只需要将其中某些数字位作为散列地址就可以了。比如为(9231602,92326875,92739628)设计哈希函数,可以发现数字串的第 4、6、7 位分布比较散,那么用这几位作为哈希函数值,冲突就比较小。

8.4.3 处理冲突的方法

1. 线性开型寻址法

所谓开型寻址法就是从发生冲突的那个单元开始,按照一定的顺序,从散列表中查找出一个空闲的存储单元,把发生冲突的待插入元素存入到该单元中的一类处理冲突的方法。其中线性开型寻址法是开型寻址法中一种最简单的探查方法。它从发生冲突的单元起,依次探查下一个元素(可以把表看成一个环,当达到表尾单元的时候,下一个探查的单元是表首单元),直到碰到一个空闲单元为止。

例如,在图 8-4 中给出一个散列表 ht,桶号从 0 到 10。表中有 3 个元素,除数 D 为 11。因为 $80 = 3(\bmod 11)$,则 80 的位置为 $3,40 = 7(\bmod 11),65 = 10(\bmod 11)$。每个元素都在相应的桶中。散列表中余下的单元为空。然后要将一个新的元素 58 加入散列表中。58 的位置是 $3(\bmod 11)$,这个单元已经被占据了,那么就查找下一个单元 $3+1=4$,发现这个单元是空的,那么把 58 放在单元 4 中。现在要插入 98。其起始桶 10 已满,则插入下一个可用桶 0 中。由此看来,在寻找下一个可用桶时,表被视为环形。

			80				40			65
Ht 0	1	2	3	4	5	6	7	8	9	10

			80	58			40			65
Ht 0	1	2	3	4	5	6	7	8	9	10

98			80	58			40			65
Ht 0	1	2	3	4	5	6	7	8	9	10

图 8-4 开型寻址法的插入示例

利用线性探查法处理冲突容易造成元素的"堆积"(或称"聚集"),这是因为当连续 n 个单元被占用时,再散列到这些单元上的元素和直接散列到后面一个空闲单元上的元素都

要占用这个空闲单元,致使该空闲单元很容易被占用,造成堆积,并且堆积现象会越来越严重,从而大大地增加查找下一个空闲单元的路径长度。

在线性探查中,造成堆积现象的根本原因是探查序列过分集中在发生冲突的单元后面,没有在整个散列空间上分散开。为了克服这个缺点,自然想到使用步长为 2,3,… 的线性探查法,取代上面讨论的步长为 1 的线性探查法,使得探查序列尽量分散。如步长取 2 时,探查序列为 d,d+2,d+4,…,或写成 $(d+2i) \bmod m(0 \leq i \leq m-1)$,此探查序列的地址分布比步长取 1 时较分散。造成堆积的程度比步长取 1 时要有所减轻。步长取 3 时,探查序列为 $(d+3i) \bmod m(0 \leq i \leq m-1)$,此探查序列的地址分布又比步长取 2 时较分散,造成堆积的程度将比步长取 2 时又有所减轻。当然不是说,步长取得越大越好,若散列表的长度为 m,则通常取靠近 $\sqrt{m}$ 的整数值作为步长时效果最好,它接近于探查序列在整个散列空间上随机分布的情况。进行线性探查取步长值 s 时,必须避免 m 被 s 整除的情况出现,因为若出现这种情况,探查序列只在下标为 $(d+is) \bmod m$ 的 t 个单元($0 \leq i < t$,其中 t 是 m 被 s 整除所得的商)上循环,不能探查到散列表中的其他单元。

2. 链表散列法

当散列发生溢出时,链表是一种好的解决方法。图 8-5 给出了散列表在发生溢出时采用链表来进行解决的方法。在上一个例子中,散列函数的除数为 11。在该散列表的组织中,每个桶仅含有一个结点指针,所有的元素都存储在该指针所指向的链表中。在搜索关键字值为 K 的元素时,首先要计算其起始桶,起始桶号为 K mod d,然后搜索该桶所对应的链表。在插入时,首先要保证表中不含有相同关键字的元素。当然,此时的搜索仅限于该元素的起始桶所对应的链表。由于每次插入都要首先进行一次搜索,因此把链表按照升序排列比无序排列会更有效。最后,为了删除关键字值为 K 的元素,首先访问起始桶对应的链表,找到该元素,然后删除。

图 8-5 链表型的哈希表

8.4.4 散列表的插入和插入算法

在线性表的散列存储中,处理冲突的方法不同,其散列表的类型定义也不同,若采用开型寻址法则类型定义为:

elemtype hashlist1[m];

若采用动态链接法,则类型定义为:

dynanode hashlist2[m];

其中 dynanode 是单链表类型,可以为动态链表,也可以为静态链表。

在上面每一种类型的散列表中,散列表的长度 m 都要大于等于待散列的线性表的长度 n,当然最好取 n 与 m 的比值(即装填因子 a 的值)在 0.6 至 0.9 之间。

下面分别以 hashlist1 和 hashlist2 类型的散列表为例,给出相应的插入和删除算法。

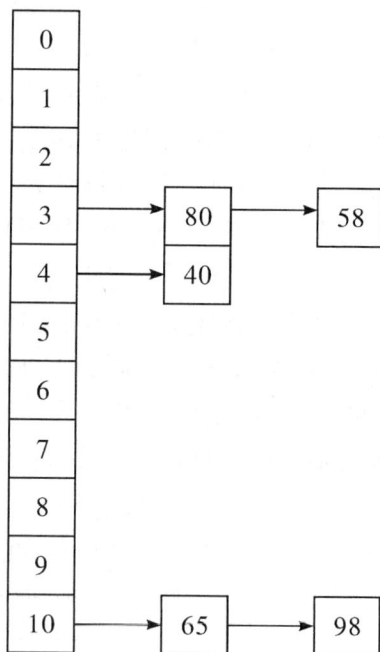

1. 具有 hashlist1 类型的散列表的插入算法

```
void insert1(elemtype * HA,int m,elemtype x){
    intd = h(x.key);                //h 为哈希函数
    while (HA[d].key! = null){
        d = (d + a)% m        //a 为插入时处理冲突的步长
        }
        HA[d] = x;
}
```

2. 具有 hashlist1 类型的散列表的查找算法

```
int Search1(elemtype * HA,int m,elemtype x){
    int d = h(K)
    while( (HA[d].key! = null) && (HA[d].key! = K)){
        d = (d + a) % m
    }
    if (HA[d].key = null )
    return m;                //如果找到空闲单元,说明散列表中不存在待查元素
    else return d;
}
```

3. 具有 hashlist2 类型的散列表的插入算法

```
void insert2(dynanode * HB,int m,elemtype x){
    int d = h(x.key);
    if (HB[d] == null){
        HB[d] - > data = x
        HB[d] - > next = null
    }
    else{
        dynanode * p = new dynanode;
        p - > data = x
        p - > next = HB[d].next;
        HB[d].next = p;
    }
}
```

4. 具有 hashlist2 类型的散列表达的查找算法

```
dynanode*   search2(dynanode * HB,int m,elemtype x){
    int d = h(K);
    If (HB[d] == null)
    return 0;                //找不到为 K 的元素
```

```
dynanode*   p = HB[d];
while ((p - > data.key! = K) && (p - > next)){
        p = p - > next;
}
if (p - > data.key == K)
return p;                         //若查找成功,那么返回待查元素所在的结点
else  return 0;
}
```

在散列存储中,插入和查找的速度是相当快的,它优于前面介绍过的任一种方法,特别是当数据量很大时更是如此。散列表插入、删除和查找的平均复杂度为 O(1)。散列存储的缺点是:①占用的存储空间较多,因为总是取 a 值小于 1;②若采用开放定址法处理冲突,则给删除元素带来困难,若把被删除元素所占用的单元置空,则割断了元素的查找路,所以只能给被删除的元素附加删除标记,这又造成该单元的浪费;③只能按关键字查找元素,而无法按非关键字查找元素。

【例 8 - 4】集合(同【例 8 - 2】)

分析:

根据上一章的分析,只要查找 B 中的元素和 A 之间的关系即可。因此可以用散列表进行查找工作。首先将集合 A 进行散列存储,哈希函数可以选择用除留余数法,用链表进行存储。然后对 B 中的元素一一判断即可。

8.5　树表查找

树表查找是对树型存储结构所做的查找。树型存储结构是一种多链表,该表中的每个结点包含有一个值域和多个指针域,每个指针域指向一个后继结点。树型存储结构和树型逻辑结构是完全对应的,表示上都是一个树形图,只是用存储结构中的链接指针代替逻辑结构中的抽象指针罢了,因此,往往把树型存储结构(即树表)和树型逻辑结构(即树)混为一谈,统称为树结构或树。在本节的叙述中,对树的查找,就意指对树表的查找。

在树结构中,有几种树对于数据的组织是非常有用的,即在第六章讨论过的二叉排序树和将在本章中介绍的堆和线段树。把一批数据组织成这两种树的形式往往比组织成线性表的形式更有效,即更便于进行插入、删除和查找运算。在第六章中我们已经介绍了二叉排序树的插入、删除和查找运算,这里就不再重复。不过,二叉排序树有一个缺点,那就是树的结构事先无法预料,随意性很大,它只与结点的值和插入次序有关,往往得到的是一棵很不"平衡"的二叉树。二叉排序树与理想平衡树相差越远,树的高度就越高,其运算时间就越长,在最坏的情况下,就是对单链表进行运算的时间,从而部分或全部地丧失了利用二叉排序树组织数据的优点。为了克服二叉排序树的这个缺点,需要在插入和删除结点时对树的结构进行必要的调整,使二叉排序树始终处于一种平衡的状态,即始终成为一种平衡二叉树(balanced binary tree),简称平衡树。当然它不是理想平衡树,因为那将使调整操作更为复杂,得不偿失。

8.5.1 AVL 树

AVL 树(AVL tree)最先由俄罗斯两位数学家 Adelson - Velskii 和 Landis 在 1962 年提出来,AVL 就是两人名字的首字母缩写。AVL 树近似于一棵理想平衡树,在插入和删除元素后能通过局部调整保持平衡。

AVL 树有些时候又被叫做"高度平衡树",因为它是基于保持每个结点左右子树高度平衡的基础保持整体平衡的。更正式的 AVL 树的定义如下:

一棵二叉搜索树是 AVL 树,当且仅当对于树中的每一个结点的左子树高度和右子树高度相差不超过 1。

假设把二叉搜索树的每个平衡因子定义为右树高度减去左树高度。如果一棵二叉搜索树为 AVL 树,那么树中平衡因子为 -1,0 或者 1。如果存在一个结点不满足这个条件,那么二叉搜索树便不是 AVL 树。

图 8 -6 中左边的二叉搜索树是一棵 AVL 树,而右边的不是。

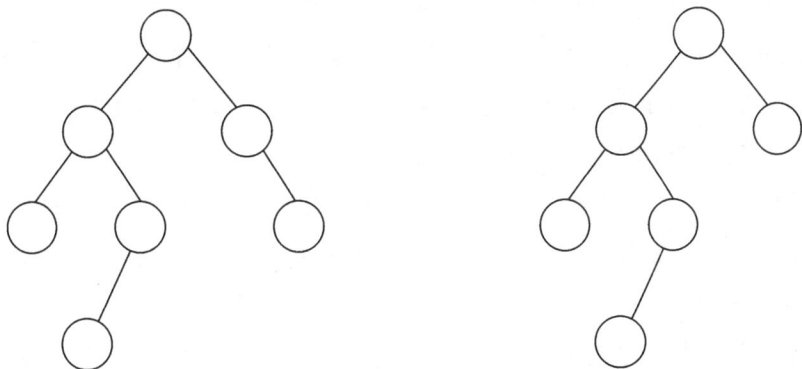

图 8 -6 AVL 树比较示意图

对于许多平衡树来说,都有一个基本的操作,那就是树的旋转。这种树的左旋转和右旋转可以应用到任何一个二叉搜索树的结点上,使其变成一棵平衡二叉树。

图 8 -7 就是一个在结点 25 上进行的右旋转操作。

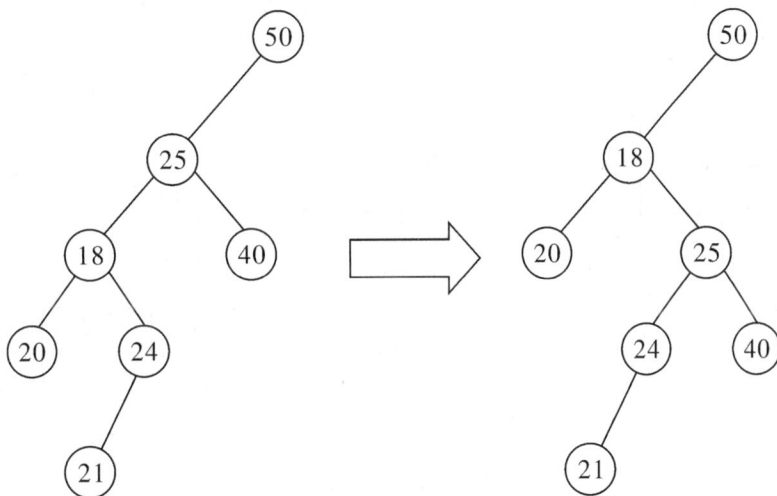

图 8 -7 左旋转示例

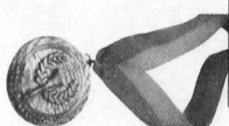

在图 8 - 7 中对结点 25 进行右旋转操作:把 25 的左儿子 18 作为它的父亲结点,25 的右儿子不变。因为 25 是 18 的新右儿子,因此只能把 18 的右子树作为 25 的左子树。

因此右旋转和左旋转可以归结为图 8 - 8:

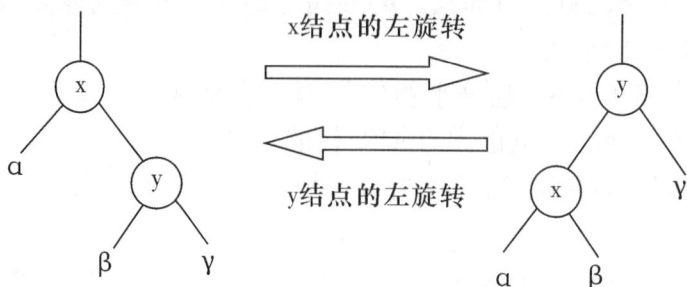

图 8 - 8　左右右旋转示意图

接下来考虑 AVL 树的插入操作。

按照二叉搜索树插入结点的方法插入新元素,如果结果仍然是一个 AVL 树,那么直接退出(50% 都是这种情况)。否则回溯从新结点到根的那一条路径,搜索哪些结点平衡因子为 2(或 - 2),儿子平衡因子为 1(或 - 1)。如果儿子和父亲平衡因子正负符号相同,那么定义这种情况为 1 类调整,否则称作 2 类调整。

如果是 1 类调整,只要对平衡因子为 2(或 - 2)的结点进行一次单独的旋转操作就可以了。如果平衡因子为 - 2 那么进行右旋转,如果平衡因子为 2 则进行左旋转。这样能够保证这棵子树仍是 AVL 树。

如果是 2 类调整,只要对儿子结点进行旋转,使儿子的平衡因子改变符号,这样 2 类调整变成了 1 类调整。然后进行 1 类调整,就保证是一棵 AVL 树。然后继续回溯,遇到需要调整的结点进行调整,就能保证整棵树的平衡性了。

父结点平衡因子为 - 2 的 1 类调整和 2 类调整的示意图如下:

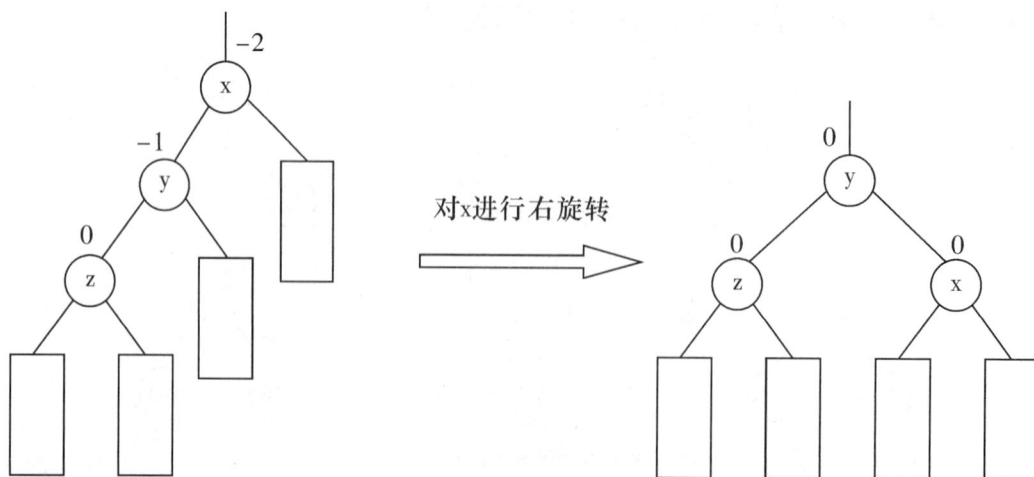

图 8 - 9　1 类调整

对y进行左旋转

对x进行左旋转

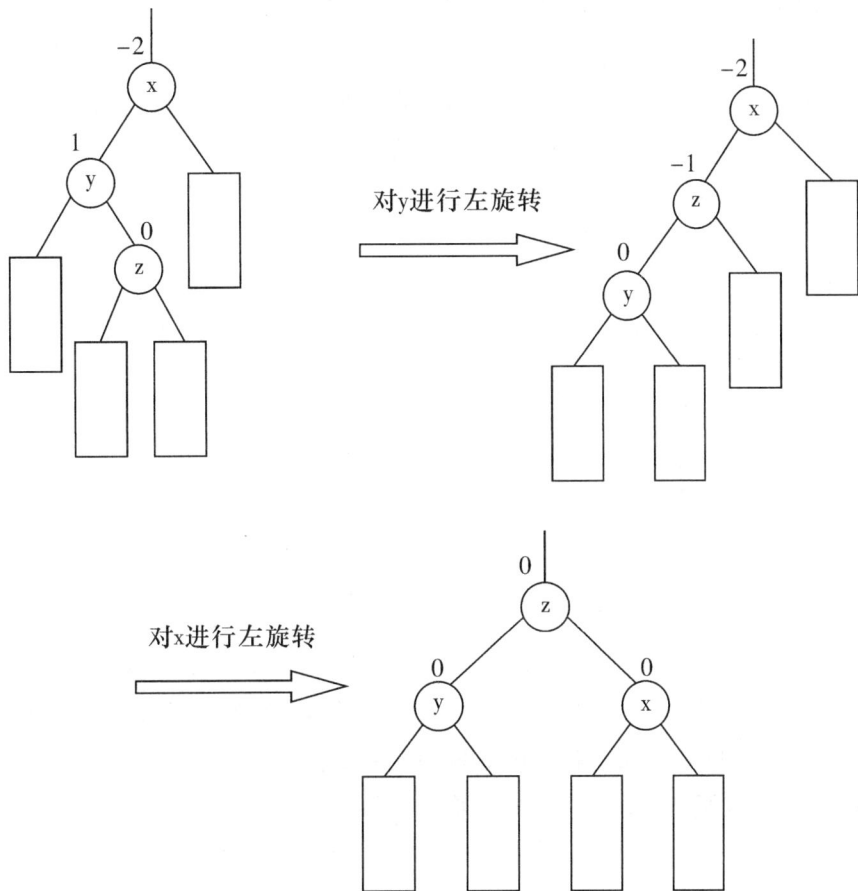

图 8 – 10　2 类调整

至于父结点平衡因子为 2 的情况,与此相类似,只需要把左右方向翻过来即可,请读者自行画图思考。

可以看出 AVL 树的插入结点的复杂度与树的深度有关,因为两类调整的复杂度是常数级别,而 AVL 树的深度为 $O(\log_2 n)$(证明略),所以总的时间复杂度为 $O(\log_2 n)$。

【例 8 – 5】星星(URAL 1028)

【问题描述】

宇航员经常检查星图,星图上面的星星用直角平面坐标系上的点表示。某个星星的级别等于位于这个星星左下方的星星的个数。宇航员希望知道星图上每个星星的级别。如图 8 – 11,星星上的数字表示星的级别。

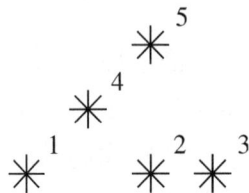

图 8 – 11　示例图

现在给你星星的个数 $n(1 \leqslant n \leqslant 15000)$,和星星的坐标 x,y $(1 \leqslant x, y \leqslant 32000)$,请你求出每个星星的级别。

分析:

首先以星星的 y 坐标为关键字建立一棵 AVL 树,然后将星星按照横坐标从小到大的顺序插入这棵 AVL 树。这样越靠左的星星越先插入这个 AVL 树。当要插入一颗星星的时候,在这颗星星左边的都已经插入了 AVL 树,因此只要统计出 AVL 树中有多少个结点的 y 坐标小于这颗星星,那么这颗星星的级别就能统计出来了。

查找 AVL 树中有多少个结点小于某个结点只要对 AVL 树稍作扩充便可以了。在 AVL 中的每个结点扩充一个域 ls,记录这个结点的左子树结点的个数。插入某个元素的时候,用 count 记录小于这个元素的结点个数。从根到插入位置(AVL 未进行平衡调整之前的插入位置)有一条路径,对于这条路径上的结点 i,如果 i 的元素值小于插入元素,那么 count += i->ls + 1。因此在插入结点的过程中就将这个结点的级别计算出来了。

下面是一个统计过程的具体例子:

有如下星星:$(0,0),(1,1),(2,2),(2,0),(3,5)$

按照星星的横坐标从小到大首先插入 $(0,0)$,然后插入 $(1,1)$,得到图 8 - 12 的 AVL 树:

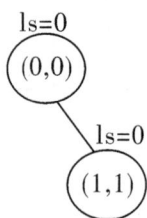

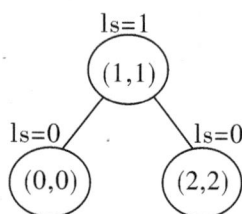

图 8 - 12　AVL 树　　　　　　　图 8 - 13　AVL 树

然后插入 $(2,2)$,在其插入路径上 $(0,0)$、$(1,1)$ 小于 $(2,2)$,所以 $(2,2)$ 的级别加上 $(0,0)$->ls + 1 + (1,1)->ls + 1 = 2,得到下面的图 8 - 13:

然后插入 $(2,0)$,级别为 0,得到下面的图 8 - 14:

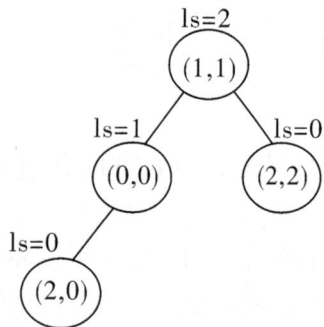

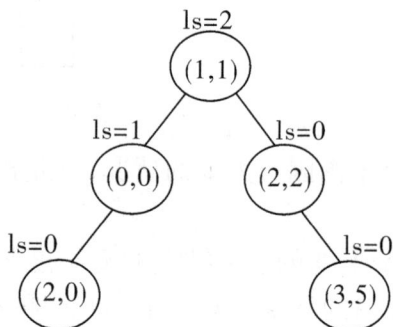

图 8 - 14　AVL 树　　　　　　　图 8 - 15　AVL 树

最后插入 $(3,5)$,在其插入路径上,有 $(1,1)$、$(2,2)$ 小于它,因此它的级别等于 $(1,1)$->ls + 1 + (2,2)->ls + 1 = 4。得到图 8 - 15:

这样我们就求出了所有星星的级别:$(0,0)$ 为 0,$(1,1)$ 为 1,$(2,2)$ 为 2,$(2,0)$ 为 0,$(3,5)$ 为 3。

排序的复杂度为 $O(nlog_2n)$,插入的复杂度为 $O(nlog_2n)$,因此总的复杂度为 $O(nlog_2n)$。

8.5.2　堆

堆(heap)是一种树型结构的优先队列,通过树型结构维护根结点是树中最优先的结点的性质(所谓最优先,就是指在某种顺序关系下最优的,比如最大或最小)。堆实质上是一棵满二叉优先级树。二叉优先级树与二叉搜索树稍有区别,它满足下面的优先性质:

(1)树中每一结点存储一个元素;

（2）树中任一结点中存储的元素的优先级高于其儿子结点中存储的元素的优先级。（也就是说高于其子树中任一结点的优先级）

根据定义显而易见，根是树中具有最高优先级的结点，而且根到叶子任一条路径上结点的优先级从高到低。但这种优先级树和二叉搜索树一样会退化成一个线性表。由于在优先级树中执行插入或删除结点所需要的时间与树的高度有关，所以最为合适的结构应该是一棵平衡的优先级树。当一棵优先级树是近似满二叉树时，这棵树就叫做堆或偏序树。

堆的操作主要有三种：建立堆、插入和删除结点。下面对这三种操作进行详细的介绍：

1. 插入结点

插入结点是基于一种形如"结点上浮"的方法。首先将新结点插入最底层的最右边，如果最底层已满，就插入下一层，这样就保证了堆仍然是一棵近似满二叉树。但这样做可能破坏了堆的优先性质。为了保持堆的优先性质，我们用一种结点上浮的方法：只要新元素的优先级高于其父结点，就交换两个元素的位置，直到新元素的优先级不高于其父结点或已经"上浮"成为根结点为止。下面就是一个插入结点的实例，如图 8 - 16 所示。

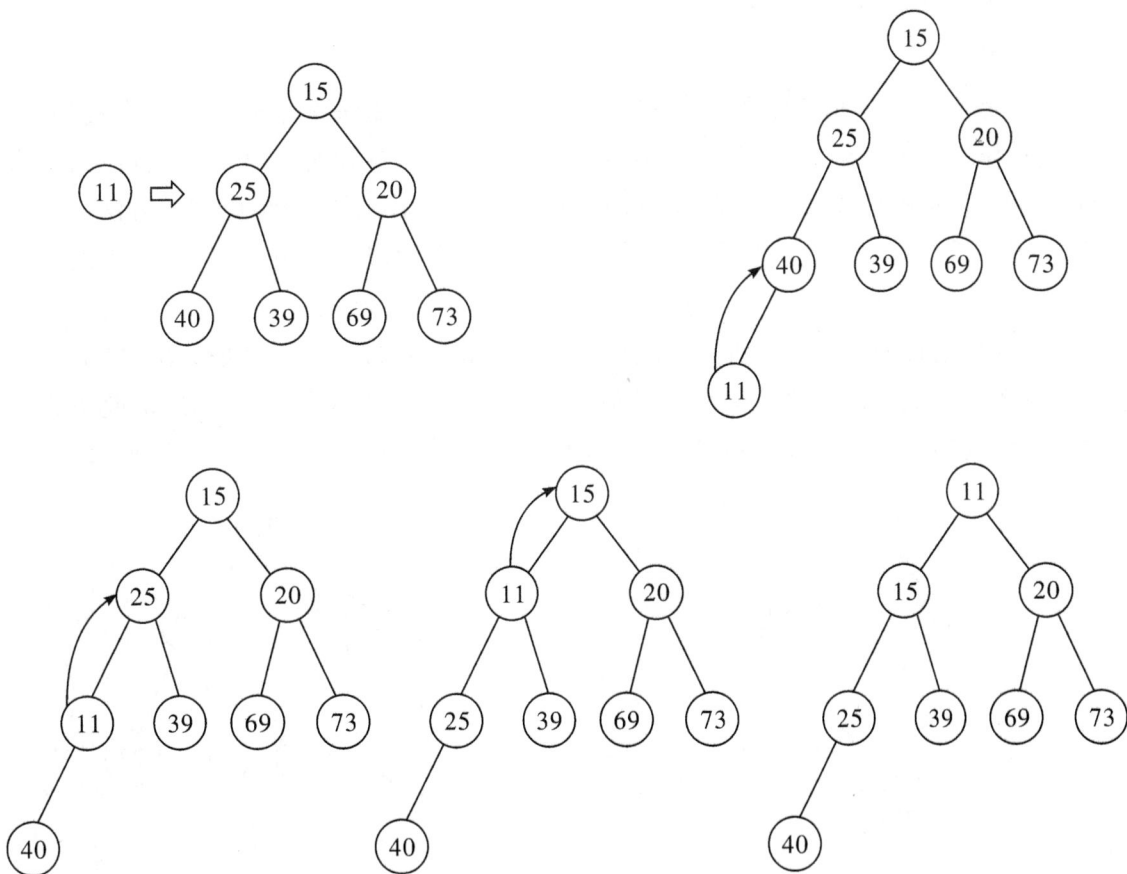

图 8 - 16　堆的插入结点过程

2. 删除结点

删除结点是基于一种形如"结点下沉"的方法。同样首先要保持堆的形态。删除一个结点时，如果它是最底层最右端的结点，那么堆仍然是一个近似满二叉树，否则就将最底层最右端的那个结点放置到被删除结点的位置，这样就保证了堆的形态不变。然后对那个结

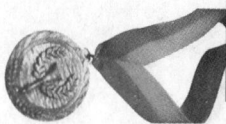

点进行位置的调整以维护优先性质:只要它的较高优先级的儿子结点的优先级高于此元素,就交换两个元素的位置,直到它的儿子的优先级都不高于它的优先级或者它已"下沉"到叶子的位置。下面是一个删除结点的实例,如图 8－17 所示。

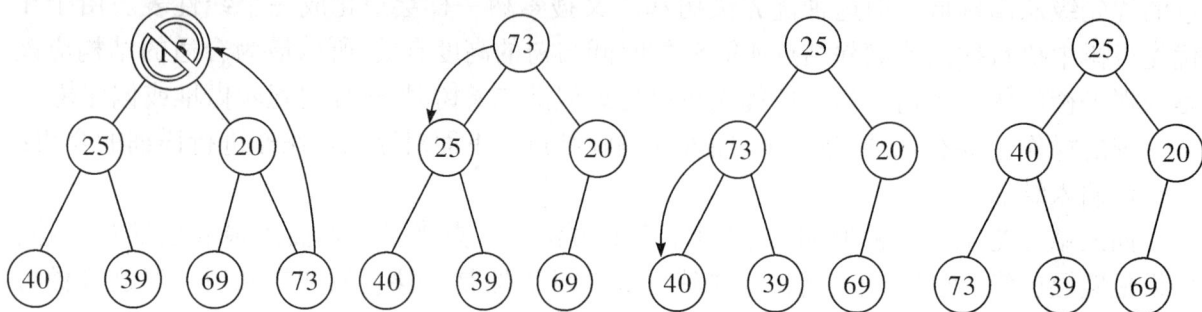

图 8－17　堆的删除结点过程

上述两种操作的复杂度都与树的高度有关,而堆是一棵近似满二叉树,因此高度最多为 $\log_2 n + 1$,因此复杂度为 $O(\log_2 n)$。

3.建立堆

建立堆是指把一些元素按照优先级建立堆。很简单的想法是用插入结点来实现,现把一个结点看作一个堆,然后不断地把其他结点插入这个堆,直到所有结点都插进去,那么堆也就建成了。这样的建堆复杂度为 $O(n\log_2 n)$,似乎太慢了,下面介绍更好的方法。

首先按照任意顺序建立一棵包含所有待插入元素的近似二叉树,然后对其中的结点进行调整使其满足优先性质。从底向上逐次调整非叶子结点,首先检查第一个具有儿子结点的非叶子结点,它有一个或两个儿子,如果以这个元素为根的子树已是最大堆,则此时不需调整,否则必须调整子树使之成为堆。然后检查它左边的非叶子结点,等等,依此下去直到检查根结点,这样一个堆就建立成功了。下面是一个建堆的实例,如图 8－18 所示。

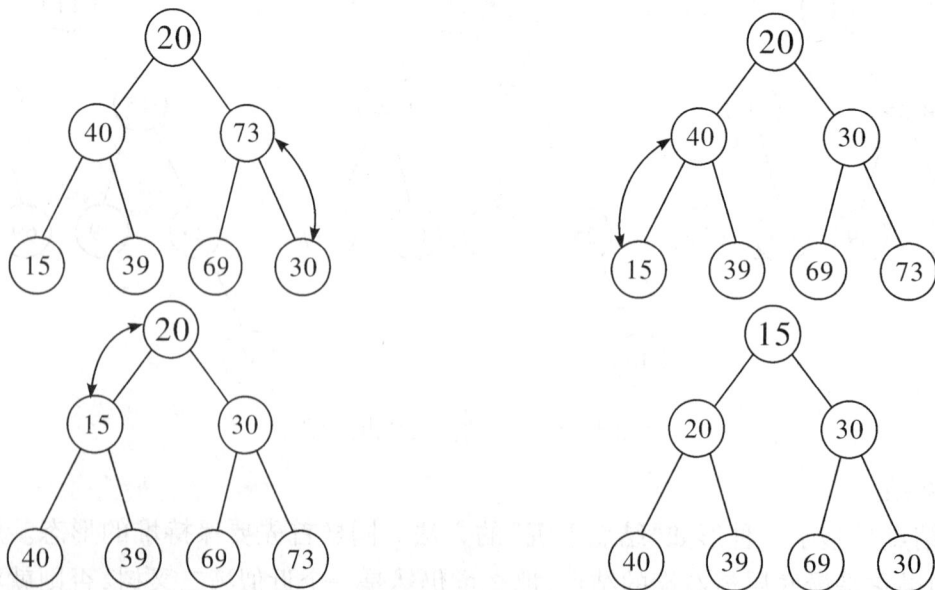

图 8－18　堆的建立过程

根据上面的算法简述,不难得出计算量 T 的计算公式

$$T = \sum \frac{n}{2^{i+1}} i = n \sum \frac{i}{2^{i+1}}$$

$$\because T - \frac{T}{2} = n \left(\sum \frac{i}{2^{i+1}} - \sum \frac{i}{2^{i+2}} \right) \approx n \left(\frac{1}{4} - 0 \right)$$

$$\therefore T \approx n$$

$$\therefore O(T) = n$$

也就是说建立堆或者初始化堆的复杂度为 $O(n)$,这比我们开始所设想的 $O(n\log_2 n)$ 快多了。

由于堆是一棵近似满二叉树,一般用二叉树的顺序存储对其进行程序实现。当堆中有 n 个元素时,可以将它放在一个数组 H 的前 n 个单元里。其中根结点中元素存放在 $H[1]$ 中。一般地,$H[i]$ 的左儿子结点中的元素(如果存在)存放在 $H[2i]$ 中;$H[i]$ 的右儿子结点中的元素(如果存在)存放在 $H[2i+1]$ 中。换句话说,当 $i > 1$ 时,$H[i]$ 的父结点中的元素存放在 $H[\lfloor \frac{i}{2} \rfloor]$ 中。上述几种操作的伪代码实现如下:

1. 插入结点

```
voidpush (elemtype * H,int &n,elemtype x){
n ++ ;
int i = n;
int j = i >> 1;
while(j&&x < H[j]){
    H[i] = H[j];
    i = j;
    j = i >> 1;
    H[i] = x;
}
}
```

2. 下沉结点

```
void down(elemtype * H,int n,elemtype x,int i){
    int j = i << 1;
    while(j <= n){
        if(j < n&&H[j + 1] < H[j]){
            j ++ ;
        }
        if(H[j] < x){
            H[i] = H[j];
            i = j;
```

```
            j = i << 1;
        }else{
            return;
        }
        H[i] = x;
    }
}
```

3. 删除结点

```
void pop(elemtype * H,int &n,int i){
    n - - ;
    if(!n||i == n + 1){
        return;
    }
    down(H,n,H[n + 1],i);
}
```

4. 建立堆

```
void Build(elemtype * H,int n){
    for (int i = ((n + 1) >> 1);i;i - - ){
        down(H,n,H[i],i);
    }
}
```

【例 8 - 6】给你 n 个元素,请你利用堆对其从小到大进行排序。(N≤10000)

分析:

首先将 n 个元素建立小根堆(就是根结点是最小元素)。然后进行根结点的删除,将每次删除的根结点按顺序记录下来,直到堆为空。这样保存下来的出堆序列就是按从小到大排序的。建立堆的复杂度为 $O(n)$,删除结点的复杂度为 $O(n\log_2 n)$,所以总的复杂度为 $O(n\log_2 n)$,达到了基于比较的排序的复杂度理论下限。在实际应用中,堆排序的速度并没有快速排序快,但是速度非常平稳,没有最坏情况。堆排序是不稳定排序。

8.5.3 线段树

线段树(interval tree)又叫做区间树,它的形态是一个静态的区间集合,又由于在计算几何中广泛的应用,所以被称为线段树。区间有闭区间、开区间、半开半闭区间,在这一节中假设讨论的区间都是闭区间,就是形如 $[t_1,t_2]$ $(t_1≤t_2)$ 的实数对,表示集合 $\{t \in R:t_1≤t≤t_2\}$。

我们可以将区间 $[t_1,t_2]$ 定义为一个线段类型,那么线段类型 i 有两个域:low[i] 和 high[i]。其中 low[i] 表示下端点,即 $low[i] = t_1$;high[i] 表示上端点,即 $low[i] = t_2$。我们说两

个线段 i 和 i′ 相交,当且仅当 i∩i′≠Φ,即 low[i]≤high[i′]且 low[i′]≤high[i]。任意两条线段 i 和 i′满足下列分类:

(1)i 和 i′相交;

(2)i 在 i′的左边,即 high[i] < low[i′];

(3)i 在 i′的右边,即 high[i′] < low[i]。

一棵线段树是一棵二叉搜索树维持着一个静态线段集合,其中的每一个结点 x 都包含了一条线段 int[x]。设 int[x] = [t_1,t_2],那么结点 x 的两个儿子结点 x.l,x.r 包含的区间分别为 $int[x.l] = [t_1, \lfloor \frac{t_1+t_2}{2} \rfloor]$　$int[x.r] = [\lfloor \frac{t_1+t_2}{2} \rfloor, t_2]$。最终线段树的每一个叶子结点的区间形为[i,i+1]。每个结点 x 还有一个域 count[x]表示覆盖该结点的线段条数。线段树如图 8 – 19 所示:

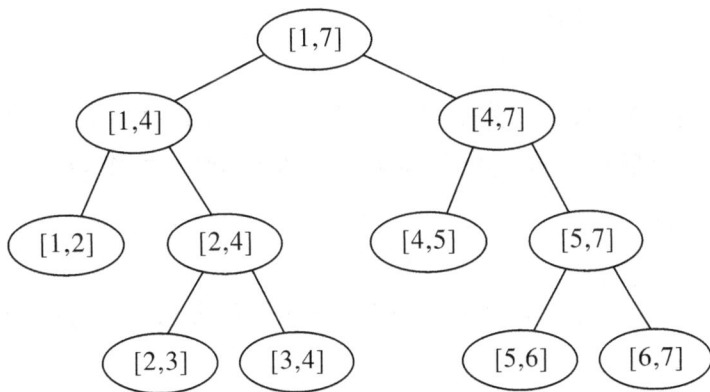

图 8 – 19　线段树示意图

线段树的优势是:当求解某一个结点 x 区间为[t_1,t_2]的时候,可以直接查找这个结点 x,而不要从[t_1,t_1]到[t_2,t_2]一个个累加。这是线段树在时间效率上主要的优点。线段树是一个动态维护的数据结构。考虑空间复杂度,最坏情况是满二叉树,结点总数为 L + [L/2] + [L/4] + … = 2L(L = b – a)。

线段树的插入和删除算法是基于二分的。和一般的二叉搜索树不同,只要考虑的总区间不变,线段树的结点本身是不会改变的,改变的只是计数器和其他信息。线段树的插入和删除操作是二分的,而且可能要同时递归到两个分支中。但是任意层中最多只有两个未被完全覆盖的区间需要递归处理,因此插入和删除的复杂度为 O(h),其中 h 为树的高度(这可以用数学归纳法证明)。线段树的插入和删除代码如下:

```
void InsertIntervalTree(x,l,r,c){
    if( (l <= low[x]) &&(high[x] <= r))
        count[x] = count[x] + c
    else{
        mid = (low[x] + high[x])/2
            if (l <= mid)   InsertIntervalTree(x^.l,l,mid,c);
```

```
                    if (mid <= r)    InsertIntervalTree(x^.r,mid,r,c);
         }
    }
```

除了完全覆盖区间的线段条数 count[x] 之外,往往还需要记录 3 个量来帮助我们获得更多的信息:

测度 m:结点所表示区间中线段覆盖过的长度。

独立线段数 line:指的是区间中互不相交的线段条数。

权和 sum:区间所有元线段的权和。

由于线段树是一棵近似满二叉树,因此其结点数的级别等于叶子结点个数的级别。由于叶子结点的个数等于单位线段的条数,若线段树表示的线段范围是 1 到 N,则线段树空间复杂度为 $O(n)$。

【例 8 – 7】线段染色(URAL 1019)

【问题描述】

有一条很长的整数数轴,它的范围是 0 至 10^9。然后将其中的一些线段染成白色,又有一些线段又重新被染成黑色。这里总共被 N($1 \leqslant N \leqslant 5000$)次染色。问反复染色完毕后,最长的白色线段有多长。

【输入格式】

第一行为 N,接下来 N 行为染色的描述 l,r,c:c 值是表示从 l 到 r 染成 c 这种颜色,'b' 表示染成黑色,'w' 表示染成白色。

【输出格式】

最长的白色线段。

【样例输入】	【样例输出】
4	47 634
1 999999997 b	
40 300 w	
300 634 w	
43 47 b	

分析:

这是一道很典型的线段树题目。由于数轴的范围是 0 至 10^9,不能直接根据这个数值范围构造线段树。然而只有 n 次染色,因此可以将线段端点离散,利用这些端点建立线段树。所谓离散,就是将上述端点值进行从小到大排序,然后对每个数值重新标号。例如题目中的样例,将端点排序后:1,40,43,47,300,999999997,给这些端点从 1 至 6 重新标号,这样新端点(或者叫映射点)1 对应 1(记作 p[1]=1),映射点 2 对应 40(p[2]=40),映射点 3 对应 43(p[3]=43)……这样新端点(映射点)保持了连续性,且映射点的个数是 $O(n)$ 级别的,只是相邻映射点对应的单位线段长度不相等。可见离散之后,线段树的复杂度和坐标范围没有关系。

端点离散后,将这些新端点构成的线段建立线段树。线段树中的每个结点除了常规域,还增加了一个域:cover。cover 记录的是这个结点对应线段是否全部被染成了白色或者黑色,否则有黑有白。通过 cover 域可以判断一个单位线段是什么颜色,这样就可以方便后面的统计。

接下来,看如何对 cover 进行更新。插入线段时,若一个结点完全被插入的线段包含,那么只需要将此结点 cover 标记一下,而不需要再更新其子结点。若插入的线段只是结点的一个子线段,就需要分两种情况考虑:若这个结点是单色结点(也就是被一个单色线段完全覆盖),那么在线段插入子结点之前,将其子结点标记为单色结点(因为在上一种情况中,没有标记单色结点的子结点)。若这个结点不是单色结点(也就是有黑色也有白色),那么直接继续更新其子结点。这样每次维护结点只需要 $O(\log_2 n)$ 的复杂度。

所有的染色任务完成之后,就可以确定每一条单位线段的颜色了。枚举每一条单位线段,在线段树中查找它的颜色。在树上查找时,如果存在一个单色结点的线段包含要查找的线段,那么要查找的线段的颜色就和这个线段相同。这样对每条单位线段查找的复杂度为 $O(\log_2 n)$,而单位线段的级别为 $O(n)$,所以这一步总的复杂度为 $O(n\log_2 n)$。确定了每条单位线段的颜色之后,只要对其扫描一遍,找出最长连续白色线段即可。

通过上面的分析可知,算法时间复杂度为 $O(n\log_2 n)$,而空间复杂度为 $O(n)$。

参考代码如下:

```cpp
#include < bits/stdc ++ .h >
#define re register int
#define il inline
using namespace std;
#define MAX 1000000000
const int N = 15010;
const int M = 5010;
#define lch(i) (i << 1)
#define rch(i) (i << 1 |1)
struct point{int m,f,n;}p[ N ];
struct segment{int l,r,v;}s[ M ];
struct tree{
    int l,r,cnt;
    int mid()
        { return (l + r) >> 1; }
}t[4* N ];
int m,num;
struct ran{int l,r;}c[ N ];
int nc;
```

```
int cmp(struct point a,struct point b){return a.n < b.n;}
void build(int l,int r,int rt){
    t[rt].l = l; t[rt].r = r; t[rt].cnt = 0;
    if(l + 1 == r) return;
    int mid = t[rt].mid();
    build(l,mid,lch(rt));
    build(mid,r,rch(rt));
}
void updata(int l,int r,int v,int rt){
    if(t[rt].cnt == v) return;
    if(t[rt].l == l && t[rt].r == r){
        t[rt].cnt = v;
        return;
    }
    if(t[rt].cnt! = - 1){
        t[lch(rt)].cnt = t[rch(rt)].cnt = t[rt].cnt;
        t[rt].cnt = - 1;
    }
    int mid = t[rt].mid();
    if(r <= mid) updata(l,r,v,lch(rt));
        else if(l >= mid) updata(l,r,v,rch(rt));
            else{
                updata(l,mid,v,lch(rt));
                updata(mid,r,v,rch(rt));
            }
}
void query(int rt){
    if(t[rt].cnt == 1)return;
    if(t[rt].cnt == 0){
        c[nc].l = t[rt].l - 1;
        c[nc].r = t[rt].r - 1;
        nc ++ ;
        return;
    }
    if(t[rt].l + 1 == t[rt].r) return;
    query(lch(rt));
```

```
            query(rch(rt));
}
void solve(){
        build(1,num,1);
        for(re i = 0; i < m; i ++ )
                updata(s[ i ].l,s[ i ].r,s[ i ].v,1);
        nc = 0;
        query(1);
        int maxlen = - 1,len,resl,resr,l,r;
        l = c[ 0 ].l; r = c[ 0 ].r;
        for(re i = 0; i < nc - 1; i ++ ){
                if(c[ i + 1 ].l == c[ i ].r) r = c[ i + 1 ].r;
                else{
                        len = p[ r ].n - p[ l ].n;
                        if(len > maxlen){
                                maxlen = len;
                                resl = l;
                                resr = r;
                        }
                        l = c[ i + 1 ].l;
                        r = c[ i + 1 ].r;
                }
        }
}
len = p[ r ].n - p[ l ].n;
if(len > maxlen) { resl = l; resr = r; }
printf("% d % d\n",p[ resl ].n,p[ resr ].n);
}
int main()
{
        while(scanf("% d",&m)! = EOF){
                m ++ ;
                s[ 0 ].v = 0;
                p[ 0 ].f = 0; p[ 0 ].m = 0; p[ 0 ].n = 0;
                p[ 1 ].f = 1; p[ 1 ].m = 0; p[ 1 ].n = MAX;
                int n = 2;
```

奥赛经典

```
for(re i = 1; i < m; i ++ ){
    int l,r; char col[5];
    scanf("% d% d% s",&l,&r,col);
    s[i].v = (col[0] == 'b') 1:0;
    p[n].m = i;    p[n].f = 0;    p[n].n = l;
    p[n + 1].m = i; p[n + 1].f = 1; p[n + 1].n = r;
    n += 2;
}
sort(p,p + n,cmp);
num = 0;
for(re i = 0; i < n; i ++ ){
    int mm = p[i].m;
    if(i == 0 || p[i].n! = p[i - 1].n) p[num ++ ] = p[i];
    if(p[i].f) s[mm].r = num;
        else s[mm].l = num;
}
solve();
}
return 0;
}
```

8.6 查找的应用举例

查找是算法设计中最基本的一步,几乎在所有的算法设计中都牵涉到了查找算法。查找算法只有在和其他算法的结合下才能发挥它最为强大的应用。下面结合实例介绍查找算法的广泛应用。

【例 8 - 8】书稿复制

【问题描述】

有 n 本书(1≤n≤10000),编号 1,2,…,n。每本 p_i 页。全部分给 m 个抄写员。每人分到顺序连续的若干本,每本只分给一人。求一种方案,使每人分到的页数和的最大值为最小。

例子:n = 9,m = 3

100 200 300 400 500 / 600 700 / 800 900

分析:

看到这个题目,有的同学可能想到用动态规划解决。事实上由于这个题目的特殊性,用二分和贪心是一种更为简单巧妙的方法。

首先可以肯定一点,假若每人分到的页数和的最大值 max 一定,那么按照序列从头到尾分配页数给同一个人的时候,一定是尽量选取多的书给这个人,只要页数之和小于 max 就可以了。然后可以推出,若这样分配的方案中得到的实际最大值 max'小于假定的最大值 max,那么就说明最优方案仍有可能调整,于是将 max 减小,再用上面的贪心法就可以判断是否是最优方案。若无法将书分配完,说明 max 太小,那么将 max 增大再用贪心法即可。若实际最大值 max' = max,那么说明 max 就是最优方案了。怎样调整 max 呢?我们能明显地发现,max 是单调的,说明我们可以用二分法!伪代码如下:

$l \leftarrow 1$

$r \leftarrow \sum p_i$

while $l < r$ do

　　$mid = \lfloor \dfrac{(l+r)+1}{2} \rfloor$

if 用贪心法设置 max = mid 是可行的

　　then $l \leftarrow mid$

　　else $r \leftarrow mid - 1$

参考程序如下:

```cpp
#include < bits/stdc ++ .h >
using nanespace std;
const int maxn = 10000;
int n,m;
int p[ maxn + 1];
bool check(int k){
    int t,now;
    t = m;    now = k;
    for(int i = 1;i <= n;i ++ ){
        if(p[ i] <= now) now - = p[ i];
        else{
            t = t - 1;
            now = k - p[ i];
            if(!t)break;
        }
    }
    return!t||t == 1&&!now;
}
int main()
{
```

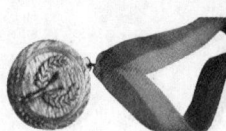

```
        int l,r,mid;
        scanf("% d% d",&n,&m);
        l = 0;   r = 0;
        for(int i = 1;i <= n;i ++ ){
            scanf("% d",p + i);
            r = r + p[ i];
            if(l < p[ i]) l = p[ i];
        }
        while(l < r){
            mid = (l + r + 1) >> 1;
            if(check(mid))l = mid;
                elser = mid - 1;
        }
        printf("% d",l);
        return 0;
    }
```

【例 8 - 9】彩色项链。

【问题描述】

一条项链由 N 个珠子连接而成,编号依次为 0,1,2,
…,N - 1。每个珠子的颜色用 0 ~ 9 之间的一位数字来表
示(因此,可用的颜色一共有 10 种)。一条长度为 4 的项
链如图 8 - 20 所示:(圆圈中的数字表示颜色,圆圈旁边的
数字为珠子的编号)

需要注意的是,如图 8 - 20 所示,编号为 0,1,2,…,
N - 1的珠子大小是依次递增的,设编号为 i 的珠子的颜色
值为 a_i,则数字序列 $a_0 a_1 \cdots a_{n-1}$ 可以唯一地表示一种项链。
例如,图 1 所示的项链表示为"1337"。

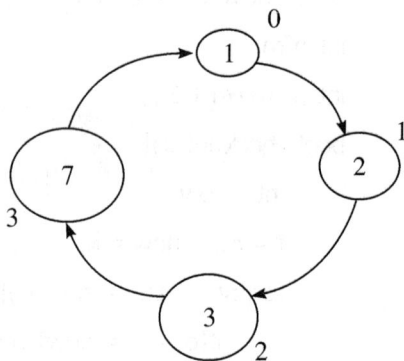

图 8 - 20　一条长度为 4 的项链

现在有一台自动生产项链的机器,它的结构和工作方式如下所述:

机器的核心控制部件主要包括:一个 CPU、一个整数寄存器 START、存储器 S。

机器内部固化有一段程序,由 CPU 解释执行。该程序的输入是长度为 N 的十进制数
字序列 A,输出是另一个长度为 N 的十进制数字序列 B。每次执行程序前将 S 初始化为输
入序列 A,程序结束后把 S 作为输出串 B。START 初始化为 0。

程序包含 M 条指令,顺序编号为 1 ~ M。指令共有 5 种,以下是指令的格式和功能:
(尖括号 < > 表示指令参数,都是整数)

表 8 - 3　指令格式与功能

编号	功能	格式	说明
1	设置寄存器	SETSTART < a > < b >	设置 START 的值:从 S 的第 a 位开始取连续 b 位得到的十进制整数(可能大于 N - 1)。 $0 \leqslant a \leqslant N - 1, 1 \leqslant b \leqslant \min(5, N)$
2	循环移位	SHIFT < L > < x >	把 S 从第 START 位开始的连续 L 位循环移位 |x| 位。x > 0 时右移,x < 0 时左移。 $2 \leqslant L \leqslant \min(10, N), 1 \leqslant \|x\| \leqslant L - 1$
3	乘法	MUL < L > < x >	把 S 从第 START 位开始的连续 L 位当做原始串(L 位十进制整数),将其乘以 x 以后保留结果的最低 L 位,替换原始串。 $1 \leqslant x \leqslant 9, 1 \leqslant L \leqslant \min(10, N)$
4	条件	ONDIGIT < x > < y > < z >	如果 S 的第 x 位等于 y,则跳转到第 z 条指令。 $0 \leqslant x \leqslant N - 1, 0 \leqslant y \leqslant 9, 1 \leqslant z \leqslant M$。
5	终止	END	仅作为最后一条语句出现,程序终止。

由于项链是环形的,因此第 i 位和第 i + kN 位(k 为整数)代表数字序列的同一位置。例如当 N = 4 时,第 6 位和第 2 位是等价的。

下面是一个程序的例子:

```
MUL 3 2
SETSTART 2 1
ONDIGIT 0 4 1
SHIFT 3 -2
END
```

机器启动的时候,输入一个数字串 S_0,执行程序得到一个新的数字序列 S_1 并生产出 S_1 代表的项链来,以后机器每生产出一条新项链 S_n,就把 S_n 对应的数字序列作为输入重新执行一遍程序,得到一个新的数字序列 S_{n+1} 并生产出新的项链。

由于长度为 N 的项链种类数目是有限的(至多 10^N 种不同的项链),因此如果让机器一直工作下去,某些种类的项链会被生产出无限多条。编程计算出这些将被无限生产出的项链有多少种。在本题中,可以被生产出来的项链种类总数保证不超过 10^6。

分析:

将这道题目抽象出一个数学模型:给定一个初始状态 S_0 和一个函数 $f(T)$(状态为一个长度为 N 的 10 进制整数,函数 $f(T)$ 的返回值为另一个状态或者 T 本身),$i \in Z^+$ 时 $S_i = f(S_{i-1})$。求无限序列 S 中出现了无限次的状态个数。其中函数 $f(T)$ 就是制造项链的程序。

把每个状态用一个点表示,每个状态 S 对应的点连一条弧到 $f(S)$ 所对应的点。从 S_0 开始,不断沿着唯一的出弧往下走,问题就是求会被走过无限次的点的总数。经过简单的分析就会知道,这条无线长的路线分为两个部分——一条链 A 和一个圈 B(如图 8 - 21),B

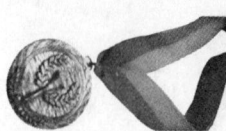

中的点将被访问无限次,不在 B 中的点只可能被访问到 0 次或者 1 次,因此问题就是求 B 中点的个数(称之为 B 的长度)。

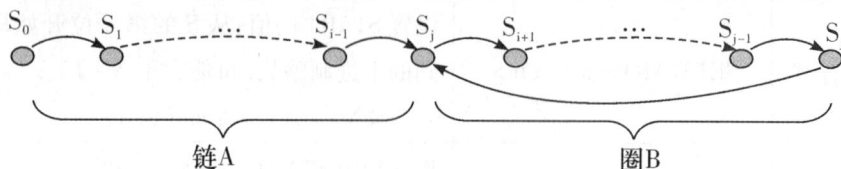

图 8－21　路线示意图

因为数据规模的庞大,我们不能把产生的所有状态都保存下来。但有一个基本的思想便是:找到位于圈 B 上的某一个状态作为标志保存下来,然后沿着这个状态走下去,直到再次找到这个点,那么就确定了圈的长度。关键是要确定位于圈上的那个标志,方法主要为下面两种:

1. 从 S_0 开始逐个产生 S_1,S_2,……每产生一个 S_j,就查找以前是否已经产生了一个状态 S_i 使得 $S_i = S_j$,如果找到就输出 $j - i$。

但是考虑到数据的范围——$N \leqslant 10^5$,$j \leqslant 10^6$,空间上是无法承受的:因为要检查 $S_i = S_j$,就必须把以前产生的所有状态存下来,需要 10^{11} Byte,即使用再好的方法压缩,也不可能用 64MB 存储下来。时间上如果不用优化更加是无法承受的。(不过,虽然直接这样做不行,但是利用这种思路还是能够很高效地解决本题,下文将会做详细的分析)

2. 找到圈 B 上任意一点 i,设对应状态为 S_i,从 S_i 开始逐个产生 S_{i+1},S_{i+2},……直到产生某个状态 S_j 使得 $S_j = S_i$。

但是实现起来面临着两个新问题:①如何求找到 B 上的任意一点;②如何判断状态 S_j 和 S_i 相等。

首先来解决问题 1,有两种方法:

(1)由已知条件"不同状态总数不会超过 10^6"可知 S_{10^6} 肯定在圈上,因此可以令 $i = 10^6$;但是计算 S_{10^6} 要计算 10^6 次函数 f 的值,也就是模拟运行 10^6 次给定的小程序,速度是非常慢的;

(2)令 C_0 为 S_0,$C_i = f(f(C_{i-1}))$,易知 $C_i = S_{2i}$,可以证明:一定存在某个 i 使得 $C_i = S_i$,且这个 C_i 一定在圈 B 中。证明如下:

C 序列可以看作某个人 Person1 从 S_0 对应顶点开始每次往下沿着唯一的出弧走两步的访问顶点序列,而 S 序列则是另一个人 Person2 每次走一步的访问顶点序列。当 Person2 第一次进入圈 B 中时,Person1 肯定已经在 B 中了。设 Person1 此时的状态为 C_{Now},Person2 此时的状态为 S_{Now},由于 C_{Now}、S_{Now} 都在圈 B 中,所以 C_{Now} 经过若干次 f 变换一定能够变为 S_{Now},即 $f(f(\cdots f(C_{Now}) \cdots)) = S_{Now}$,那么两人再走 L 次 Person1 就能够"追"上 Person2。因为

$$C_{Now+L} = \underbrace{f(f(\cdots f(C_{Now}) \cdots))}_{2L\text{个}f} = \underbrace{f(f(\cdots f(S_{Now}) \cdots))}_{L\text{个}f} = S_{Now+L}\text{。易知 } C_{Now+L} \text{ 也在圈 B 上,令 } i \leftarrow$$

Now + L,则命题得证。

根据上面的证明过程可知,若链 A 的长度为 L_A,圈 B 的长度为 L_B,那么 Person1 和 Person2 总共走 $L_A + L_B$ 次就一定能达到相同的顶点,而一旦走到同一个顶点就可断定这个点对应的状态在圈 B 中。

不过方法 2 中又需要判断两个状态 C_{Now} 和 S_{Now} 是否相等的问题,但这和问题②是十分类似的,而问题②将在下文给出具体解法,所以这里不再赘述。

在大多数情况下,$L_A + L_B \ll 10^6$,但是在最坏情况下($L_A = 0, L_B = 10^6$),计算函数 f 的次数达到 3×10^6,是方法 1 的 3 倍,所以对于不同的测试数据方法 1 和方法 2 的效率各有千秋。当然也可以把两个方法结合起来:在方法 2 的基础上加一条判断语句:if $i = 10^6/2$ then break;这样最坏情况下只需计算 $3 \times 10^6/2 = 1.5 \times 10^6$ 次 f 函数(不过对于所有标准测试数据,作用都不很明显)。

再来看一看问题 2:这个问题最简单的方法为 O(N) 的循环判断每一位是否相同,但是这样做的复杂度太高了,时间上无法承受,所以我们要利用题目的另一些条件来减少运算次数。根据题目:计算一次 f 函数实际上就是几次循环位移或者乘法操作,我们可以在模拟这些操作的同时,完成对两个状态的比较。具体方法如下:

设要计算状态 S 的 f 值,Same 为状态 S 与目标状态 T 的相同位置的个数,当 Same = N 就表示状态 S 与 T 是完全相同的。在进行一次循环位移或乘法操作时,Same 的值发生改变:

若 S 中的第 i 位 ~ 第 j 位变为了 $X_1 \sim X_{j-i+1}$,则 $Same \leftarrow Same + \sum_{k=i}^{j} [Ord(X_{k-i+1} - T_k) + Ord(S_k - T_k)]$。可以看出,Same 的计算是在模拟的同时进行的,只是增大了复杂度中的系数,并没有增加任何时间复杂度。

下面给出方法 2 的大致框架:

1. 输入;

2. 找到圈 B 上的某个点 s1:

```
same = n; s1 = s0; s2 = s0; count = 0;
while((same! = n) | |(count <= 1000000)){
    work(s1,s2); work(s1,s2); work(s2,s1);count += 2;
}
```

{Work(a,b)的作用:将 a 的下一个状态赋给 a,同时修改 a 与 b 的相同位置的个数}

3. 计算圈 B 的长度:

```
count = 0; s2 = s1; same = n;
while(same! = n){
    work(s1,s2); count ++ ;
}
```

4. 输出 count;

注:此算法是出题者提供的标准方法(称之为算法 1),但并不是最优的,利用第一种思想可以得到一个准确率极高而且效率很高的算法(称之为算法 2),下面给出分析。

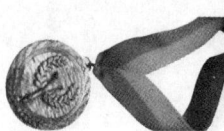

我们知道：前面提到的第一种思路中最难处理的一步就是查找以前是否已经产生了一个状态 S_i 使得 $S_i = S_j$（包括保存状态）。假如我们对每个状态取 mod 值，mod 一个数 P（$P > N$），如果它们 mod P 值相同则认为它们是同一个状态。这样做不会误把两个不同的状态当成相同的状态的概率有多大呢？

容易知道：这等于把 N 个小球放入 P 个盒子中使得任两个小球都不在同一个盒子中的

概率：显然等于 $\dfrac{\text{任意小球都不在同一个盒子中的方案数}}{\text{总的方案数}} = \dfrac{C_P^N N!}{P^N}$，而 $\dfrac{\dfrac{P!}{(P-N)!}}{P^N} = \dfrac{P}{P} \dfrac{P-1}{P} \cdots$

$\dfrac{P-N+1}{P} > \left(\dfrac{P-N+1}{P}\right)^N$，当 P 足够大时，概率已经十分接近 1 了，比如当 P 等于 10^{16} 时，概率 > 0.9999。（当然我们做的时候不能取 P 等于 10^{16}，因为这样一来只要末 16 位数字相同就会认为两个状态相同，我们不妨取 $P = 10^{16} - 3$）

那么，我们比较两个状态时，可以直接比较它们 mod P 是否相等。

我们保存一个状态时，无需存储一个状态所有的 N 位数字，而只需存下它 mod P 的值就够了，换言之可以用一个 $0 \cdots P-1$ 的整数代表一个状态。而查找则可以用静态 Hash 表来做，查找复杂度为常数，如果 Hash 函数为 mod（10^6 左右的一个质数）则常数大致为 1。而计算一个长度为 N 的长整数 X mod P 的值可以按下列方法：设此数为 $X_{N-1}X_{N-2}\cdots X_1 X_0$，设 $V_i = 10^i \bmod P$，则 $X \bmod P = \left(\sum\limits_{i=0}^{N-1} X_i V_i\right) \bmod P$，但是同样这个复杂度也太高，所以可以类似问题②的解决方法，在修改状态时对 mod 值做出相应的调整。

具体的程序由读者自己去完成。

【例 8-10】营业额统计

【问题描述】

一个公司需要统计自公司成立以来的营业情况。营业情况是这样统计的：由于在不同时候，公司的营业额会出现一些波动，当波动很大时，公司的经营状况就出现了问题。因此，经济管理学定义了一种最小波动值来衡量这种情况：

当天的最小波动值 = min｛|当天的营业额 - 以前某一天的营业额|｝

（第一天的最小波动值 = 第一天的营业额）

你的任务就是对公司成立以来 n（$n \leqslant 32767$）天的营业额 a_j（$a_j \leqslant 1000000$）进行分析，把每天的最小波动值加起来。

分析：

通过上面的问题描述，发现问题的本质是：有一整数序列 $\{a_n\}$，对于这个序列的每个元素 a_i（$1 \leqslant i \leqslant n$），找一个 a_j（$j \leqslant i$）使其最为接近 a_i（即 $|a_i - a_j|$ 最小），再把这些差值累加起来。可以表示为下列式子：

$$s = \sum_{i=1}^{n} \sum_{j=1}^{i-1} \min(|a_i - a_j|)$$

问题的关键便是怎样快速地查找每一个元素 a_i 所对应的 a_j。如果用顺序查找，那么查找时间复杂度为 $O(n)$，总时间复杂度为 $O(n^2)$，显然是无法承受的。想到这章我们所学的

平衡二叉排序树,用它进行的查找复杂度只需 $O(\log_2 n)$。

　　利用平衡二叉树很简单,将每天的营业额作为二叉树的结点搭建一棵平衡二叉树。然后按照时间先后将营业额 a_i 插入这棵平衡二叉树。在插入 a_i 的过程中,有一个从根到目标位置的路径,可以证明与 a_i 最接近的元素一定位于这条路径上。因此将这些差值累加起来就是最后的答案了。而每次插入元素的复杂度为 $O(\log_2 n)$,因此总的复杂度为 $O(n\log_2 n)$。

　　参考程序如下:

```cpp
#include < bits/stdc ++ .h >
using nanespace std;
const int maxn = 100000;
struct rec{
    int left,right,ld,rd,data,h;
};
rec a[maxn + 1];
int mm,n,len,root;
long long w,ans,ans2;
int min(int a,int b){
    return a < b? a:b;
}
void ins(int &k,int fa){
    int rs,ls;
    if(!k){
        k = len;
        if(w < a[fa].data){
            ls = a[fa].ld = len;
            a[len].rd = fa;
            a[len].ld = ls;
            if(ls)  a[ls].rd = len;
            if(!ls){
                ans += abs(a[fa].data - a[len].data);
            }else{
                ans += min(abs(a[fa].data - a[len].data),abs(a[ls].data - a[len].data));
            }
        }else{
            rs = a[fa].rd;
            a[fa].rd = len;
            a[len].ld = fa;
            a[len].rd = rs;
```

```
                if(rs) a[rs].ld = len;
                if(!rs){
                        ans += abs(a[fa].data - a[len].data);
                }else{
                        ans += min(abs(a[fa].data - a[len].data),abs(a[rs].data - a[len].data));
                }
        }
        return;
    }
    mm = min(mm,abs(a[k].data - w));
    if(w < a[k].data){
        ins(a[k].left,k);
        ls = a[k].left;
        if(a[ls].h > a[k].h){
                rs = a[ls].right;
                a[k].left = rs;
                a[ls].right = k;
                k = ls;
        }
    }else{
        ins(a[k].right,k);
        rs = a[k].right;
        if(a[rs].h > a[k].h){
                ls = a[rs].left;
                a[k].right = ls;
                a[rs].left = k;k = rs;
        }
    }
}
void show(int t){
    if(a[t].left) show(a[t].left);
    printf("% d\n",a[t].data);
    if(a[t].right) show(a[t].right);
}
int main()
{
    srand(time(0));
```

```
        scanf("% d",&n);
        ans = 0;
        ans2 = 0;
        len = 0;
        root = 0;
        for(int i = 1;i <= n;i ++ ){
                if(scanf("% d",&w) <= 0) w = 0;
                mm = 0x3f3f3f3f;
                len ++ ;
                a[len].data = w;
                a[len].left = 0;
                a[len].right = 0;
                a[len].h = rand();
                a[len].ld = 0;
                a[len].rd = 0;
                if(root){
                        ins(root,0);
                        ans2 += mm;
                }else{
                        root = 1;
                        ans += w;
                        ans2 = w;
                }
        }
        printf("% d\n% d",ans,ans2);
        return 0;
}
```

【例 8 – 11】最轻的语言

【问题描述】

Ak 字母表由英语字母表中最初的 K 个字母组成。称为重量的正整数分别代表每个字母表中的字母重量。来自于 Ak 字母表中的字母组成的单词重量等于该单词中所有字母重量的总和。关于 Ak 字母表的语言是由该字母表组成的任何有限的单词。语言的重量是其所有单词重量的总和。如果该语言中每对不同的单词 W、V，W 不是 V 的前缀，那么我们就说该语言是无前缀的。

我们想找出关于字母表 Ak 的 n 元素的无前缀的语言最轻的重量是多少。

例如：

假定 K = 2，字母 a 的重量 W(a) = 2，字母 b 的重量 W(b) = 5。

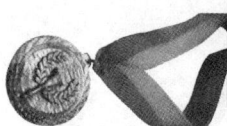

单词 ab 的重量 W(ab) = 2 + 5 = 7。W(aba) = 2 + 5 + 2 = 9。语言 J = {ab, aba, b} 的重量 W(J) = 21。语言 J 不是无前缀的,因为单词 ab 是 aba 的前缀。关于字母表 A2 的最轻的 3 元素的无前缀的语言(假定字母的重量依据前面所给的)是{b, aa, ab},它的重量是 16。

任务:编写一个程序,计算关于 Ak 字母表的 n 元素的无前缀的语言的最轻重量。

分析:

对于字母表中的 k 个字母,任意交换两个字母的重量,最后得到的 n 个无前缀语言的最轻重量是不会改变的。因此不妨设 $W_a \leq W_b \leq \cdots \leq W_{Ch}$,其中 Ch 表示按字母表顺序的第 K 个字母。

设目前找到了 M 个单词:A_1、A_2、$\cdots$、A_{M-1}、A_M。其中任意一个单词都不是另一单词的前缀,且 $W(A_1) \leq W(A_2) \leq \cdots \leq W(A_{M-1}) \leq W(A_M)$。初始时 M = K,$A_1 = aA_2 = b\cdots A_M = Ch$。

当 M < N 时,还需要加入别的单词,比如说将单词 A_1、A_2、$\cdots$、A_M 中的一个去掉,再添入别的单词(例如去掉 A_2 添入 A_2a、A_2b、A_2ca、$A_2cb\cdots$),那应该选择哪一个呢? 由于 A_1、A_2、$\cdots$、A_{M-1}、A_M 不存在前缀关系,那么如果不考虑重量,去掉其中任何一个都是等价的。而本题要求语言的总重量最小,又知道:去掉单词 A_i 后,目的是最少得到两个单词,那么重量最少的两个可以同时得到的单词是 A_ia 与 A_ib,也就是说重量至少增加了 $W(A_ia)$ + $W(A_ib)$ - $W(A_i)$ = $W(A_iab)$,那么我们显然要选择第一个单词 A_1(同样可以用反证法证得),然后 A_1a、A_1b、$\cdots$、A_1Ch 可以与 A_2、$\cdots$、A_{M-1}、A_M 合在一起组成 M + K - 1 个不存在前缀关系的单词。

当 M > N 时,只要求 N 个总重量最小的单词,由于 $A_1 \leq A_2 \leq \cdots \leq A_{M-1} \leq A_M$,所以 $A_{N+1}, A_{N+2}, \cdots, A_M$ 都可以从语言中去掉,因为用反证法易证,语言中不可能出现单词: $A_{N+1}, A_{N+2}, \cdots, A_M$。

当 M = N 时,已经找到了一组解,但是否这就是最优解呢? 未必!(例如:当 k = 3,N = 3,W(a) = 1,W(b) = 1,W(c) = 100 时先找到了 3 个单词 a、b、c,但 W(a) + W(b) + W(c) = 100 < W(aa) + W(ab) + W(b) = 5。)从这个例子可以看出:有可能将某个单词去掉再添入新单词能使得总重量减少。那么去掉哪个单词呢? 这与 M < N 时同样的道理:在不考虑重量的情况下,去掉 A_1、A_2、$\cdots$、A_{N-1}、A_N 中任何一个单词是等价的,而为使语言总重量尽量小,应该将 A_1 去掉添入 A_1a、A_1b、$\cdots$、A_1Ch。

以上过程在什么条件下就可以退出了呢? 设当前最优值为 Min(最初始设为∞),显然,A_1 的值总是不断扩大的,所以当 M = N 且 Min ≤ A_1N 就可以退出了。

在上述分析中,经常用到找一个最小元素,找一个最大元素(有时需将最大重量的单词 A_N 删掉),删除某个元素,插入某个重量的单词等运算。所以,用堆做本题是最好不过的,因为每一种操作的复杂度都是 $O(Log_2N)$,但是,必须要建一个最大堆和一个最小堆,并且建立它们之间的映射关系。另外,由于只要求最小重量,所以单词是没有必要储存下来的,只要储存下它的重量就可以了。

参考程序:

```cpp
#include < bits/stdc ++ .h >
using nanespace std;
const int MaxN = 10000;
const int MaxM = 26;
typedef int LinkType[ MaxN + 1 ];
typedef int HeapType[ MaxN + 1 ];
int N,M,HeapSize;
int Min,Now;
int W[ MaxM + 1 ];
LinkType MinLink,MaxLink;
HeapType * MinHeap,* MaxHeap;
void Init(){
    int Temp;
    scanf("% d% d",&N,&M);
    for(int i = 1;i <= M;i ++ ){
        scanf("% d",W + i);
    }
    for(int i = 1;i <= M - 1;i ++ ){
        for(int j = i + 1;j <= M;j ++ ){
            if(W[ i ] > W[ j ]){
                Temp = W[ i ];
                W[ i ] = W[ j ];
                W[ j ] = Temp;
            }
        }
    }
}
void DelMax(int A,int L,int X){
    int Ch = X << 1;
    while(Ch <= HeapSize){
        if(Ch < HeapSize&&(* MaxHeap)[ Ch ] < (* MaxHeap)[ Ch + 1 ]){
            Ch ++ ;
        }
        if((* MaxHeap[ Ch ]) <= A){
            break;
        }
        (* MaxHeap)[ X ] = (* MaxHeap)[ Ch ];
```

```
            MaxLink[X] = MaxLink[Ch];
            MinLink[MaxLink[X]] = X;
            X = Ch;
            Ch = X << 1;
        }
        while(X > 1&&A > (* MaxHeap)[X >> 1]){
            (* MaxHeap)[X] = (* MaxHeap)[X >> 1];
            MaxLink[X] = MaxLink[X >> 2];
            MinLink[MaxLink[X]] = X;
            X >>= 1;
        }
        (* MaxHeap)[X] = A;
        MaxLink[X] = L;
        MinLink[L] = X;
    }
    void DelMin(int A,int L,int X){
        int Ch;
        Ch = X << 1;
        while(Ch <= HeapSize){
            if(Ch < HeapSize&&(* MinHeap)[Ch] > (* MinHeap)[Ch + 1]){
                Ch ++ ;
            }
            if((* MinHeap)[Ch] >= A){
                break;
            }
            (* MinHeap)[X] = (* MinHeap)[Ch];
            MinLink[X] = MinLink[Ch];
            MaxLink[MinLink[X]] = X;
            X = Ch;
            Ch = X << 1;
        }
        while(X > 1&&A < (* MinHeap)[X >> 1]){
            (* MinHeap)[X] = MinLink[X >> 1];
            MinLink[X] = MinLink[X >> 1];
            MaxLink[MinLink[X]] = X;
            X >>= 1;
            (* MinHeap)[X] = A;
```

```
            MinLink[X] = L;
            MaxLink[L] = X;
        }
    }
void JoinMin(){
    int X,Temp;
    X = HeapSize;
    while(X > 1&&(* MinHeap)[X] < (* MinHeap)[X >> 1]){
        Temp = (* MinHeap)[X];
        (* MinHeap)[X] = (* MinHeap)[X >> 1];
        (* MinHeap)[X >> 1] = Temp;
        Temp = MinLink[X];
        MinLink[X] = MinLink[X >> 1];
        MinLink[X >> 1] = Temp;
        MaxLink[MinLink[X]] = X;
        X >>= 1;
        MaxLink[MinLink[X]] = X;
    }
}
void JoinMax(){
    int X,Temp;
    X = HeapSize;
    X = HeapSize;
    while (X > 1&&(* MaxHeap)[X] > (* MaxHeap)[X >> 1]){
        Temp = (* MaxHeap)[X];
        (* MaxHeap)[X] = (* MaxHeap)[X >> 1];
        (* MaxHeap)[X >> 1] = Temp;
        Temp = MaxLink[X];
        MaxLink[X] = MaxLink[X >> 1];
        MaxLink[X >> 1] = Temp;
        MinLink[MaxLink[X]] = X;
        X >>= 1;
        MinLink[MaxLink[X]] = X;
    }
}
void Join(int W){
    if(HeapSize == N)
```

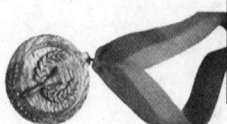

```
        {
                if(W >= (* MaxHeap)[1]){
                        exit(0);
                }
                Now - = (* MaxHeap)[1];
                HeapSize - - ;
                DelMin((* MinHeap)[N],MinLink[N],MaxLink[1]);
                DelMax((* MaxHeap)[N],MaxLink[N],1);
        }
        Now += W;
        HeapSize ++ ;
        (* MinHeap)[HeapSize] = W;
        (* MaxHeap)[HeapSize] = W;
        MinLink[HeapSize] = HeapSize;
        MaxLink[HeapSize] = HeapSize;
        JoinMin();
        JoinMax();
}
void GetFirst(int &X){
        X = (* MinHeap)[1];
        Now - = X;
        HeapSize - - ;
        DelMax((* MaxHeap)[HeapSize + 1],MaxLink[HeapSize + 1],MinLink[1]);
        DelMin((* MinHeap)[HeapSize + 1],MinLink[HeapSize + 1],1);
}
void Calc(){
        int X;
        Min = 0x3f3f3f3f;
        Now = 0;
        MinHeap = new HeapType[N << 2];
        MaxHeap = new HeapType[N << 2];
        for(int i = 1;i <= M;i ++ ){
                Join(W[i]);
        }
        while((HeapSize < N)||(Min >= (* MinHeap)[1] * N)){
                if((HeapSize == N)&&(Min > Now)){
                        Min = Now;
```

```
        }
        GetFirst(X);
        for(int i = 1;i <= M;i ++ ){
            Join(X + W[i]);
        }
    }
}
void Print(){
    printf("% d",Min);
}
int main()
{
    Init();
    Calc();
    Print();
}
```

8.7 小结

在这一章中我们学习了多种用于查找的数据结构。这些数据结构基本上是基于集合的存储结构,因此又可以叫做集合抽象数据结构。这些数据结构各有特点,能够反映一个集合中元素的性质,适用于不同的查找需求。顺序结构实现快捷简便,适用于小规模的数据查找,但是由于复杂度太高,大数据的查找就无能为力了。二分查找效率高,容易编写,理论复杂度低实际效果也非常好,只是需要对输入数据进行有序化,也就是说不是所有的数据都能够用二分查找。索引查找适用于建立大规模的数据库,但在信息学中应用不大。哈希表的运用十分灵活,哈希函数设计多样,避免冲突的方法也有很多,哈希表效率很高,有时可以取代树表结构,甚至可以看成 O(1)。合理巧妙地利用哈希表,在信息学中常常能取到意想不到的结果。树表查找在信息学竞赛有大量的应用,而且树型数据结构有许多种,本章中只列出了其中比较常用的一部分。其他运用比较的数型结构还有红黑树、左偏树、树状数组等。有关树的数据结构问题还有树型题目在最近的比赛中层出不穷,以致成为一种潮流,所以熟练地掌握有关树的知识是十分必要的。

在实际应用查找数据结构的时候,不能总是将所学的经典模型生硬地套在新遇到的题目上。应该具体问题具体分析,找到合适的数据结构后,进行相应的改造和扩充使其最好地运用于题目中,而不是满足于套上去能用就好。特别是在最近的信息学竞赛中,考的不是单一的某种数据结构,而是多种数据结构的综合运用,因此要求选手不仅要掌握好各种数据结构,还要能够将各种数据结构联合起来,进行创造性的改造。

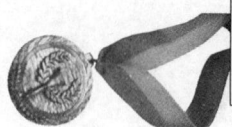

习题八

一、选择题(每题只有一个正确选项)

1. 对长度为 10 的顺序表进行查找,若查找前面 5 个元素的概率相同,均为 1/8,查找后面 5 个元素的概率相同,均为 3/40,则查找任一元素的平均查找长度为 ( )

　　A. 5.5　　　　　　B. 5　　　　　　C. 39/8　　　　　　D. 19/4

2. 对长度为 3 的顺序表进行查找,若查找第一个元素的概率为 1/2,查找第二个元素的概率为 1/3,查找第三个元素的概率为 1/6,则查找任一元素的平均查找长度为 ( )

　　A. 5/3　　　　　　B. 2　　　　　　C. 7/3　　　　　　D. 4/3

3. 对长度为 n 的单链有序表,若查找每个元素的概率相等,则查找任一元素的平均查找长度为 ( )

　　A. n/2　　　　　　B. (n + 1)/2　　　　　　C. (n − 1)/2　　　　　　D. n/4

4. 对于长度为 9 的顺序存储的有序表,若采用二分查找,在等概率情况下的平均查找长度为( )的值除以 9。

　　A. 20　　　　　　B. 18　　　　　　C. 25　　　　　　D. 22

5. 对于长度为 18 的顺序存储的有序表,若采用二分查找,则查找第 15 个元素的查找长度为 ( )

　　A. 3　　　　　　B. 4　　　　　　C. 5　　　　　　D. 6

6. 在索引查找中,若用于保存数据元素的主表的长度为 n,它被均分为 k 个子表,每个子表的长度均为 n/k,则索引查找的平均查找长度为 ( )

　　A. n + k　　　　B. k + n/k　　　　C. (k + n/k)/2　　　　D. (k + n/k)/2 + 1

7. 在索引查找中,若用于保存数据元素的主表的长度为 117,它被均分为 9 个子表,则索引查找的平均查找长度为 ( )

　　A. 11　　　　　　B. 12　　　　　　C. 13　　　　　　D. 9

8. 若根据数据集合{23,44,36,48,52,73,64,58}建立散列表,采用 h(K) = K%13 计算散列地址,并采用链接法处理冲突,则元素 64 的散列地址为 ( )

　　A. 4　　　　　　B. 8　　　　　　C. 12　　　　　　D. 13

9. 若根据数据集合{23,44,36,48,52,73,64,58}建立散列表,采用 h(K) = K%7 计算散列地址,则同义词元素的个数最多为( )个。

　　A. 1　　　　　　B. 2　　　　　　C. 3　　　　　　D. 4

10. 在采用线性探测法处理冲突的散列表上,假定装填因子 a 的值为 0.5,则查找任一元素的平均查找长度为 ( )

　　A. 1　　　　　　B. 1.5　　　　　　C. 2　　　　　　D. 2.5

11. 在采用链接法处理冲突的散列表上,假定装填因子 a 的值为 4,则查找任一元素的平均查找长度为 ( )

　　A. 3　　　　　　B. 3.5　　　　　　C. 4　　　　　　D. 2.5

12. 在散列查找中,平均查找长度主要与( )有关。

A. 散列表长度　　　　　　　　B. 散列元素的个数

C. 装填因子　　　　　　　　　D. 处理冲突方法

二、填空题

1. 对于二分查找所对应的判定树,它既是一棵_____,又是一棵_____。

2. 假定对长度 n = 50 的有序表进行二分查找,则对应的判定树高度为_____,判定树中前 5 层的结点数为_____。

3. 假定一个集合为{12,23,74,55,63,40,82,36},若按 Key%3 条件进行划分,使得同一余数的元素成为一个子集合,则得到三个子集合分别为_____、_____和_____。

4. 在索引表中,若一个索引项对应主表中的一条记录,则称此索引为_____索引,若对应主表中的若干条记录,则称此索引为_____索引。

5. 假定对数据集合{38,25,74,52,48}进行散列存储,采用 H(K) = K%7 作为散列函数,若分别采用线性探查法和链接法处理冲突,则对各自散列表进行查找的平均查找长度分别为_____和_____.

6. 假定要对长度 n = 100 的数据集合进行散列存储,并采用链接法处理冲突,则对于长度 m = 20 的散列表,每个散列地址的单链表的长度平均为_____。

7. 在数据表的散列存储中,装填因子 a 又称为装填系数,若用 m 表示散列表的长度,n 表示待散列存储的元素的个数,则 a 等于_____。

8. 在数据表的散列存储中,处理冲突有_____和_____两种方法。

9. 对于一棵含有 N 个关键字的二叉搜索树,其最小高度为_____,最大高度为_____。

10. 已知对一个序列对应的线段树高度为5,则该树的最小结点数为_____,最大高度数为_____。

三、运算题

1. 假定查找有序表 A[25]中每一元素的概率相等,试分别求出进行顺序、二分和分块(假定被分为 5 块,每块 5 个元素)查找每一元素时的平均查找长度。

2. 假定一个待散列存储的数据集合为{32,75,29,63,48,94,25,46,18,70},散列地址空间为 HT[13],若采用除留余数法构造散列函数并用线性探查法处理冲突,试求出每一元素的散列地址,画出最后得到的散列表,求出平均查找长度。

3. 假定一个待散列存储的数据集合为{32,75,29,63,48,94,25,36,18,70},散列地址空间为 HT[11],若采用除留余数法构造散列函数并用链接法处理冲突,试求出每一元素的散列地址,画出最后得到的散列表,求出平均查找长度。

4. 已知一组关键字为{26,38,12,45,73,64,30,56},试依次插入关键字生成一棵完全二叉树,然后经过筛运算得到一个大根堆,请画出这棵完全二叉树和大根堆。

5. 已知一棵二叉搜索树如图 8 - 22 所示,假定依次从中删除关键字46,24,52,8,93,

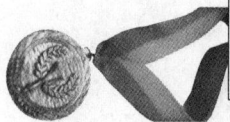

80,试画出删除所有关键字后二叉搜索树的结构。

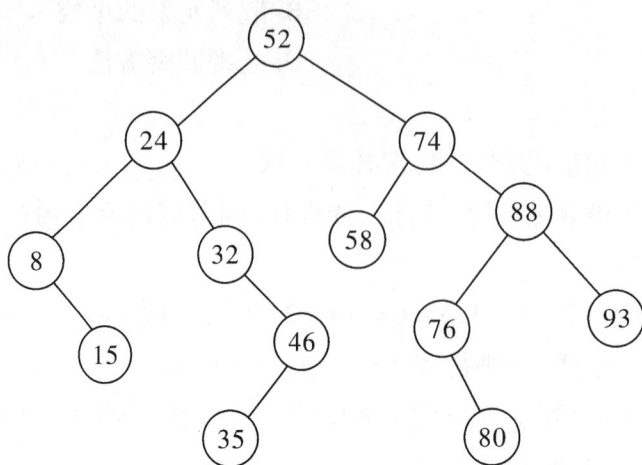

图 8－22　二叉搜索树

四、上机编程题

1. 编写一个非递归算法,在稀疏有序索引表中二分查找出给定值 K 所对应的索引项,即索引值刚好大于等于 K 的索引项,返回该索引项的 start 域的值,若查找失败则返回 −1。

2.【问题描述】

您需要写一种数据结构,来维护一些数,其中需要提供以下操作:

(1)插入 x 数;

(2)删除 x 数(若有多个相同的数,因只删除一个);

(3)查询 x 数的排名(排名定义为比当前数小的数的个数 +1);

(4)查询排名为 x 的数;

(5)求 x 的前驱(前驱定义为小于 x,且最大的数);

(6)求 x 的后继(后继定义为大于 x,且最小的数)。

【输入】

第一行为 n,表示操作的个数,下面 n 行每行有两个数 opt 和 x,opt 表示操作的序号($1 \leqslant opt \leqslant 6$,$n \leqslant 100000$)

【输出】

对于操作 3,4,5,6 每行输出一个数,表示对应答案

【样例输入】	【样例输出】
10	106465
1 106465	84185
4 1	492737
1 317721	
1 460929	
1 644985	

1 84185

1 89851

6 81968

1 492737

5 493598

【样例解释】

插入 106465

询问排名为 1 的数,为 106465

插入 317721 460929 644985 84185 89851

此时序列为 84185 89851 106465 317721 460929 644985

求 81968 的后继,为 84185

插入 492737

询问 493598 的前驱,为 492737

3.【问题描述】

给定一个含有 n 个数的序列 $a_1, a_2, \cdots, a_n$,需要支持两种操作:(n,m≤100000)

(1)Q l r k 表示查询下标在区间 [l,r] 中的第 k 小的数;

(2)C x y 表示将 a_x 改为 y。

【输入】

第一行两个正整数 n,m,表示序列长度与操作个数。

第二行 n 个整数,表示 $a_1, a_2, \cdots, a_n$。

接下来 m 行,每行表示一个操作,都为上述两种中的一个。

【输出】

对于每一次询问,输出一行一个整数表示答案。

【样例输入】	【样例输出】
5 3	3
3 2 1 4 7	6
Q 1 4 3	
C 2 6	
Q 2 5 3	

【样例解释】

对于操作 1,3 2 1 4 四个数中第三小的是 1

对于操作 3,6 1 4 7 四个数中第三小的是 6

4.【问题描述】

阳太给了雒一个长度为 n 的序列 a,该序列由 n 个非负整数构成,然后进行 m 次操作。

操作分为两种:

(1)0 l r 表示将区间 [l,r] 的数升序排序

(2)1 l r 表示将区间［l,r］的数降序排序

最后阳太给了雏一个询问 q,问她 a 中第 q 个数的值。

【输入】

输入数据的第一行为两个整数 n 和 m,n 表示序列的长度,m 表示局部排序的次数。

第二行为 n 个整数,表示该序列。

接下来输入 m 行,每一行有三个整数 opt,l,r,opt 为 0 代表升序排序,否则代表降序排序,［l,r］表示排序的区间。

最后输入一个整数 q,表示排序完之后询问的位置

【输出】

输出数据仅有一行,一个整数,表示按照顺序将全部的部分排序结束后第 q 位置上的数字。

【样例输入】	【样例输出】
6 3	5
1 6 2 5 3 4	
0 1 4	
1 3 6	
0 2 4	
3	

【样例解释】

初次序列为 1 6 2 5 3 4

第一次操作后变成 1 2 5 6 3 4

第二次操作后变成 1 2 6 5 4 3

第三次操作后变成 1 2 5 6 4 3

故答案为 5

5.【问题描述】

给 n 个数,q 次操作,有两种操作:

(1)0 x y 把 x 修改为 y;

(2)1 l r 询问区间[l,r]的最大子段和。

【输入】

第一行为一个整数 n。

第二行为 n 个整数,表示该序列。

第三行一个整数 q。

接下来 q 行,每行是三个整数,opt,l,r,

最后输入一个整数 q,表示排序完之后询问的位置,表示操作。

【输出】

对于每个操作(1),输出答案。

【样例输入】

4

1 2 3 4

4

1 1 3

0 3 −3

1 2 4

1 3 3

【样例输出】

6

4

−3

【样例解释】

初次序列为 1 2 3 4

[1,3]的最大子段和为 6

修改后序列为 1 2 −3 4

[2,4]的最大子段和为 4

[3,3]的最大子段和为 −3

第9章　排序

9.1　排序的基本概念

排序是一种很基本的算法,有的题目关键问题决定于排序。排序的方法多种多样,但它们的时空复杂度又各不相同,怎样在空间复杂度允许的前提下,降低它的时间复杂度,是竞赛过程中程序能否通过大数据量的测试的关键,所以必须掌握各种排序的方法,便于在竞赛时使用。本章对几种常见的排序方法进行一些分析和比较,以利于全面掌握排序算法。

在一般情况下,排序问题的输入是 n 个数 $a_1, a_2, a_3, \cdots, a_n$ 的一个序列,要设计一个有效的排序算法,产生输入序列的一个重排 $a_1', a_2', a_3', \cdots, a_n'$,使得:$a_1' \leqslant a_2' \leqslant a_3' \leqslant \cdots \leqslant a_n'$。输入序列通常是一个有 n 个元素的数组。当然也可以用其他形式来表示。在实际中,待排序的对象往往不是单一的数,而是一个记录,其中有一个关键字域 key,它是排序的根据。在 key 的数据类型上定义了某个线性序列。例如,整数、实数、字符串等都可以作为关键字。记录的其他数据称为卫星数据,即它们都是以 key 为中心的。在一个实际的排序算法中,当对关键字重排时,卫星数据也会跟着关键字一起移动。如果每个记录都很大,可以对一组分别指向各个不同记录的指针进行排列,以求减少数据的移动量。对于排序算法来说,不论待排序对象是单个数值,还是记录,它们的排序方法都是一样的。在排序时,待排序记录的关键字可能有相同者,对于关键字相同的记录通常并不要求它们之间应怎样排列,只要求在最后输出时,关键字小者排在关键字大者之前。

记录的关键字可以是记录的关键字或非关键字,所以关键字相同的记录可能只有一个,也可能有多个。对于具有同一关键字的多个记录来说,若采用的排序方法使排序后记录的相对次序不变,则称此排序方法是稳定的,否则称为不稳定的。例如,有一组记录的关键字为(23,85,72,58,23,40),其中关键字同为 23 的记录有两个(为了区分,后一个记录关键字 23 下带有下划线),若一种排序方法使排序后的结果为(23,23,40,58,72,85),则称此方法是稳定的;若一种排序方法使排序后的结果为(23,23,40,58,72,85),则称此方法是不稳定的。

对排序计算时间的分析可以遵循若干种不同的准则,通常以排序过程所需要的算法步数作为度量,有时也以排序过程中所作的关键字的比较次数作为度量。特别是当关键字比较需要较长时间,例如,当关键字是较长字符串时,常以关键字比较次数作为排序算法计算时间复杂度的度量。当排序时需要移动记录,且记录又很大时,还应该考虑记录的移动次数。究竟采用哪种度量方法比较合适要根据具体情况而定。

9.2 简单排序算法

9.2.1 冒泡排序

最简单的排序方法是冒泡排序方法。这种排序方法的基本思想是:将待排序的记录看作是竖着排列的"气泡",关键字较小的记录比较轻,从而要往上浮。在冒泡排序算法中我们要对这个"气泡"序列处理若干遍。所谓一遍处理,就是自底向上检查一遍这个序列,并时刻注意两个相邻的记录的顺序是否正确。如果发现两个相邻记录的顺序不对,即"轻"的记录在下面,就交换它们的位置。显然,处理一遍之后,"最轻"的记录就浮到了最高位置,处理二遍之后,"次轻"的记录就浮到了次高位置。在作第二遍处理时,由于最高位置上的记录已是"最轻"记录,显然不参加第二遍处理;依此下去,N 个记录经过前面 N−1 遍的处理,它们已正确地排好序。

```
75386     8 和 6 比较,8>6,6 上浮,即 8 和 6 进行对调
75368     6 和 3 比较,6>3,3 已在上,即 6 和 3 不进行对调
75368     3 和 5 比较,3<5,3 上浮,即 3 和 5 进行对调
73568     3 和 7 比较,3<7,3 上浮,即 3 和 7 进行对调
37568
```

图 9−1 一遍处理的检查上浮图

从图 9−1 可以看出,按上述排序思想的算法,对 N 个记录的排序,进行一遍处理后,"最轻"的记录逐步上浮到第一个位置上,然后进行第二遍处理,"次轻"的记录逐步上浮到第二个位置上……经过 N−1 次这样的处理后,所有的记录就都正确到位了,从而实现了排序。这个算法可实现如下:

```
for(int i = 1;i < n;i ++ )
    for(int j = n;j > i;j -- )
        if (A[j].key < A[j- 1].key) swap(A[j],A[j- 1]);
```

其中 A 是一个记录数组,swap(A[j],A[j−1])是一个对调 A[j]和 A[j−1]的过程。

【例 9−1】从键盘上输入十个正整数,把这十个数按从小到大的顺序排列。

分析:

本题用冒泡法实现,算法分析与说明在上面已详细介绍,这里加入一个标志变量 flag,用来表示每一趟排序是否有交换的标志,在每趟进行之前置为 0,进行一趟后若无交换,则表明已是有序数列,排序过程结束;否则,表明数据列还没有完全有序,需要继续排序过程。这样改进后冒泡排序的效果会好些。这里给出主代码:

```
const int n = 10;
int a[11];
int main()
{
```

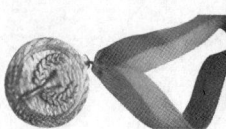

```
for(int i = 1;i <= n;i ++ )
    scanf("% d",&a[i]);
for(int i = 1;i <= n;i ++ ){
    bool flag = 0;
    for(int j = n;j > i;j - - )
        if (a[j] < a[j- 1]){swap(a[j],a[j- 1]);flag = 1;}
    if(! flag) break;
};
for (int i = 1;i <= n;i ++ ) printf("% d ",a[i]);
return 0;
}
```

9.2.2 插入排序

插入排序的基本思想是:经过 $i-1$ 遍处理后,$A[1],A[2],\cdots,A[i-1]$ 已排好序。第 i 遍处理仅将 $A[i]$ 插入 $A[1],A[2],\cdots,A[i-1]$ 的适当位置,使得 $A[1],A[2],\cdots,A[i]$ 还是排好序的序列。要达到这个目的,可以用从前往后和从后往前依次比较两种方法。这里采用从后往前依次比较的方法。首先比较 $A[i].key$ 和 $A[i-1].key$,如果 $A[i-1].key\leqslant A[i].key$,则 $A[1],A[2],\cdots,A[i]$ 已排好序,第 i 遍处理就结束了;否则交换 $A[i-1]$ 与 $A[i]$ 的位置,继续比较 $A[i-1].key$ 和 $A[i-2].key$,直到找到某一个位置 $j(1\leqslant j\leqslant i-1)$,使得 $A[j].key\leqslant A[j+1].key$ 时为止。为了编程方便,我们引入一个"哨兵"元素 $A[0]$,它的关键字小于 $A[1],A[2],\cdots,A[n]$ 中的任一元素的关键字。下面通过一个具体实例描述插入排序算法的实现过程,如图 9－2 所示。插入排序算法实现过程如下:

i = 1	[8]	3	2	5	9	1	6
i = 2	[3	8]	2	5	9	1	6
i = 3	[2	3	8]	5	9	1	6
i = 4	[2	3	5	8]	9	1	6
i = 5	[2	3	5	8	9]	1	6
i = 6	[1	2	3	5	8	9]	6
i = 7	[1	2	3	5	6	8	9]

图 9－2　插入排序具体示例

插入排序的算法实现主代码如下:

```
const int n = 10;

int a[11];

int main()

{
    for(int i = 1;i <= n;i ++ )
        scanf("% d",&a[i]);
```

```
for(int i = 2;i <= n;i ++ )
    for(int j = i;j > 1&&a[j] < a[j - 1];j -- )
        swap(a[j],a[j - 1]);
for(int i = 1;i <= n;i ++ )
    printf("% d ",a[i]);
return 0;
}
```

9.2.3 选择排序

选择排序的基本思想是:对待排序的记录序列进行 n - 1 遍的处理,第 i 遍处理是将 A[i],A[i + 1],…,A[n]中具有最小关键字者与 A[i]交换位置。这样,经过 i 遍处理后,前 i 个记录的位置已经是正确的了。下面通过一个具体实例理解选择排序的全过程,如图 9 - 3 所示。

```
初始状态:  8     3     2     5     9     1     6
  i = 1   [1]    3     2     5     9     8     6
  i = 2   [1     2]    3     5     9     8     6
  i = 3   [1     2     3]    5     9     8     6
  i = 4   [1     2     3     5]    9     8     6
  i = 5   [1     2     3     5     6]    8     9
  i = 6   [1     2     3     5     6     8]    9
  i = 7   [1     2     3     5     6     8     9]
```

图 9 - 3　选择排序具体示例

选择排序的算法实现主代码如下:

```
const int n = 10;
int a[11];
int main()
{
    for(int i = 1;i <= n;i ++ )
        scanf("% d",&a[i]);
    for(int i = 1;i < n;i ++ ){
        int m = i;
        for(int j = i + 1;j <= n;j ++ ) if(a[j] < a[m]) m = j;
        swap(a[i],a[m]);
    }
    for(int i = 1;i <= n;i ++ )
        printf("% d ",a[i]);
```

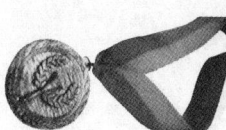

```
    return 0;
}
```

9.2.4　简单排序算法时间复杂度分析

前面介绍的三种排序算法的时间复杂度都是 $O(n^2)$。

首先考虑冒泡排序算法。若在其过程中加入一个标志变量 flag，用来表示每一趟排序是否有交换，在每趟进行之前置为 0，进行一趟后若无交换，则表明已有序，排序过程结束。这样改进后冒泡排序的效果会好一些。改进后分析冒泡排序的平均时间复杂度，最好的情况是输入序列已经有序，总的比较次数为 $n-1$ 次，且不移动元素；最坏情况是输入序列逆序，则需进行 $n-1$ 趟排序，其比较次数为 $\sum_{i=1}^{n}(n-i) = (n^2-n)/2$ 次，移动次数为 $3(n^2-n)/2$；在平均情况下，比较和移动元素的总次数大约为最坏情况下的一半。因此冒泡排序的时间复杂度为 $O(n^2)$。由于冒泡排序通常比插入排序和选择排序需要移动元素的次数多，所以它是三种简单排序中速度最慢的一种。

其次考虑插入排序。根据算法可知，为了正确地插入第 i 个元素，最少比较一次，最多比较 $(i-1)$ 次，平均比较次数为 $i/2$ 次，同时移动次数也接近比较次数，因此插入排序平均所需的比较次数和移动次数都是 $(n^2+n-2)/4 \approx n^2/4$，因此插入排序的时间复杂度也是 $O(n^2)$。

最后考虑选择排序。根据算法可知，选择排序的比较次数与初始排列是无关的，第一趟要 $n-1$ 次比较，第二趟要 $n-2$ 次比较，依此类推，故总的比较次数为 $n(n-1)/2$；元素的移动需要一个暂存空间，因此移动次数为 $n-1$ 次，显然它的时间复杂度为 $O(n^2)$。

9.3　快速排序

前一节中介绍的几个简单排序算法在最坏情况下都需要 $O(n^2)$ 计算时间，有时由于数据量很大，这样一个时间复杂度很可能在规定的时间内出不了解，自然就要优化排序算法，降低排序的时间复杂度。下面研究的快速排序算法就是追求这个目标，它在平均情况下的时间复杂度为 $O(n\log_2 n)$。

9.3.1　快速排序算法的基本思想及实现

快速排序的基本思想是基于分治策略。快速排序是对冒泡排序的一种改进，在冒泡排序中，进行元素（记录）的比较和交换是在相邻单元中进行的，元素（记录）每次交换只能上移或下移一个单元，因而总的比较和移动次数较多；在快速排序中，元素（记录）的比较和交换是从两端向中间进行的，关键字较大的元素（记录）一次就能够交换到后面单元，关键字较小的记录一次就能够交换到前面的单元，记录每次移动的距离较远，因而总的比较和移动次数较少。

快速排序的基本思想是：把 n 个记录组成的文件顺序读入内存并用一个数组保存，文

件中的每一个记录就是数组中的一个元素。先取数组中某一个元素(通常为第一个)的关键字为控制关键字,相应的数组元素为基准元素。设法把该基准元素放到数组中合适的位置上,同时对其他数组元素做适当调整,使得在这个基准元素的右面的所有数组元素的关键字均大于基准元素的关键字。而在它左面的那些数组元素的关键字小于基准元素的关键字;基准元素的当前位置就是排序后的最终位置,然后再对基准元素的前后两个子区间分别进行快速排序(即重复上述过程),直到每个区间为空或只包含一个元素时,整个快速排序结束。

在快速排序中,把待排序的区间按照第一个元素(即基准元素)的关键字分为前后(或称左右)两个子区间的过程称为一次划分。实现一次划分过程是:设有 n 个元素的关键字用 $k_1 \backsim k_n$ 来表示,设立两个位置指针 i 和 j。初始时,令 $i=1$,$j=n$;比较 k_i 和 k_j,如果 $k_i \leq k_j$,则修改 $j(j=j-1)$;再将 i,j 位置上的关键字进行比较,当 $i<j$ 且 $k_i>k_j$ 时,将两个元素进行交换;交换位置后,修改 $i(i=i+1)$。重复上述操作,直到 $i=j$,则 i 所指示的位置就是基准元素的位置。在实际编程中,在未确定基准元素的位置前,并不需要真正地交换存储位置,而可以开设一个暂存单元 x 来存放基准元素,待确定位置后,再将其存入。如图 9-4 仅列出了关键字,所以"移动17"就应理解成移动关键字为 17 的元素,元素移动后的位置用图中[ ]表示。另外,"46 送 x"是指关键字为 46 的元素暂存到 x 中。

序号	关键字								说明
(1)	46 i↑	55	13	42	94	05	17 ↑	70 ↑j	46 送 X;70 >46,修改 j
(2)	[ ] i↑	55 ↑	13	42	94	05	17 ↑j	[70]	17 <46,移动 17,修改 i
(3)	[17]	55 i↑	13	42	94	05 ↑	[ ] ↑j	[70]	55 >46,移动 55,修改 j
(4)	[17]	[ ] i↑	13 ↑	42	94	05 ↑j	[55]	70	05 <46,移动 17,修改 i
(5)	[17]	05 i↑	13 ↑	42	94	[ ] ↑j	[55]	70	13 <46,修改 i
(6)	[17]	05	13] i↑	42 ↑	94	[ ] ↑j	[55]	70	42 <46,修改 i
(7)	[17]	05	13	42] i↑	94 ↑	[ ] ↑j	[55]	70	94 >46,移动 94,修改 j
(8)	[17]	05	13	42] i↑	[ ] ↑j	[94	55	70]	i=j x 送 i 位置
(9)	[17]	05	13	42]	46	[94	55	70]	确定 46 的位置

图 9-4 快速排序一次划分过程示例

在该示例过程中,遵循下列原则进行操作:

(1)在每次比较时,i 或 j 是取数指针。比较总是在取数指针所指元素的关键字与基准元素 x 的关键字 46 中进行。比较后有如下几种情况:

●当大于46时：

若取数指针是i，则将i指示的元素送入j所指示的位置，并修改j(j=j-1)；

若取数指针是j，则不移动元素仅修改j(j=j-1)。

●当小于等于46时：

若取数指针是j，则将j指示的元素送入i所指示的位置，并修改i(i=i+1)；

若取数指针是i，则不移动元素仅修改i(i=i+1)。

(2)第一次比较时，取数指针是j。以后，凡是本次比较后得到修改的指针i或j，下一次比较的取数指针。

每次比较后，元素不一定被移动，但指针有且仅有一个得到修改。在找到第一个元素的最终位置后，就把数组分成左右两个部分。在这两个部分中分别重复上述操作，直到每个区间为空或只有一个元素时，快速排序结束。下面给出快速排序的过程：

```
void qsort(int * a,int s,int t){
    if(s >= t) return;
    int i = s,j = t,x = a[s];
    while(i < j){
        while(a[j] >= x&&i < j) j-- ;
        if(i < j) a[i++ ] = a[j];
        while(a[i] <= x&&i < j) i ++ ;
        if(i < j) a[j-- ] = a[i];
    }
    a[i] = x;
    qsort(a,s,i - 1);
    qsort(a,i + 1,t);
}
```

9.3.2 快速排序时间复杂度分析

快速排序附加的存储空间主要是一个栈和一个暂存元素的单元 X。栈中存放排序子文件的首尾位置。如果在入栈时，都选较长的一个子文件，则第一次入栈的子文件长度大于或等于 n/2，第二次入栈的子文件的长度大于或等于第一次划分后较短子文件长度的一半。依此类推，栈在平均下进入 $\log_2 n$ 个子文件。所以大多时候，栈的大小只需能存放 $2\log_2 n$ 个整数的空间。因此，快速排序要求附加的存储单元的数量可记为 $O(\log_2 n)$。

快速排序的时间复杂度，最坏的情况是待排序的元素已经有序，此时时间为最长。这时，第一趟排序经过 n-1 次比较后，将第一个元素仍定在它原来的位置上，并得到一个有 n-1 个元素的子文件；第二趟排序，经过 n-2 次比较，将第二个记录仍定在它原来的位置上，并得到一个包含 n-2 个元素的子文件；依此类推，所以，总比较次数为：

$(n-1) + (n-2) + \cdots + 1 = n(n-1)/2$，记为 $O(n^2)$。

另一种特别情况是最好情况，即每趟比较后，基准元素的位置正好在文件的中央，从而把文件分成大小相等的两个子文件，其总的比较次数为：

$$T(n) \le n + 2T(n/2) \le 2n + 4T(n/4) \le 3n + 8T(n/8) \cdots \le n\log_2 n + NT(1)$$

所以总的比较次数为 $O(n\log_2 n)$。可以证明，平均比较次数也是 $O(n\log_2 n)$。

9.3.3 随机快速排序

通过上面的分析知道，快速排序的性能取决于划分的对称性，通过修改对数组进行划分的基准元素，可以设计出采用随机选择策略的快速排序算法。在快速排序算法的每趟中，当数组还没有划分时，可以在数组中随机选出一个元素作为划分的基准元素，这样可以使划分基准的选择是随机的，从而可以期望划分是较对称的。

随机化快速排序过程只需修改每次划分的基准元素就可以了，对于上面快速排序的算法，设 t 是待排序区间的最后一个元素的下标，s 是待排序区间的最前一个元素的下标，则只需修改 $k = random(s \sim t) + 1$，令基准元素 $x = A[k]$ 即可。

9.4 堆排序

堆排序是利用堆的特性进行排序的过程。下面首先给出堆的定义：假设有一个元素序列为 $\{R1, R2, \cdots, Rn\}$，对应的关键字序列为 $\{S1, S2, \cdots, Sn\}$，若此关键字序列满足下列任一种特性则称此元素序列（或以关键字序列代之）为堆。

(1) $S_i \le S_{2i}$ 和 $S_i \le S_{2i+1}$ $(1 \le i \le n/2)$

(2) $S_i \ge S_{2i}$ 和 $S_i \ge S_{2i+1}$ $(1 \le i \le n/2)$

若满足第一种特性则称此堆为小根堆，若满足第二种特性则称此堆为大根堆。这里只讨论大根堆，其中的规则只需稍加修改即适合小根堆。

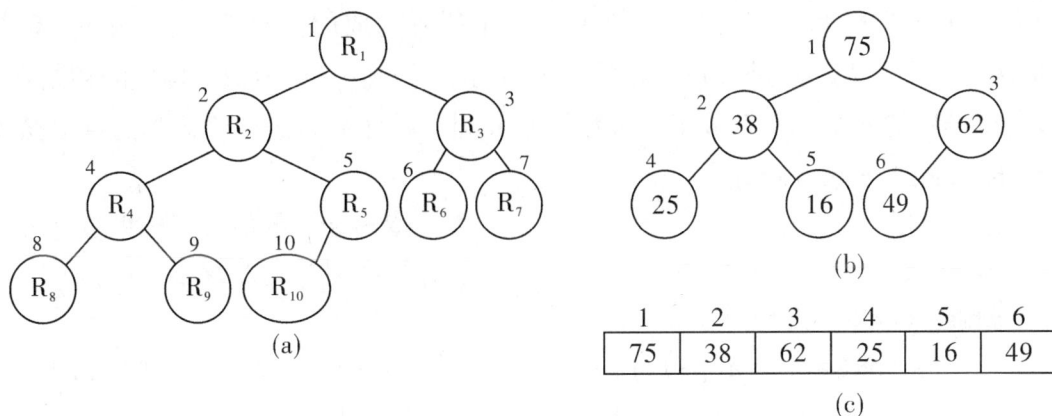

图 9-5 堆的完全二叉树表示

337

一个堆对应一棵完全二叉树,树中每个编号为 i 的结点的值就是堆中下标为 i 的元素 Ri,图 9 – 5(a)所示就是一个具有 10 个元素的堆所对应的完全二叉树。根据堆的定义,若一棵完全二叉树是堆,则该树中每个非终端结点的关键字必然大于等于它的左、右孩子关键字,若不满足这个条件,则不是一个堆。例如关键字序列(75,38,62,25,16,49)就是一个堆(即大根堆),其对应的完全二叉树和顺序存储结构如图 9 – 5(b)和(c)所示。

堆排序包括构成初始堆和利用堆排序两个阶段。

构建初始堆就是把待排序的元素序列{R1,R2,…,Rn}按照堆的定义调整为堆{R1′,R2′,…,Rn′},其中 $S_i' \geq S_{2i}'$ 和 $S_i' \geq S_{2i+1}'$,$1 \leq i \leq n/2$。为此需从对应完全二叉树中编号最大的分支结点(即编号为 n/2 的结点)起,至整个树根结点(即编号为 1 的结点)止,依次对每个分支结点进行"筛"运算,以便形成以每个分支结点为根的堆,当最后对树根结点进行筛运算后,整个树就构成一个堆。

下面讨论如何对每个分支结点 R_i($1 \leq i \leq n/2$)进行筛运算,以便构成以 R_i 为根的堆。因为,当对 R_i 进行筛运算时,比它编号大的分支结点都已进行过筛运算,即已形成了以各个分支结点为根的堆,其中包括以 R_i 的左、右孩子结点 R_{2i} 和 R_{2i+1} 为根的堆(若 R_{2i} 和 R_{2i+1} 为叶子结点,则认为叶子结点自然为堆),所以,对 R_i 进行筛运算是在其左、右子树均为堆的基础上实现的。筛运算的过程可描述为:首先把 R_i 的关键字 S_i 与两个孩子中关键字较大者 S_j(j = 2i 或 2i + 1)进行比较,若 $S_i \geq S_j$,则以 S_i 为根的子树成为堆,筛运算完毕;否则,R_i 与 R_j 互换位置,互换后可能破坏以 R_j(此时的 R_j 的值为原来的 R_i)为根的堆,接着再把 R_j 与它的两个孩子中关键字较大者进行比较,依此类推,直到父结点的关键字大于等于孩子结点中较大的关键字或者孩子结点为空时止。这样,以 R_i 为根的子树就被调整为一个堆。在对 R_i 进行的筛运算中,若它的关键字较小,则会被逐层下移,就像过筛子一样,小的被漏下去,大的被选上来,所以把构成堆的过程形象地称为筛运算。

图 9 – 6 给出了对待排序元素的关键字序列(45,36,18,53,72,30,48,93,15,36)构成初始堆的全过程。因结点数 n = 10,所以从第五个结点起至第一个结点止,依次对每个结点进行筛运算。图 9 – 6(a)为按照原始关键字序列所构成的完全二叉树,图 9 – 6(b) ~ (f)为依次对每个分支结点进行筛运算后所得到的结果,其中(f)为最后构成的初始堆。

假定待排序的 n 个元素存放于一维数组 a[n]中,则对 a[i]进行筛运算的算法描述为:

```
void heap(int * a,int n,int i){
    x = a[i];                            //把待筛结点的值存于辅助变量 x
    j = i << 1;                          //a[j]是 a[i]的左孩子
    while(j <= n){
        if(j < n&&a[j] < a[j + 1]) j ++; //若右孩子关键字较大,则把 j 改为右孩
                                         子的下标
        if(x < a[j]){
            a[i] = a[j];                 //将 A[j]调到双亲位置上}
```

```
        i = j; j = i << 1;              //修改i和j的值,以便继续向下筛
    }else j = n + 1;                    //筛运算完成,令j = n + 1,以便中止循环
a[i] = x;                               //被筛结点的值放入最终位置
}
```

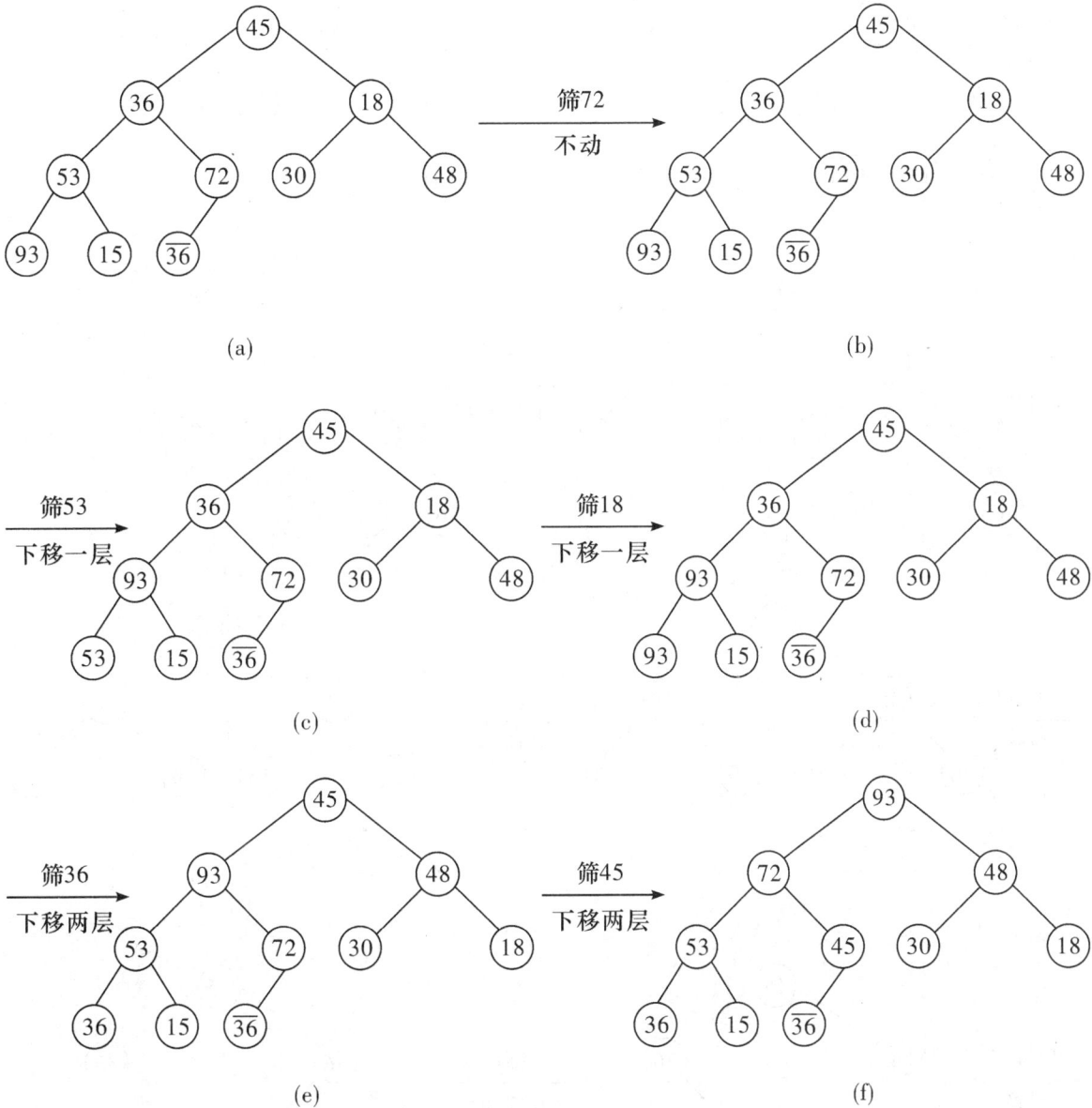

(a)   筛72 不动   (b)

(c)   筛18 下移一层   (d)

(e)   筛45 下移两层   (f)

图9-6　构成初始堆的图形示例

  根据堆的定义和上面建堆的过程可以知道,编号为1的结点a[1](即堆顶)是堆中n个结点中关键字最大的结点。所以利用堆排序的过程比较简单,首先把a[1]与a[n]对换,使a[n]为关键字最大的结点,接着对a[1](即对调前的a[n])在前n-1个结点中进行筛运算,又得到a[1]为当前区间内具有最大关键字的结点,再接着把a[1]同当前区间内的最后一个结点a[n-1]对换,使a[n-1]为次最大关键字结点,这样经过n-1次对换和筛运算后,所有结点成为有序,排序结束。

　　假定在图 9－6(f)已构成堆的基础上进行堆排序,则前 4 次对换和筛运算的过程如图 9－7 所示。堆排序的算法可描述为:

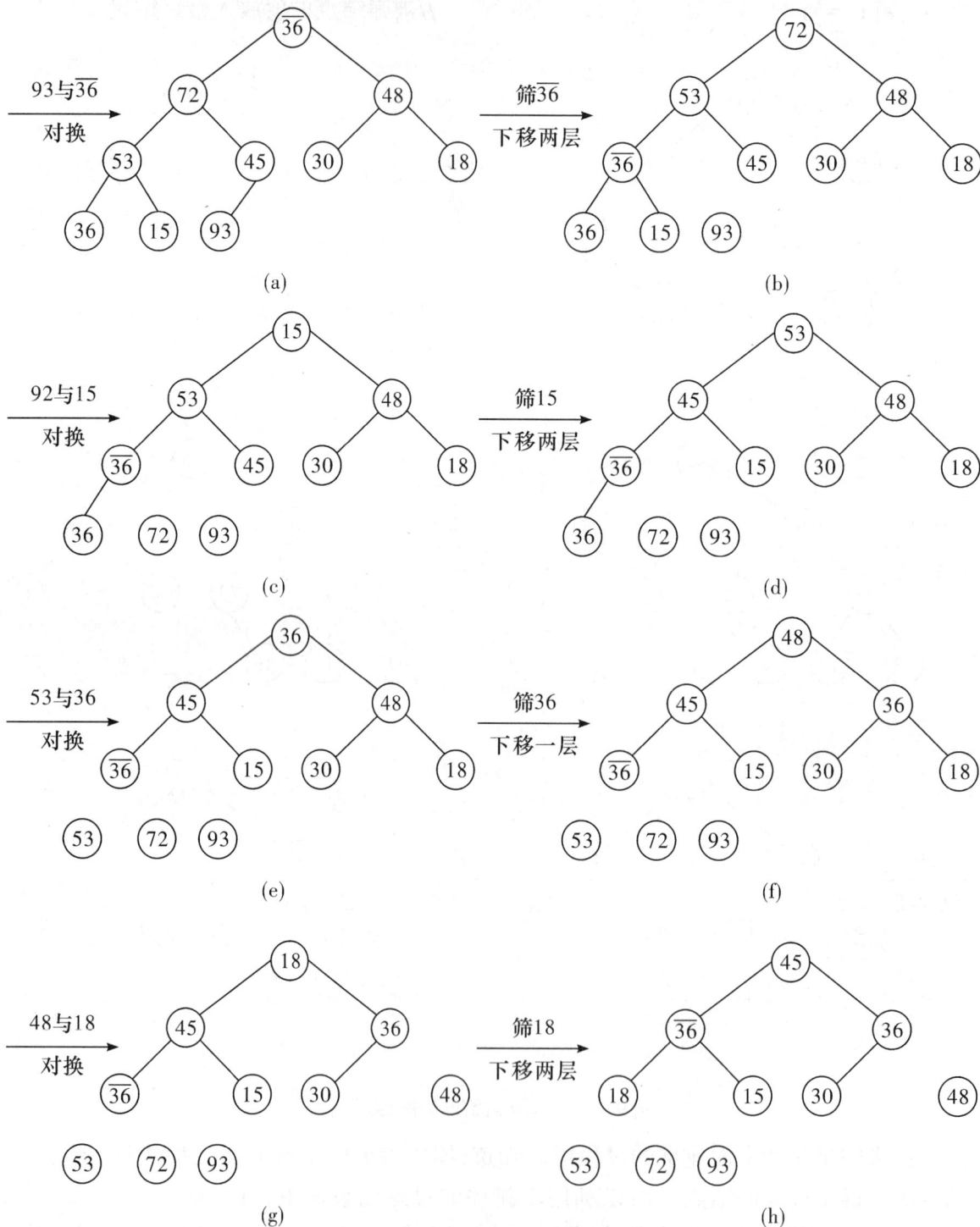

图 9－7　堆排序的图形示例

```
void heapsort(int a* ,int n){
    for(int i = n >> 1;i >= 1;i - - ) heap(a,n,i);        //建立初始堆
```

```
for(int i = n;i >= 2;i - - ){        //进行 n - 1 次循环,完成堆排序
        swap(a[1],a[i]);            //将第一个元素同当前区间内最后一个元素对换
    heap(a,i - 1,1);               //筛 a[1]结点,得到(i - 1)个结点的堆
    }
}
```

假定 n = 8,数组 A 中 8 个元素的关键字为(36,25,48,12,65,43,20,58),图 9 - 8(a)和
(b)分别给出了在构成初始堆和利用堆排序的过程,每次筛运算后数组 A 中各元素关键字
的变动的情况。

下标	1	2	3	4	5	6	7	8
(0)	36	25	48	12	65	43	20	58
(1)	36	25	48	58	65	43	20	12
(2)	36	25	48	58	65	43	20	12
(3)	36	65	48	58	25	43	20	12
(4)	65	58	48	36	25	43	20	12

（a）构成初始堆的过程

下标	1	2	3	4	5	6	7	8
(0)	66	58	48	36	25	43	20	12
(1)	58	36	48	12	25	43	20	65
(2)	48	36	43	12	25	20	58	65
(3)	43	36	20	12	25	48	58	65
(4)	36	25	20	12	43	48	58	65
(5)	25	12	20	36	43	48	58	65
(6)	20	12	25	36	43	48	58	65
(7)	12	20	25	36	43	48	58	65

（b）利用堆排序的过程

图 9 - 8　堆排序的全过程

在整个堆排序中,共需要进行约 3n/2 次筛运算,每次筛运算进行父子或兄弟结点的关
键字的比较次数和元素的移动次数都不会超过完全二叉树的高度,所以筛运算的时间复杂
度为 $O(\log_2 n)$,故整个堆排序过程的时间复杂度为 $O(n\log_2 n)$。另外,由于在堆排序过程
中需要进行不相邻位置间元素的移动和交换,所以它是一种不稳定的排序方法。

9.5　归并排序

在讨论归并排序之前,首先给出归并的概念。归并(merge)就是将两个或多个有序表
合并成一个有序表。若将两个有序表合并成一个有序表则称为二路归并,同理,有三路归
并、四路归并等。二路归并最为简单,且适应于内排序,所以我们只讨论二路归并。例如有
两个有序表(7,10,13,15)和(4,8,19,20),归并后得到的有序表为(4,7,8,10,13,15,19,
20)。

二路归并算法很简单,假定待归并的两个有序表分别存于数组 A 中从下标 s 到下标 m
的单元和从下标 m + 1 到下标 t 的单元(s≤m,m + 1≤t),结果的有序表存于数组 R 中从下
标 s 到下标 t 的单元,并令 i,j,k 分别指向这些有序表的第一个单元。归并过程为:比较 A
[i].stn 和 A[j].stn 的大小,若 A[i].stn≤A[j].stn,则将第一个有序表中的元素 A[i]复
制到 R[k]中,并令 i 和 k 分别加 1,即使之分别指向后一单元,否则将第二个有序表中的元
素 A[j]复制到 R[k]中,并令 j 和 k 分别加 1;如此循环下去,直到其中的一个有序表比较

和复制完,然后再将另一个有序表中剩余的元素复制到 R 中从下标 k 到下标 t 的单元。

归并排序(merge sorting)就是利用归并操作把一个无序表排列成一个有序表的过程。若利用二路归并操作则称为二路归并排序。二路归并排序的过程是首先把待排序区间(即无序表)中的每一个元素都看作为一个有序表,则 n 个元素构成 n 个有序表,接着两两归并(即第一个表同第二个表归并,第三个表同第四个表归并,依此类推,若最后只剩下一个表,则直接进入下一趟归并),得到 $\lceil n/2 \rceil$ 个长度为 2(最后一个表的长度可能小于 2)的有序表,称此为一趟归并,然后再两两有序表归并,得到 $\lceil \lceil n/2 \rceil /2 \rceil$ 个长度为 4(最后一个表的长度可能小于 4)的有序表。如此进行下去,直到归并第 $\lceil \log_2 n \rceil$ 趟后得到一个长度为 n 的有序表为止。

例如,有 12 个元素的排序码为:

(45,36,18,53,72,30,48,93,15,24,65,47)

则进行二路归并排序的过程如图 9-9 所示:

(0) [45] [36] [18] [53] [72] [30] [48] [93] [15] [24] [65] [47]

(1) [36 45] [18 53] [30 72] [48 93] [15 24] [47 65]

(2) [18 36 45 53] [30 48 72 93] [15 24 47 65]

(3) [18 30 36 45 48 53 72 93] [45 24 47 65]

(4) [15 18 30 36 45 47 48 53 85 72 93]

图 9-9 归并排序示意图

要得到二路归并的排序算法,首先要给出一趟归并排序的算法:设数组 A[1..n] 中每个有序表的长度为 L(但最后一个表的长度可能小于 L)。进行两两归并后的结果存于数组 R[1..n] 中。进行一趟归并排序时,对于 A 中可能除最后一个(当 A 中有序表个数为奇数时)或两个(当 A 中有序表个数为偶数,但最后一个表的长度小于 L 时)有序表,共剩有偶数个长度为 L 的有序表,由前到后对每两个有序表调用 merge 过程即可完成归并;对可能剩下的最后两个有序表(后一个长度小于 L,否则不会剩下),继续调用 merge 过程即可完成归并;对可能剩下的最后一个有序表(其长度小于等于 L),则把它直接复制到 R 中对应区间即可。至此,一趟归并完成。

二路归并排序的过程需要进行 $\log_2 n$ 趟。第一趟 L 等于 1,以后每进行一趟将 L 加倍。假定待排序的 n 个记录保存在数组 A[1..n] 中,归并过程中使用的辅助数组为 R[1..n],第一趟由 A 归并到 R,第二趟由 R 归并到 A,如此反复进行,直到 n 个记录成为一个有序表为止。在归并过程中,为了将最后的排序结果仍置于数组 A 中,需要进行的趟数为偶数,如果实际只需奇数趟(即 $\log_2 n$ 为奇数)完成,那么最后还要进行一趟,正好此时 R 中的 n 个有序元素为一个长度不大于 L(此时 L≥n)的表,将会被直接复制到 A 中。二路归并排序的程序较为复杂,请同学们学习之后自己编写。

二路归并排序的时间复杂度等于归并趟数与每一趟时间复杂度的乘积。归并趟数为 $\log_2 n$。因为每一趟归并就是将两两有序表归并,而每一对有序表归并时,记录的比较次数和移动次数(即由一个数组复制到另一个数组中的记录个数)均等于这一对有序表的长度之和,所以以每一趟归并的比较次数和移动次数均等于数组中记录的个数 n(有一点例外是:

当待归并数组中的有序表个数为奇数时,最后一个有序表只复制不比较),亦即每一趟归并的时间复杂度为 $O(n)$。因此,二路归并排序的时间复杂度为 $O(n\log_2 n)$。

二路归并排序时需要利用同待排序数组一样大小的一个辅助数组,所以其空间复杂度为 $O(n)$。显然它高于前面所有排序算法的空间复杂度。

二路归并排序是稳定的,因为在每两个有序表归并时,若分别在两个有序表中出现有相同排序码的元素,merge 算法能够使前一有序表中同一排序码的元素先被复制,后一有序表中同一排序码的元素后被复制,从而确保它们的相对次序不会改变。

最后还需要指出:"归并"技术不仅适用于内排序,而且更适用于外排序。在外排序中,首先按照内存可使用存储空间的大小,将外存上含有 n 个记录的文件分成若干个子文件,使得每个子文件能够一次装入内存中。接着接序处理每一个子文件,处理过程是:读入一个子文件到内存,利用内排序方法进行排序,把排序后的有序子文件(称为初始归并段)写入外存;然后对这些初始有序子文件,利用二路或多路归并技术进行每一趟归并,使有序子文件的个数逐渐减少,长度逐渐增加,直到最后变为一个有序文件为止。当然在每两个或多个有序子文件归并为一个有序子文件的过程中,每次从每个有序子文件中只能读入一批记录而不是全部记录到该文件的内存缓冲区中(一次读入记录的多少,视缓冲区大小而定),当归并完后再接着读入下一批记录;归并结果也是依次放入结果文件的内存缓冲区中,并每当缓冲区满后写入外存,最后在外存得到每次归并后的有序文件。

9.6 各种排序方法的比较

各种排序方法之间的比较,主要从以下几个方面综合考虑:①时间复杂度;②空间复杂度;③稳定性;④算法简单性;⑤待排序记录数 n 的大小;⑥记录本身信息量的大小。

下面先从每个方面进行比较和分析,然后再给出综合结论。

(1)从时间复杂度看,直接插入排序、直接选择排序和冒泡排序这三种简单排序方法属于一类,其时间复杂度为 $O(n^2)$;堆排序、快速排序和归并排序这三种排序方法属于第二类,其时间复杂度为 $O(n\log_2 n)$;若从最好情况考虑,则直接插入排序和冒泡排序的时间复杂度最好,为 $O(n)$,其他算法的最好情况同平均情况相同。若从最坏情况考虑,则快速排序的时间复杂度为 $O(n^2)$,直接插入排序和冒泡排序虽然同平均情况下相同,但系数大约增加一倍,所以运行速度将降低一半,最坏情况对直接选择排序、堆排序和归并排序影响不大。若再考虑各种排序算法的时间复杂度的系数,则在第一类算法中,直接插入排序的系数最小,直接选择排序次之(但它的移动次数最小),冒泡排序最大,所以直接插入排序和直接选择排序比冒泡排序速度快;在第二类算法中,快速排序的系数最小,堆排序和归并排序次之,所以快速排序比堆排序和归并排序速度快。由此可知,在最好情况下,直接插入排序和冒泡排序最快;在平均情况下,快速排序最快;在最坏情况下,堆排序和归并排序最快。

(2)从空间复杂度看,所有排序方法可归为三类,归并排序单独属于一类,其空间复杂度为 $O(n)$;快速排序也单独属于一类,其空间复杂度为 $O(\log_2 n)$(但在最坏情况下为 $O(n)$);其他排序方法归为第三类,其空间复杂度为 $O(1)$。由此可知,第三类算法的空间

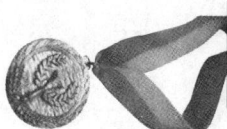

复杂度最好,第二类次之,第一类最差。

(3)从稳定性看,所有排序方法可分为两类:一类是稳定的,它包括直接插入排序、冒泡排序和归并排序;另一类是不稳定的,它包括希尔排序(可以参考其他的数据结构书籍)、直接选择排序、快速排序和堆排序。

(4)从算法简单性看,一类是简单算法,它包括直接插入排序、直接选择排序和冒泡排序,这些算法都比较简单和直接;另一类是改进后的算法,它包括希尔排序、堆排序、快速排序和归并排序(归并排序可看作为对直接插入排序的另一种改进,它把记录分组排序,但分组方法同希尔排序不同,另外,它把记录的插入和移动改为向另一个数组的复制),这些算法都比较复杂。

(5)从待排序的记录数 n 的大小看,n 越小,采用简单排序方法越合适,n 越大采用改进排序方法越合适。因为 n 越小,$O(n^2)$ 同 $O(n\log_2 n)$ 的差距越小,并且简单算法的时间复杂度的系数均小于1(除冒泡排序中最坏情况外),改进算法的时间复杂度的系数均大于1,因而也使得它们的差距变小。另外,输入和调试简单算法比输入和调试改进算法要少用许多时间,若把此时间也考虑进去,当 n 较小时,选用简单算法比选用改进算法要少花时间。当 n 越大时选用改进算法的效果就越显著,因为 n 越大,$O(n^2)$ 同 $O(n\log_2 n)$ 的差距就越大。例如,当 $n = 10000$ 时,$O(n\log_2 n)$ 只是 $O(n^2)$ 的约 1/700。

(6)从记录本身信息量的大小看,记录本身的信息量越大,表明占用的存储字节数就越多,移动记录时所花费的时间就越多,所以对记录的移动次数较多的算法不利。例如,在三种简单排序算法中,直接选择排序移动记录的次数为 $O(n)$ 数量级,其他两种为 $O(n^2)$ 数量级。所以当记录本身的信息量较大时,对直接选择排序算法有利,而对其他两种算法不利。在四种改进算法中,记录本身信息量的大小,对它们影响区别不大。

以上从六个方面对各种排序方法进行了比较和分析,那么如何在实际的排序问题中分主次地考虑它们呢?首先考虑排序对稳定性的要求,若要求稳定,则只能在稳定方法中选取,否则可以从所有方法中选取;其次要考虑待排序记录数 n 的大小,若 n 较大,则在改进方法中选取,否则在简单方法中选取;然后再考虑其他因素。

下面给出综合考虑以上六个方面所得出的大致结论,供读者选择内排序方法时参考:

(1)当待排序记录数 n 较大,排序码分布较随机,且对稳定性不作要求时,则采用快速排序为宜。

(2)当待排序记录数 n 较大,内存空间允许,且要求排序稳定时,则采用归并排序为宜。

(3)当待排序记录数 n 较大,排序码分布可能会出现正序或逆序的情况,且对稳定性不作要求时,则采用堆排序(或归并排序)为宜。

(4)当待排序记录数 n 较小(如小于100),记录或基本有序(即正序)或分布较随机,且要求稳定时,则采用直接插入排序为宜。

(5)当待排序记录数 n 较小,对稳定不作要求时,则采用直接选择排序(若排序码不接近逆序,亦可选用直接插入排序)为宜。

在信息学竞赛中,我们最常使用的排序方法是快速排序。但如果数据范围不大,我们也可以选择较易编写的选择排序。堆往往是作为一种数据结构使用。

9.7 线性时间排序

到目前为止,所讨论的排序算法有一个共同的特点,即用于得到确定排序结果的主要运算是输入元素间的比较运算。这类排序算法称为基于比较的排序算法。本节讨论三个以数字和地址计算为主要运算的排序算法:计数排序、桶排序和基数排序。由于这些算法已不再是基于比较的排序算法,所以 $O(n\log_2 n)$ 计算时间下界的复杂度对它们已不适用。事实上,它们都可以在线性时间内完成排序任务,但是它们的应用都有一定的局限性。

9.7.1 计数排序

计数排序算法的基本思想是:对于给定的输入序列中的每一个元素 x,确定该序列中关键字小于 x 的元素个数。一旦有了这个信息,就可以将 x 直接存放到最终的输出序列的正确位置上。例如,如果输入序列中只有 17 个元素的关键字小于 x 的关键字,则 x 可以直接存放在输出序列的第 18 个位置上。当然,如果有多个元素具有相同的关键字时,我们不能将这些元素放在输出序列的同一位置上,因此上述方案还要作适当的修改。

在下面的计数排序算法中,假设输入的 n 个元素存放在数组 $a[n]$ 中,输出的排序结果存放在数组 $b[n]$ 中。在本节中,设所有输入元素的值是 1 到 m 之间的一个整数。算法中还要用到一个辅助数组 $c[m]$ 用于对输入元素进行计数。则计数排序的过程为:

```
void count_sort(int * a,int * b){
    for(int i = 1;i <= m;i ++ )
        c[i] = 0;
    for(int j = 1;j <= n;j ++ )
        c[a[j]] ++ ;      //将输入序列中关键字等于 i 的元素个数存放在 c[i]中
    for(int i = 2;i <= m;i ++ )
        c[i] += c[i - 1]; //c[i]中存放了输入序列中关键字值小于或等于 i 的元素的
个数
    for(int j = n;j >= 1;j -- ){
        b[c[a[j]]] = a[j];
        c[a[j]] -- ;
    }
}
```

计数排序的计算时间的复杂度很容易分析,整个算法的时间复杂度为 $O(m+n)$,当 $m = O(n)$ 时,算法的时间复杂度为 $O(n)$。计数排序算法没有用到元素间的关键字的比较,它利用实际的关键字的值来确定它们在数组中的位置,因此计数排序不是一种基于比较的排序算法,由于对它的关键字的取值范围进行了限定,所以在时间复杂度上取得了线性的优势。通过计数排序算法可以看出,它是一种稳定的排序算法。

9.7.2 桶排序

与计数排序类似的一个线性时间排序算法是桶排序算法。其基本思想是:设置若干个桶,将关键字等于 i 的元素全部装入第 i 桶中,然后按桶的顺序将桶中的元素顺序连接起来。由于每个桶中都有相同的关键字,可以将第 i 桶看作是关键字为 i 的元素组成的一个表。用数组 b 表示桶序列。如果用链表来实现表,则每个桶 b[i] 就是表头。要将桶 b[i] 中的表 L_i 和桶 b[j] 中的表 L_j 连接起来,可用表的连接运算,它将表 L_i 的内容改变为 L_iL_j。

为节省时间,可为每个表设置一个指向表尾的指针,这样,当要找表中最后一个元素时,就不必将表整个地扫描一遍。图 9 - 10 说明如何将表 L_i 与 L_j 连接起来得到一个新表,且新表的名字为 L_i。其中虚线表示指针变化。在连接运算结束后,表 L_j 就变成空表了。

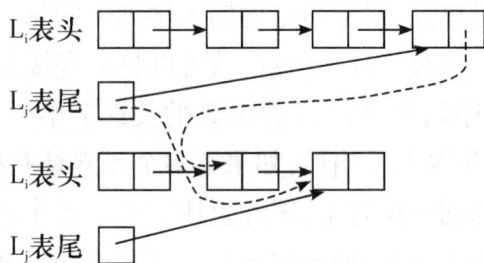

图 9 - 10　链表的链接

下面给出桶排序的算法。算法是用表的基本运算写出的,其中,假设关键字类型 keytype 为 1..m,即关键字是在 1 到 m 范围内的一个整数。输入数组为 a[n],桶数组为 b[n]。

```
void    bucketsort(){
    for(int i = 1;i <= n;i ++ )
        b[a[i].key].push(a[i]);    //将元素装入桶中
    for(int j = 2;j <= m;j ++ )
        b[1].join(b[j]);              //将所有桶连接到 B[1] 后面
}
```

桶排序算法所需的计算时间与计数排序算法大致相同,也是 $O(m + n)$。与计数排序类似,当 $m = O(n)$ 时,则桶排序的时间复杂度也是 $O(n)$。

9.7.3 基数排序

在计数排序和桶排序算法中,如果 $m = n^2$,则算法需要的计算时间不再是 $O(n)$,而是 $O(m + n) = O(n^2)$。这是由关键字的取值范围扩大所造成的。然而,如果关键字的取值范围是有限的,比如 $m \leq n^k$,k 是预先确定的正整数,那么是否有保持 $O(n)$ 时间复杂度的排序算法? 事实上,利用 m 的有限性,并以桶排序为工具,可以设计出一个新的排序算法。

先来考虑一个特殊情形,即对 $0..n^2 - 1$ 范围内的 n 个整数进行排序的问题。分两步来完成排序工作。第一步用 n 个标号分别为 $0,1,\cdots,n - 1$ 的桶,将整数 i 装入标号为 i mod n 的桶中。注意,这里所说的将一个元素装入一个桶中是指将这个元素接到桶中元素表的

末尾。为了有效地进行这样的操作,要求桶中的链接表具有指向表尾的指针。

例如,设 $n=10$,待排序的整数序列是有机排列的 $0..99$ 范围内的完全平方数 $36,9,0,25,1,49,64,16,81,4$。此时,桶的标号 $i \bmod n$ 正好是十进制整数 i 的个位数。图 $9-11$ (a)说明了第一次将这些整数装入桶中的情况。

注意在第一次将整数装入桶中时,每个桶中各整数的顺序保持了它们在输入时的相对次序。例如,第 6 号桶中装的是 $36,16$,而不是 $16,36$,因为在输入时 36 在 16 的前面。

第一次将所有整数装入桶中后,将各桶中整数顺序连接起来。例如,从图 $9-10$(a)得到连接后的整数序列为:$0,1,81,64,4,25,36,16,9,49$。

显然,此时各整数的个位数排成了递增顺序。由于在各桶中设置了指向表尾指针,上述过程共用 $O(n)$ 时间。

第二步仍使用这 n 个桶,标号还是 $0,1,\cdots,n-1$。按照第一步得到的各整数的排列次序,将这些整数重新装入桶中。这一次是将整数 i 装入标号为 i/n 的桶中,新装入的数仍然接在表尾,最后,再将各桶中的整数顺序连接在一起,所得到的结果就是排好序的整数序列。

对于上述 $n=10$ 的例子,i/n 恰好是十进制数的十位数。因此,第二次装入桶中的整数如图 $9-11$(b)所示。

桶	内容	桶	内容
0	0	0	0, 1, 4, 9
1	1, 81	1	16
2		2	25
3		3	36
4	64, 4	4	49
5	25	5	
6	36, 16	6	64
7		7	
8		8	81
9	9, 49	9	
	(a)		(b)

图 $9-11$　元素两次装入桶中的情况

下面讨论算法的正确性。

对于上述 $n=10$ 的例子,在第一次装桶后,各整数的个位数字已排成了递增顺序,从而第二次装桶后,每个桶中的各整数十位数相同,且个位数递增,因此同一桶中的整数已排成递增顺序。又由于装入桶号小的桶中的十位数小,桶号大的桶中的十位数大,所以顺序连接各桶后,各整数就排成了递增顺序。

对于一般的 n,可将 $0..n^2-1$ 范围内的每一个整数看成两位的 n 进制整数。算法还是上述两步,正确性证明类同。事实上,设 $i=an+b$,$j=cn+d$,其中 a,b,c,d 都是 0 到 $n-1$ 范围内的整数,它们可看成是 n 进制整数的一位数字。设 $i<j$,那么必有 $a \leqslant c$。如果 $a<c$,

那么在第二次装桶时,i 被装入桶号小的桶中,j 被装入桶号大的桶中。这样在将各桶中整数连接起来时,i 排在 j 前面。如果 a = c,必有 b < d。那么,在第一步完成之后,i 排在 j 前面。在第二次装桶时,i 和 j 都被装入第 a 个桶中,并且 i 仍然排在 j 前面。这样,在第二步完成之后,i 照样排在 j 前面。由此可知,在算法的两步都完成以后,所有整数已排好序。

上述算法的思想可推广到更一般的情形。例如 keytype 是由若干元素组成的结构体:

struct keytype{

    int day;

    char month[10];

    int year;

}

更一般地,keytype 可以由 k 个分量 $f_1, f_2, \cdots, f_k$ 所组成。其中 f_i 的类型是 $t_i (1 \leqslant i \leqslant k)$。在最后一种情形下,要将输入元素按其关键字的字典序进行排序。按照关键字的字典序,关键字 $(a_1, a_2, \cdots, a_k)$ 小于关键字 $(b_1, b_2, \cdots, b_k)$ 的充要条件是下述 k 个条件之一成立:

$(1) a_1 < b_1$

$(2) a_1 = b_1, a_2 < b_2$;

……

$(k) a_1 = b_1, a_2 = b_2, a_{k-1} = b_{k-1}, a_k < b_k$。

即,存在 0 到 k − 1 范围内的一个整数 j,使得 $a_1 = b_1, \cdots, a_j = b_j$ 而 $a_{j+1} < b_{j+1}$。

可以将上述类型的关键字看作是以特殊的基数来表示的整数。在一般情况下,keytype 中的 k 个分量 $f_1, f_2, \cdots, f_k$ 组成数的 k 个位,f_i 的基数为它的取值范围 $r_i, i = 1, 2, \cdots, k$。例如,当 keytype 为 char array[10] 时,k = 10,f_i 是计算机定义的字符集中的任意一个字符,r_i 是该字符集中字符的个数 r,比如 128。keytype 变量可看成是一个 10 位的 r 进制的整数。在这种观点下推广的桶排序算法就称为基数排序算法。

基数排序算法的基本思想是:首先对 n 个输入元素按 f_k 进行桶排序(在决定元素关键字的大小时,f_k 的作用最小),然后按 f_{k-1} 进行桶排序……与上面的例子一样,每次将元素装入桶中时,总是将所装入的元素接在表尾。一般的基数排序算法可描述如下:

```
//对 n 个输入元素组成的表 a 进行排序,每个元素的关键字由 f1, f2, …, fk 组成,fi 的类
型为 ti。算法中用到桶数组 b。
void readxsort(){
    for(int i = k;i >= 1;i -- ){
        for(int j = 1;j <= n;j ++ )
            bi[a[j].f[i]].push(a[j]);
        int t = 0;
        for(j:类型 t[i]的值域,从小到大)
            for(p = bi[j].begin();p! = bi[j].end();p ++ )
                a[ ++ t] = p;       //将桶中元素按顺序放回数组 a
```

}

因为此处每个桶的数据类型可能不同,故不用数组的方式给出。

与上面所讨论 k = 2 时的基数排序算法类似,可以证明一般的基数排序算法的正确性,即分别依 $f_k, f_{k-1}, \cdots, f_1$ 对 A 进行桶排序后,所有输入元素按 $f_1, f_2, \cdots, f_k$ 的字典序排列。

这里使用了数组记录表 a,用链表记录每个桶。显然,将 a 中元素移动到桶中和将所有桶中的元素移动到 a 中的时间复杂度是相同的,均为 O(n)。

9.8　排序的应用举例

在竞赛中很少有单独一道题指明要求排序,一般是在解题过程中需要用到排序过程或通过对问题的分析后确定用排序算法解决,下面通过几个具体实例来讨论排序算法的应用。

【例 9 - 2】求众数

【问题描述】

由文件给出 n 个 1 到 30000 间无序正整数,其中 1 ≤ n ≤ 10000,同一个正整数可能会出现多次,出现次数最多的整数称为众数。求出它的众数及它出现的次数。

【输入】

第一行一个 n,表示有多少个数。

接下来一行,有 n 个数,表示给出的数组。

【输出】

一行一个数,表示众数的值。

【样例输入】	【样例输出】
3	1
1 2 1	

分析:

该题实际上是一道统计正整数出现次数的题目,统计出次数后再求出它们次数的最大值,联系到学过的排序法,自然会想到利用桶排序的思想,设计出如下算法:

S1:定义一个桶数组 a[30000],类型为整型,初始化为 0;

S2:将提供文件中的 n 个整数分别装入以下标为编号的对应桶中;

S3:求桶数组 a 的所有最大值(可能有多个)并输出;

S4:结束。

类似的题如:有杂乱排列的 n 个正整数,求出所有的最大平台(即出现次数最多的数)的平台宽度(最大平台中,数的个数)和平台高度(最大平台中,数的值)。

【例 9 - 3】修建输油管道

【问题描述】

某石油公司计划建造一条由东向西的主输油管道。

该管道要穿过一个 n 口油井的油田。从每口油井都要有一条输油管道沿最短路径(或南或北)与主管道相连,如图 9 - 12 所示。如果给定 n 口油井的位置,即它们的 X 坐标和 Y

坐标,应如何确定主管道的最优位置,即使各油井到主管道之间的输油管道长度总和最小的位置?

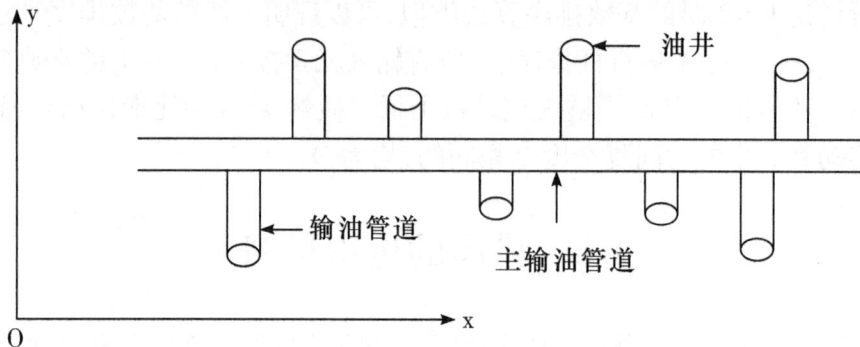

图9－12　输油管道布局

【输入】

一行一个数 n,表示油井的个数;

接下来 n 行,一行两个数,表示每个油井的坐标。

【输出】

一个数,表示主管道位置

【输入样例】	【输出样例】
3	2
1 2	
2 3	
3 4	

分析:

初看此道题似乎与最短距离问题有关,但好像又无从下手,实际上仔细分析后,问题就会变得相当简单。设 n 口油井的位置分别为 $P_i = (X_i, Y_i)$,$i = 1, 2, \cdots, n$;由于主输油管道是东西方向的,因此可用其主轴线的 Y 坐标唯一确定其位置,主管道的最优位置 Y 应使 $\sum_{i=1}^{n}$ (Y, Y_i) 达到最小,其中 $D(Y, Y_i) = |Y - Y_i|$。这实际上就是从 n 口油井的 Y 坐标 $Y_1, Y_2, \cdots, Y_n$ 中找出它们的中位数 Y_k,就是主输油管道的最优位置,用任何一个线性时间 $O(n)$ 的时间复杂度就能够解决的问题。这样的题容易,但算法具有一定的隐秘性。

【例9－4】打水问题

【问题描述】

有 n 个人在一个水龙头前排队接水,每个人接水的时间 Ti 是互不相等的。找到一种这 n 个人排队接水的顺序,使他们平均等待的时间达到最小。

【输入】

第一行一个数 n,表示人数;

下一行 n 个数,第 i 个数表示第 i 人的接水时间。

【输出】

一行 n 个数,表示接水顺序

【输入样例】   【输出样例】

3   2 3 1

3 1 2

分析:

这是一道数学国际奥赛试题,一看就是一个组合最优化问题,但并不要用动态规划去做,实际上是贪心算法的典型应用,最后归结为一个排序。平均等待时间是每个人的等待时间之和,再除以 n。因为 n 是一个常数,所以等待时间最小,也就是平均等待时间最小。因此,这个问题就是求函数:$S = T_1 + (T_1 + T_2) + (T_1 + T_2 + T_3) + \cdots + (T_1 + T_2 + T_3 + \cdots + T_n) = \sum_{i=1}^{n}(\sum_{j=1}^{i} T_j)$ 的最小值,这个函数称为目标函数。

分析目标函数,它可改写成如下形式:

$$S = nT_1 + (n-1)T_2 + \cdots + 2T_{n-1} + T_n = \sum_{j=1}^{n}(n-1+j)T_j$$

仔细研究该式的特点,可以得到如下定理:

对于 n 个人的任一种排列 $k_1, k_2, \cdots, k_n$,若有:$T_{k1} \leqslant T_{k2} \leqslant T_{k3} \leqslant \cdots \leqslant T_{kn}$,则目标函数 S 取得最小值。该定理的证明很简单,采用反证法很容易得到该结论。

根据这一定理,就可以得到一种贪心的最优解法:只要把 n 个人等待时间按非递减的顺序排列,即把 n 个人根据接水的时间按递减的顺序排列,这时平均等待时间可以达到最小。这样,求最小值的问题就转化为一个简单的排序问题。算法如下:

```
int water_sort(int n,int * t){
    sort(t);
    int ans = 0;
    for(int i = 1;i <= n;i ++ )
        ans += (n - i + 1)* t[i];
    return ans;
}
```

类似的题如:有 N 个人排队到 R 个相同的水龙头上接水,他们接满水桶的时间 $T_1, T_2, \cdots, T_n$ 为整数且各不相等,应如何安排他们接水的顺序才能使他们接水花费的总时间最小?请给出一种具体安排,并求出花费的最小时间。

【例 9 – 5】求第 K 小整数

【问题描述】

现有 n 个正整数,n≤10000,要求出这 n 个正整数中的第 k 个最小整数(相同大小的整数只计算一次),k≤1000,正整数均小于 65535。

【输入】

第一行为 n 和 k,第二行开始为 n 个正整数的值,整数间用空格隔开。

【输出】

第 k 个最小元素的值, 若无解, 则输出"NO RESULT"。

【样例输入】	【样例输出】
10 3	3
1 3 3 7 2 5 1 2 4 6	

分析:

该题要求 n 个数中的第 k 个最小数, 相同的数只计算一次, 而并没有要得到所有数在 n 个数中的顺序, 所以不一定用排序方法, 但排序肯定能得到所要求的信息。显然可以用快速排序思想中的分法策略求得问题的解, 这里从排序方面来考虑。

从排序方面考虑, 由于数据量大, 采用时间复杂度为 $O(n^2)$ 的排序算法要在规定时间内解出有困难, 因此可采用时间复杂度为 $O(n\log_2 n)$ 的快速排序和堆排序算法。这里还有一种利用桶排序的较好算法。

设一个从 1 到 65535 的布尔数组, 用来记录数据当中所出现的不同的数值。由于问题当中讲到相同大小的整数只计算一次, 所以可以从该数组当中顺序查找出现的第 k 个数值, 即为所求。该算法的时间复杂度为 $O(n)$。程序流程为: 在读入数据时, 记录数据当中出现的不同数值。再从 1 开始顺序查找出现的第 k 个数值, 并将其输出, 若不存在第 k 个数值, 则输出"NO RESULT"。参考程序如下:

```cpp
#include < bits/stdc ++ .h >
using nanespace std;
bool b[32768];
int main()
{
    int n,k,m = 0;
    scanf("% d % d",&n,&k);
    for(int i = 1;i <= n;i ++ ){
        int x;
        scanf("% d",&x);
        b[x] = 1;
        m = max(m,x);
    }
    for(int i = 1;i <= m;i ++ )
        if(!(k - = b[i])) {
            printf("% d",i);
            return 0;
        }
    printf("NO RESULT");
    return 0;
}
```

9.9 小结

在这一章比较全面地学习了排序的各种方法,分析它们的复杂度及适用的范围。全面掌握排序的方法在编程中是相当重要的。我们在解决问题时大多要用到排序的算法,在实现某些算法时必须要先进行排序,同时排序是为了更快实现查找与处理,因此可以将排序归结为一个基础的算法,基础的重要性是不言而喻的。

习题九

一、选择题(每题只有一个正确选项)

1. 若对 n 个元素进行直接插入排序,在进行第 i 趟($1 \leq i \leq n - 1$)排序时,为寻找插入位置最多需要进行( )次元素的比较。　　　　　　　　　　　　　　　　　( )

　　A. $i + 1$　　　　　　　B. $i - 1$　　　　　　　C. i　　　　　　　D. 1

2. 若对 n 个元素进行直接插入排序,在进行任一趟排序的过程中,寻找插入位置的时间复杂度为　　　　　　　　　　　　　　　　　　　　　　　　　　　　　　( )

　　A. $O(1)$　　　　　　　B. $O(n)$　　　　　　　C. $O(n^2)$　　　　　　　D. $O(\log_2 n)$

3. 在对 n 个元素进行快速排序的过程中,第一次划分最多需要交换( )对元素。

　　　　　　　　　　　　　　　　　　　　　　　　　　　　　　　　　　　　( )

　　A. $n/2$　　　　　　　B. $n - 1$　　　　　　　C. n　　　　　　　D. $n + 1$

4. 在对 n 个元素进行快速排序的过程中,最好情况下需要进行( )层划分。　　( )

　　A. n　　　　　　　B. $n/2$　　　　　　　C. $\log_2 n$　　　　　　　D. $2n$

5. 在对 n 个元素进行直接选择排序的过程中,需要进行( )趟选择和交换。　　( )

　　A. n　　　　　　　B. $n + 1$　　　　　　　C. $n - 1$　　　　　　　D. $n/2$

6. 若对 n 个元素进行直接选择排序,则进行任一趟排序的过程中,寻找最小值元素的时间复杂度为　　　　　　　　　　　　　　　　　　　　　　　　　　　　( )

　　A. $O(1)$　　　　　　　B. $O(\log_2 n)$　　　　　　　C. $O(n^2)$　　　　　　　D. $O(n)$

7. 若对 n 个元素进行堆排序,则在构成初始堆的过程中需要进行( )次筛选运算。

　　　　　　　　　　　　　　　　　　　　　　　　　　　　　　　　　　　　( )

　　A. 1　　　　　　　B. $n/2$　　　　　　　C. n　　　　　　　D. $n - 1$

8. 若对 n 个元素进行堆排序,则在由初始堆进行每趟排序的过程中,共需要进行( )次筛运算。　　　　　　　　　　　　　　　　　　　　　　　　　　　　　　( )

　　A. $n + 1$　　　　　　　B. $n/2$　　　　　　　C. n　　　　　　　D. $n - 1$

9. 若对 n 个元素进行归并排序,则进行归并的趟数为　　　　　　　　　　　　( )

　　A. n　　　　　　　B. $n - 1$　　　　　　　C. $n/2$　　　　　　　D. $\log_2 n$

10. 下列排序算法中,( )每一趟都能选出一个元素放在其最终位置上,并且是不稳定的。　　　　　　　　　　　　　　　　　　　　　　　　　　　　　　　　　　( )

A.冒泡排序　　　　　B.希尔排序　　　　　C.直接选择排序　　　　D.直接插入排序

二、填空题

1. 每次从无序表中取出一个元素,把它插入到有序表中的适当位置,此种排序方法叫做_____排序;每次从无序表中挑选出一个最小或最大元素,把它交换到有序表的一端,此种排序方法叫做_____排序。

2. 每次直接或通过基准元素间接比较两个元素,若出现降序排列时就交换它们的位置,此种排序方法叫做_____排序;每次使两上相邻的有序表合并成一个有序表的排序方法叫做_____排序。

3. 在堆排序的过程中,对 n 个记录建立初始堆需要进行_____次筛运算,由初始堆到堆排序结束,需要对树根结点进行_____次筛运算。

4. 在堆排序的过程中,对任一分支结点进行筛运算的时间复杂度为_____,整个堆排序过程的时间复杂度为_____。

5. 假定一组记录的排序码为(46,79,56,38,40,84),则利用堆排序方法建立的初始堆为_____。

6. 快速排序的平均情况下的时间复杂度为_____,在最坏情况下的时间复杂度为_____。

7. 快速排序的平均情况下的空间复杂度为_____,在最坏情况下的空间复杂度为_____。

8. 假定一组记录的排序码为(46,79,56,38,40,80),按升序对其进行快速排序的一次划分的结果为_____。

9. 假定一组记录的排序码为(46,79,56,38,40,80),按升序对其进行快速排序的过程中,对应二叉搜索树的深度为_____,分支结点数为_____。

10. 在归并排序中,进行每趟归并的时间复杂度为_____,整个排序过程的时间复杂度为_____,空间复杂度为_____。

11. 对 20 个记录进行归并排序时,共需要进行_____趟归并,在第三趟归并时是把长度为_____的有序表两两归并为长度为_____的有序表。

三、上机编程题

1. 竞赛排名

【问题描述】

某市组织一次中学生科技全能竞赛,每个选手要参加数学、物理、化学、天文、地理、生物、计算机和英语共八项竞赛,最后综合八项竞赛的成绩排出总名次。选手编号依次为1,2,…,n(n 为参加竞赛的总人数)。

设 x_{ij} 分别表示编号为 i 的选手第 j 项竞赛的成绩($1 \leq i \leq N, 1 \leq j \leq 8$)。其他指标如下:

● 第 j 项竞赛的平均分 $avg_j = \dfrac{1}{N} \sum_{i=1}^{N} x_{ij}, (1 \leq j \leq 8)$

● 选手 i 的总分 $sumx_i = \sum_{j=1}^{8} x_{ij}, (1 \leq i \leq N)$

● 选手 i 第 j 项竞赛的位置分

$$y_{ij} = \begin{cases} 0, (\sum\limits_{i=1}^{N} |x_{ij} - avg_j| = 0) \\ \dfrac{x_{ij} - avg_j}{\frac{1}{N}\sum\limits_{i=1}^{N} |x_{ij} - avg_j|}, (\sum\limits_{i=1}^{N} |x_{ij} - avg_j| \neq 0) \end{cases} (1 \leqslant i \leqslant N, 1 \leqslant j \leqslant 8)$$

● 选手 i 的总位置分 $sumy_i = \sum\limits_{k=1}^{3} y_{ik} + 0.8\sum\limits_{k=4}^{8} y_{ik}, (1 \leqslant i \leqslant N)$

排名规则如下:

(1)总位置分高的选手名次在前;

(2)若两个或两个以上的选手总位置分相同,则总分高的选手名次在前;

(3)若两个或两个以上的选手总位置分和总分均相同,则编号在前的选手名次在前。

请为竞赛委员会编一个程序,计算本次全能竞赛的总排名情况。

【输入】

输入文件的第一行为参赛总人数 N(1≤N≤1000),从第二行到第 N+1 行依次为编号为 1 到编号为 N 的选手的成绩,每行有 8 个 0 到 100 之间的整数,代表该选手的 8 项竞赛成绩 X_{i1}, $X_{i2}, \cdots, X_{i8}$。同一行相邻两数间用空格隔开。

【输出】

输出文件有 N 行,每行依次为排名第 1 的选手的编号,排名第 2 的选手编号⋯⋯排名第 N 的选手的编号。

【样例输入】	【样例输出】
3	1
82 73 68 95 86 82 90 90	3
72 90 50 60 80 70 65 80	2
72 82 73 68 95 86 82 90	

【数据约定】

对于所有数据,1≤N≤1000

2. 求最大平台宽度及高度

【问题描述】

杂乱排列的 N 个正整数,求出所有的最大平台(即出现次数最多的数)的平台宽度(最大平台中,数的个数)和平台高度(最大平台中,数的值)。

【输入】

输入 2 行,第一行正整数个 N;第二行为 N 个正整数,整数间以空格隔开。

【输出】

输出若干行,第一行输出最大平台的宽度,以下每一行输出该宽度下的若干个高度,按高度从小到大输出。

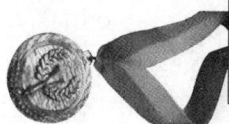

【样例输入】

12

1 2 3 2 3 4 1 4 5 5 2 4

【样例输出】

3

2

4

【数据约定】

$1 \leq N \leq 10^5, 1 \leq$ 整数值 $\leq 10^9$

3. 贪吃的狐狸

【问题描述】

到你的宠物狐狸的晚餐时间啦！它的晚餐包含 N 块饼干,第 i 块饼干的温度是 Ti 摄氏度。同时,在晚餐中还包含了一大盘 W 摄氏度的水。

在喝了一口水之后,你的狐狸开始吃饭了。每当它吃一块饼干时,这块饼干的美味度为当前饼干与吃/喝的前一样食物(包括饼干和水)的温度差的绝对值。它可以在任意时间喝水(保证水喝不完),或按任意顺序吃饼干。

最后狐狸获得的美味值为它吃下的每块饼干的美味度之和。请求出狐狸获得的最小和最大的美味值。

【输入】

第一行两个整数 N,W,表示饼干总数和水的温度。

接下来 N 行,每行一个整数 $T_i (1 \leq i \leq N)$ 表示第 i 块饼干的温度。

【输出】

输出两个整数,分别为狐狸获得的最小和最大的美味值。

【样例输入】

3 20

18

25

18

【样例输出】

7 16

【数据约定】

$1 \leq N \leq 10^5, 1 \leq T_i \leq 10^9$

4. 火柴排序

【问题描述】

涵涵有两盒火柴,每盒装有 n 根火柴,每根火柴都有一个高度。现在将每盒中的火柴各自排成一列, 同一列火柴的高度互不相同, 两列火柴之间的距离定义为: $\sum (a_i - b_i)^2$,其中 a_i 表示第一列火柴中第 i 个火柴的高度,b_i 表示第二列火柴中第 i 个火柴的高度。

每列火柴中相邻两根火柴的位置都可以交换,请你通过交换使得两列火柴之间的距离最小。请问得到这个最小的距离,最少需要交换多少次?如果这个数字太大,请输出这个最小交换次数对 $10^8 - 3$ 取模的结果。

【输入】

第一行一个整数 n,表示两盒火柴的根数,即数列 a_i,b_i 的总项数;

接下来两行整数,第一行表示数列 a,第二行表示数列 b。

【输出】

一个数,表示最小交换次数对模数取模的结果。

【样例输入】	【样例输出】
4	1
2 3 1 4	
3 2 1 4	

【数据约定】

$1 \leqslant N \leqslant 10^5, 1 \leqslant a_i, b_i \leqslant 2^{31} - 1$

第10章 综合测试

为了巩固知识,加强练习,检测知识掌握程度,这里提供给读者五份试题自测,其中两份笔试题和三份上机考试题,并附有参考答案。

10.1 综合测试一

(时量:3 小时;总分 100 分)

一、填空题(32 分,1 至 4 题每空 1 分,5 题 5 分,6,7,8 每题 4 分)

1. 对于线性表的查找,有三种最基本的查找方法,即:(   )、(   )、(   )。

2. 在计算机科学中,算法是描述计算机解决给定问题的操作过程。通常,一个算法必须具备五个重要特性,即:(   )、(   )、(   )、(   )、(   )。

3. 在线性结构、树型结构和图形结构中,元素之间的联系分别对应为(   )、(   )和(   )。

4. 队列是限定所有的插入操作在表的一端进行,而删除操作在表另一端进行的线性表。它操作是按(   )原则进行的。用数组 q[1..m] 来存储队列,为了指示队首和队尾,需引进两个指针:F—指向实际队首元素的前一个位置,R—指向实际队尾元素所在位置;循环队列,当 R = (   )后,一旦 R = (   ),则为队满;出队时,当 R = (   ),则为空排。

5. 假定有三个元素 A,B,C 进栈,进栈次序为 ABC,试写出所有可能的出栈序列:(   )。

6. 中缀表达式 $3 * (5 + x)/y - z$ 所对应的前缀表达式和后缀表达式分别为:(   )和(   )。

7. 已知一个图如图 10-1(a)所示,它的邻接表如图 10-1(b)所示,试写出从 V_A 出发分别按深度优先遍历和广度优先遍历得到的顶点序列。

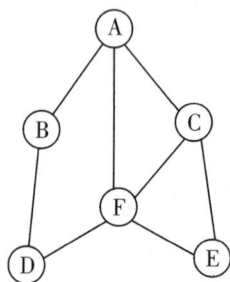

(a)

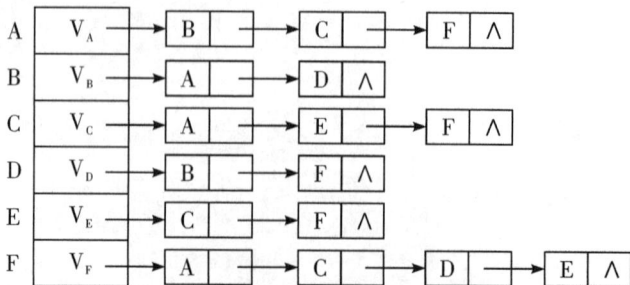

(b)

图 10-1 图与图的邻接表

深度优先遍历：

广度优先遍历：

8. 已知一个图如图 10 - 2(a) 所示,它的邻接表如图 10 - 2(b) 所示,试写出按照拓扑排序算法得到的拓扑序列。

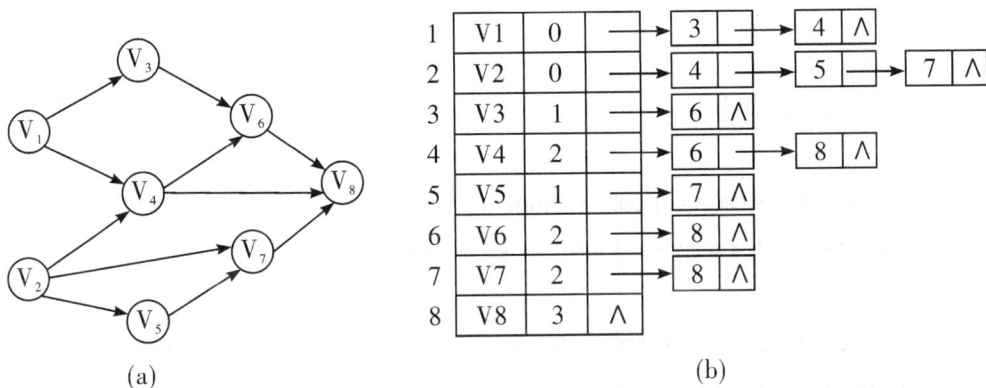

图 10 - 2 图与图的邻接表

二、证明题(8 分)

如果一棵树有 n_1 个度数为 1 的结点,n_2 个度数为 2 的结点……n_m 个度数为 m 的结点,则该树终端结点的个数 $n_0 = 1 + \sum_{i=1}^{m} (i - 1) * n_i$。

三、程序填空(60 分)

1. 对一个稀疏矩阵 M[x,y],求它的转置矩阵 N[y,x]。

【算法分析】

对稀疏矩阵采用三元组 (i,j,val) 的形式贮存,矩阵 M 按行优先的顺序存储于数组 A 中,转置后的矩阵 N 也按行优先的顺序存储在数组 B 中,显然数组 B 是数组 A 经过变换后得到的,题目要求就是根据 A 求 B。以下算法就是按照矩阵 M 的行序进行转置,具体方法如下:

① 求出矩阵 M 中每一列非零元素的个数,贮存在数组 num[x] 中,而矩阵 M 中第一列第一个非零元素转置后必放在 B[1] 中,这样就可以推算出矩阵 M 中每一列第一个非零元素在数组 B 中的位置,用数组 pot[x] 来贮存。显然有:

$$\begin{cases} pot[1] = 1 \\ pot[col] = pot[col - 1] + num[col - 1] \, (2 \leqslant col \leqslant n) \end{cases}$$

② 当某一列中转置了一个非零元素后,就修改 pot[col],这样使用 pot 数组就可以确定矩阵 M 每一个非零元素转置后在数组 B 中的位置。

【程序说明】

```
struct listar{
    int i;
    int j;
    int val;
```

359

```
};
int num[1010],val[1010];
void transl(listar a,listar &b){
    intn = a[0].j,t = a[0].val;
        ①    ;
        ②    ;
    b[0].val = a[0].val;
    if(   ③   ){
        for(int col = 1;col <= n;col ++ )num[col] = 0;
        for(int k = 1;k <= t;k ++ )num[a[k].j] ++ ;
        put[1] = 1;
        for(int col = 2;col <= n;col ++ )put[col] = put[col - 1] + num[col - 1];
        for(int k = 1;k <= t;k ++ ){
                ④    ;
            b[put[col]].i = a[k].j;
            b[put[col]].j = a[k].i;
            b[put[col]].val:a[k].val;
                ⑤    ;
        }
    }
}
```

2. 给出一组权值,构造一棵哈夫曼树。

【算法分析】

①设给定的一组权值为 $\{W_1,W_2,\cdots,W_n\}$,据此生成森林 $F = \{T_1,T_2,\cdots,T_n\}$,F 中的每一棵树 T_i 只有一个带权为 W_i 的根结点;

②在 F 中选取两棵根结点权值最小的树作为左右子树构造一棵新的二叉树,新二叉树的根结点的权值为其左右子树的根结点的权值之和;

③在 F 中删除这两棵树,同时将新生成的二叉树并入森林 F;

④重复②和③,直到 F 中只有一棵树为止。

二叉树的每个结点设四个域

tag	lc	data	rc

其中,tag 域是标志域,

tag = 0   表示该结点尚未链入二叉树

tag = 1   表示该结点已经链入二叉树

lc,rc 域存放左右孩子的地址,data 域存放权值。

【程序说明】

struct rtype{

```
        booltag;
        intdata;
        int lc,rc;
};
void huffman(int &t,rtype *  r){
        int n;
        scanf("% d",&n);
        for(int i = 1;i <= n;i ++ ){
                scanf("% d",&r[ i ].data);
                r[ i ].tag = r[ i ].lc = r[ i ].rc = 0;
        }
        int i = 0;
        while(    ①    ){
                int m1 = 32767,m2 = 32767,x1 = 0,x2 = 0;
                for(int j = 1;j <= n + i;j ++ ){
                        if(    ②    ){
                                m2 = m1;
                                x2 = x1;
                                m1 = r[ j ].data;
                                x1 = j;
                        }else if(    ③    ){
                                m2 = r[ j ].data;
                                x2 = j;
                        }
                }
                    ④    ;
                    ⑤    ;
                i ++ ;
                r[ n + i ].data = r[ x1 ].data + r[ x2 ].data;
                r[ n + i ].lc = x1;r[ n + i ].rc = x2;r[ n + i ].tag = 0;
        }
        t = 2* n - 1;
}
```

3. 求网 G(V,E)的最小生成树。

【算法分析】

(普里姆算法)用邻接矩阵来存储网,网的邻接矩阵通常称为代价矩阵,一个有 n 个顶点的网用一个 n 阶方阵 cost 表示正权图(即没有权为 0 和负数的边):

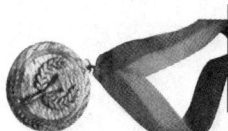

$$cost[i,j] = \begin{cases} wij & if(i,j) \in E(G) \bigvee <i,j> \in E(G), i \neq j \\ 0 & i = j \\ \infty & else \end{cases}$$

引入一个概念,把顶点 V 和一集合 U 中各顶点所组成的边的权值最小者称为顶点 V 到集合 U 的距离。

设立两个辅助数组:closest[n]和 lowcost[n]。lowcost[i]表示顶点 i 到集合 U(当前最小生成树的顶点集合)的距离,而 closest[i]表示集合 U 中的某个顶点,该顶点和顶点 i 组成的边的权值即为 lowcost[i]。

初始时,U = {V_0},所以 closest[i] = V_0(i = 1,2,…,n,i $\neq V_0$),而 lowcost[i] = cost[V_0, i],然后组织循环扫描数组 lowcost 寻找顶点 k,使满足:lowcost[k] = min{lowcost[i] | i ∈ V - U},则(k,closest[k])是本次找到权值最小的边,输出,令 lowcost[k] = 0,表示顶点 k 并入集合 U,在程序中并没有真正设立集合 U,但 U 是存在的,某个顶点 i(1 <= i <= n)满足 lowcost[i] = 0,即顶点 i 到 U 的距离为 0,那么 i 就在集合 U 里了。

每当找到一个顶点 k 并入集合 U 后,则要判断那些 V - U 集合内的顶点 j 到集合 U 的距离是否改变,如果 cost[k,j] < lowcost[j],则令 lowcost[j] = cost[k,j]和 closest[j] = k,即顶点 j 到集合 U 的距离改由边(k,j)的权值 cost[k,j]代替。如此反复寻找 k,直到网 G 的全部顶点都并入集合 U。

【程序说明】

```cpp
#include < bits/stdc ++ .h >
using namespace std;
const int nv = 20;
int lowcost[ nv + 1 ],closest[ nv + 1 ];
void prim(int cost[ nv + 1 ][ nv + 1 ],int v0){
    for(int i = 1;i <= nv;i ++ ){
        lowcost[ i ] = cost[ v0 ][ i ];
        closest[ i ] = v0;
    }
    for(  ①  ){
        min = 32767;
        for(int j = 1;j <= nv;j ++ )
            if(  ②  ){
                min = lowcost[ j ];
                 ③ ;
            }
        printf("% d % d % d\n",closest[ k ],k,cost[ cloest[ k ] ][ k ]);
         ④ ;
        for(int j = 1;j <= nv;j ++ )
```

```
        if(    ⑤    ){
                lowcost[j] = cost[k,j];
                closest[j] = k;

            }

    }

}
```

4. 给出一个 AOV 网,试求出它的拓扑排序。

【算法分析】

算法步骤如下:

①在网中选择一个没有入度为 0 的顶点且输出之;

②从网中删除该顶点,并且删去从该顶点发出的全部有向边;

③重复上述两步,直至网中不存在入度为 0 的顶点为止。

【程序说明】

```cpp
#include < bits/stdc ++ .h >

using namespace std;

const int max = 2000;

int n,b[max],next[max],to[max],d[max],q[max];

void toporder(){

    int top = 0;

    for(int i = 1;i <= n;i ++ )

        for(int j = b[i];j;j = next[j])d[to[j]] ++ ;

    for(int i = 1;i <= n;i ++ )if(!d[i])q[ ++ top] = i;

    int i = 0;

    while(    ①    ){

        int x = q[top -- ];

        printf("% d ",x);

          ②    ;

        for(int j = b[x];j;j = next[j]){

            d[to[j]] -- ;

            if(    ③    )q[ ++ top] =    ④    ;

        }

    }

    if(    ⑤    )printf("No");

    else printf("Yes");

}
```

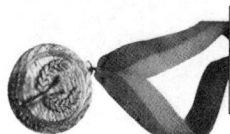

10.2　综合测试二

（时量:3 小时;总分 100 分）

一、选择题(每小题 2 分,共 30 分)

1.若某链表中最常用的操作是在最后一个结点之后插入一个结点和删除最后一个结点,则采用_____存储方式最节省运算时间。　　　　　　　　　　　　　　（　　）

A. 单链表　　　　　　　　　　　　　B. 双链表

C. 单循环链表　　　　　　　　　　　D. 带头结点的双重循环链表

2.设一个栈的输入序列为 A,B,C,D,则借助一个栈所得到的输出序列不可能是

（　　）

A. A,B,C,D　　　　　　　　　　　　B. D,C,B,A

C. A,C,D,B　　　　　　　　　　　　D. D,A,B,C

3.串是　　　　　　　　　　　　　　　　　　　　　　　　　　　　　　（　　）

A. 不少于一个字母的序列　　　　　　B. 任意个字母的序列

C. 不少于一个字符的序列　　　　　　D. 有限个字符的序列

4.链表不具有的特点是　　　　　　　　　　　　　　　　　　　　　　　（　　）

A. 可随机访问任一元素　　　　　　　B. 插入删除不需要移动元素

C. 不必事先估计存储空间　　　　　　D. 所需空间与线性表长度成正比

5.在有 n 个叶子结点的哈夫曼树中,其结点总数为　　　　　　　　　　　（　　）

A. 不确定　　　　B.2n　　　　　　C.2n + 1　　　　D.2n − 1

6.任何一个无向连通图的最小生成树　　　　　　　　　　　　　　　　　（　　）

A. 只有一棵　　　B. 有一棵或多棵　　C. 一定有多棵　　D. 可能不存在

7.将一棵有 100 个结点的完全二叉树从根这一层开始,每层上从左到右依次对结点进行编号,根结点的编号为 1,则编号为 49 的结点的左孩子编号为　　　　　　（　　）

A.98　　　　　　B.99　　　　　　　C.50　　　　　　D.48

8.下列序列中,_____是执行第一趟快速排序后得到的序列(排序的关键字类型是字符串)。　　　　　　　　　　　　　　　　　　　　　　　　　　　　　（　　）

A. [da,ax,eb,de,bb] ff [ha,gc]　　　　B. [cd,eb,ax,da] ff [ha,gc,bb]

C. [gc,ax,eb,cd,bb] ff[da,ha]　　　　D. [ax,bb,cd,da] ff[eb,gc,ha]

9.用 n 个键值构造一棵二叉排序树,最低高度为　　　　　　　　　　　　（　　）

A.n/2　　　　　　B.n　　　　　　　C. log_2 n　　　　D. log_2 n + 1

10.二分查找法要求查找表中各元素的键值必须是_____排列。　　　（　　）

A. 递增或递减　　B. 递增　　　　　C. 递减　　　　　D. 无序

11.数组 A[5][6] 的每个元素占 5 个单元,将其按行优先的次序存储在起始地址为

1000 的连续的内存单元中,则元素 A[4][4]的地址为　　　　　　　　　　　　　　　　　(　　)

  A.1150　　　　　　 B.1100　　　　　　 C.1050　　　　　　 D.1500

  12. 求最短路径的 DIJKSTRA 算法的时间复杂度为　　　　　　　　　　　　　　　(　　)

  A.O(n)　　　　　B.O(n+e)　　　　　C.O(n^2)　　　　　D.O(n*e)

  13. 下列排序算法中,_____每一趟都能选出一个元素放在其最终位置上,并且是不稳定的。　　　　　　　　　　　　　　　　　　　　　　　　　　　　　　　(　　)

  A. 冒泡排序　　　　　　　　　　　　B. 希尔排序

  C. 直接选择排序　　　　　　　　　　D. 直接插入排序

  14. 队列操作的原则是　　　　　　　　　　　　　　　　　　　　　　　　　(　　)

  A. 先进先出　　　　　　　　　　　　B. 后进先出

  C. 只能进行插入　　　　　　　　　　D. 只能进行删除

  15. 有 64 个结点的完全二叉树的深度为_____(根的层次为1)。　　　　　(　　)

  A.8　　　　　　　B.7　　　　　　　C.6　　　　　　　D.5

二、判断题(10 分,每小题 1 分,正确的打"√",错误的打"×")

  1. 串长度是指串中不同字符的个数。　　　　　　　　　　　　　　　　　(　　)

  2. 数组可以看成是线性结构的一种推广,因此可以对它进行插入、删除等运算。

                      (　　)

  3. 在顺序表中取出第 i 个元素所花的时间与 i 成正比。　　　　　　　　　(　　)

  4. 在栈满情况下不能作进栈操作,否则产生"上溢"。　　　　　　　　　　(　　)

  5. 二路归并排序的核心操作是将两个有序序列归并为一个有序序列。　　(　　)

  6. 对任意一个图,从它的某个顶点出发进行一次深度优先或广度优先搜索遍历可访问到该图的每一个顶点。　　　　　　　　　　　　　　　　　　　　　　　　　(　　)

  7. 一个有向图的邻接表和逆邻接表中的结点个数一定相等。　　　　　　(　　)

  8. 二叉排序树或者是一棵空树,或者是具有下列性质的二叉树:若它的左子树非空,则根结点的值大于其左孩子的值;若它的右子树非空,则根结点的值小于其右孩子的值。

                      (　　)

  9. 若一棵二叉树的任一非叶子结点的度为 2,则该二叉树为满二叉树。　(　　)

  10. 只有在初始数据表为倒序时,冒泡排序所执行的比较次数最多。　　(　　)

三、填空题(20 分,每题 2 分)

  1. 设 S[maxsize]为一个顺序存储的栈,变量 top 指示栈顶位置,栈为空的条件是_____,栈为满的条件是_____。

  2. 有向图 G 用邻接矩阵 A[n][n]存储,其第 I 行的非零元素之和等于顶点 I 的_____。

  3. 分别采用堆排序、快速排序、插入排序和归并排序算法对初始状态为递增序列的表按递增顺序排序,最省时间的是_____,最费时间的是_____算法。

  4. 一棵二叉树的前序序列和中序序列分别如下,画出该二叉树。

前序序列:ABCDEFGHIJ　　　　中序序列;CBEDAGHFJI

5. 对下面给出的数据序列,构造一棵哈夫曼树,并求出其带权路径长度。

$\{4,5,6,7,10,12,15,18,23\}$

6. 在有 n 个结点的无向图中,其边数最多为 _____ 。

7. 在有 n 个顶点的有向图 G 中最多有 _____ 条弧。

8. 已知栈的输入序列为 $1,2,3,\cdots,n$,输出序列为 $a_1,a_2,\cdots,a_n$,$a_2 = n$ 的输出序列共有 _____ 种。

9.3 个结点可构成 _____ 棵不同形态的树。

10. 一棵二叉树的前序、中序的后序序列分别如下,其中有一部分未显示出来,试求出空格处的内容,并画出该二叉树。

前序 ____ B ____ F ____ ICEH ____ G

中序 D ____ KFIA ____ EJC

后序 ____ K ____ FBHJ ____ G ____ A

四、程序填空(40 分,每空 2 分)

1. 已知有 n 个选手 $P_1,P_2,\cdots,P_n$ 参加一项比赛,每对选手之间非胜即负,试设计算法求出一个选手序列 $P_1',P_2'\cdots,P_n'$,使得 P_i' 胜 P_{i+1}' $(i \leq 1)$。

【算法分析】

用顶点 1 到 n 表示选手;对任意两个选手 p_i 和 p_j,若 p_i 胜 p_j,则在图中与之相对应的有一条从 i 到 j 的弧;为简便起见,用邻接矩阵 a[n][n] 来表示图,用数组 b[n] 来保存路径上的元素。构思如下:

(1)路径上已有 k 个元素;

(2)若 k = n,说明已求得一解,输出,然后返回;

(3)若 k < n,依次从余下的元素中取出与 b[k]邻接的顶点放置在 b[k+1],转(1);

(4)若 k < n,而在余下的这些顶点中找不到一个 b[k]的邻接点,或者是虽然存在邻接点,但这些结点均已在同等条件下放置过了,因此需从路径上去掉 b[k]。转(1)。

【子程序】

```
void getcc(int k){
    if (k == n)print();
    else if(k < n&&k > 0){
        for(int i = 1;i <= n;i ++ )
            if ( ___①___ && ___②___ ){
                visited[ i ] = 1;
                ___③___ ;
                getcc(k + 1);
                ___④___ ;
            }
    }
}
```

其中 visited[i] 为标志数组,表示各结点是否已加入,调用前,该数组全置为 false。

2.已知一类大整数不超过 100 位,设计算法以实现两个大整数的乘法运算。

【算法分析】

这类题目一般用链表来存储,这里由于有固定的位数,采用数组来存储。

构思如下:

(1)用数组来存储该数的一位数字,并约定数组下标为 0～99,下标为 0 的元素存储个位数,下标为 1 的存储十位数,依此类推;

(2)由于未指明是否为无符号数,故需考虑负数的情况,因而需要设置数的符号,不妨约定为:正数用 1 表示,负数用 −1 表示;

(3)另外,为提高运算速度,最好能指明数的位数。

(4)用下述方法来描述:

```
struct bignum{
    int digits[100];
    int sign;
    int len;
};
bignum timesbignum(bignum a,bignum b){
    bignum c;
    int ic = 0;
    if(a. len* b. len == 0)    ①    ;
    else{
        for(int i = 0;i <= 99;i ++ )    ②    ;
        for(int ib = 0;ib < b.len;ib ++ )
            if(b.digits[ib]){
                ic = ib;r = 0;
                for(int ia = 0;ia < a. len - 1;ia ++ ){
                        ③    ;
                    r = x/10;
                    c.digits[ic] = x% 10;
                        ④    ;
                }
                    ⑤    ;
            }
        c. len = ic + (r! = 0);
            ⑥    ;
    }
}
```

3. 给出一个有向图,求出它的拓扑排序。

【算法分析】

(1)输入有向边的序列,建立邻接表;

(2)查找邻接表中入度为 0 的顶点,将入度为 0 的顶点压进栈;

(3)当栈不空时:

a 使用退栈操作,取得栈顶元素 J,输出 J;

b 在邻接表中,查找 J 的所有输出边,将与 J 邻接的顶点 K 的入度减 1;若 K 的入度成 0,则 K 进栈,再转(3);

(4)当栈空时,若有向图的所有顶点都已输出,则结束拓扑排序;否则说明图存在有向回路,不能进行拓扑排序。

下面给出它的程序:

【程序】

```
#include < bits/stdc ++ .h >
const int maxn = 100;
using namespace std;
struct nodeptr{
    int num,link;
}edge[ maxn ];
struct chtype{
    int count,head;
}ch[ maxn ];
int m,n,top,stack[ maxn ];

void readdata(){
    int i,u,v;
    scanf("% d % d",&m,&n);
    for(i = 1;i <= n;i ++ ){
        ①    ;
        ②    ;
    }
    for(i = 1;i <= m;i ++ ){
        scanf("% d % d",&u,&v);
        ch[ v ].count ++ ;
        edge[ i ].num = v;
        ③    ;
        ④    ;
    }
}
```

```
}

void topol(){
    int i,j,k,T;
    top = 0;
    for(i = 1;i <= n;i ++ )
        if(ch[i].count == 0){
            top ++ ;
            stack[top] = i;
        }
    i = 0;
    while(   ⑤   ){
        j = stack[top];
        top - - ;
        printf("% d ",j);
         ⑥  ;
        T = ch[j].head;
        while(   ⑦   ){
             ⑧  ;
            ch[k].count - - ;
            if(ch[k].count == 0){
                top ++ ;
                 ⑨  ;
            }
             ⑩  ;
        }
    }
    if(i < n) puts("This network has a cycle.");
}

int main()
{
    readdata();
    topol();
    return 0;
}
```

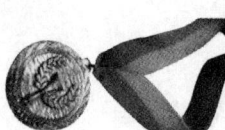

10.3　综合测试三

（时量:4 小时;总分 400 分）

题目	表达式转换	约瑟夫问题	多项式加法	循环队列
主文件名	change	joseph	plus	queue
输入文件名	change.in	joseph.in	plus.in	queue.in
输出文件名	change.out	joseph.out	plus.out	queue.out
时间限制	1s	1s	1s	1s
空间限制	128M	128M	128M	128M

一、表达式转换

【问题描述】

输入一个算术表达式,要求将它由初始的后缀表达式转换成中缀表达式,或者是由初始的中缀表达式转换成后缀表达式。

【输入】

第一行:Mode,St（用一个空格隔开,St 长度小于 100）,Mode 为 0 表示接下来的字符串是中缀表达式,为 1 表示为后缀表达式,St 是一个由小写字母、圆括号（仅当 Mode = 0 时）以及四则运算符组成的最简字符串,St 中不含空符,且不会出现两个括号中间没有运算符的情况。

【输出】

一行:式子的答案。

【样例输入 1】　　　　　　　　　【样例输出 1】

1 (a + b) * (c + d * e) + g　　　　ab + cde * + * g +

【样例输入 2】　　　　　　　　　【样例输出 2】

0 ab + cde * + * g +　　　　　　(a + b) * (c + d * e) + g

二、约瑟夫问题

【问题描述】

圆桌上围坐着 2n 个人。其中 n 个人是好人,另外 n 个人是坏人。如果从第一个人开始数数,数到第 m 个人,则立即处死该人;然后从被处死的人之后开始数数,再将数到的第 m 个人处死……依此方法不断处死围坐在圆桌上的人。试问预先应如何安排这些好人与坏人的座位,能使得在处死 n 个人之后,圆桌上围坐的剩余的 n 个人全是好人。

【输入】

只一行:N,M（N≤30000,M≤30000）。

【输出】

只一行:依次输出问题的解。用大写字母 G 表示好人,大写字母 B 表示坏人。

【样例输入】	【样例输出】
5 3	GBBGGBBGBG

三、多项式加法

【问题描述】

由文件输入两个多项式的各项系数和指数,试编程求出它们的和,并以手写的习惯输出此多项式。

(1)多项式的每一项 ax^b 用 axb 的格式输出;

(2)两个多项式在文件中各占一行,每行有 2m 个数,依次为第一项的系数,第一项的指数,第二项的系数,第二项的指数……;

(3)系数按降幂方式排列,其中 0≤指数≤100。

【输入】

有两行:分别为两个多项式的每一项的系数和指数,格式如上所述。

【输出】

只一行,相加后的多项式表达式。

【样例输入】	【样例输出】
1 2 3 0	x2 − x + 3
−1 1	

四、循环队列

【问题描述】

对于一个由 N 个单元(N≥2)组成的循环队列,若从进入第一个元素开始,每隔 T1 个时间单位进入下一个元素,同时从进入第一个元素开始,每隔 T2 个时间单位处理完一个元素并令其出队,试编写一个程序,求第几个元素进队时将发生溢出。

【输入】

只一行:N,T1,T2（N,T1,T2≤10^6）。

【输出】

只一行:即答案,如果不可能溢出则输出"NO"。

【样例输入】	【样例输出】
4 1 2	7

10.4　综合测试四

（时量:4小时;总分400分）

题目	后序遍历	子结点数	圣诞节快乐	公路修建
主文件名	back	node	noel	road
输入文件名	back.in	node.in	noel.in	road.in
输出文件名	back.out	node.out	noel.out	road.out
时间限制	1s	1s	1s	1s
空间限制	128M	128M	128M	128M

一、后序遍历

【问题描述】

已知一棵二叉树的前序遍历和中序遍历,求这棵二叉树的后序遍历。

【输入】

输入文件包括两行,第一行为二叉树的前序遍历,第二行为二叉树的中序遍历。输入数据保证输入正确且不含其他字符。

【输出】

输出文件仅一行,为所给二叉树的后序遍历。

【样例输入】　　　　　　　【样例输出】

ABC　　　　　　　　　　　BCA

BAC

注意:所有二叉树的结点都用大写字母'A'—'Z'标号,不同的结点用不同的字母标号。

二、子结点数

【问题描述】

学了排序二叉树后,Jelly 对这类二叉树产生了浓厚的兴趣,他发现,如果一个序列一定,那么这个序列所对应的排序二叉树也是一定的,现在,Jelly 想知道,这棵树中每个结点的子结点数是多少。

【输入】

输入文件包括两行,第一行为序列的长度 N,即序列中有多少个数,第二行为 N 个 int 类型的数 $A_1,A_2,A_3,\cdots,A_n$,为给定的序列。（$0 < N \leqslant 1000$）

【输出】

输出文件包括 N 行,第 I 行(1≤I≤N)有两个数,分别为原序列中第 I 个数在排序二叉树中的左子树结点个数和右子树结点个数。

【样例输入】	【样例输出】
5	2　2
3 1 2 5 4	0　1
	0　0
	1　0
	0　0

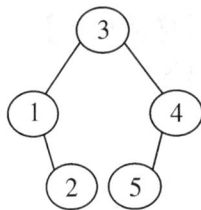

图 10-3　二叉树示意图

注意:这里的排序方法为从小到大,即若结点的左子树非空,则它的左子树的值必小于此结点的值,对于上例对应的二叉树如图 10-3 所示。

三、圣诞节快乐

【问题描述】

圣诞节快到了,又有成千上万的小朋友们向圣诞老人许下了自己的愿望,有很多小朋友都想得到自己喜欢的礼物,这可把圣诞老人忙坏了,由于圣诞老人有很多很多种礼物,所以他找到一件礼物需要很长时间,他找到礼物后,会马上把它分给想要这件礼物的所有的小朋友。为了在圣诞节那天能让每个小朋友的愿望得以实现,圣诞老人请你来帮他的忙。

圣诞老人给了你一个清单,上面是每个小朋友的心愿,圣诞老人已经把小朋友们按 1 至 N($1 \leq N \leq 65535$)编了号,礼物按 1 至 M($1 \leq M \leq 15000$)编了号,每个小朋友都有 0 至 X(X 是多少,我也不知道)件想要的礼物,这些礼物都是不同种类的。

圣诞老人需要一个清单,上面是每件礼物应该给哪些小朋友,而你必须尽快给他这个清单。

【输入】

输入文件包括 L+2($1 \leq L \leq 15000$)行,第一行为 N 和 M,分别为小朋友的个数和礼物的种数。

第二行为 L。

第 3—L+2 行每行有两个数 A,B,表示第 A 个小朋友想要第 B 种礼物。

对于第 I+2 行和两个数 A_i、B_i 和第 J+2 行的两个数 A_j、B_j($1 \leq I < J \leq L$),

输入数据保证:($A_i < A_j$) Or (($A_i = A_j$) And ($B_i < B_j$))

【输出】

输出文件包括 L 行,每行包括两个数 B、A,表示第 B 件礼物送给第 A 个小朋友。

你必须做到:

(1)对于第 I+2 行和两个数 B_i、A_i 和第 J+2 行的两个数 B_j、A_j($1 \leq I < J \leq L$)保证($B_i < B_j$) Or (($B_i = B_j$) And ($A_i < A_j$))。

(2)每个小朋友都得到自己想要的礼物而不会得到自己不想要的礼物。

【样例输入】 【样例输出】

4 5		1 3	
8		1 4	
1 2		2 1	
1 3		3 1	
2 3		3 2	
2 4		3 3	
3 1		4 2	
3 3		5 4	
4 1			
4 5			

四、公路修建

【问题描述】

某国有 n 个城市,它们互相之间没有公路相通,因此交通十分不便。为解决这一"行路难"的问题,政府决定修建公路。修建公路的任务由各城市共同完成。

修建工程分若干轮完成。在每一轮中,每个城市选择一个与它最近的城市,申请修建通往该城市的公路。政府负责审批这些申请以决定是否同意修建。

政府审批的规则如下:

(1)如果两个或以上城市申请修建同一条公路,则让它们共同修建;

(2)如果三个或以上的城市申请修建的公路成环。如图 10-4,A 申请修建公路 AB,B 申请修建公路 BC。C 申请修建公路 CA。则政府将否决其中最短的一条公路的修建申请;

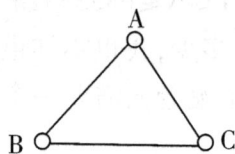

(3)其他情况的申请一律同意。

图 10-4 公路修建示意图

一轮修建结束后,可能会有若干城市可以通过公路直接或间接相连。这些可以互相连通的城市即组成"城市联盟"。在下一轮修建中,每个"城市联盟"将被看作一个城市,发挥一个城市的作用。

当所有城市被组合成一个"城市联盟"时,修建工程也就完成了。

你的任务是根据城市的分布和前面讲到的规则,计算出将要修建的公路总长度。

【输入】

第一行一个整数 n,表示城市的数量。($n \leqslant 5000$)

以下 n 行,每行两个整数 x 和 y,表示一个城市的坐标。($-1000000 \leqslant x, y \leqslant 1000000$)。

【输出】

一个实数,四舍五入保留两位小数,表示公路总长度。(保证有唯一解)

【样例输入】 【样例输出】

4 6.47

0 0

1 2

  −1 2

0 4

修建的公路如图10−5所示。

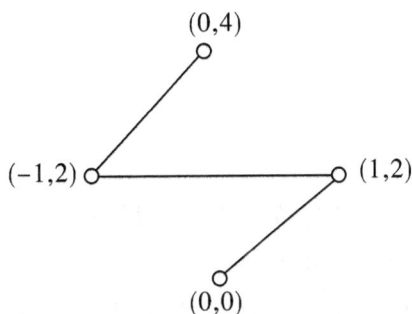

图10−5 样例示意图

10.5 综合测试五

(时量:4小时;总分400分)

题目	区间操作	世界树	区间	分块
主文件名	a	b	c	d
输入文件名	a. in	b. in	c. in	d. in
输出文件名	a. out	b. out	c. out	d. out
时间限制	2s	1s	2s	3s
空间限制	128M	512M	256M	1024M

一、区间操作

【问题描述】

给出一个长度为 n 的序列,有 m 个操作,分以下两种:

Q l r k:查询区间[l,r]内第 k 小的数。

C x y:将序列中第 x 位的数修改为 y。

对于每个 Q 操作,输出单独一行表示它的答案。

【输入】

第一行两个整数 n,m。

第二行 n 个整数,表示初始序列。

接下来 m 行,每行表示一个操作,都为上述两种中的一个。

【输出】

对于每个 Q 操作,输出一行一个整数表示答案。

【样例输入】	【输出样例】
5 3	3
3 2 1 4 7	6
Q 1 4 3	
C 2 6	
Q 2 5 3	

【样例说明】

第一次操作时,区间 [1,4] 中的数从小到大排列为 {1,2,3,4},第 3 小的数为 3。

第二次操作后,序列变为 3 6 1 4 7。

第三次操作时,区间 [2,5] 中的数从小到大排列为 {1,4,6,7},第 3 小的数为 6。

【数据规模和约定】

对于 10% 的数据,保证 $n \leq 100, m \leq 100$;

对于另 20% 的数据,保证没有 C 操作;

对于另 20% 的数据,保证 $n \leq 1000, m \leq 1000$;

对于另 40% 的数据,保证 $n \leq 10^5, m \leq 10^5$;

对于 100% 的数据,保证 $0 \leq m \leq 300000, 1 \leq n \leq 300000$,

$1 \leq l \leq r \leq n, 1 \leq k \leq r - l + 1, 1 \leq x \leq n, 0 \leq a_i \leq 10^9 \leq 0 \leq y \leq 10^9$。

二、世界树

【问题描述】

给出一个有 n 个点的树,q 次询问,每次给出 m_i 个关键点,树上每个点被距离它最近的关键点控制(距离相同则被编号较小的关键点控制)。求每个关键点控制的点的数量。

例如图 10-6 所示,如果给出的关键点是 {4,6,8} 的话,则 4 号点控制 1,3,4,5,7,9 号点,6 号点控制 2,6,10 号点,8 号点控制 8 号点。

【输入】

第一行为一个正整数 n,表示点数。

接下来 n-1 行,每行两个正整数 x,y,表示点 x 与点 y 之间有一条长度为 1 的双向边。

接下来一行为一个正整数 q,表示询问数。

接下来 q 块,每块两行:第 i 块的第一行为 1 个正整数 m_i,表示第 i 次询问的关键点个数。第 i 块的第二行为 m_i 个正整数 $h_1, h_2, \cdots, h_{mi}$,表示

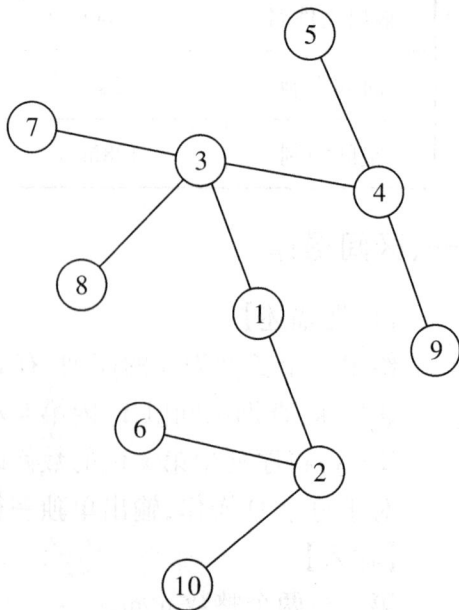

图 10-6　实例图

关键点编号(保证互不相同)。

【输出】

输出包含 q 行,第 i 行为 m_i 个整数,该行的第 $j(2,\cdots,m_i)$ 个数表示第 i 次询问的关键点 h_j 控制的点的数量。

【样例输入】	【样例输出】
2 1	1 9
3 2	3 1 4 1 1
4 3	10
5 4	1 1 3 5
6 1	4 1 3 1 1
7 3	
8 3	
9 4	
10 1	
5	
2	
6 1	
5	
2 7 3 6 9	
1	
8	
4	
8 7 10 3	
5	
2 9 3 5 8	

【样例说明】

该样例给出的树即为题面中的树,可以自行观察。

【数据规模和约定】

对于 30% 的数据,保证 $n \leqslant 1000, q \leqslant 1000$;

对于另 20% 的数据,保证 $q=1$;

对于 100% 的数据,保证 $1 \leqslant n, 1 \leqslant q, \sum m_i \leqslant 3 \times 10^5, 1 \leqslant m_i \leqslant 3 \times 10^5, 1 \leqslant h_i, x, y \leqslant n$。

三、区间

【问题描述】

给出 n 个区间 $[l_i, r_i]$ 组成的有序序列,定义编号区间 $[a,b]$ 的价值是第 a 个区间到第 b 个区间的并的长度,区间 $[L,R]$ 的长度为 $R-L$,找出 k 个不同的编号区间,使它们的总价值最大。

例如对于三个区间 $[1,4]$, $[5,7]$, $[3,6]$（从 1 到 3 编号），如图 10-7 所示。

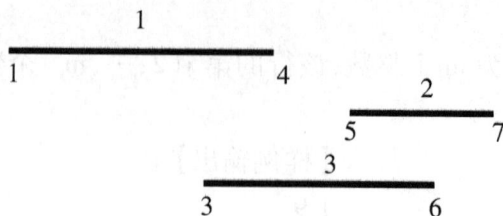

图 10-7　实例图

编号区间 $[1,1]$, $[1,2]$, $[1,3]$, $[2,2]$, $[2,3]$, $[3,3]$ 的价值分别为 3, 5, 6, 2, 4, 3, 如果我们要选出 3 个不同的编号区间的话, 则选编号区间 $[1,2]$, $[1,3]$, $[2,3]$ 可以使总价值最大, 为 15。

【输入】

第一行两个正整数 n, k;

接下来的 n 行中, 第 i 行有两个整数 l_i, r_i $(0 \leqslant l_i, r_i \leqslant 10^9)$, 表示第 i 个区间。

【输出】

输出一行一个数, 表示最大的总价值。

【样例输入 1】	【样例输出 1】
2 1	3
1 3	
2 4	

【样例说明 1】

我们选择了 $[1,2]$ 这个编号区间, 容易发现这样取得了最大价值和。

【样例输入 2】	【样例输出 2】
3 3	15
1 4	
5 7	
3 6	

【样例说明 2】

我们选择了 $[1,2]$, $[2,3]$ 和 $[1,3]$ 这三个编号区间使得价值和最大。

【数据规模和约定】

对于 30% 的数据, $n \leqslant 1000$;

对于另 20% 的数据, $k = 1$;

对于 100% 的数据, $0 < n \leqslant 3 \times 10^5$, $0 \leqslant k \leqslant \min\{\frac{n(n+1)}{2}, 10^9\}$。

四、分块

【问题描述】

有一个长为 n 的序列, 有 m 个操作:

(1)全局加(即序列的所有数加);

(2)查询区间最大子段和。

【输入】

第一行两个整数 n,m;

第二行 n 个数表示这个序列;

之后 m 行,每行一个操作;

1 x:所有数都加上 x;

2 l r:查询区间[l,r]内的最大子段和(可以不选数,此时最大子段和是 0)。

【输出】

输出一行一个数,表示最大的总价值。

【样例输入】	【样例输出】
5 7	0
−10 −3 −2 −4 −5	6
2 2 4	18
1 5	19
2 2 4	
1 3	
2 1 5	
1 2	
2 3 5	

【样例说明】

第一次操作中,因为查询区间内全为负数,所以选择空段和最大,为 0;

第二次操作后,序列变为 −5 2 3 1 0;

第三次操作中,选择子段 2 3 1 时和最大,为 6;

第四次操作后,序列变为 −2 5 6 4 3;

第五次操作中,选择子段 5 6 4 3 时和最大,为 18;

第六次操作后,序列变为 1 7 8 6 5;

第七次操作中,选择子段 8 6 5 时和最大,为 19。

【数据规模和约定】

对于 30% 的数据,n,m ≤ 1000;

对于 100% 的数据,$1 \leq n \leq 3 \times 10^5$,$1 \leq m \leq 6 \times 10^5$,

初始序列中的数绝对值 $\leq 2 \times 10^9$,1 操作中的 x 的绝对值 $\leq 5 \times 10^7$。

参考答案

习题一

一、选择题:CDBBD DDCCB

二、有下列几种用二元组表示的数据结构,试画出它们分别对应的图形表示,并指出它们分别属于何种结构。

1. 图形略 线性结构

2. 图形略 树状结构

3. 图形略 图形结构

4. 图形略 图形结构

三、用类C++语言描述下列每一个算法,并分别求出它们的时间复杂性。

略。

四、指出下列各算法的功能并求出其时间复杂性。

1. 功能:判断一个数是不是素数。

复杂度:最坏情况 $O(n^{0.5})$

2. 功能:计算 $1 + 1*2 + 1*2*3 + 1*2*3*4 + \cdots + 1*2\cdots*n$。

复杂度:$O(n)$

3. 功能:同2。

复杂度:$O(n^2)$

4. 功能:交换 A 中一些元素,使得对于任意 i < j,有 $A_i < A_j$。

复杂度:$O(n^2)$

5. 功能:计算矩阵乘积。

复杂度:$O(n^3)$

习题二

一、选择题:BABDB DDA

二、填空题:

1. $O(n), O(n)$

2. 链表,顺序

3. $O(n), O(n)$

4. $O(1), O(n)$

5. $O(n), O(1)$

6. $O(1),O(n)$

7. p –> next

8. $O(1),O(n)$

三、上机编程题

1.参考程序如下：

```cpp
#include < bits/stdc ++ .h >
using namespace std;
int main()
{
    freopen("save.in","r",stdin);
    freopen("save.out","w",stdout);
    int budget = 0,money = 0,savings = 0;
    //budget - > 预算 money - > 现在手上的钱 savings - > 存在妈妈那里的钱
    for(int month = 1; month <= 12; ++ month){
        money += 300;    //记得每个月都要先领 300 元
        cin >> budget;
        money -= budget;
        if(money < 0){
            cout << - month;
            return 0;    //遇到不合法情况(手上钱不够了)直接退出程序
        }
        if(money >= 100){
            savings += money / 100 * 100;
            //注意C ++ 里的/是取下整,这里的含义即为能存多少 100 存多少 100
            money % = 100;    //留在手里的是零头
        }
    }
    cout << money + savings * 1.2;
    //最后的答案即为手上的钱和妈妈那里存的钱及收益
    return 0;
}
```

2.参考程序如下：

```cpp
#include < bits/stdc ++ .h >
using namespace std;
const int maxn = 110;
string ansname;//这里存的是目前奖金总数最高同学的姓名
int N,ans,tot;    //N - > 学生总数 ans - > 目前奖金最高同学的奖学金总数
            //tot - > 所有人的奖学金总数
int main()
{
    freopen("scholar.in","r",stdin);
```

```
        freopen("scholar.out","w",stdout);
        cin >> N;
        string name;     //name -> 学生姓名
        int money,ave,cou,paper;
        //money -> 目前的奖学金 ave -> 期末平均成绩 cou -> 班级评议成绩
        //paper -> 发表的论文数
        char cad,west;    //cad -> 是否为学生干部 west -> 是否为西部省份学生
        while(N -- ){
            cin >> name >> ave >> cou >> cad >> west >> paper;
            money = 0; //目前奖学金记得清零
            //按题意模拟 注意细节!
            if(ave > 80 && paper >= 1) money += 8000;
            if(ave > 85 && cou > 80) money += 4000;
            if(ave > 90) money += 2000;
            if(ave > 85 && west == 'Y') money += 1000;
            if(cou > 80 && cad == 'Y') money += 850;
            tot += money;
            if(money > ans) {
                //如果这个学生的奖学金总数比之前算的最多的奖学金还多,更新答案
                ans = money;
ansname = name;
            }
        }
        cout << ansname << '\n' << ans << '\n' << tot << '\n';
        return 0;
}
```

3.参考程序如下:

```
#include < bits/stdc ++ .h >
using namespace std;
const int maxn = 750;
int n,ans;
char s[ maxn ];
bool check(char a,char &b){
    if(a == b || a == 'w') return 1;
    if(b == 'w')
    {
        b = a;
        return 1;
    }
    return 0;
}
```

```
int main()
{
    freopen("wrb.in","r",stdin);
    freopen("wrb.out","w",stdout);
    cin >> n >> s + 1;
    for(int i = 1; i <= n; ++ i) s[ i + n ] = s[ i ];
    //将字符串复制一遍接到原串后面
    //如 "ababbba" - > "ababbbaababbba"
    //那么我们就可以把环转为链上问题来处理了
    for(int l = 1; l <= n; ++ l){
        int r = l + n - 1;
        int res = 0;
        int p = l,q = r;
        char col = s[ l ];
        while(p <= q && check(s[ p ],col)) p ++ ,res ++ ;
        //考虑我们每次都是取一样的,如果是白色则不用考虑直接取,
        //但是如果一开始是白色,就看第一个取到的不是白色的珠子是什么颜色
        //然后全部取这个颜色就可以了,容易发现这样是最优的
        col = s[ r ];
        while(p <= q && check(s[ q ],col)) q -- ,res ++ ;
        //注意条件 p <= q 因为你只有一串珠子,要考虑符合条件但已经被取过的情况
        if(res > ans) ans = res;
    }
    cout << ans;
    return 0;
}
```

4.参考程序如下:

```
#include < bits/stdc ++ .h >
using namespace std;
int h[ 15 ];    //每个苹果的高度
int hei,ans;
int main()
{
    freopen("apple.in","r",stdin);
    freopen("apple.out","w",stdout);
    for(int i = 1; i <= 10; ++ i)
        cin >> h[ i ];
    cin >> hei;    //陶陶伸手能够到的最大高度
    hei += 30;    //因为拿凳子肯定比不拿凳子高,所以可以假定一直站在凳子上
    for(int i = 1; i <= 10; ++ i)
        if(hei >= h[ i ]) ans ++ ;    //能碰到的就答案 ++
```

```
        cout << ans;
        return 0;
}
```

习题三

一、选择题：BDCCA   ADACB

二、算法设计题：

1. 参考函数如下：

```
int get(int n){
        return n* n + get(n - 1);
}
```

2. 参考函数如下：

```
void get(int i){
        int j = i% s;
        i/ = s;
        if(i > 0) get(i);
        printf("% d",j);
}
```

3. 参考函数如下：

```
int fib(int n){
        if(n <= 2) return n - 1;
        return fib(n - 1) + fib(n - 2);
}    //递归算法
fib[1] = 0,fib[2] = 1;
for(int i = 3;i <= n; ++ i) fib[i] = fib[i - 1] + fib[i - 2];
//非递归算法
```

三、上机编程题：

1.略

2.略

3.参考程序如下：

```
#include < bits/stdc ++ .h >
#include < algorithm >
using namespace std;
char s[110];
int dp[110][110],key[110][110];
int n;
void DP(){
        for (int i = 0; i < n; i ++ )
                dp[i][i] = 1;
```

```
        for (int len = 1; len < n; len ++ )
            for (int i = 0; i < n - len; i ++ ){
            int j = i + len;
                dp[i][j] = 0x3f3f3f3f;
                if ((s[i] == '(' && s[j] == ')') || (s[i] == '[' && s[j] == ']')){
                    dp[i][j] = dp[i + 1][j - 1];
                    key[i][j] = - 1;
                }
                for (int k = i; k < j; k ++ )
                    if (dp[i][j] > dp[i][k] + dp[k + 1][j]){
                        dp[i][j] = dp[i][k] + dp[k + 1][j];
                        key[i][j] = k;
                    }
            }
    }
    void print(int l,int r){
        if (l > r) return;
        if (l == r){
            if (s[l] == '(' || s[l] == ')') printf("()");
            else if (s[l] == '[' || s[l] == ']') printf("[ ]");
        }
        else if (key[l][r] == - 1){
            printf("% c",s[l]);
            print(l + 1,r - 1);
            printf("% c",s[r]);
        }
        else {
            print(l,key[l][r]);
            print(key[l][r] + 1,r);
        }
    }
    int main()
    {
        freopen("bracket.in","r",stdin);
        freopen("bracket.out","w",stdout);
        while (gets(s)){
            n = strlen(s);
            DP();
            print(0,n - 1);
            printf("\n");
        }
```

```
    return 0;
}
```

4. 参考程序如下:

```cpp
#include < bits/stdc ++ .h >
using namespace std;
char s[5010][5010],c[5010];
char first[5010],second[5010];
int len[5010];
int zhan1[5010],zhan2[5010];
int cmp1(char a,char b){
    if(a == '/')
        if(b == ' - ' || b == ' + ') return 1;
        else return 0;
    if(a == '* ')
        if(b == ' + ' || b == ' - ') return 1;
        else return 0;
    if(a == ' + ') return 0;
    if(a == ' - ') return 0;
}
int cmp2(char a,char b){
    if(a == '/') return 1;
    if(a == '* ')
        if(b == ' + ' || b == ' - ') return 1;
        else return 0;
    if(a == ' + ') return 0;
    if(a == ' - ') return 0;
}
int xiao(char a,char b){
    if(a == ' + ') return 0;
    if(a == ' - ') return 0;
    if(b == ' + ' || b == ' - ') return 1;
    return 0;
}
int number;
int pd1(char ch,char a[ ],int lena){
    char small = 41;
    for(int i = 1;i < lena;i ++ ){
        if(a[i] == '('){
            int zuo = 1;
            while(a[i] != ')' || zuo){
                i ++ ;
```

```
                if(a[i] == '(') zuo ++ ;
                if(a[i] == ')') zuo -- ;
            }
        }
        if(i == lena) break;
        if((a[i] == '+' || a[i] == '-' || a[i] == '*' || a[i] == '/') &&(small == ')' || xiao(a[i],
small) == 0))
                small = a[i];
    }
    if(small == ')') return 1;
    return cmp1(ch,small);
}
int pd2(char ch,char a[ ],int lena){
    char small = 41;
    for(int i = 1;i < lena;i ++ ){
        if(a[i] == '('){
            int zuo = 1;
            while(a[i]!= ')' || zuo){
                i ++ ;
                if(a[i] == '(') zuo ++ ;
                if(a[i] == ')') zuo -- ;
            }
        }
        if(i == lena)break;
        if((a[i] == '+' || a[i] == '-' || a[i] == '*' || a[i] == '/') &&(small == ')' || xiao(a[i],
small) == 0))
                small = a[i];
    }
    if(small == ')') return 1;
    return cmp2(ch,small);
}
int main()
{
    freopen("expression.in","r",stdin);
    freopen("expression.out","w",stdout);
    int i,j,k,n,m,tmp = 0;
    char ch = getchar();
    while(ch!= '#'){
        if(ch >= 'A' && ch <= 'Z'){
            s[ ++ tmp][0] = ch;
            len[tmp] = 1;
```

```c
    }
    else if(ch == ' + ' || ch == ' - ' || ch == '* ' || ch == '/'){
        int lennow = 1,now = tmp - 1;
        strcpy(first,s[ tmp - 1 ]);
        s[ now ][ 0 ] = '(';
        strcpy(second,s[ tmp ]);
        if(pd1(ch,first,len[ tmp - 1 ]) == 1){
            lennow += len[ tmp - 1 ] + 1;
            for(i = 1;i < lennow;i ++ )
                s[ now ][ i ] = first[ i - 1 ];
        }
        else{
            lennow = lennow + len[ now ] - 1;
            for(i = 1;i < len[ now ] - 2;i ++ )
                s[ now ][ i ] = first[ i ];
        }
        s[ now ][ lennow - 1 ] = ch;
        int last = lennow;
        if(pd2(ch,second,len[ tmp ]) == 1){
            lennow += len[ tmp ] + 1;
            for(i = last;i < lennow;i ++ )
                s[ now ][ i ] = second[ i - last ];
        }
        else{
            for(i = last;i < last + len[ tmp ] - 1;i ++ )
                s[ now ][ i ] = second[ i - last + 1 ];
            lennow = last + len[ tmp ] - 1;
        }
        tmp -- ;
        len[ tmp ] = lennow;
        s[ tmp ][ lennow - 1 ] = ')';
    }
    ch = getchar();
}
if(s[ 1 ][ len[ 1 ] - 1 ] == ')')
    for(i = 1;i < len[ 1 ] - 1;i ++ )
        printf("% c",s[ 1 ][ i ]);
else for(i = 1;i < len[ 1 ];i ++ )
    printf("% c",s[ 1 ][ i ]);
return 0;
}
```

5. 参考程序如下:

```cpp
#include < bits/stdc ++ .h >
using namespace std;
typedef long long lol;
const int inf = 1e9 + 7;
int n,tmp0,tmp1,hd[2] = {1,1},tl[2];
int arr[100010],Q[2][100010];
lol ans;
int readtop(int t){
    if(hd[t] > tl[t]) return inf;
    else return Q[t][hd[t]];
}
void pop(int t) {hd[t] ++ ;}
int getmin(){
    int res;
    if(readtop(0) < readtop(1)) res = readtop(0),pop(0);
        else res = readtop(1),pop(1);
    return res;
}
int main()
{
    cin >> n;
    for(int i = 1;i <= n; ++ i) cin >> arr[i];
    sort(arr + 1,arr + n + 1);
    for(int i = 1;i <= n; ++ i) Q[0][ ++ tl[0]] = arr[i];
    for(int i = 1; i <= n - 1; ++ i){
        tmp0 = getmin(),tmp1 = getmin();
        Q[1][ ++ tl[1]] = tmp0 + tmp1;
        ans += tmp0 + tmp1;
    }
    printf("% lld",ans);
    return 0;
}
```

习题四

一、选择题:DBADD　DBBCC

二、看程序写结果:

1.输出:RRRRWWWWW

2.输出:5

3.输出:YES,NO,YES,

三、上机编程题:

1.略

2.略

3.略

4.参考程序如下:

```cpp
#include < bits/stdc ++ .h >
using namespace std;
const int N = 10100;
int n = 1,W;
int A[ N ],sum[ N ];
int f[ N ],g[ N ];
string st[ N ];
int sqr(int x){return x* x;}
int getV(int x,int y){
    int s = W - (sum[ y ] - sum[ x - 1 ]),p = s/(y - x),r = s% (y - x);
    return sqr(p - 1)* (y - x - r) + sqr(p)* r;
}
void PrintLine(int x,int y){
    if(x == y){cout << st[ x ] << endl;return;}
    int s = W - (sum[ y ] - sum[ x - 1 ]),p = s/(y - x),r = s% (y - x);
    cout << st[ x ];
    for(int i = x + 1;i <= y;i ++ ){
        for(int j = 1;j <= p + ((i - x) > (y - x - r))? 1:0;j ++ ) cout << " ";
        cout << st[ i ];
    }
    cout << endl;
    return;
}
void Output(int now){
    if(!now) return;
    Output(g[ now ]);
    PrintLine(g[ now ] + 1,now);
    return;
}
int main()
{
    cin >> W;
    while(cin >> st[ n ]) n ++ ;n -- ;
    for(int i = 1;i <= n;i ++ ){
        A[ i ] = st[ i ].size();
```

```
                sum[i] = sum[i - 1] + A[i];
            }
        for(int i = 1;i <= n;i ++ ){
            f[i] = (A[i] == W)? f[i - 1]:f[i - 1] + 500;g[i] = i - 1;
            for(int j = i - 1;j >= 1;j -- ){
                if(sum[i] - sum[j - 1] + (i - j) > W) break;
                if(f[j - 1] + getV(j,i) <= f[i]){
                    f[i] = f[j - 1] + getV(j,i);
                    g[i] = j - 1;
                }
            }
        }
        Output(n);
        return 0;
    }
```

5.参考程序如下:

```cpp
#include < bits/stdc ++ .h >
using namespace std;
const int N = 2010;
int K,L1,L2,dp[N][N];
string st1,st2;
int dist(char A,char B) {return (A - B) >= 0? (A - B):(B - A);}
int main()
{
    cin >> st1 >> st2 >> K;
    L1 = st1.size();L2 = st2.size();
    for(int i = 0;i <= L1;i ++ )
    for(int j = 0;j <= L2;j ++ ){
        if(i == 0)dp[i][j] = K* j;
        else if(j == 0)dp[i][j] = K* i;
        else dp[i][j] = min(min(dp[i - 1][j] + K,dp[i][j - 1] + K),dp[i - 1][j - 1] + dist(st1[i - 1],st2[j - 1]));
    }
    cout << dp[L1][L2];
    return 0;
}
```

6. 参考程序如下:

```cpp
#include < bits/stdc ++ .h >
using namespace std;
const int N = 101000;
int n,m,ans;
```

```
char st1[N],st2[N];
int L[N],R[N],nxt[N];
int GCD(int x,int y){return y? GCD(y,x% y):x;}
void exKMP(char * A,char * B,int * T){
    memset(nxt,0,sizeof(nxt));
    for(int i = 1,l = 0,r = 0;i < m;i ++ ){
        if(i <= r)nxt[i] = min(r - i + 1,nxt[i - l]);
        while(i + nxt[i] < m&&B[i + nxt[i]] == B[nxt[i]]) ++ nxt[i];
        if(i + nxt[i] - 1 > r) {
            l = i;
            r = i + nxt[i] - 1;
        }
    }
    nxt[0] = m;
    for(int i = 0,l = 0,r = - 1;i < n;i ++ ){
        if(i <= r)T[i] = min(r - i + 1,nxt[i - l]);
        while(T[i] < m&&i + T[i] < n&&A[i + T[i]] == B[T[i]]) ++ T[i];
        if(i + T[i] - 1 > r){
            l = i;
            r = i + T[i] - 1;
        }
    }
    return;
}
int main()
{
    cin >> n >> m >> st1 >> st2;
    for(int i = 0;i < n;i ++ ) st1[i + n] = st1[i];n* = 2;
    exKMP(st1,st2,R);
    reverse(st1,st1 + n);reverse(st2,st2 + m);
    exKMP(st1,st2,L);
    reverse(L,L + n);
    for(int i = 0;i < n;i ++ )
        if(L[i] == m) L[i] += L[i - m];
    for(int i = n - 1;i >= 0;i -- )
        if(R[i] == m) R[i] += R[i + m];
    for(int i = 1;i < n;i ++ )
        ans = max(ans,L[i - 1] + R[i]);
    ans = min(ans,n/2);
    if(ans < m) printf("0");
        else printf("% d/% d",ans/GCD(ans,n/2),n/2/GCD(ans,n/2));
```

```
        return 0;
    }
```

7. 参考程序如下:

```
#include < bits/stdc ++ .h >
using namespace std;
const int N = 110;
int m,n;
int mp[N][N],res[N][N],sum0[N][N],sum1[N][N];
bool vis[N];
string st;
bool check(int x,int y){return x >= 1&&x <= m&&y >= 1&&y <= n;}
void paint(int x,int y){
    int now = 1;
    vis[1] = vis[2] = vis[3] = vis[4] = 0;
    if(check(x,y + 1)) vis[res[x][y + 1]] = 1;
    if(check(x - 1,y)) vis[res[x - 1][y]] = 1;
    if(check(x,y - 1)) vis[res[x][y - 1]] = 1;
    while(vis[now]) ++ now;
    int L = 1;
    while(L + x <= m&&L + y <= n){
        if(sum0[L + x][L + y] - sum0[L + x][y - 1]!= 0) break;
        if(sum1[L + x][L + y] - sum1[x - 1][L + y]!= 0) break;
        if(x > 1&&now == res[x - 1][L + y]) break;
        if(y > 1&&now == res[L + x][y - 1]) break;
        if(res[x][L + y] ||res[L + x][y]) break;
         ++ L;
    }
     -- L;
    for(int i = x;i <= x + L;i ++ )
        for(int j = y;j <= y + L;j ++ ) res[i][j] = now;
    return;
}
int main()
{
    cin >> m >> n;
    for(int i = 1;i <= m;i ++ ){
        cin >> st;
        for(int j = 1;j <= n;j ++ )
            mp[i][j] = ((st[j - 1] == '?')? 0:1);
    }
    for(int i = 1;i <= m;i ++ )
```

```
        for(int j = 1;j <= n;j ++ )
            sum0[i][j] = sum0[i][j - 1] + mp[i][j],sum1[i][j] = sum1[i - 1][j] + mp[i][j];
    for(int i = 1;i <= m;i ++ )
        for(int j = 1;j <= n;j ++ )
            if(!res[i][j]&&!mp[i][j]) paint(i,j);
    for(int i = 1;i <= m;i ++ ){
        for(int j = 1;j <= n;j ++ )
            if(mp[i][j]) cout << '.';
            else cout << (char)('A' + res[i][j] - 1);
        cout << endl;
    }
    return 0;
}
```

习题五

一、选择题:ACCCB　D

二、上机编程题:

1. 判断每一行每一列的最小值就可以啦!

```
#include < iostream >
using namespace std;
const int inf = 0x7fffffff;
int a[6][6];
int b[6],c[6];
int ans;
int main()
{
    for(int i = 1;i <= 5;i ++ ){
        b[i] = inf;
        c[i] = inf;
    }
    for(int i = 1;i <= 5;i ++ ){
        for(int j = 1;j <= 5;j ++ ){
            cin >> a[i][j];
            b[i] = min(b[i],a[i][j]);
            c[j] = min(c[j],a[i][j]);
        }
    }
    for(int i = 1;i <= 5;i ++ ){
        for(int j = 1;j <= 5;j ++ ){
```

```
            if(a[i][j] == b[i]&&a[i][j] == c[j]){
                cout << i << ' ' << j << '\n';
                ans ++ ;
            }
        }
    }
    if(!ans) cout << "NO FIND!";
    return 0;
}
```

2. $Ans = \sum_{i=1}^{n}\sum_{j=1}^{n}\sum_{k=1}^{m}A[i,k] * A^{T}[k,j]$

$\qquad = \sum_{i=1}^{n}\sum_{j=1}^{n}\sum_{k=1}^{m}A[i,k] * A[j,k]$

$\qquad = \sum_{i=1}^{n}\sum_{k=1}^{m}A[i,k] * 2$

$\qquad = \sum_{k=1}^{m}4$

$\qquad = 4m$

所以直接输出 4m 就好了,参考程序如下:

```
#include < iostream >
using namespace std;
int n,m;
int main()
{
    cin >> n >> m;
    cout << m* 4;
    return 0;
}
```

3.链表维护一个栈,每次修改复杂度都是 O(1)的,空间也是 O(Q)的,对于此题,读入量比较大,建议使用 fread。参考程序如下:

```
#include < iostream >
#include < cstdio >
#define getchar() (p1 == p2&&(p2 = (p1 = buf) + fread(buf,1,1 << 23,stdin),p1 == p2)? EOF:* p1 ++ )
char buf[ 1 << 23 ],* p1,* p2;
using namespace std;
inline int read(){
    int x = 0;
    char ch = getchar();
    bool flag = true;
    while(ch < '0' ||ch > '9'){
        if(ch == ' - ') flag = false;
        ch = getchar();
    }
```

```
        while(ch >= '0'&&ch <= '9'){
            x = (x << 1) + (x << 3) + (ch^48);
            ch = getchar();
        }
        return flag? x: ~ (x - 1);
}
const int N = 1005;
const int M = 1000005;
int q,cnt,top;
int sta[M],last[M],fst[M],rub[M];
inline int add(){
    return top? rub[top -- ] : ++ cnt;
}
int main()
{
    q = read();
    while(q -- ){
        char flag = getchar();
        flag = getchar();
        int x = read(),y,z;
        if(flag == 'U'){
            y = read();
            z = add();
            sta[z] = y;
            last[z] = fst[x];
            fst[x] = z;
        }else{
            rub[ ++ top] = fst[x];
            cout << sta[fst[x]] << '\n';
            fst[x] = last[fst[x]];
        }
    }
    return 0;
}
```

4.根据题目模拟。

```
#include < iostream >
using namespace std;
const int N = 20;
int a[N][N];
int n,cnt;
int main()
```

```
{
    cin >> n;
    a[0][n/2] = ++ cnt;
    int x = n - 1,y = n/2 + 1;
    while(cnt < n* n){
        a[x][y] = ++ cnt;
        int tx = x - 1;
        int ty = y + 1;
        if(tx < 0){
            if(ty >= n){
                tx = tx + 2;
                ty = ty - 1;
            } else{
                tx = n - 1;
            }
        }else{
            if(ty >= n){
                ty = 0;
            }
        }
        if(a[tx][ty]){
            tx = x + 1;
            ty = y;
        }
        x = tx;y = ty;
    }
    for(int i = 0;i < n;i ++ ){
        for(int j = 0;j < n;j ++ ){
            cout << a[i][j] << ' ';
        }
        cout << '\n';
    }
    return 0;
}
```

习题六

一、选择题：CACCA   DADCC   DC

二、填空题

1. N - 1

2. 5,48

3. $(4^h - 1)/3$

4. 31,21

5. 6

6. 2,2,3

7. 6

8. a[i*2+1],a[i*2],a[i/2]

9. 2n,n-1,n+1

10. 16,31

11. 非下降序列

12. 向上,根结点

三、运算题

1. 先序:abcdef　中序:cbaedf　后序:cbefda 按层:abdcef

2. 后根序列:C,B,F,E,I,J,H,G,D,A

3. 5,3,3,4

4. 46(25(12,37(29)),78(62(,70)))

5.

(1)(38)

(2)(38,64)

(3)(38,64,52)

(4)(15,28,52,64)

(5)(15,28,52,64,73)

(6)(15,28,40,64,73,52)

(7)(15,28,40,64,73,52,48)

(8)(15,28,40,55,73,52,48,64)

(9)(15,26,40,28,73,52,48,64,55)

(10)(12,15,40,28,26,52,48,64,55,73)

6.

(1)(15,26,40,38,64,52,48)

(2)(26,38,40,48,64,52)

(3)(38,48,40,52,64)

(4)(40,48,64,52)

四、上机编程题

1.本题可用块状链表、堆、排序二叉树、线段树等实现。参考程序如下:

```
#include < iostream >
#include < cstring >
#include < algorithm >
#include < set >
using namespace std;
int Hash[1000005] = {0};
set < int > S;
int main()
{
```

```
    int n;
    long long sum = 0;
    scanf("% d",&n);
    while(n -- ){
        int k,a;
        scanf("% d",&k);
        while(k -- ){
            scanf("% d",&a);
            Hash[ a ] ++ ;
            S.insert(a);
        }
        set < int > ::iterator it = S.begin();
        int Min = *  it;
        it = S.end();
        int Max = *  ( -- it);
        sum += (Max - Min);
        Hash[ Max ] -- ;
        if(Hash[ Max ] == 0) S.erase(Max);
        Hash[ Min ] -- ;
        if(Hash[ Min ] == 0) S.erase(Min);
    }
    printf("% lld\n",sum);
    return 0;
}
```

2. 本题为树的 LCA 问题。参考程序如下：

```
#include < iostream >
#include < cstdio >
#include < algorithm >
#include < cstring >
#include < vector >
using namespace std;
const int maxn = 30000 + 10;
int pa[ maxn ],dist[ maxn ],a[ maxn ];
vector < int > tree[ maxn ];
int n,m;
int dfs(int now,int deep){
    dist[ now ] = deep;
    for(int i = 0;i < tree[ now ].size();i ++ ){
        if(dist[ tree[ now ][ i ] ] < 0){
            dfs(tree[ now ][ i ],deep + 1);
        }
```

```
        }
    }
    int camp(int u,int v){
        while(dist[ u ] > dist[ v ]){
            for(int i = 0;i < tree[ u ].size();i ++ ){
                if(dist[ tree[ u ][ i ] ] < dist[ u ]){
                    u = tree[ u ][ i ];
                    break;
                }
            }
        }
        return u;
    }
    int LCA(int u,int v){
        int tu = u,tv = v;
        if(dist[ u ] > dist[ v ]) tu = camp(u,v);
        if(dist[ u ] < dist[ v ]) tv = camp(v,u);
        while(tu! = tv){
            if(tu! = 1)
                for(int i = 0;i < tree[ tu ].size();i ++ ){
                    if(dist[ tree[ tu ][ i ] ] < dist[ tu ]){
                    tu = tree[ tu ][ i ];
                    break;
                    }
                }
            if(tv! = 1)
            for(int i = 0;i < tree[ tv ].size();i ++ ){
                if(dist[ tree[ tv ][ i ] ] < dist[ tv ]){
                    tv = tree[ tv ][ i ];
                    break;
                }
            }
        }
        return dist[ u ] + dist[ v ] - 2* dist[ tu ];
    }
    int main()
    {
        scanf("% d",&n);
        int u,v;
        for(int i = 0;i < n - 1;i ++ ){
            scanf("% d% d",&u,&v);
```

```
            tree[u].push_back(v);
            tree[v].push_back(u);
      }
      scanf("%d",&m);
      for(int i = 0;i < m;i ++ ){
            scanf("%d",&a[i]);
      }
      memset(dist, - 1,sizeof(dist));
      dfs(1,0);
      int ans = LCA(1,a[0]);
      for(int i = 0;i < m - 1;i ++ )
            ans += LCA(a[i],a[i + 1]);
      printf("%d\n",ans);
      return 0;
}
```

3. 本题可用线段树实现,也可直接用排序 + 扫描实现。

以下是后者的实现:

```
#include < iostream >
#include < cstring >
#include < algorithm >
#include < set >
using namespace std;
const int INF = 1e9;
struct line{
      int a,b,c;
      bool operator < (const line p) const{return a == p.a? b > p.b:a < p.a;}
}l[100010];
int main()
{
      int n;
      scanf("%d",&n);
      for(int i = 1;i <= n;i ++ )
            scanf("%d %d %d",&l[i].a,&l[i].b,&l[i].c);
      int m[2] = {INF,INF};
      for(int i = 1;i <= n;i ++ ){
            if(l[i].b > m[l[i].c]) {printf("WA");return 0;}
            m[l[i].c] = min(m[l[i].c],l[i].b);
      }
      printf("Accept");
      return 0;
}
```

4. 本题可用并查集实现。

以下是本题的实现:

```cpp
#include < iostream >
#include < cstdio >
#include < cmath >
#include < algorithm >
using namespace std;
int f[30001],s[30001],sum[30001];
int find(int v){
    if(f[v]!=v){
        int p = find(f[v]);
        s[v] += s[f[v]];
        f[v] = p;
    }
    return f[v];
}
int main()
{
    int f1,f2,num,a,b;
    char ch;
    scanf("%d\n",&num);
    for(int i = 1;i <= 30000;i ++ ) {sum[i] = 1;f[i] = i;}
    for(int i = 1;i <= num;i ++ ){
        scanf("%c %d %d\n",&ch,&a,&b);
        f1 = find(a),f2 = find(b);
        if(ch == 'M'){
            f[f1] = f2;
            s[f1] = sum[f2];
            sum[f2] += sum[f1];
        }else{
            if(f1 == f2)printf("%d\n",abs(s[a] - s[b]) - 1);
            else printf(" - 1\n");
        }
    }
    return 0;
}
```

5.平衡树模板题,以下为 splay 平衡树。参考程序如下:

```cpp
#include < bits/stdc ++ .h >
#define ll long long
#define re register
#define FOR(i,a,b) for(re int i = a; i <= b; ++ i)
```

```
#define AFOR(i,a,b) for(re int i = a; i >= b; -- i)
#define gc getchar()
#define get(x) son[1][fa[x]] == x? 1:0
#define updata(x) siz[x] = siz[son[0][x]] + siz[son[1][x]] + cnt[x]
#define REP(y) for(re int y = fa[x];x! = root;rotate(root,x),y = fa[x])
using namespace std;
const int N = 1e6 + 10;
inline int read(){
    int w = 0,p = 0;
    char ch = gc;
    while(ch < '0' | |ch > '9') w = ch == ' - '? 1:0,ch = gc;
    while(ch >= '0'&&ch <= '9') p = p* 10 + ch - '0',ch = gc;
    return w?  - p:p;
}
inline void write(int x){
    if(x < 0) putchar(' - '),x =  - x;
    if(x > 9) write(x/10);
    putchar(x% 10 + '0');
}
int root,id,n;
int fa[N],son[2][N],cnt[N],siz[N],k[N];
inline void rotate(int &rt,int x){
    int y = fa[x],z = fa[y],d1 = get(x),d2 = get(y);
    if(y == rt) rt = x;
        else son[d2][z] = x;
    fa[x] = z;
    fa[y] = x;
    fa[son[d1^1][x]] = y;
    son[d1][y] = son[d1^1][x];
    son[d1^1][x] = y;
    updata(y),updata(x);
}
inline void splay(int x){
    REP(y) if(y! = root) rotate(root,(get(x) == get(y))?  y:x);
}
inline int find(int v){
    int rt = root;
    while(rt&&k[rt]! = v) rt = son[v > k[rt]][rt];
    return rt;
}
inline int rak(int x){
```

```
        splay(x);
        return siz[ son[ 0 ] [ x ] ] + 1;
}
inline int kth(int x,int v){
        int lsiz = siz[ son[ 0 ] [ x ] ];
        if(v <= lsiz + cnt[ x ] && v >= lsiz + 1) return x;
        if(v > lsiz + cnt[ x ]) return kth(son[ 1 ] [ x ],v - lsiz - cnt[ x ]);
        return kth(son[ 0 ] [ x ],v);
}
inline void del(int x){
        if(!x) return;
        splay(x);
        if(cnt[ x ] > 1){
                -- cnt[ x ], -- siz[ x ];
                return;
        }
        int l = son[ 0 ] [ x ],r = son[ 1 ] [ x ],rt = l;
        fa[ l ] = fa[ r ] = son[ 0 ] [ x ] = son[ 1 ] [ x ] = 0;
        if(!l){
                root = r;
                return;
        }
        root = l;
        while(rt&&son[ 1 ] [ rt ]) rt = son[ 1 ] [ rt ];
        splay(rt);
        son[ 1 ] [ rt ] = r;
        if(r) fa[ r ] = rt;
        updata(root);
}
inline void insert(int v){
        int x,y,xx = find(v);
        if(!root){
                root = ++ id;
                k[ id ] = v;
                siz[ id ] = cnt[ id ] = 1;
                son[ 0 ] [ id ] = son[ 1 ] [ id ] = fa[ id ] = 0;
                return;
        }
        if(xx){
                splay(xx);
                ++ cnt[ xx ], ++ siz[ xx ];
```

```
            return;
        }
        x = root;
        while(1){
            y = son[v > k[x]][x];
            if(!y){
                y = ++id;
                k[y] = v;
                siz[y] = cnt[y] = 1;
                son[v > k[x]][x] = y;
                son[0][y] = son[1][y] = 0;
                fa[y] = x;
                break;
            }
            x = y;
        }
        splay(y);
}
int bas,minn,ans,ct;
int main()
{
    char op;
    int x,xx;
    n = read(),minn = read();
    FOR(i,1,n){
        scanf("% s",&op);
        x = read();
        switch(op){
            case 'I':
                if(x >= minn){
                    insert(x - bas);
                    ++ ans;
                    ++ ct;
                }
                break;
            case 'A':
                bas += x;
                break;
            case 'S':
                fa[0] = 0;
                bas -= x;
```

```
                insert(minn - bas);
                xx = find(minn - bas);
                splay(xx);
                fa[xx] = 0;
                ans -= siz[son[0][xx]];
                fa[son[0][xx]] = 0;
                son[0][xx] = 0;
                del(xx);
                break;
            case 'F':
                if(x <= ans) {
                    xx = kth(root,ans - x + 1);
                    splay(xx);
                    write(k[xx] + bas);
                }else printf(" - 1");
                putchar('\n');
                break;
        }
    }
    write(ct - ans);
    return 0;
}
```

6.树剖模板题,参考程序如下:

```
#include < iostream >
#include < cstdio >
#include < vector >
#define maxn 250010
#define RR l,mid,L,R
#define RRR mid + 1,r,L,R
using namespace std;
int n,m;
char cz;
int ans;
int a[maxn << 2],lazy[maxn << 2];
vector < int > tree[maxn];
int top[maxn],son[maxn],fa[maxn],dep[maxn],size[maxn],id[maxn],cnt;
void dfs1(int u,int fth){
    int v,i,j,z,mx = - 1;
    fa[u] = fth;
    size[u] = 1;
    dep[u] = dep[fth] + 1;
```

```
        z = tree[u].size();
        for(i = 0;i < z;i ++ ){
            v = tree[u][i];
            if(v == fa[u]) continue;
            dfs1(v,u);
            size[u] += size[v];
            if(size[v] > mx){
                mx = size[v];
                son[u] = v;
            }
        }
        return;
    }
    void dfs2(int u,int topp){
        int v,i,j,z;
        id[u] = ++ cnt;
        top[u] = topp;
        if(!son[u]) return;
        dfs2(son[u],topp);
        z = tree[u].size();
        for(i = 0;i < z;i ++ ){
            v = tree[u][i];
            if(v == fa[u] || v == son[u]) continue;
            dfs2(v,v);
        }
        return;
    }
    void build(int rt,int l,int r) {
        int mid = l + r >> 1;
        if(l == r) {
            a[rt] = 1;
            return;
        }
        build(rt << 1,l,mid);
        build(rt << 1 |1,mid + 1,r);
        a[rt] = a[rt << 1] + a[rt << 1 |1];
        return;
    }
    void downdata(int rt,int l,int r){
        if(lazy[rt] != 0){
            int mid = (l + r) >> 1;
```

```
            lazy[rt << 1] += lazy[rt];
            lazy[rt << 1 |1] += lazy[rt];
            a[rt << 1] += lazy[rt]* (l - mid + 1);
            a[rt << 1 |1] += lazy[rt]* (r - mid);
            lazy[rt] = 0;
        }
        return;
}
void updata(int rt,int l,int r,int L,int R,int k){
        int mid;
        mid = (l + r) >> 1;
        if(L <= l&&r <= R) {
            lazy[rt] += k;
            a[rt] += k* (r - l + 1);
            return;
        } else {
            if(lazy[rt]) downdata(rt,l,r);
            if(L <= mid) updata(rt << 1,RR,k);
            if(R > mid) updata(rt << 1 |1,RRR,k);
            a[rt] = a[rt << 1] + a[rt << 1 |1];
        }
        return;
}
void qjqh(int rt,int l,int r,int L,int R){
        int mid;
        mid = (l + r) >> 1;
        if(l >= L&&r <= R) {
            ans += a[rt];
            return;
        } else {
            if(lazy[rt]) downdata(rt,l,r);
            if(L <= mid) qjqh(rt << 1,RR);
            if(R > mid) qjqh(rt << 1 |1,RRR);
        }
        return;
}
void xg(int x,int y,int k){
        while(top[x] != top[y]){
            if(dep[top[x]] < dep[top[y]]) swap(x,y);
            updata(1,1,n,id[top[x]],id[x],k);
            x = fa[top[x]];
```

```
    }
    if(dep[x] > dep[y]) swap(x,y);
    updata(1,1,n,id[x] + 1,id[y],k);
    return;
}
int add(int x){
    int p = 0,y = 1;
    while(top[x] != top[y]){
        if(dep[top[x]] < dep[top[y]]) swap(x,y);
        ans = 0;
        qjqh(1,1,n,id[top[x]],id[x]);
        p += ans;
        x = fa[top[x]];
    }
    if(dep[x] > dep[y]) swap(x,y);
    ans = 0;
    qjqh(1,1,n,id[x] + 1,id[y]);
    p += ans;
    return p;
}
int main()
{
    int i,j,x,y,z;
    cin >> n;
    for(i = 1;i < n;i ++ ){
        cin >> x >> y;
        tree[x].push_back(y);
        tree[y].push_back(x);
    }
    dfs1(1,1);
    dfs2(1,1);
    build(1,1,n);
    cin >> m;
    for(i = 1;i < n + m;i ++ ){
        cin >> cz;
        if(cz == 'W'){
            cin >> x;
            z = add(x);
            cout << z << endl;
        }else if(cz == 'A'){
            cin >> x >> y;
```

```
            xg(x,y, - 1);
        }
    }
    return 0;
}
```

习题七

一、选择题：BABBD　CDBAA

二、填空题：

1. 2

2. n(n - 1)/2,n(n - 1)

3. n^2

4. e,2e

5. 输出,输入

6. e,2e

7. O(n),O(n),O(e)

8. $O(n^2)$,O(e),O(e)

9. $O(n^2)$,O(e)

10. n,n - 1

三、运算题:略

四、上机编程题:

1.

(1)参考函数如下:

```
intcount(int i){
    int id = 0;
    for(int j = 1;j <= n;j ++ )
        if(GA[i][j]) id ++ ;
    return id;
}
```

(2)参考函数如下:

```
int count(int x){
    int id = 0;
    for(int i = b[x];i;i = next[i])
        id ++ ;
    return id;
}
```

(3)参考函数如下:

```
int getmax(){
    int maxid = 0;
```

```
for(int i = 1;i <= n;i ++ ){
    int id = 0;
    for(int j = 1;j <= n;j ++ ){
        if(GA[i][j]) id ++ ;
        maxid = max(maxid,id);
    }
}
return maxid;
}
```

2. 这道题就是一个寻找强连通分量的问题。程序略。

3. 可以证明,这道题实质上就是求最小生成树。参考程序如下:

```
#include < bits/stdc ++ .h >
using namespace std;
const int MAXN = 100001;
const int INF = 1e9;
struct edge{
    int u,v,c;
    bool operator < (const edge b) const{return c < b.c;}
}e[MAXN];
int f[MAXN];
int gf(int x){if(f[x]!= f[f[x]])f[x] = gf(f[x]);return f[x];}
int main()
{
    int n,m;
    scanf("% d % d",&n,&m);
    for(int i = 1;i <= n;i ++ )
        f[i] = i;
    for(int i = 1;i <= m;i ++ )
        scanf("% d % d % d",&e[i].u,&e[i].v,&e[i].c);
    sort(e + 1,e + m + 1);
    int l = 1;
    for(int i = 1;i <= m;i ++ ){
        if(gf(e[i].u)!= gf(e[i].v)){
            f[f[e[i].u]] = f[e[i].v];
            l ++ ;
        }
        if(l == n){
            printf("% d % d",n - 1,e[i].c);
            return 0;
        }
    }
```

```
    return 0;
}
```

4. 典型的迪杰斯特拉算法。程序略

5.n 和 S 都很小,考虑建图后直接最短路求解。

因为图很稠密,所以不使用堆优化。参考程序如下:

```
#include < bits/stdc ++ .h >
using namespace std;
struct dot{
int x,y,t;
} d[500];
const float inf = 999999;
int n,s,t,stt,fin;
bool vis[500];
float a[500][500],dis[500];
dot fdd(dot a,dot b,dot c){
    dot d,e,f,g;d.t = a.t;
    if((a.x - b.x)* (c.x - b.x) + (a.y - b.y)* (c.y - b.y) == 0){
        e = b,f = a,g = c;
    }else if((b.x - a.x)* (c.x - a.x) + (b.y - a.y)* (c.y - a.y) == 0){
    e = a,f = b,g = c;
    }else{e = c;f = a;g = b;}
    d.x = f.x + (g.x - e.x);
    d.y = f.y + (g.y - e.y);
    return d;
}
float fdis(int ax,int ay,int bx,int by,int t){
    return (t* sqrt((ax - bx)* (ax - bx) + (ay - by)* (ay - by)));
}
int findmin(){
    float k = inf;
    int s = 0;
    for(int i = 1;i <= n;i ++ ){
        if(dis[i] < k&&vis[i] == 0&&dis[i] != 0){
            k = dis[i];
            s = i;
        }
    }
    dis[s] = k;
    return s;
}
void dijkstra(){
```

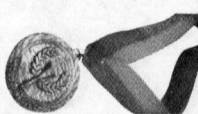

```
        for(int i = 1;i <= n;i ++ )
            if(a[4* (stt - 1) + 1][i] < dis[i]) dis[i] = a[4* (stt - 1) + 1][i];
        for(int i = 1;i <= n;i ++ )
            if(a[4* (stt - 1) + 2][i] < dis[i]) dis[i] = a[4* (stt - 1) + 2][i];
        for(int i = 1;i <= n;i ++ )
            if(a[4* (stt - 1) + 3][i] < dis[i]) dis[i] = a[4* (stt - 1) + 3][i];
        for(int i = 1;i <= n;i ++ )
            if(a[4* (stt - 1) + 4][i] < dis[i]) dis[i] = a[4* (stt - 1) + 4][i];
        while(1){
            int k = findmin();
            if(k == 0) return;
            vis[k] = 1;
            for(int i = 1;i <= n;i ++ )
                if(dis[i] > dis[k] + a[i][k]) dis[i] = dis[k] + a[i][k];
        }
    }
}
int main()
{
    int T;
    cin >> T;
    for(int ii = 1;ii <= T;ii ++ ){
        memset(a,0,sizeof(a));
        memset(dis,0,sizeof(dis));
        memset(vis,0,sizeof(vis));
        memset(d,0,sizeof(d));
        n = 0;
        cin >> s >> t >> stt >> fin;
        for(int i = 1;i <= s;i ++ ){
            cin >> d[4* (i - 1) + 1].x >> d[4* (i - 1) + 1].y >> d[4* (i - 1) + 2].x >>
                d[4* (i - 1) + 2].y >> d[4* (i - 1) + 3].x >> d[4* (i - 1) + 3].y >> d[4* (i - 1) + 1].t;
            d[4* (i - 1) + 2].t = d[4* (i - 1) + 1].t;
            d[4* (i - 1) + 3].t = d[4* (i - 1) + 1].t;
            d[4* (i - 1) + 4] = fdd(d[4* (i - 1) + 1],d[4* (i - 1) + 2],d[4* (i - 1) + 3]);
        }
        n = 4* s;
        for(int i = 1;i <= n;i ++ ){
            for(int j = 1;j <= n;j ++ ){
                if(i != j){
                    if(i - (i - 1)% 4 == j - (j - 1)% 4) a[i][j] = fdis(d[i].x,d[i].y,d[j].x,d[j].y,d[i].t);
                    else a[i][j] = fdis(d[i].x,d[i].y,d[j].x,d[j].y,t);
                }
```

```
                }
            }
            for(int i = 1;i <= 3;i ++ ){
                for(int j = 1;j <= 3;j ++ ){
                    a[4* (stt - 1) + i][4* (stt - 1) + j] = 0;
                }
            }
            for(int i = 1;i <= n;i ++ ) dis[i] = inf;
            dis[4* (stt - 1) + 1] = 0;dis[4* (stt - 1) + 2] = 0;
            dis[4* (stt - 1) + 3] = 0;dis[4* (stt - 1) + 4] = 0;
            vis[4* (stt - 1) + 1] = 1;vis[4* (stt - 1) + 2] = 1;
            vis[4* (stt - 1) + 3] = 1;vis[4* (stt - 1) + 4] = 1;
            dijkstra();
            float s1 = dis[4* (fin - 1) + 1],s2 = dis[4* (fin - 1) + 2];
            float s3 = dis[4* (fin - 1) + 3],s4 = dis[4* (fin - 1) + 4],ans;
            if(s1 > s2) s1 = s2;
            if(s3 > s4) s3 = s4;
            if(s1 > s3) ans = s3;
            else ans = s1;
            printf("% .1f\n",ans);
    }
    return 0;
}
```

6.对于 m = n - 1 的情况:把一个点能到达的点从小到大排序,贪心选取。

对于 m = n 的情况:因为 n 比较小,容易证明环上必有一边没被遍历到。枚举该边后删除之,按上述方法计算即可。参考程序如下:

```
#include < bits/stdc ++ .h >
#define inf 999999
using namespace std;
int m,n,p,q;
bool b[6000][6000];
int jump[6000][6000];
int cir[6000],pcir,flcir[6000],nt[6000],pnt,ffl,fcir;
int ans[6000],pans,plans,vis[6000],k[6000],nk,mi,mk,lans[6000];
void putin(){
    cin >> n >> m;
    for(int i = 1;i <= m;i ++ ){
        cin >> p >> q;
        b[p][q] = 1;
        b[q][p] = 1;
    }
```

```
        return;
    }
    void findcir(int x,int fa){
        if(flcir[x]&&cir[1] == 0){
            fcir = 1;
            cir[ ++ pcir] = x;
            return;
        }else if(flcir[x]) return;
        flcir[x] = 1;
        for(int i = jump[x][0];i! = 0;i = jump[x][i]){
            if(b[x][i]&&i! = fa&&i! = x){
                findcir(i,x);
                if(fcir&&x == cir[1]) fcir = 0;
                if(fcir){
                    cir[ ++ pcir] = x;
                    return;
                }
            }
        }
    }
    void dfs(int x){
        lans[ ++ plans] = x;
        vis[x] = 1;
        for(int i = jump[x][0];i! = 0;i = jump[x][i]){
            if(b[x][i]&&vis[i] == 0) dfs(i);
        }
        return;
    }
    bool xy(){
        for(int i = 1;i <= plans;i ++ ){
            if(lans[i] > ans[i]&&ans[i]! = 0) return 0;
            if(lans[i] < ans[i]) return 1;
        }
        return 1;
    }
    void getjump(){
        int lb;
        for(int i = 1;i <= n;i ++ ){
            lb = 0;
```

```
            for(int j = 1;j <= n;j ++ ){
                if(b[ i ][ j ]){
                    jump[ i ][ lb ] = j;
                    lb = j;
                }
            }
        }
    return;
}
int main()
{
    putin();
    getjump();
    if(m == n - 1){
        dfs(1);
        for(int i = 1;i <= plans;i ++ ) ans[ i ] = lans[ i ];
        pans = plans;
    }else{
        findcir(1,0);
        for(int i = 1;i < pcir;i ++ ){
            int tmp = b[ cir[ i ] ][ cir[ i + 1 ] ];
            b[ cir[ i ] ][ cir[ i + 1 ] ] = b[ cir[ i + 1 ] ][ cir[ i ] ] = 0;
            plans = 0;
            memset(vis,0,sizeof(vis));
            memset(lans,0,sizeof(lans));
            dfs(1);
            if(xy()){
                for(int i = 1;i <= plans;i ++ ) ans[ i ] = lans[ i ];
                pans = plans;
            }
            b[ cir[ i ] ][ cir[ i + 1 ] ] = b[ cir[ i + 1 ] ][ cir[ i ] ] = tmp;
        }
        int tmp = b[ cir[ n ] ][ cir[ 1 ] ];
        b[ cir[ n ] ][ cir[ 1 ] ] = b[ cir[ 1 ] ][ cir[ n ] ] = 0;
        plans = 0;
        memset(vis,0,sizeof(vis));
        memset(lans,0,sizeof(lans));
        dfs(1);
        if(xy()){
```

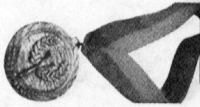

```
            for(int i = 1;i <= plans;i ++ ) ans[ i] = lans[ i];
            pans = plans;
        }
        b[ cir[ n] ][ cir[ 1] ] = b[ cir[ 1] ][ cir[ n] ] = tmp;
    }
    for(int i = 1;i <= pans;i ++ ) printf("% d ",ans[ i]);
    printf("\n");
    return 0;
}
```

习题八

一、选择题：CABCB　DBCCB　CC

二、填空题

1. 二叉搜索树,理想平衡树

2. 7,31

3. {12,63,36},{55,40,82},{23,74}

4. 稠密,稀疏

5. 1,0.4

6. 5

7. n/m

8. 线性探测再散列,二次探测再散列

9. 1 + log(N),N

10. 9,16

三、运算题

1. 顺序查找:12.5 二分查找:99/25 分块查找:6

2. 散列地址:6 10 3 11 9 3 12 7 5 5

平均长度:1.4

3. 散列地址:10 9 7 8 4 6 3 3 7 4

平均长度:1.3

4. 完全二叉树和大根堆如下图 1 与图 2 所示:

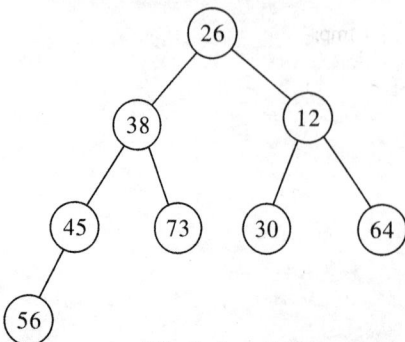

图1 完全二叉树　　　　图2 大根堆

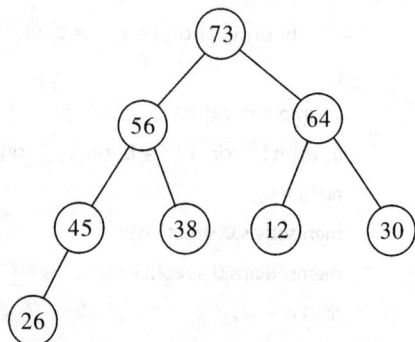

5. 删除后的二叉搜索树如图3所示:

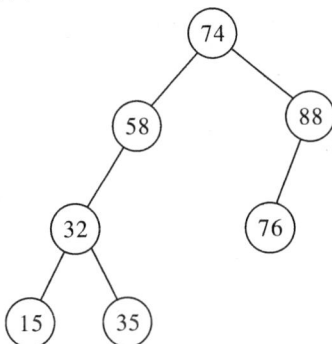

图3 二叉搜索树

四、上机编程题

1. 题略。

2. 参考程序如下:

```cpp
#include < bits/stdc ++ .h >
#define re register int
#define il inline
using namespace std;
const int inf = 1e9;
il int read(){
    char c = getchar();int z = 0,f = 1;
    while(c! = ' - '&&(c > '9' || c < '0')) c = getchar();
    if(c == ' - ') f = - 1,c = getchar();
    while(c >= '0'&&c <= '9') z = (z << 1) + (z << 3) + c - '0',c = getchar();
    return z* f;
}
il void gmx(int &x,int y){if(x < y) x = y;}
il void gmn(int &x,int y){if(x > y) x = y;}
const int    N = 1e5 + 5;
namespace SPLAY{
    int ch[ N ][ 2 ],fa[ N ];
    int tot,val[ N ],num[ N ],siz[ N ];
    #define root ch[ 0 ][ 1 ]
    #define lc ch[ o ][ 0 ]
    #define rc ch[ o ][ 1 ]
    il bool nrt(int o){return fa[ o ];}
    il int id(int o){return o == ch[ fa[ o ] ][ 1 ];}
    il void upd(int o){ siz[ o ] = siz[ lc ] + siz[ rc ] + num[ o ];}
    il void csh(){root = tot = 1;fa[ 1 ] = 0;val[ 1 ] = - inf;}
    il void psd(int o){return;}
    il void psa(int o){
        if(nrt(o)) psa(fa[ o ]);
        psd(o);
```

```
}
il void ct(int x,int y,int z){fa[x] = y;ch[y][z] = x;}
il void rot(int x){
    int y = fa[x],z = fa[y];
    int a = id(x),b = id(y);
    int w = ch[x][a^1];
    ct(x,z,b);
    ct(y,x,a^1);
    ct(w,y,a);
    upd(y);upd(x);
}
il void splay(int x,int to){
    to = fa[to];upd(x);
    for(psa(x);fa[x] != to;rot(x))
        if(fa[fa[x]] != to) rot(id(fa[x]) == id(x)? fa[x]:x);
}
il int ins(int &o,int v,int las = 0){
    if(val[o] == v) return num[o] ++ ,splay(o,root),o;
    if(!o) return o = ++ tot,ct(o,las,v > val[las]),val[o] = v,num[o] = 1,splay(o,root),o;
    return v > val[o]? ins(rc,v,o):ins(lc,v,o);
}
il int find(int o,int v){//保证存在
    if(val[o] == v) return o;
    return (val[o] > v? find(lc,v):find(rc,v));
}
il int lower(int v){
    int now = - inf,ret = 0;
    for(re o = root;o;val[o] < v? o = rc:o = lc)
        if(val[o] < v&&val[o] > now) now = val[o],ret = o;
    return ret;
}
il int upper(int v){
    int now = inf,ret = 0;
    for(re o = root;o;val[o] > v? o = lc:o = rc)
        if(val[o] > v&&val[o] < now) now = val[o],ret = o;
    return ret;
}
il void erase(int v){//保证存在
    int o = find(root,v);splay(o,root);
    if( -- num[o]) return;
    if(ch[lc][1]){
    int u = ch[lc][1];
        while(ch[u][1]) u = ch[u][1];
        splay(u,lc);
```

```
        }
        ct(rc,lc,1);ct(lc,0,1),upd(lc);
    }
    il int krank(int v){
        int o = find(root,v);
        return splay(o,root),siz[lc] + 1;
    }
    il int kth(int k){
        int o = root;
        for(;!(siz[lc] < k&&k <= siz[lc] + num[o]);)
            if(k > siz[lc] + num[o]) k - = siz[lc] + num[o],o = rc;
            else o = lc;
        return o;
    }
}
using namespace SPLAY;
int main ()
{
    int n = read();
    csh();
    int opt,x;
    while(n -- ){
        opt = read(),x = read();
        switch(opt){
            case 1:ins(root,x);break;
            case 2:erase(x);break;
            case 3:cout << krank(x) << '\n';break;
            case 4:cout << val[kth(x)] << '\n';break;
            case 5:cout << val[lower(x)] << '\n';break;
            case 6:cout << val[upper(x)] << '\n';break;
        }
    }
}
```

3.参考程序如下:

```
#include < bits/stdc ++ .h >
#define re register int
#define il inline
#define uit unsigned int
using namespace std;
const int inf = 1e9;
il int read(){
    char c = getchar();int z = 0,f = 1;
    while(c! = ' - '&&(c > '9' || c < '0')) c = getchar();
    if(c == ' - ') f = - 1,c = getchar();
```

```
        while(c >= '0'&&c <= '9') z = (z << 1) + (z << 3) + c - '0',c = getchar();
        return z* f;
    }
    int n,m,tot;
    const int N = 2e5 + 10;
    int c[N];
    il int lowbit(int x){return x& - x;}
    il int sum(int x){int ret = 0;while(x) ret += c[x],x -= lowbit(x);return ret;}
    il void add(int x,int y){while(x <= n) c[x] += y,x += lowbit(x);}
    struct Q{
        int l,r,k,op,id;
    }q[N << 1],q1[N << 1],q2[N << 1];
    int ans[N],a[N],cnt;
    il void solve(int l,int r,int L,int R){//L - R 关于询问 l - r 关于值域
        if(L > R) return;
        if(l == r) {
            for(re i = L;i <= R;i ++ ) if(q[i].op == 2) ans[q[i].id] = l;
            return;
        }
        int mid = l + r >> 1,cnt1 = 0,cnt2 = 0,x;
        for(re i = L;i <= R;i ++ )
            if(q[i].op == 1){
                if(q[i].l <= mid) q1[ ++ cnt1] = q[i],add(q[i].id,q[i].r);
                else q2[ ++ cnt2] = q[i];
            } else {
                x = sum(q[i].r) - sum(q[i].l - 1);
                if(q[i].k <= x) q1[ ++ cnt1] = q[i];
                else q[i].k -= x,q2[ ++ cnt2] = q[i];
            }
        for(re i = 1;i <= cnt1;i ++ )
            if(q1[i].op == 1) add(q1[i].id, - q1[i].r);
        for(re i = 1;i <= cnt1;i ++ ) q[L + i - 1] = q1[i];
        for(re i = 1;i <= cnt2;i ++ ) q[L + i + cnt1 - 1] = q2[i];
        solve(l,mid,L,L + cnt1 - 1);
        solve(mid + 1,r,L + cnt1,R);
    }
    int main ()
    {
        n = read(),m = read();int l,r,k;
        for(re i = 1;i <= n;i ++ ) a[i] = read(),q[ ++ cnt] = (Q){a[i],1,0,1,i};
        for(re i = 1;i <= m;i ++ ){
            char op;cin >> op;
            if(op == 'Q') l = read(),r = read(),k = read(),q[ ++ cnt] = (Q){l,r,k,2, ++ tot};
            else l = read(),r = read(),q[ ++ cnt] = (Q){a[l], - 1,0,1,l},q[ ++ cnt] = (Q){a[l] = r,1,0,1,l};
```

```
}
    solve( - inf,inf,1,cnt);
    for(re i = 1;i <= tot;i ++ ) cout << ans[ i ] << ' \n';
    return 0;
}
```

4.参考程序如下:

```
#include < bits/stdc ++ .h >
#define re register int
#define il inline
#define ll long long
using namespace std;
const int inf = 1e9;
il int read(){
    char c = getchar();int z = 0,f = 1;
    while(c! = ' - '&&(c > '9' | |c < '0')) c = getchar();
    if(c == ' - ') f = - 1,c = getchar();
    while(c >= '0'&&c <= '9') z = (z << 1) + (z << 3) + c - '0',c = getchar();
    return z* f;
}
const int N = 1e5 + 5;
int n,a[ N ],b[ N ],m,wz,d[ N ];
struct TREE{
    int sum[ N << 2 ],tag[ N << 2 ];
    #define lc o << 1
    #define rc o << 1 |1
    il void upd(int o){sum[ o ] = sum[ lc ] + sum[ rc ];}
    il void psd(int o,int l,int r){
        if(tag[ o ]! = - 1){
            tag[ lc ] = tag[ rc ] = tag[ o ];
            int mid = l + r >> 1;
            sum[ lc ] = (mid - l + 1)* tag[ o ];
            sum[ rc ] = (r - mid)* tag[ o ];
            tag[ o ] = - 1;
        }
    }
    il void build(int o,int l,int r){
        tag[ o ] = - 1;
        if(l == r){
        sum[ o ] = b[ l ];return;
        }
        int mid = l + r >> 1;
        build(lc,l,mid);
        build(rc,mid + 1,r);
        upd(o);
```

```
        }
        il void change(int o,int l,int r,int L,int R,int d){
                if(l > R || r < L) return;
                if(L <= l&&r <= R){
                        tag[o] = d;
                        sum[o] = d* (r - l + 1);
                        return;
                }
                psd(o,l,r);
                int mid = l + r >> 1;
                change(lc,l,mid,L,R,d);
                change(rc,mid + 1,r,L,R,d);
                upd(o);
        }
        il int ask(int o,int l,int r,int L,int R){
                if(l > R || r < L) return 0;
                if(L <= l&&r <= R) return sum[o];
                psd(o,l,r);
                int mid = l + r >> 1;
                return ask(lc,l,mid,L,R) + ask(rc,mid + 1,r,L,R);
        }
}t;
struct Q{
        int opt,l,r;
}q[N];
il bool judge(int mid){
        for(re i = 1;i <= n;i ++ ) b[i] = (a[i] >= mid);
        t.build(1,1,n);
        for(re i = 1,l,r,cnt;i <= m;i ++ ){
                l = q[i].l,r = q[i].r;
                cnt = t.ask(1,1,n,l,r);
                if(q[i].opt == 0)
                        t.change(1,1,n,r - cnt + 1,r,1),
                        t.change(1,1,n,l,r - cnt,0);
                else t.change(1,1,n,l,l + cnt - 1,1),t.change(1,1,n,l + cnt,r,0);
        }
        return t.ask(1,1,n,wz,wz) == 1;
}
int main ()
{
        n = read();m = read();
        for(re i = 1;i <= n;i ++ ) d[i] = a[i] = read();
        sort(d + 1,d + 1 + n);
        int tot = unique(d + 1,d + 1 + n) - d - 1;
```

```
        for(re i = 1;i <= m;i ++ )
            q[i].opt = read(),q[i].l = read(),q[i].r = read();
        wz = read();
        int ans = 0,L = 1,R = tot;
        while(L <= R){
            int mid = L + R >> 1;
            if(judge(d[mid])) ans = d[mid],L = mid + 1;
            else R = mid - 1;
        }
        cout << ans;
        return 0;
}
```

5.参考程序如下:

```
#include < bits/stdc ++ .h >
#define re register int
#define il inline
#define mid ((l + r) >> 1)
using namespace std;
const int inf = 1e9;
int read(){
    char c = getchar();int z = 0,f = 1;
    while(c! = ' - '&&(c > '9' || c < '0')) c = getchar();
    if(c == ' - ') f = - 1,c = getchar();
    while(c >= '0'&&c <= '9') z = (z << 1) + (z << 3) + c - '0',c = getchar();
    return z* f;
}
struct TREE{
    int l,r,prel,prer,sum,res;
}t[300005];
int mp[50005],a[50005];
void build(int k,int l,int r){
    t[k].l = l;t[k].r = r;
    if(l == r){
        t[k].res = t[k].prel = t[k].prer = a[l];
        t[k].sum = a[l];mp[l] = k;
        return;
    }
    build(k << 1,l,mid); build(k << 1 |1,mid + 1,r);
    t[k].sum = t[k << 1].sum + t[k << 1 |1].sum;
    t[k].prel = max(t[k << 1].prel,t[k << 1].sum + t[k << 1 |1].prel);
    t[k].prer = max(t[k << 1 |1].prer,t[k << 1 |1].sum + t[k << 1].prer);
    t[k].res = max(t[k << 1].res,t[k << 1 |1].res);
    t[k].res = max(t[k].res,t[k << 1].prer + t[k << 1 |1].prel);
}
```

```
il void change(int k){
    if(k == 0) return;
    t[k].sum = t[k << 1].sum + t[k << 1|1].sum;
    t[k].prel = max(t[k << 1].prel,t[k << 1].sum + t[k << 1|1].prel);
    t[k].prer = max(t[k << 1|1].prer,t[k << 1|1].sum + t[k << 1].prer);
    t[k].res = max(t[k << 1].res,t[k << 1|1].res);
    t[k].res = max(t[k].res,t[k << 1].prer + t[k << 1|1].prel);
    change(k >> 1);
}
il void cg(int x,int y){
    int k = mp[x];
    t[k].sum = y;
    t[k].res = t[k].prel = t[k].prer = y;
    hange(k >> 1);
}
il TREE ask(int k,int l,int r){
    if(t[k].l >= l&&t[k].r <= r) return t[k];
    int midd = t[k].l + t[k].r >> 1;
    if(r <= midd) return ask(k << 1,l,r);
    if(midd < l) return ask(k << 1|1,l,r);
    TREE L = ask(k << 1,l,r),R = ask(k << 1|1,l,r),ret;
    ret.sum = L.sum + R.sum;
    ret.prel = max(L.prel,L.sum + R.prel);
    ret.prer = max(R.prer,R.sum + L.prer);
    ret.res = max(L.prer + R.prel,max(L.res,R.res));
    return ret;
}
int n,q;
int main ()
{
    n = read();int t,x,y;
    for(re i = 1;i <= n;i ++ ) a[i] = read();
    build(1,1,n);
    q = read();
    while(q -- ){
        t = read(),x = read(),y = read();
        if(t){
            TREE ans = ask(1,x,y);x = ans.res;
            cout << x << '\n';
        }
        else cg(x,y);
    }
    return 0;
}
```

习题九

一、选择题：BBACC　DBDDC

二、填空题：

1. 插入,选择

2. 冒泡,归并

3. N/2,N - 1

4. $\log_2 n$,$n\log_2 n$

5. (38,46,56,79,40,84)

6. $n\log_2 n$,n^2

7. $\log_2 n$,n

8. (40,38,46,56,79,80)

9. 3,4

10. O(n),$n\log_2 n$,$n\log_2 n$

11. 5,4,8

三、上机编程题：

1. 参考程序如下：

```cpp
#include < bits/stdc ++ .h >
using namespace std;
#define EPS 1E - 10
#define MAX_N 1000
int n;
int x[ MAX_N ][ 8 ];
double avg[ 8 ];
double y[ MAX_N ][ 8 ];
struct Node{
    int ID;
    double sumy;
    int sum;
}player[ MAX_N ];
bool IsZero(double num){return fabs(num) < EPS;}
int cmp(const void * a,const void * b){
    Node * pa,* pb;
    pa = (Node * )a;pb = (Node * )b;
    if(!IsZero(pa -> sumy - pb -> sumy))
        return pb -> sumy - pa -> sumy > 0? 1: - 1;
    if(pa -> sum ! = pb -> sum)
        return pb -> sum - pa -> sum;
    return pa -> ID - pb -> ID;
}
int main()
{
```

```
        freopen("competition.in","r",stdin);
        freopen("competition.out","w",stdout);
        scanf("% d",&n);
        for(int i = 0;i < n;i ++ )
        for(int j = 0;j < 8;j ++ ){
            scanf("% d",&x[i][j]);
            avg[j] += x[i][j];
            player[i].sum += x[i][j];
        }
        for(int i = 0;i < 8;i ++ ) avg[i]/ = n;
        for(int i = 0;i < n;i ++ ){
            for(int j = 0;j < 8;j ++ ){
                double div = 0;
                for(int k = 0;k < n;k ++ ) div += fabs(x[k][j] - avg[j]);
                if(IsZero(div)) y[i][j] = 0;
                else{
                    div/ = n;
                    y[i][j] = (x[i][j] - avg[j])/div;
                }
            }
            player[i].sumy = y[i][0] + y[i][1] + y[i][2] + 0.8* (y[i][3] + y[i][4] + y[i][5] + y[i]
[6] + y[i][7]);
            player[i].ID = i + 1;
        }
        qsort(player,n,sizeof(Node),cmp);
        for(int i = 0;i < n;i ++ ) printf("% d\n",player[i].ID);
        return 0;
    }
```

2.和【例9 - 2】差不多。请参考例题去完成。

3.分析:

根据绝对值函数的特性,很容易得到简单的算法:

如果想要得到最小值,那么狐狸应该按某个顺序,比如从大到小或反之,来吃饼干,相反地,想要得到最大值,那么狐狸应该按照 大—小—大—小 地吃饼干。当然,能穿插着喝水是最好的。

考虑一下最小值计算答案的时候的式子:

$Min\{ \ |W - T1| + |T1 - T2| + \cdots + |Tn - 1 - Tn|, |W - Tn| + |Tn - Tn - 1| \cdots + |T2 - T1| \}$

由于这里的 Ti 是增序的(当然,降序也是等价的)

所以简单地分类讨论可以得到

$AnsMin = max\{W - T1,0\} + max\{Tn - W,0\}$

最大值没有什么求的手段,可以枚举从小到大和从大到小的 T,每次交替操作,比较最后答案的大小。

参考程序如下:

```
#include < bits/stdc ++ .h >
using namespace std;
typedef long long ll;
const int N = int(1e5) + 10;
int n,W,a[N]; ll ans1,ans2;
```

```
void Qsort(int * a,int l,int r){// quick sort
    if(l >= r) return;
    int x = a[(l + r)/2],i = l,j = r;
    while(i <= j){
        while(a[i] < x) i ++ ;
        while(a[j] > x) j -- ;
        if(i <= j) swap(a[i],a[j]),i ++ ,j -- ;
    }
    Qsort(a,l,j); Qsort(a,i,r);
}
void rev(){
    for(int i = 1;i + i <= n;i ++ )
        swap(a[i],a[n - i + 1]);
    // using std::reverse(a + 1,a + n + 1) is also correct
}
ll calc(){
    ll cur = 0; int lv = W;//current value,last value
    for(int i = 1,j; i <= n; lv = a[j],i ++ ){
        j = (i% 2) ? i/2 + 1 : n - i/2 + 1;
    cur += max(abs(a[j] - lv),abs(a[j] - W));
    // j is the position where ith operation happens
    // the current contribution is the maximum of { | a[j] - a[last] |,| a[j] - W |(drink first) }
    }
    return cur;
}
int main()
{
    scanf("% d% d",&n,&W);
    for(int i = 1;i <= n;i ++ )
        scanf("% d",&a[i]);
    Qsort(a,1,n);
    ans1 = max(0,W - a[1]) + max(a[n] - W,0);
    ans2 = calc(); rev(); ans2 = max(ans2,calc());
    printf("% lld % lld",ans1,ans2);
    return 0;
}
```

4.分析:

这题是与【例6 - 6】相同的试题,这里以另外一种方法来处理。

直接展开所需要优化的式子,有:

原式 = $\sum a_i^2 + \sum b_i^2 + 2\sum a_i * b_i$

前2项是定值,只要最小化最后一项。考虑排序不等式,a_i、b_i的相对顺序相同时使其最小化。(若没有接触过排序不等式,可以考虑磨光法:交换两项顺序不同的部分,可以发现其值在变小)现在只用计算使b的顺序变成a的顺序,需要移动多少步。

建立结构体,内含两个元素:val 和 id,分别对应 a[i]和 i,然后以 val 为关键字排序,从 id 中得到 a 数列的顺序:第一小的位置是 a[1].id,第二小的位置是 a[2].id,依此类推。同样地得到 b 原本的顺序。

考虑数列 q,满足 q[a[i].id] = b[i].id。考虑原本的要求:b 中第 i 大这个元素应该与 a 中第 i 大匹配,不过现在它在 q[i] 大这个位置。不难发现,升序数列就满足要求,而现在需要将 q 调整成合法的数列。换言之,一个乱序数列 q 需要通过冒泡排序,转化成升序数列,求最小需要的次数。

模拟及归纳可以得到,这个值等同于 q 数列的逆序对数。求逆序对数,通常使用树状数组或者归并排序实现。现给出归并排序的写法。

参考程序如下:

```
#include < bits/stdc ++ .h >
using namespace std;
typedef long long ll;
const int N = int(1e5) + 10,mo = int(1e8 - 3);
struct data{
    int val,id;
}a[N],b[N];
int n,q[N]; ll res;
void Qsort(data * a,int l,int r){ // quick sort
    if(l >= r) return;
    int x = a[(l + r)/2].val,i = l,j = r;
    while(i <= j){
        while(a[i].val < x) i ++ ;
        while(a[j].val > x) j -- ;
        if(i <= j) swap(a[i],a[j]),i ++ ,j -- ;
    }
    Qsort(a,l,j); Qsort(a,i,r);
}
int bit[N]; // binary index tree
int lowbit(int x){ return x& - x; }
void add(int x){ for(;x <= n;x += lowbit(x)) bit[x] ++ ; }
int ask(int x){ int v = 0; for(;x;x -= lowbit(x)) v += bit[x]; return v; }
int main()
{
    //input
    scanf("% d",&n);
    for(int i = 1;i <= n;i ++ )
        scanf("% d",&a[i].val),a[i].id = i;
    for(int i = 1;i <= n;i ++ )
        scanf("% d",&b[i].val),b[i].id = i;
    //sort a & b
    Qsort(a,1,n); Qsort(b,1,n);
    //build array "q"
    for(int i = 1;i <= n;i ++ )
    q[a[i].id] = b[i].id;
    //count
    for(int i = n;i >= 1;i -- )
    res += ask(q[i]),add(q[i]);
    //output
```

```
        cout << res% mo;
        return 0;
}
```

综合测试

10.1　综合测试一

一、填空题(32 分)

1. (3 分) 顺序查找,二分查找,索引查找。

2. (5 分) 有穷性,确定性,有效性,有 0 个或多个输入,有 1 个或多个输出。

3. (3 分) 1:1,1:n,n:m。

4. (4 分) 先进先出,R + 1,F,F

5. (5 分) ABC,ACB,BAC,BCA,CBA。

6. (4 分) $- / * 3 + 5$ X Y Z, 3 5 X $+ *$ Y / Z $-$ 。

7. (4 分) 深度优先遍历: $V_A \longrightarrow V_B \longrightarrow V_D \longrightarrow V_F \longrightarrow V_C \longrightarrow V_E$ 。

广度优先遍历: $V_A \longrightarrow V_B \longrightarrow V_C \longrightarrow V_F \longrightarrow V_D \longrightarrow V_E$ 。

8. (4 分) 拓扑序列: $V_2 \longrightarrow V_5 \longrightarrow V_7 \longrightarrow V_1 \longrightarrow V_4 \longrightarrow V_3 \longrightarrow V_6 \longrightarrow V_8$ 。

二、证明题(8 分)

证明:

① 树的结点总数 n 为: $n = n_0 + n_1 + n_2 + \cdots + n_m$

② 设 B 为树中总的分枝数目。由于树中除根结点外,其余结点都有一个分枝进入,所以:

$B = n - 1$ 即 $n = B + 1$

而这些分枝只能由度数为 1、度数为 2、…、度数为 m 的结点发出,所以:

$B = n_1 + 2 * n_2 + 3 * n_3 + \cdots + m * n_m$

于是得: $n = n_1 + 2 * n_2 + 3 * n_3 + \cdots + m * n_m + 1$

③ 结合①②得到:

$n_0 + n_1 + n_2 + \cdots + n_m = n_1 + 2 * n_2 + 3 * n_3 + \cdots + m * n_m + 1$

$\therefore n_0 = 1 + \sum\limits_{i=1}^{m} (i - 1) * n_i$ 。

三、程序填空(60 分,每空 3 分)

1. ① i = a[0].j
   ② j = a[0].i
   ③ t! = 0
   ④ col = a[k].j
   ⑤ pot[col] = pot[col] + 1

2. ① i < n - 1
   ② (r[j].data < m1&&r[j].tag == 0)
   ③ (r[j].data < m2&&r[j].tag == 0)
   ④ r[x1].tag = 1
   ⑤ r[x2].tag = 1

3. ① int i = 1;i < nv;i ++
   ② (lowcost[j] < min&&lowcost[j]!= 0)
   ③ k = j
   ④ lowcost[k] = 0

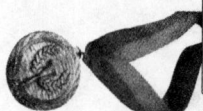
⑤cost[k][j] < lowcost[j]

4. ①top

②i ++

③!d[to[j]]

④to[j]

⑤i < n

10.2 综合测试二

一、选择题(30分,每题2分)

题号	1	2	3	4	5	6	7	8	9	10	11	12	13	14	15
答案	D	D	D	A	D	B	A	A	D	A	A	C	C	A	B

二、判断题(10分,每题1分)

题号	1	2	3	4	5	6	7	8	9	10
答案	×	×	×	√	√	×	√	×	×	×

三、填空题(20分,每题2分)

1. top = 0   top = maxsize

2. 出度

3. 插入排序   快速排序

4. 这棵二叉树如图4所示:

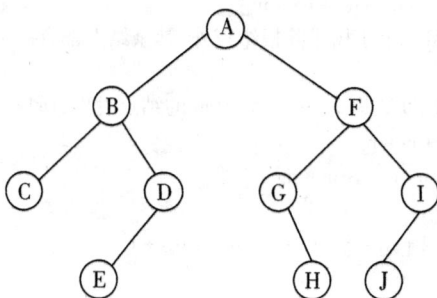

图4 二叉树

5. WPL = 299 哈夫曼树如图5所示:

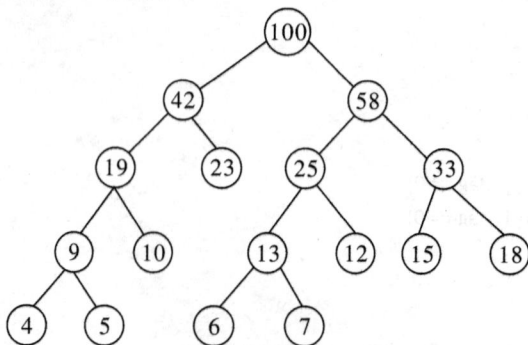

图5 哈夫曼树

6. n(n−1)/2

7. n(n − 1)

8. n − 1

9. 2

10. 前序序列:ABDFKICEHJG

中序序列:DBKFIAHEJCG

后序序列:DKIFBHJEGCA

这棵二叉树如图 6 所示:

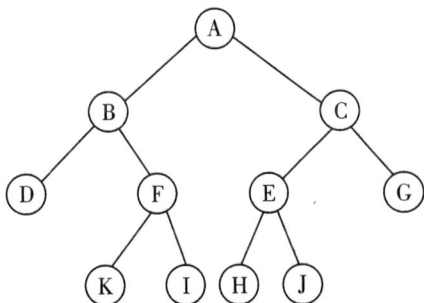

图 6　二叉树

四、程序填空(40 分,每空 2 分)

1. ①!visited[i]

②a[b[k]][i] = i

③b[k + 1] = 1

④visited[i] = 0

2. ①c.len = 0

②c.digits[i] = 0

③x = c.digits[ic] + a.digits[ia] * b.digits[ib] + r

④ic ++

⑤c.digits[ic] = r

⑥c.sign = a.sign * b.sign

3. ①ch[i].count = 0

②ch[i].head = 0

③edge[i].link = ch[u].head

④ch[u].head = i

⑤top! = 0

⑥i ++ 或 i = i + 1

⑦T! = 0

⑧k = t^num

⑨stack[top] = k;

⑩T = edge[T].link

10.3　综合测试三

一、表达式转换

分析:

首先介绍表达式树的概念:对于每一个四则运算表达式,都可以转化成一棵表达式树。转化的方法是:

053

（1）如果表达式中只有一个数（没有算符），则根结点就是这个数；

（2）如果表达式中有算符，则找出最后运算的算符作为根结点，把这个算符左边的部分建成左子树，右边的部分建成右子树。

建立表达式树有什么好处呢？可以发现，对表达式树中序遍历就能得到中缀表达式，对表达式树后序遍历就能得到后缀表达式。因此本题中我们只要建立表达式树，然后进行后序遍历即可。

参考程序如下：

```cpp
#include < cstring >
#include < iostream >
#include < cstdlib >
#include < cstdio >
#include < algorithm >
#include < cmath >
using namespace std;
int mode;
string expression;
void solve0(string expre){
    int len,i,p,q,bracket;
    string tmp;
    bool mark;
    len = expre.size();
    if (len == 1) {
        cout << expre;
        return;
    }
    bracket = 0;p = - 1;q = - 1;mark = true;
    for (i = 0;i < len;i ++ ){
        if (expre[i] == '(')   bracket ++ ;
        if (expre[i] == ')')   bracket -- ;
        if ((bracket == 0)&& (i!= len - 1)) mark = false;
        if ((bracket == 0) && ((expre[i] == ' + ')|| (expre[i] == ' - '))) p = i;
        if ((bracket == 0) && ((expre[i] == '* ' )|| (expre[i] == '/'))) q = i;
    }
    if (mark) {
        tmp.assign(expre,1,len - 2);
        solve0(tmp);
        return;
    }
    if (p >= 0) i = p;
        else i = q;
    tmp.assign(expre,0,i);
    solve0(tmp);
    tmp.assign(expre,i + 1,len - i - 1);
    solve0(tmp);
    cout << expre[i];
}
```

```
void solve1(string expre){
    int len,i,count;
    string tmp;
    bool mark;
    expre = " " + expre,len = expre.size() - 1;
    if (len == 1) {
        cout << expre.substr(1,len);
        return;
    }
    count = 0;
    for (i = len - 1;i >= 1;i -- ){
        if ((expre[i] >= 'a')&&(expre[i] <= 'z')) count ++ ;
            else count -- ;
        if (count == 1) break;
    }
    tmp.assign(expre,1,i - 1);
    if (((expre[len] == '*')||(expre[len] == '/'))&&((expre[i - 1] == '+')||(expre[i] == '-')))
mark = true;
        else    mark = false;
    if (mark) cout << '(';
    solve1(tmp);
    if (mark) cout << ')';
    cout << expre[len];
    tmp.assign(expre,i,len - i);
    if(((expre[len - 1] < 'a')||(expre[len - 1] > 'z'))&&
        (expre[len] == '*'||expre[len] == '/'||expre[len - 1] == '+'||expre[len - 1] == '-')) mark =
true;
        else    mark = false;
    if (mark)    cout << '(';
    solve1(tmp);
    if (mark) cout << ')';
}
int main()
{
    freopen("change.in","r",stdin);
    freopen("change.out","w",stdout);
    cin >> mode;    cin >> expression;
    if (mode == 0) solve0(expression);
    if (mode == 1) solve1(expression);
    return 0;
}
```

二、约瑟夫问题

分析:

算法很简单:按顺序数 m 个人,把最后一个人标记为坏人再删掉,重复 n 次即可。

最普通的解法的就是线性表"查找"法,有两种实现方法:

用顺序存储结构实现。用数组记录当前所有未被处死的人原来的位置,初始值为1..2n。

可根据前一个被处死的人在数组中的位置(即下标)直接定位,找到下一个应该被处死的人在数组中的位置,然后删去,并将它后面的元素全部前移一次。

用链式存储结构实现。用链表记录当前所有未被处死的人原来的位置,初始值为1..2n。每处死一个人后,只要将这个结点直接从链表中删去即可,然后指针后移(m−1)次,找到下一个应该被处死的人。

以上两种方法都十分简明,但缺点是效率太低。于是可以改进解法,"优化直接定位"法。

总体思想就是在较好地实现"直接定位"的基础上,尽量避免大规模的元素移动。

设计出的数据结构如图7所示,其中group表示将原来的数据分为几段存储,每一段的开头记下的amount值表示此段中现有元素的个数。随程序的运行,amount值是不断减小的。

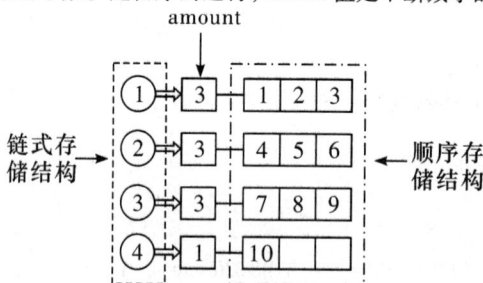

图7 链式存储示意图

这种结构可以看作是链式存储结构和顺序存储结构结合的产物,兼具这两种存储结构的优点。运用了这种存储结构后,程序效率显著提高。

参考程序如下:

```cpp
#include < iostream >
#include < cstdio >
#include < cstring >
#include < algorithm >
#include < cmath >
#define File(s) freopen(s".in","r",stdin),freopen(s".out","w",stdout)
#define maxn 60010
using namespace std;
int n,m,K,tot;
int le[ maxn ],ri[ maxn ],siz[ maxn ];
bool w[ maxn ];
int main()
{
    File("joseph");
    scanf("% d % d",&n,&m);
    n <<= 1; K = (int)sqrt(n);
    tot = n/K + (n% K! = 0);
    memset(w,1,sizeof(w));
    for(int i = 0;i < tot;i ++ ){
        le[ i ] = i* K;
        ri[ i ] = min(n,(i + 1)* K) - 1;
        siz[ i ] = ri[ i ] - le[ i ] + 1;
    }
    int now = - 1,nk = 0;
```

```
    for(int i = 1,x;i <= n/2;i ++ ){
        x = m;
        while(now < ri[nk] && x){
            now ++ ;
            x - = w[now];
        }
        if(now == ri[nk] && x) {
            nk ++ ;
            nk% = tot;
        }
        while(x > siz[nk]){
            now = ri[nk];
            x - = siz[nk];
            nk ++ ;
            nk% = tot;
        }
        if(now == n - 1) now = - 1;
        while(now <= ri[nk] && x){
            now ++ ;
            x - = w[now];
        }
        w[now] = 0; siz[nk] -- ;
    }
    for(int i = 0;i < n;i ++ )
        putchar(w[i]?'G':'B');
    return 0;
}
```

三、多项式加法

分析:

多项式加法的法则是将指数相同的项合并,合并后指数不变,系数为原来两项的系数之和。如果某个多项式没有某一指数的项,则可认为其系数为0。本题中系数范围在 0 到 100 之内,因此可以设立一个 $0\cdots100$ 的数组 count,count[i]表示指数为 i 的项的和。初始时 count[i] = 0,此后每读到一组 ax^b 中的 a,b,就 count[b]←count[b] + a。最后将结果输出即可。

但是输出各项时要注意一些规则:指数为 0 的项后面不跟 x;指数大于 0 系数为 0 的项不输出;指数和系数都为 0 要输出 0;当后一项的系数为负数时,连接两项要用减号并把后一项的系数取正。

参考程序如下:

```
#include < iostream >
#include < cstdlib >
#include < cstdio >
#include < algorithm >
using namespace std;
int a,b,l;
intCount[105];
bool mark;
int main()
```

```
{
    freopen("plus.in","r",stdin); freopen("plus.out","w",stdout);
    while (scanf("% d % d",&a,&b)! = EOF) Count[b] += a;
    for (i = 100;i >= 0;i -- )
        if (Count[i]) {
            if ((mark)&&(Count[i] > 0)) cout << '+';
            if (Count[i] < 0)cout << '-' << abs(Count[i]);
            mark = true;
            if ((i == 0) || (Count[i] > 1)) cout << Count[i];
            if (i > 0) {
                cout << 'x';
                if (i > 1) cout << i;
            }
        }
    if (!mark) cout << 0;
    return 0;
}
```

四、循环队列

分析：

首先我们要知道溢出有两种形式：上溢出和下溢出。上溢出是在队列已满时插入元素，下溢出是在队列已空时删除元素。显然，

当 t1 = t2 时，队列不会溢出；

当 t1 < t2 时，队列将上溢出；

当 t1 > t2 时，队列将下溢出。

我们分别处理这三种情况。

当 t1 = t2 时不需要处理；

当 t1 < t2 时，显然当某次插入元素时队列会上溢出，即需取到最小的 x，使得 $x - \lfloor \frac{t1 * x}{t2} \rfloor + 1 > n$；

当 t1 > t2 时，显然当某次删除元素时队列会下溢出，继续取到最小的 x，使得 $x - \lfloor \frac{t2 * x}{t1} \rfloor > 1$。

直接解这两个不等式颇需要费一番工夫，但幸运的是，不等式的左边随着 x 的增大单调变化，因此只需要二分枚举 x 的取值即可。

参考程序如下：

```
#include < bits/stdc ++ .h >
using namespace std;
int n,t1,t2,answer;
void solve1(){
    int st,ed,mid;
    st = 1;ed = 10000000;
    while (st <= ed){
        mid = (st + ed) /2;
        if (mid == 7) cout << endl;
        if (mid - mid*  t1/t2 + 1 > n) {
            ed = mid - 1;
            if (answer > mid) answer = mid;
```

```
        }
        else st = mid + 1;
    }
}
void solve2(){
    int st,ed,mid;
    st = 1;ed = 10000000;
    while (st <= ed){
        mid = (st + ed) /2;
        if (mid - mid* t2/t1 > 1){
            ed = mid - 1;
            if (answer > mid) answer = mid;
        }
        else st = mid + 1;
    }
}
int main()
{
    freopen("queue.in","r",stdin); freopen("queue.out","w",stdout);
    cin >> n >> t1 >> t2;
    answer = 10000000;
    if (n == 0) answer = 0;
        else if (t1 < t2) solve1();
                elseif (t1 > t2) solve2();
    if (answer == 10000000) cout << "NO";
        else cout << answer;
    return 0;
}
```

10.4   综合测试四

一、后序遍历

分析：

前序遍历的特点是按照根结点、左子树、右子树的顺序遍历；中序遍历的特点是按照左子树、根结点、右子树的顺序遍历。因此如果知道前序遍历，则可知道根结点，然后找到根结点在中序遍历中的位置，左边的就是左子树，右边的就是右子树，递归处理即可。

参考程序如下：

```
#include < bits/stdc ++ .h >
using namespace std;
string preorder,midorder;
void slove(int l,int r,int st){
    int i;
    if (l > r) return;
    i = l;
    while (midorder[i] ! = preorder[st]) i = i + 1;
    solve(l,i - 1,st + 1);
```

```
        solve(i + 1,r,st + i - l + 1);
        cout << preorder[st];
    }
    int main()
    {
        freopen("back.in","r",stdin); freopen("back.out","w",stdout);
        cin >> preorder;
        cin >> midorder;
        solve(1,midorder.size(),1);
        return 0;
    }
```

二、子结点数

分析：

本题要求模拟将 n 个结点插入二叉树，然后算出每个结点左子树和右子树的结点数。由于这是一棵 BST，并且插入顺序一定，所以树的形态也是一定的。BST 的插入在上文已有详细的描述，在此略去，只考虑结点数计算的问题。每个子树的结点数可用下列递推式计算：$Sum_{node} = Sum_{lch} + Sum_{rch}$，显然这个递推式需要自底向上计算，每个结点只需要计算一次。

参考程序如下：

```
#include < bits/stdc ++ .h >
using namespace std;
int n,i,p;
int key[1000],sum[1000],lchild[1000],rchild[1000];
int main()
{
    freopen("node.in","r",stdin); freopen("node.out","w",stdout);
    cin >> n;
    for (i = 1;i <= n;i ++ ){
        cin >> key[i];
        if (i > 1) p = 1;
        while (p > 0){
            if (key[i] < key[p]) {
                if(lchild[p] == 0) {
                    lchild[p] = i;
                    break;
                }
                else   p = lchild[p];
            }
            else {
                if (rchild[p] == 0) {
                rchild[p] = i;
                break;
                } else   p = rchild[p];
            }
        }
    }
}
```

```
for (i = n;i >= 1;i -- ){
    sum[i] = 1;
    if (lchild[i] > 0) sum[i] += sum[lchild[i]];
    if (rchild[i] > 0) sum[i] += sum[rchild[i]];
}
for (i = 1;i <= n;i ++ )
        cout << sum[lchild[i]] << ' ' << sum[rchild[i]] << endl;
    return 0;
}
```

三、圣诞节快乐

分析：

实际上题目的输入就是输出，但是要求的顺序不同。输出要求对所有的二元组(A_i, B_i)进行 B 优先 A 次优先的排序。直接调用快速排序可以在 $O(L \log_2 L)$ 的时间内解决，但是输入是按照 A 优先 B 次优先给出的，因此我们用线性算法。

首先我们统计出满足 $B_i = j$ 的 i 的二元组数目 sum_j，显然这 sum_j 个二元组的位置是连续的。可以用递推式 $st_1 = 0$, $st_j = ed_{j-1} + 1$, $ed_j = st_j + sum_j - 1$ 计算出所有 $B_i = j$ 的起始和结束位置。设立若干指针 $pointer_j$，代表满足 $B_i = j$ 的 i 的二元组将要插入的位置。然后开始插入二元组，A_i 小的优先，将其插到 $pointer_{B_i}$ 所指的位置，再将 $pointer_{B_i}$ 加 1。

参考程序如下：

```
#include < bits/stdc ++ .h >
using namespace std;
int n,m,i,l,j;
int a[15000],b[15000],sum[15000],st[15000],ed[15000],pointer[15000],data[15000];
int main()
{
    freopen("noel.in","r",stdin); freopen("noel.out","w",stdout);
    cin >> n >> m >> l;
    for (i = 1;i <= l;i ++ ){
        cin >> a[i] >> b[i];
        sum[b[i]] ++ ;
    }
    st[1] = 1;ed[1] = sum[1];
    for (i = 2;i <= m;i ++ ){
        st[i] = ed[i - 1] + 1;
        ed[i] = st[i] + sum[i] - 1;
    }
    for( i = 1;i <= m;i ++ ) pointer[i] = st[i];
    for (i = 1;i <= l;i ++ ){
        j = b[i];
        data[pointer[j]] = a[i];
        pointer[j] ++ ;
    }
    for (i = 1;i <= m;i ++ )
        for (j = st[i];j <= ed[i];j ++ )
            cout << i << ' ' << data[j] << '\n';
```

```
        return 0;
    }
```

四、公路修建

分析：

先注意到规则 2，可以证明这种情况绝对不会出现。设 k 个点 A_1，A_2，A_3，$\cdots$，A_k 形成环，也就是 A_1 要求建立 A_1A_2，A_2 要求建立 A_2A_3，$\cdots$，A_k 要求建立 A_kA_1。则必有 $A_1A_2 > A_2A_3 > \cdots > A_kA_1$，产生矛盾，所以这种情况不会出现。

此后可以用克鲁斯卡尔的思想证明修建方案必然是最小生成树。每次找到一条最短的边，如果此边连接的两个点已连通，那么根据上文不会出现环的证明，此边必然不被选择。而如果这条边连接的两个点未连通，由于这条边是当前最短的边，则必然被选择。

因此我们只需要求最小生成树，由于是平面点集的最小生成树，为了不存储所有的边，可以考虑用普里姆算法求解。

本题关键在规则 2 看似与最小生成树矛盾，看出其不成立，问题便迎刃而解。

参考程序如下：

```cpp
#include < bits/stdc ++ .h >
using namespace std;
int x[5000],y[5000],n;
float answer,shortest[5000];
bool visited[5000];
void mainmm(){
    intl,p,j;
    float tmp,min;
    for( i = 2;i <= n;i ++ ) shortest[i] = 1e20;
    for( i = 1;i <= n;i ++ ){
        min = 1e22;
        for (j = 1;j <= n;j ++ )
            if(!visited[j] && min > shortest[j]){
                p = j;
                min = shortest[j];
            }
        visited[p] = true;
        answer = answer + sqrt(min);
        for (j = 1;j <= n;j ++ ) if (!visited[j]){
            tmp = (x[p] - x[j])* (x[p] - x[j]) + (y[p] - y[j])* (y[p] - y[j]);
            if (shortest[j] > tmp) shortest[j] = tmp;
        }
    }
}
int main()
{
    freopen("road.in","r",stdin);
    freopen("road.out","w",stdout);
    int i;
    cin >> n;
    for (i = 1;i <= n;i ++ )
```

```
        cin >> x[ i ] >> y[ i ];
    mainmm();
    printf("% .2lf",answer);
    return 0;
}
```

10.5 综合测试五

一、区间操作

分析：

带修改区间第 k 小是一个很经典的问题,有一个常见的解法是树状数组套主席树,因为这题是 t1,为了防止大家写得太累了,所以卡掉了这种做法(不知道有没有卡掉),题解采用整体二分实现。

把初始值也当作修改操作,然后对于每个修改操作做类似扫描线的处理,即拆为"第 i 位在时间 t 加入一个数"和"第 i 位在时间 t 删除一个数"的形式。

将所有操作按时间轴排序,设 $sol(l,r,L,R)$ 表示操作区间 $[L,R]$ 中询问的答案和修改的数字都在值域 $[l,r]$ 内时的状态,如果 $l=r$,直接统计答案即可,否则找出 $mid=\dfrac{L+R}{2}$,然后从左到右扫描所有操作。

如果是询问操作,则查询该操作所询问的区间中小于等于 mid 的数的个数,如果个数大于等于该询问的 k,则该询问的答案在左区间中,于是将它扔进 $sol(l,mid,L,\cdots)$ 的操作中,否则将其扔进 $sol(mid+1,r,\cdots,R)$ 的操作中(打省略号是因为分界点还不确定)。

如果不是询问操作,对它所加入/删除的值进行分类,如果值小于 mid,则将该操作对应的位置 +1 或 −1(取决于该操作是加入数字还是删除数字),并扔进 $sol(l,mid,L,\cdots)$ 的操作中,否则扔进 $sol(mid+1,r,\cdots,R)$ 的操作中。

以上单点加、区间查的操作可以用树状数组实现,扔进不同的 sol 时由于是从左往右扫的,所以可以用类似归并的方式保持时间轴有序,注意做完 sol 后要清空树状数组/线段树,这可以直接将操作反着做一遍来实现。一共会递归 $\log_2 v$ 层(v 是值域),每层会有一共 $O(n+q)$ 次区间修改操作,每次修改复杂度 $O(\log_2 n)$,然后再做一次离散化,把值域降到 $O(n+q)$,则总时间复杂度是 $O((n+q)\log_2^2(n+q))$,空间复杂度为 $O(n+q)$。

参考程序如下：

```
#include < bits/stdc ++ .h >
#define lb(x) (x & ( - x))
#define getchar()(p1 == p2 && (p2 = (p1 = buf) + fread(buf,1,1 << 21,stdin),p1 == p2) ? EOF : * p1 ++ )
using namespace std;
const int N = 3e5 + 5;
char buf[1 << 23],* p1 = buf,* p2 = buf;
int a[N],n,m,cl,cl1,num[N],ans[N << 2 | 1];
int lis[N + N];
struct aa {
    int typ,l,r,fl,k;
} xl[N << 2 | 1],lp[N << 2 | 1];
int read() {
    int res = 0,fl = 0;
    char a = getchar();
    while (a < '0' || a > '9') fl | = a == ' - ',a = getchar();
    while (a >= '0' && a <= '9') res = res* 10 + a - '0',a = getchar();
    return fl ? - res : res;
```

```
        }
        void add(int x,int fl) {
            for (; x <= n; x += lb(x)) num[x] += fl;
        }
        int ask(int x) {
            int res = 0;
            for (; x; x -= lb(x)) res += num[x];
            return res;
        }
        void sol(int l,int r,int ll,int lr) {
            if (l == r)
                while (ll <= lr)
                    if (xl[ll ++ ].typ)
                        ans[xl[ll - 1].fl] = lis[l];
            if (ll > lr)
                return;
            int pl = ll - 1,pr = lr + 1,mid = l + r >> 1,lg = 0,i;
            for (i = ll; i <= lr; i ++ )
                if (xl[i].typ)
                    (lg = (ask(xl[i].r) - ask(xl[i].l - 1))) >= xl[i].k ? lp[ ++ pl] = xl[i] : (xl[i].k -= lg,lp[ -- pr]
= xl[i]);
                else
                    xl[i].k <= mid ? (add(xl[i].l,xl[i].fl),lp[ ++ pl] = xl[i]) : lp[ -- pr] = xl[i];
            for (i = ll; i <= lr; i ++ )
                if (!xl[i].typ && xl[i].k <= mid)
                    add(xl[i].l, - xl[i].fl);
            for (i = ll; i <= pl; i ++ ) xl[i] = lp[i];
            for (i = pr; i <= lr; i ++ ) xl[i] = lp[lr - i + pr];
            sol(l,mid,ll,pl),sol(mid + 1,r,pr,lr);
        }
        int ld(int x) {
            int res = 0,i;
            for (i = 18;  ~ i; i -- )
                if (res + (1 << i) <= lis[0] && lis[res + (1 << i)] <= x)
                    res += 1 << i;
            return res;
        }
        int main() {
            freopen("a.in","r",stdin);
            freopen("a.out","w",stdout);
            int i,j;
            n = read(),m = read();
            for (i = 1; i <= n; i ++ ) xl[ ++ cl] = aa{ 0,i,i,1,lis[ ++ lis[0]] = a[i] = read() };
            for (i = 1; i <= m; i ++ ) {
                char c = getchar();
```

```
            while (c! = 'Q' && c! = 'C') c = getchar();
            int l,r,k,x;
            if (c == 'C')
                    x = read(),xl[ ++ cl] = aa{ 0,x,x, - 1,a[ x] },lis[ ++ lis[ 0] ] = a[ x] = read(),
                    xl[ ++ cl] = aa{ 0,x,x,1,a[ x] };
            else
                    l = read(),r = read(),k = read(),xl[ ++ cl] = aa{ 1,l,r, ++ cl1,k };
    }
    sort(lis + 1,lis + lis[ 0] + 1);
    for (i = 1; i <= cl; i ++ )
            if (!xl[ i].typ)
                    xl[ i].k = ld(xl[ i].k);
    sol(1,lis[ 0],1,cl);
    for (i = 1; i <= cl1; i ++ ) cout << ans[ i] << '\n';
    return 0;
}
```

二、世界树

分析：

看到多组询问,且 $\sum m_i \leqslant 3 \times 10^5$,容易想到建立虚树。

在对关键点建出虚树后,预处理出虚树上每个点被谁控制以及控制点到它的距离,这一部分是 $O(\sum m_i)$ 的。

对于虚树上每条边,如果它的两端点被同一个关键点控制,显然这条边上的点以及这些点连接的不在虚树上的点都被这个关键点所控制,设这条边两端点为 u,v,且 $dep_u \leqslant dep_v$,且控制这两个端点的关键点为 x,则让 $ans_x += siz_u - siz_v$。

如果这条边的两端点不被同一关键点控制,则找出这条"边"分归上下两端点的分界点,然后用上述方法计算即可。

快速找出 k 级祖先可以用倍增,也可以用长链剖分做到 $O(n)$,建虚树的复杂度是 $O(n\log_2 n)$ 的,总复杂度 $O(n\log_2 n)$。

参考程序如下：

```
#include < bits/stdc ++ .h >
#define getchar() (p1 == p2 && (p2 = (p1 = buf) + fread(buf,1,1 << 21,stdin),p1 == p2) ? EOF : * p1 ++ )
#define pb push_back
using namespace std;
const int N = 3e5 + 5,inf = 1e9;
char buf[ 1 << 23],* p1 = buf,* p2 = buf;
int fst[ N],nxt[ N + N],u[ N + N],v[ N + N],tot;
int n,m,q,a[ N],A[ N],st[ N],tp;
int fl[ N],mi[ N],dd[ N],ans[ N];
int ff[ N] [20],dep[ N],siz[ N],dfn[ N],cl;
vector < int > e[ N];
int read() {
    int res = 0,fl = 0;
    char a = getchar();
    while (a < '0' || a > '9') fl |= a == ' - ',a = getchar();
    while (a >= '0' && a <= '9') res = res* 10 + a - '0',a = getchar();
```

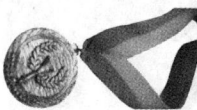

```
            return fl ? - res : res;
        }
        void add(int lu,int lv) {
            u[ ++ tot] = lu,v[tot] = lv,nxt[tot] = fst[lu],fst[lu] = tot;
            u[ ++ tot] = lv,v[tot] = lu,nxt[tot] = fst[lv],fst[lv] = tot;
        }
        void dfs1(int lx) {
            siz[lx] = 1,dfn[lx] = ++ cl;
            for (int i = fst[lx]; i; i = nxt[i])
                if (v[i] != ff[lx][0]) {
                    dep[v[i]] = dep[lx] + 1,ff[v[i]][0] = lx;
                    for (int j = 1; j < 20; j ++ ) ff[v[i]][j] = ff[ff[v[i]][j - 1]][j - 1];
                    dfs1(v[i]),siz[lx] += siz[v[i]];
                }
        }
        int lca(int la,int lb) {
            if (dep[la] > dep[lb])
                swap(la,lb);
            for (int i = 19; ~ i; i -- )
                if (dep[ff[lb][i]] >= dep[la])
                    lb = ff[lb][i];
            if (la == lb)
                return la;
            for (int i = 19; ~ i; i -- )
                if (ff[la][i] != ff[lb][i])
                    la = ff[la][i],lb = ff[lb][i];
            return ff[la][0];
        }
        int gt(int la,int lb) {
            for (int i = 19; ~ i; i -- )
                if (lb & (1 << i))
                    la = ff[la][i],lb -= (1 << i);
            return la;
        }
        void dfs2(int lx) {
            if (fl[lx])
                mi[lx] = lx,dd[lx] = 0;
            else
                mi[lx] = 0,dd[lx] = inf;
            for (int i = e[lx].size() - 1,v; ~ i; i -- ) {
                v = e[lx][i],dfs2(v);
                int pa = dd[v] + dep[v] - dep[lx];
                if (pa < dd[lx] || pa == dd[lx] && mi[v] < mi[lx])
                    mi[lx] = mi[v],dd[lx] = pa;
```

```
        }
}
void dfs3(int lx,int lp = 0,int dis = inf) {
        if (dis < dd[lx]  || dis == dd[lx] && lp < mi[lx])
                mi[lx] = lp,dd[lx] = dis;
        else
                dis = dd[lx],lp = mi[lx];
        int pp = siz[lx],qq = 0;
        for (int i = 0,v; i < e[lx].size(); i ++ ) {
        v = e[lx][i],dfs3(v,lp,dis + dep[v] - dep[lx]),qq = gt(v,dep[v] - dep[lx] - 1),pp -= siz[qq];
                if (mi[lx] == mi[v])
                        ans[mi[lx]] += siz[qq] - siz[v];
                else {
                        int la = mi[lx],lb = mi[v],pa = dd[lx],pb = dd[v],res = dep[v] - dep[lx] - 1,qa = 0,qb = 0;
                        (pa > pb ? qb += min(res,pa - pb) : qa += min(res,pb - pa)),res -= min(abs(pb - pa),res),
                                qa += res / 2,qb += res / 2;
                        if (res & 1)
                                la < lb ? qa ++ : qb ++ ;
                        int gg = gt(v,qb);
                        ans[lb] += siz[gg] - siz[v],ans[la] += siz[qq] - siz[gg];
                }
        }
        ans[mi[lx]] += pp;
}
void dfs4(int lx) {
        for (int i = 0; i < e[lx].size(); i ++ ) dfs4(e[lx][i]);
        e[lx].clear();
}
int main()
{
        freopen("b.in","r",stdin);
        freopen("b.out","w",stdout);
        int i,j;
        for (n = read(),i = 1; i < n; i ++ ) add(read(),read());
        dep[0] = - inf,dep[1] = 1,dfs1(1);
        for (q = read(),i = 1; i <= q; i ++ ) {
                for (m = read(),j = 1; j <= m; j ++ ) A[j] = a[j] = read(),fl[a[j]] = 1,ans[a[j]] = 0;
                sort(a + 1,a + m + 1,[ & ](int la,int lb) { return dfn[la] < dfn[lb]; }),st[tp = 1] = 1;
                for (j = 1 + (a[1] == 1); j <= m; j ++ ) {
                        int la = a[j],lb = lca(a[j],st[tp]);
                        while (tp > 1 && dep[st[tp - 1]] >= dep[lb]) e[st[tp - 1]].pb(st[tp]),tp -- ;
                        if (lb! = st[tp])
                                e[lb].pb(st[tp]),st[tp] = lb;
                        st[ ++ tp] = la;
```

```
        }
        while ( -- tp) e[ st[ tp] ].pb(st[ tp + 1]);
        dfs2(1),dfs3(1),dfs4(1);
        for (j = 1; j <= m; j ++ ) cout << ans[ A[ j] ] << ' ',fl[ A[ j] ] = 0;
        cout << '\n';
    }
    return 0;
}
```

三、区间

分析：

注意：在本题题解中，编号区间和区间是不同的。

首先，考虑如果是 k 次查询编号区间[L,R] 的价值（即并的长度），应该如何做。

对于上面的问题，按编号从小到大加入区间，同时对右端点的每一个编号，维护每个左端点到它的价值，则可以把询问离线下来查询，接下来考虑如何维护。

用一个初始为空的 set 维护区间，每加入一个新的区间后，首先将所有不大于这个区间的编号的位置作为左端点的价值加上这个区间的长度，然后找出它覆盖了哪些区间，把这些区间的贡献撤回并删除这些区间，同时，如果它和一个区间有交，则撤回与它有交的区间的相交部分的贡献，并截去那个区间的相交部分，最后把这个区间加入所维护的区间中。

容易发现这样维护时，同一时刻存下的区间是互不相交的，所以一个区间最多会和两个区间相交，同时每个区间只会被加入一次、删除一次，总操作数是 O(n)，时间复杂度是 O(nlog₂n)。

接下来考虑如何求出价值前 k 大的编号区间的价值和，这时有一个比较显然的做法：二分第 k 大的价值 x，然后按照上述过程做一遍，因为左端点到同一个右端点的编号区间的价值是单调递减的，所以可以对于每个右端点二分有多少个左端点满足价值小于 x，同时统计答案即可。

这样做复杂度是 O(nlog₂²n)，可以继续优化：二分出的分界点也是单增的，可以优化掉二分的 log₂n；因为对于不同的权值，贡献的增加和撤回操作是不变的，所以可以先做一遍 set 操作预处理出所有贡献的增加和撤回操作，优化掉 set 的 log₂n；对于每个操作，可以直接使用差分来维护（与单调指针相匹配），优化掉线段树或树状数组的 log₂n。然后就得到了一个 O(nlog₂n)的算法。

参考程序如下：

```cpp
#include < bits/stdc ++ .h >
#define P pair < int,int >
#define A first
#define B second
#define IT set < P > ::iterator
#define pb push_back
#define getchar()(p1 == p2 && (p2 = (p1 = buf) + fread(buf,1,1 << 21,stdin),p1 == p2) ? EOF:* p1 ++ )
using namespace std;
typedef long long ll;
const int N = 3e5 + 5;
char buf[ 1 << 23],* p1 = buf,* p2 = buf;
set < P > s; //set 用维护端点的方式维护线段   first:坐标   second:编号
vector < P > cg[ N]; //存下来的所有操作   first:编号   second:值
IT a,b;
ll n,k,nm[ N],ans,sum,cnt,lp,lq,lg,gg;
ll read() {
```

```
        ll res = 0,fl = 0;
        char a = getchar();
        while (a < '0' || a > '9') fl |= a == '-',a = getchar();
        while (a >= '0' && a <= '9') res = res* 10 + a - '0',a = getchar();
        return fl ? - res : res;
    }
int main()
{
        freopen("c.in","r",stdin);
        freopen("c.out","w",stdout);
        int i,j,li,l,r;
        n = read(),k = read(),s.insert(P(1,0)),s.insert(P(1e9,0));
        for (i = 1; i <= n; i ++ ) {
                l = read(),r = read(),a = s.upper_bound(P(l,n)),b = a -- ,lp = a -> B,cg[i].pb(P(lp,a -> A - b -> A)),
                a -> A! = l ? (cg[i].pb(P(lp,l - a -> A)),0) : (s.erase(a),cg[i].pb(P(i,r - l)),
                s.insert(P(l,i));
                while (b -> A < r) a = b,b ++ ,lp = a -> B,cg[i].pb(P(lp,a -> A - b -> A)),s.erase(a);
                (b -> A! = r) && (cg[i].pb(P(lp,b -> A - r)),s.insert(P(r,lp)),0); //插入线段,存下操作
        }
        for (i = 30; ~ i; i -- ) {//二分第 k 大的权值 处理过程用单调指针 总复杂度 O(nlog₂n)
                lp = lq = lg = gg = 0,memset(nm,0,sizeof(nm)),ans += (1 << i);
                for (j = 1,li = 0; j <= n; gg += lq,lg += li,j ++ ) {
                        for (int la = cg[j].size() - 1,pa,pb; ~ la; la -- )
                                pa = cg[j][la].A,pb = cg[j][la].B,lq += 1ll* min(li,pa)* pb,
                                (pa > li) && (lp += pb,nm[pa + 1] -= pb);
                        while (li < j && lp >= ans) li ++ ,lq += lp,lp += nm[li + 1];
                }
                lg >= k? sum = gg,cnt = lg:ans -= (1 << i);
        }
        cout << sum - ans* (cnt - k);
        return 0;
}
```

四、分块

分析:

首先,如果对于每一个 i,知道一个序列中长度为 i 的子段的最大和 a_i 的话,假设全局加的值为 k,则答案为 $\max\{a_i + k * i\}$,容易发现这是用一条斜率为 $-k$ 的直线去切点 (i,a_i) 的截距,于是对所有点 (i,a_i) 维护凸包,则可以二分快速求出答案,最大前缀、后缀和 pre_i,suf_i 也可以像这样维护。

接下来考虑如何维护出 a_i,pre_i,suf_i。先对整个序列建线段树,底层的值直接赋值即可,然后对于线段树上一个结点,考虑如果求出了它的两个儿子的 pre,suf,a 凸包,我们该如何合并信息:

对于 pre,suf 凸包,由转移式容易发现,我们将其中一个儿子的凸包横纵坐标分别加上另一个儿子的长度、总和,然后合并两个凸包即可(暴力 $O(n)$ 合并,即重新求一次凸包),对于 a 凸包,我们首先把两个儿子的凸包归并上来,然后考虑转移式 $a_i = \max\{suf_{ls,j} + pre_{rs,i-j}\}$,发现这是闵可夫斯基和的形式,于是我们对左儿子的 suf 和右儿子的 pre 做闵可夫斯基和,然后与原凸包归并即可。

参考程序如下:

```
#include < bits/stdc ++ .h >
#define pb push_back
#define mid (pl + pr >> 1)
#define ls (o << 1)
#define rs (o << 1 | 1)
using namespace std;
typedef long long ll;
const ll N = 300010,inf = 1e18;
ll n,m,dt[N],ans[N + N],cl;
struct pp {
    int l,r,id;
    ll k;
    bool operator < (const pp &b) const { return k < b.k; }
} K[N + N];   //存储询问的结构体
struct aa {
    ll x,y;
    ll dis() { return x*x + y*y; }
    aa operator + (const aa &b) const { return aa{ x + b.x,y + b.y }; }
    aa operator - (const aa &b) const { return aa{ x - b.x,y - b.y }; }
    ll operator^(const aa &b) const { return x*b.y - y*b.x; }
};   //表示向量的结构体
struct bb {
    vector < aa > pt;
    int pnt = 0;
    void build() {
        vector < aa > res;
        int i,siz = 0,lp = pt.size();
        for (i = 0; i < lp; res.pb(pt[i]),siz ++ ,i ++ )
            while (siz > 1 && ((res[siz - 1] - res[siz - 2]) ^ (pt[i] - res[siz - 1])) >= 0)
                siz -- ,res.pop_back();
        pt = res;
    } //建立凸包
    bb operator + (const bb &b) const {
        bb res;
        int q1 = pt.size() - 1,q2 = b.pt.size() - 1,p1 = 0,p2 = 0;
        res.pt.pb(pt[0] + b.pt[0]);
        for (int i = 1; i <= q1 + q2; i ++ )
            if (p2 >= q2 || p1 < q1 && ((pt[p1 + 1] - pt[p1]) ^ (b.pt[p2 + 1] - b.pt[p2])) <= 0)
                res.pt.pb(res.pt[i - 1] + pt[p1 + 1] - pt[p1]),p1 ++ ;
            else
                res.pt.pb(res.pt[i - 1] + b.pt[p2 + 1] - b.pt[p2]),p2 ++ ;
        return res.build(),res;
    } //归并两个凸包
    bb operator^(const bb &b) const {
```

```
            bb res;
            int q1 = pt.size(),q2 = b.pt.size(),p1 = 0,p2 = 0;
            for (int i = 0; i < q1 + q2; i ++ )
                if (p2 >= q2 || p1 < q1 && (pt[p1].x < b.pt[p2].x || pt[p1].x == b.pt[p2].x
                    && pt[p1].y > b.pt[p2].y))
                    res.pt.pb(pt[p1 ++ ]);
                else
                    res.pt.pb(b.pt[p2 ++ ]);
            return res.build(),res;
        }   //闵可夫斯基和
        ll maxv(ll k) {
            while (pnt < pt.size() - 1 && pt[pnt + 1].x*k + pt[pnt + 1].y > pt[pnt].x*k + pt[pnt].y) pnt ++ ;
            return pt[pnt].x*k + pt[pnt].y;
        }   //查询直线与凸包的切点(单调指针)
};
struct cc {
    bb suf,pre,ans;
    ll sum,len;
    /*
    线段树结构体
    pre:前缀和凸包
    suf:后缀和凸包
    ans:答案凸包(长度为横坐标,值为纵坐标)
    sum:区间和
    len:区间长度
    */
    cc operator + (const cc &b) const {
        cc res;
        res.sum = sum + b.sum,res.ans = ((suf + b.pre) ^ ans) ^ b.ans,res.len = len + b.len;
        for (int i = 0,j = pre.pt.size(); i < j; i ++ ) res.pre.pt.pb(pre.pt[i]);
        for (int i = 0,j = b.pre.pt.size(); i < j; i ++ ) res.pre.pt.pb(b.pre.pt[i] + aa{ len,sum });
        for (int i = 0,j = b.suf.pt.size(); i < j; i ++ ) res.suf.pt.pb(b.suf.pt[i]);
        for (int i = 0,j = suf.pt.size(); i < j; i ++ ) res.suf.pt.pb(suf.pt[i] + aa{ b.len,b.sum });
        res.suf.build(),res.pre.build();
        return res;
    }   //合并两个线段树结点
} seg[N << 2 | 1];
struct result {
    ll pre,suf,sum,ans;
    result operator + (const result &b) const {
        return result{ max(pre,sum + b.pre),max(b.suf,b.sum + suf),sum + b.sum,
                    max(max(ans,b.ans),suf + b.pre) };
    }
};   //维护不带修区间最大子段和的结构体
```

```cpp
ll read() {
    ll res = 0,fl = 0;
    char a = getchar();
    while (a < '0' || a > '9') fl |= a == ' - ',a = getchar();
    while (a >= '0' && a <= '9') res = res*10 + a - '0',a = getchar();
    return fl ? - res : res;
}
void build(int o = 1,int pl = 1,int pr = n) {
    if (pl == pr)
        return seg[o].pre.pt.pb(aa{ 1,dt[pl] }),seg[o].suf.pt.pb(aa{ 1,dt[pl] }),
            seg[o].ans.pt.pb(aa{ 1,dt[pl] }),seg[o].len = 1,seg[o].sum = dt[pl],void();
    build(ls,pl,mid),build(rs,mid + 1,pr),seg[o] = seg[ls] + seg[rs];
} //预处理(建立凸包)
bool check(aa a,aa b,ll k) { return a.x*k + a.y >= b.x*k + b.y; }
result query(int l,int r,ll k,int o = 1,int pl = 1,int pr = n) {
    if (l <= pl && pr <= r)
        return result{ seg[o].pre.maxv(k),seg[o].suf.maxv(k),seg[o].sum + seg[o].len*k,
            seg[o].ans.maxv(k) };
    result res = result{ - inf, - inf,0, - inf };
    if (l <= mid)
        res = res + query(l,r,k,ls,pl,mid);
    if (r > mid)
        res = res + query(l,r,k,rs,mid + 1,pr);
    return res;
} //询问
int main()
{
    freopen("d.in","r",stdin);
    freopen("d.out","w",stdout);
    ll i,j,now = 0;
    n = read(),m = read();
    for (i = 1; i <= n; i ++ ) dt[i] = read();
    build();
    for (i = 1; i <= m; i ++ )
        if (read() == 1)
            now += read();
        else
            K[ ++ cl] = pp{ read(),read(),cl,now };
    sort(K + 1,K + cl + 1);
    for (i = 1; i <= cl; i ++ ) ans[K[i].id] = max(0ll,query(K[i].l,K[i].r,K[i].k).ans);
    for (i = 1; i <= cl; i ++ ) cout << ans[i] << '\n';
    return 0;
}
```